Britschgi Stefan
2.8.82

Konzepte der Humanwissenschaften

Monika Keller
Kognitive Entwicklung und soziale Kompetenz

Zur Entstehung der Rollenübernahme in der Familie und ihrer Bedeutung für den Schulerfolg

Mit einem Vorwort
von
F. E. Weinert

Ernst Klett Verlag
Stuttgart

Diese Arbeit wurde unter dem Titel „Rollenübernahme, Erziehungsstils und Schulerfolg – eine Untersuchung zur kognitiven Sozialisation und ihren Folgen“ von der Wirtschafts- und Sozialwissenschaftlichen Fakultät der Universität Heidelberg im Sommer 1974 als Dissertation angenommen.

CIP-Kurztitelaufnahme der Deutschen Bibliothek

Keller, Monika
Kognitive Entwicklung und soziale Kompetenz: zur Entstehung d. Rollenübernahme in d. Familie u. ihrer Bedeutung für d. Schulerfolg. – 1. Aufl. – Stuttgart: Klett, 1976.
(Konzepte der Humanwissenschaften)
ISBN 3-12-924790-4

1. Auflage 1976

Einbandgestaltung und Typographie: Heinz Edelmann
Gesamtherstellung: Wilhelm Röck, Weinsberg

Inhalt

Einführung

Es gab immer Entwicklungspsychologen, die Kinder nicht nur psychologisch untersuchten, sondern sie auch im Alltag beobachteten, die mit ihnen lebten, redeten, arbeiteten und spielten. Sie berichten seit langem – meist in anekdotischer Form – wie stark im Verlauf der Entwicklung die Fähigkeit der Heranwachsenden zunimmt, sich auf andere Menschen einzustellen, deren jeweiligen Standpunkt zeitweilig einzunehmen und die bei ihnen vermuteten Motive, Ziele und Handlungsmuster bei der Planung des eigenen Verhaltens zu berücksichtigen.

Erst durch die grundlegenden entwicklungspsychologischen Arbeiten Jean Piagets hat man erkannt, daß der Aufbau solcher Verhaltenserwartungen und die damit verbundene Erweiterung der sozialen Kompetenz eng mit der kognitiven Entwicklung des Kindes verknüpft ist. Mit der allmählichen, auf vielen Ebenen sich vollziehenden Überwindung seines egozentrischen Weltbildes gewinnt das Kind immer differenziertere Möglichkeiten, die Wahrnehmungs-, Einstellungs- und Handlungsperspektiven anderer Personen gedanklich zu erfassen, zu verstehen und vorherzusagen.

Aber – so wird in jüngster Zeit verstärkt gefragt – sollte der Aufbau sozialer Kompetenz wirklich nur ein Nebenergebnis kognitiver Entwicklungsprozesse sein? Welche Rolle spielen dabei soziale Erfahrungen? Welche Bedeutung kommt der Wahrnehmung zwischenmenschlicher Verhaltenssteuerungen, dem Erleben wechselseitiger Handlungsbeeinflussungen zu? Ist also soziale Kompetenz – wie die Vertreter des symbolischen Interaktionismus annehmen – das Resultat kognitiv verarbeiteter sozialer Alltagserfahrungen mit signifikanten Anderen?

Die vorliegende Studie geht von solchen Fragestellungen aus und entwirft eine integrierte theoretische Rahmenkonzeption zur Untersuchung einiger Bedingungen und Wirkungen der sich entwickelnden Fähigkeit des Kindes zur zeitweiligen gedanklichen Übernahme von Rollenperspektiven anderer Menschen. Eine darauf aufbauende, ausführlich beschriebene empirische Arbeit demonstriert denn auch überzeugend die Notwendigkeit, bei jeder „Erklärung“ der Genese sozialer Kompetenzen entwicklungspsychologische und sozialisationstheoretische Faktoren systematisch zu berücksichtigen. Die Ergebnisse unterstreichen aber auch schlaglichtartig die Bedeutung, die solche soziale Fähigkeiten für Erfolg und Miß-

erfolg, für Klassifikation und Selektion der Kinder in unserem Schulsystem spielen.
Die Studie von Monika Keller kann keine abgeschlossene, empirisch überprüfte Theorie der Entwicklung sozialer Kompetenzen im Kindes- und Jugendalter anbieten; es handelt sich vielmehr um einen ersten Versuch, das komplex sozial-kognitive Bedingungs-Wirkungsgeflecht in der Genese und den Auswirkungen sozialer Kompetenzen aufzuhellen. Das Buch regt deshalb weniger zum Konsumieren als zum Nachdenken, Weiterdenken und Weiterforschen an. Dies ist – wie ich meine – das beste Kompliment, das man einer wissenschaftlichen Arbeit über ein noch wenig erforschtes Gebiet machen kann.

Prof. Dr. F. E. Weinert

Vorwort

Die vorliegende Arbeit ist aus meiner Dissertation hervorgegangen. Die Veröffentlichung gibt mir die Gelegenheit, all denen meinen herzlichen Dank auszusprechen, deren Beratung und Hilfe für die Entstehung der Arbeit von großer Bedeutung waren: Herrn Professor Dr. Franz E. Weinert möchte ich für die kritische Beratung bei Entwurf und Ausarbeitung der Dissertation danken. Sie wurde in Kooperation mit meinem Kollegen Dzintars Zebergs geplant, der an der gleichen Stichprobe u. a. die code-theoretischen Annahmen Bernsteins überprüft hat. Ihm danke ich für die Bereitstellung seiner Arbeiten und die theoretischen und methodischen Anregungen, die mir die Diskussion mit ihm gegeben hat. Den Mitarbeitern des Projekts „Elternhaus und Schule“ am Berliner Max-Planck-Institut für Bildungsforschung, Lothar Krappmann und Kurt Kreppner danke ich für die anregenden Diskussionen über den sozialisationstheoretischen Kontext der Untersuchung. Mein besonderer Dank gilt Wolfgang Edelstein; die zahlreichen kritischen und konstruktiven Diskussionen mit ihm haben den interdisziplinären Charakter und die endgültige Form der Arbeit stark geprägt. Dem Max-Planck-Institut für Bildungsforschung bin ich für die mir eingeräumten Möglichkeiten zur statistischen Verarbeitung der Daten im Rahmen der EDV-Abteilung dankbar. Werner Grzesiks geduldige und kreative Hilfe war dabei für mich von unschätzbarem Wert. Mein Dank gebührt auch Heiner Joswig von der Multschule in Weinheim, der die Bildvorlagen für die Untersuchung entworfen hat, sowie dem Rektor, den Lehrern und den Schülern der Gesamtschule, an der die Untersuchung stattfand. Die Fertigstellung des Manuskripts unter den erschwerenden Bedingungen eines Auslandsaufenthalts der Verfasserin wäre ohne die kompetente Hilfe von Susanne Gross nicht möglich gewesen. Vielen anderen, die hier nicht genannt sind, danke ich für die Zeit, die sie gegeben und die Ideen, die sie beigetragen haben, bis die Arbeit ihre endgültige Gestalt gefunden hatte.

Berkeley, im August 1976 *Monika Keller*

I

Theorie der Rollenübernahme

1

Einleitung

Diese Arbeit ist eine theoretische und exploratorische Studie in einem bisher wenig erforschten Feld. Zwar hat das Phänomen der ‚Rollenübernahme‘ unter dem Begriff der Empathie oder der sozialen Sensibilität in Anschluß an philosophisch-phänomenologische Untersuchungen die Sozialwissenschaften immer wieder beschäftigt, doch wurde die Frage nach den Bedingungen, welche die Genese dieses Prozesses beeinflussen, innerhalb der Entwicklungspsychologie bisher kaum systematisch untersucht.

Drei Gründe lassen sich dafür anführen, daß in der entwicklungspsychologischen und sozialisationstheoretischen Forschung das Interesse an den sozial-kognitiven Prozessen in den letzten Jahren sprunghaft zugenommen hat:

(1) PIAGETs Theorie der genetischen Epistemologie hat die theoretische und empirische Untersuchung kognitiver Prozesse in den letzten Jahren zunehmend stimuliert. Diese ‚kognitive‘ Wende hat einen deutlichen Einfluß auf pädagogische Fragestellungen gewonnen, insbesondere auf die Entwicklung von Vorschulprogrammen, die an den didaktischen Implikationen der Ergebnisse kognitiv-entwicklungspsychologischer Theorienbildung interessiert waren. Die ‚Entdeckung‘ PIAGETs durch Psychologie und Pädagogik brachte viele Untersuchungen hervor, die sich – in Anlehnung an die späten Arbeiten PIAGETs – mit der Genese der logischen Denkprozesse befaßten. Doch die Genese der sozial-kognitiven Prozesse blieb demgegenüber weitgehend unbeachtet, obwohl gerade PIAGETs Theorie der kognitiven Bedingungen der Genese des Verstehens sozialer Beziehungen einen Rahmen für das Verständnis der Entwicklung interpersoneller Fähigkeiten bietet.

(2) Ein zweiter Grund liegt darin, daß erst in den letzten Jahren neben PIAGET ein Forscher von den Psychologen ‚wiederentdeckt‘ worden ist, der aus sozialpsychologischer Perspektive das Phänomen der Rollenübernahme (‚role-taking‘) in den Mittelpunkt einer Theorie der Sozialisation gerückt hat. Die Arbeiten von G. H. MEAD, dem Begründer des symbolischen Interaktionismus, haben in die Entwicklungspsychologie – soweit überhaupt – erst in den letzten Jahren Eingang gefunden und zu einer Erweiterung der Perspektive in der Sozialisationsforschung und im Bereich sozialer Lernprozesse geführt. Die theoretische Verschiedenheit und doch zugleich Nähe von MEAD und PIAGET lenkte ein wachsen-

des Forschungsinteresse auf den Prozeß der Rollenübernahme – als Bindeglied zwischen einer Theorie der kognitiven Entwicklung und einer Theorie der Sozialisation.

(3) Der dritte Grund dürfte darin zu sehen sein, daß in der letzten Zeit soziale Lernprozesse erhebliches Interesse beansprucht haben. Begriffe wie ‚Lernziel Solidarität' (Richter 1974) wurden zu Parolen, die das zunehmende Interesse an Kommunikation und sozialer Kooperation deutlich werden lassen. Vielfach wurde inzwischen die Frage gestellt, ob die einseitige Orientierung der Schule an kognitiven Lernzielen in einer Zeit gerechtfertigt erscheint, in der sie neben der Familie zunehmend kompensatorische Sozialisationsaufgaben zu übernehmen hat. Müßten nicht soziale Lernprozesse in der Schule ebenso bewußt Gegenstand des Lernens werden wie die kognitiven? Sind nicht die Fähigkeiten zur sozialen Sensibilität ebenso sehr wie die formalen Denkprozesse Grundlage dafür, daß man sich mit Leistungsanforderungen wie mit sozialen Interaktionssituationen kompetent und befriedigend auseinandersetzen kann? Diese Fragen wurden bisher allenfalls unter ‚progressiven' Pädagogen in Lernzieldiskussionen und Curriculumplanungen angesprochen, während im Schulalltag Prozesse der sozialen Interaktion und die ihnen zugrunde liegenden Bedingungen vorwiegend unter Anpassungsgesichtspunkten Beachtung zu finden scheinen, wie der inzwischen häufige Verweis auf den sog. ‚heimlichen Lehrplan' belegt. Dabei ist anzunehmen, daß diese Prozesse ein wesentlicher Bestandteil des Unterrichts sind: Schüler erfahren täglich Frustrationen, die auch darauf zurückzuführen sein könnten, daß die sozialen Probleme des gemeinsamen Handelns und des gegenseitigen Verständnisses in der Schule nicht thematisch werden. Lehrer beurteilen indessen ihre Schüler nicht nur nach ‚objektiven' Leistungskriterien, sondern – mehr oder weniger bewußt – nach den sozialen Kompetenzen des Kindes: etwa nach der Fähigkeit des Kindes, sich auf den Unterricht einzustellen oder auch mit den Klassenkameraden zu interagieren. Die soziale Kompetenz dürfte folglich eine wichtige Bedingung der Lehrer-Schüler-Beziehung darstellen, indem in die Leistungsbeurteilungen des Lehrers zugleich Evaluationen der sozialen Kompetenz des Schülers eingehen.

Kinder unterscheiden sich in ihren sozialen Kompetenzen ebenso deutlich wie in ihren Intelligenzleistungen. Doch die Frage, welche familialen Bedingungen für die Genese der sozialen Kompetenz maßgeblich sind, wurde, wie bereits angedeutet, bislang kaum thematisiert. Ein Aspekt der sozialen Kompetenz soll in dieser Arbeit exploriert werden: die sozialkognitive Fähigkeit der Rollenübernahme. Dieses Konzept soll in einem theoretischen Teil zunächst auf dem Hintergrund des symbolischen Interaktionismus MEADS und der kognitiven Strukturtheorie PIAGETS analysiert werden. Sodann soll der Versuch unternommen werden, die entwicklungspsychologischen und sozialisatorischen Bedingungen der Genese der Rollenübernahme (RÜ) aufzuhellen.

Im dann folgenden empirischen Teil werden die konkret gemessenen Fähigkeiten einer Stichprobe großstädtischer Gesamtschüler zur Übernahme der Perspektive anderer auf die Bedingungen ihrer Sozialisation (wahrgenommenes Erziehungsverhalten der Eltern) und auf ihre Beziehungen zum Schulerfolg (Übernahme in einen weiterführenden Schulzweig und Schulnoten) bezogen.

Wir wenden uns im folgenden zunächst der theoretischen Analyse zu, die den ersten Teil der Arbeit ausmacht.

2

Rollenübernahme – eine begriffliche Bestimmung

Das Konzept der RÜ entstammt der Theorie des symbolischen Interaktionismus von G. H. MEAD und meint nicht – wie die Assoziation zum Rollenbegriff nahelegen könnte – den Prozeß der Übernahme gesellschaftlicher Rollen, die an Positionen im sozialen System geknüpft sind: unter RÜ wird vielmehr die innere, symbolische Rekonstruktion von Verhalten, Erleben und Erwartungen *anderer* verstanden, mit denen das Subjekt sich, real oder vorgestellt, in Interaktion befindet. Der Prozeß der RÜ ist damit fundamental für die Erklärung von Interaktions- und Kommunikationsprozessen. Wann immer Menschen miteinander in Beziehung treten, interpretieren sie Motive, Gefühle, Absichten, Ziele, Erwartungen und Standpunkte der Handlungspartner. Um diese Interpretationen vornehmen zu können, muß das Subjekt über die Fähigkeit verfügen, die Perspektive des anderen einzunehmen, eine Situation (einschließlich der eigenen Stellung darin) mit den Augen des anderen zu sehen bzw. aus der Perspektive des anderen zu rekonstruieren, um so das Verhalten des anderen verstehen und vorhersagen zu können. Insofern wird über RÜ-Prozesse die Teilhabe am sozialen Geschehen überhaupt erst möglich. BERGER & LUCKMANN (1974) begreifen den Prozeß der RÜ im Rahmen der Theorien sozialen Handelns und Verstehens – wie sie in der Tradition M. WEBERS, MEADS und SCHÜTZ' erarbeitet wurden – als die Erfassung subjektiver Vorgänge bei einem anderen, welche über die Möglichkeit der Teilhabe subjektiv sinnhaft werden. Die Theorie MEADS zeigt auf, wie dieser Prozeß der Teilhabe durch den Gebrauch des ‚signifikanten Symbolsystems' der Sprache – im Sinne zunehmender Internalisierung gesellschaftlicher Normensysteme – entsteht.

Die Interpretation sozialer Handlungen nach den ihnen zugrunde liegenden Bedeutungen erfordert einen mehr oder weniger komplexen Urteilsvorgang und damit einen repräsentationalen (kognitiven) Prozeß des Erschließens nicht direkt wahrnehmbarer und beobachtbarer Attribute von Individuen und Situationen der Interaktion.

Eine dementsprechende psychologische Definition nimmt FLAVELL (1968, S. 5) in Anlehnung an SARBIN & ALLEN (1968) vor, wenn er RÜ als Prozeß bestimmt, durch den ein Individuum ‚somehow cognizes, apprehends, and grasps certain attributes of another individual'. Jedoch legt diese Definition ein Verständnis von RÜ im Rahmen persönlichkeitspsychologischer Fragestellungen nahe, wonach soziales Verstehen nicht abgrenzbar wird von der Erschließung oder auch Klassifikation von Personen nach eigenschaftstheoretisch begriffenen, überdauernden Attributen (oder Charakterzügen).

Eine solche evaluative Zuordnung im Sinne der Attributionstheorie ist allerdings gerade nicht gemeint. Vielmehr wird unter RÜ der Prozeß verstanden, durch den das Subjekt die soziale Interaktionssituation internal rekonstruiert. Ein Schritt dazu ist die Erkenntnis der subjektiven Befindlichkeit des Interaktionspartners, also die Fähigkeit, nicht beobachtbare Merkmale (Attribute) zu erschließen: die Interpretation von alters Verhalten nach zugrunde liegenden Motiven, Intentionen und Erwartungen.

Die Definition der RÜ nach Flavell erscheint insofern nicht befriedigend, als sie gerade das charakteristische Moment der Rekonstruktion der Struktur der Interaktionssituation aus der Perspektive des anderen nicht trifft. Erst diese Fähigkeit des Subjekts, den anderen und das eigene Selbst mit den Augen des anderen zu sehen und zu wissen, daß der andere seinerseits die Perspektive von ego einnehmen kann (d. h. ego und sein eigenes Selbst aus egos Perspektive betrachten und folglich genau wie ego die reziproke Perspektive beziehen kann), konstituiert die Voraussetzung für die Dialogfähigkeit der Subjekte und begründet die zentrale Stellung des Konstruktes der RÜ in einer Theorie der Interaktion und Kommunikation (vgl. Habermas 1975). Wie dieser Prozeß der Rekonstruktion der sozialen Interaktionssituation und – als ein Teilaspekt derselben – die Rekonstruktion des anderen im Selbst sich in jeweils entwicklungsstadienspezifischen Formen vollzieht, wird im Verlauf dieser Arbeit aufzuzeigen sein.

Die spezifische Bedeutung des Konstrukts der RÜ kommt daher in der Definition von RÜ als Erschließung nicht beobachtbarer Attribute gerade nicht zum Ausdruck. RÜ wird deutlicher charakterisiert in den Ausführungen von Feffer (1972), wenn er schreibt:

> "The interpersonal event is comprised of interacting participants who occupy such roles and reciprocals as giving-taking, asking-answering, and dominating-submitting. The greater complexity notwithstanding, a stable construction of the interpersonal event depends, ... upon a reconciliation of these complementary dimensions. ... This simultaneous mutual regulation of complementary viewpoints has been variously designated as taking the other's perspective on an intended action ..." (S. 26).

Allerdings ist hier der Begriff ‚Rolle' mißverständlich gebraucht, da interpersonelle Beziehungen gemeint sind, die gerade nicht normativ geregelt, sondern situationsspezifisch sind und in denen die Interaktionspartner ihr Verhalten reziprok aneinander orientieren. RÜ meint also die symbolische Rekonstruktion der Beziehung von Selbst und anderen, die Teilnehmer an sozialen Interaktionssituationen sind. In diesen Interaktionen entstehen Erwartungen, die wechselseitig antizipiert und zum Ausgangspunkt für dialogisches Handeln werden.

Um der leichteren Verständlichkeit willen wollen wir im folgenden vorgreifend kurz die theoretischen Ansätze skizzieren, in deren Kontext wir das Konstrukt und die Genese der RÜ-Fähigkeiten darstellen. Erst danach wird das Konstrukt der RÜ in der rollentheoretisch-interaktionistischen und in der genetisch-epistemologischen Theorie umfassender analysiert.

3

Vorläufige theoretische Einordnung des Konstrukts der Rollenübernahme

3.1. Rollenübernahme im rollentheoretisch-interaktionistischen Kontext

Die vorausgegangenen Überlegungen zeigen, daß das Konzept der RÜ in einer Theorie sozialer Interaktion anzusiedeln ist. Erst die Fähigkeit der Subjekte zur wechselseitigen Übernahme der Perspektiven ermöglicht Kommunikation, so wie umgekehrt die Genese der RÜ als kognitiver Prozeß nur als Produkt sozialer Interaktionsprozesse verstehbar ist. Wie bereits angedeutet, kann Bezugspunkt für das Konstrukt der RÜ nicht der Rollenbegriff der traditionellen makrosoziologischen Rollentheorie sein, wie sie sich im Anschluß an LINTON (1936) in der Soziologie entwickelt hat. RÜ meint nicht die Übernahme gesellschaftlich definierter normativer Erwartungen, die als Rechte und Pflichten an Positionen im sozialen System geknüpft sind. RÜ meint vielmehr die innere Rekonstruktion von Perspektiven anderer, die den Prozeß der Kommunikation überhaupt erst ermöglicht. Nach MEAD konstituiert sich über den Prozeß der RÜ die Fähigkeit zur symbolischen Kommunikation und damit die spezifische soziale Identität des Menschen.

Im symbolischen Interaktionismus wird das Interesse speziell auf das Verhalten in alltäglichen Interaktionssituationen gelenkt, in denen durch sprachliche Kommunikation (mittels Symbolen) eine gemeinsame Verständigung der Handlungspartner über (praktische) Normen erfolgt. Das Handeln wird durch sozial vermittelte Erwartungen und Regeln bestimmt, und diese Regeln und Erwartungen sind Normen, die im sozialen System verankert sind. Alltägliches Handeln und d. h. die Strategien und Interpretationen dieses Handelns müssen damit zugleich im sozialstrukturellen Kontext analysiert werden (CICOUREL 1972).

Eine Analyse des RÜ-Konzepts im Kontext des symbolischen Interaktionismus hat den Vorteil, daß sie den gesellschaftlichen Charakter des im Begriff der RÜ bezeichneten Lernprozesses betont und damit menschliches Handeln als historisch-gesellschaftlich bestimmtes begreift. Wir werden sehen, daß gerade diese Perspektive der Psychologie eher fremd ist, vor allem auch der Theorie PIAGETS, auf die wir uns in den folgenden Analysen beziehen wollen.

Damit haben wir zwei zentrale Aspekte der zu erarbeitenden Theorie angesprochen: zum einen den Aspekt des *sozialen* Bezugs miteinander interagierender Individuen, die in wechselseitiger Abhängigkeit voneinander begriffen werden; zum anderen den Aspekt, daß diese Individuen in sozialen Handlungssituationen Bedeutungen und Situationsinterpretationen konstituieren.

Zwei Grundaxiome einer Theorie der RÜ sind daher im Rekurs auf eine *dialogische Interaktionssituation* und in einem *konstruktivistischen* Bezug gegeben: die handelnden Subjekte übernehmen nicht vorgegebene Situationsdefinitionen, sondern stellen aktiv einen Konsens in der Bedeutung von Situationen her. Wir setzen uns damit einerseits von einer Psychologie ab, die Bewußtsein als bloß individuelles Phänomen faßt und Handlungen von Individuen in sozialen Interaktionssituationen auf die ‚Eigenschaften' der beteiligten Individuen reduziert. Vielmehr interagieren Individuen miteinander auf der Basis von Erwartungen, die sozial (also in Interaktionssituationen) und auf der Basis von Erfahrungen erzeugt werden. Zugleich grenzen wir uns von den soziologischen Rollentheorien ab, nach denen Erwartungen als der bloße Reflex auf gesellschaftliche Positions- und Statusgefügte begriffen werden – als gleichsam mechanisch erzeugte Folgen gesellschaftlich definierter Rollen. Soziale Interaktion erfordert immer eine Verständigung über Situationen und damit einen Akt der Interpretation.

In der Soziologie standen über längere Zeit hinweg makrosoziologisch orientierte Rollentheorien im Vordergrund des Interesses. Zwar gab es auch eine MEAD-Tradition, doch in der neueren Identitätssoziologie und Interaktionsanalyse der Sprach- und Kommunikationssoziologie und -psychologie gewann die Theorie MEADS – und damit auch das Konstrukt der RÜ – für die Erklärung von Sozialisationsprozessen an zunehmender Bedeutung (vgl. HABERMAS 1967, 1968, 1973, 1975; KRAPPMANN 1971a, b; LINDESMITH & STRAUSS 1968; OEVERMANN 1971, 1974). Empirische Untersuchungen über zentrale Konstrukte der Theorie MEADS – wie z. B. zur Genese des Selbst oder der RÜ-Fähigkeit – liegen jedoch bisher nur wenige vor.

3.2. Rollenübernahme im kognitiv-entwicklungspsychologischen Kontext

Wenn man RÜ im weitesten Sinne als einen Prozeß definiert, durch den das Individuum Verständnis für Erwartungen und Handlungen anderer und den diesen Handlungen zugrunde liegenden psychischen Bedingungen gewinnt, dann wird RÜ als ein *kognitiver* Prozeß thematisch, mittels dessen psychische Qualitäten des anderen erschlossen werden, die nicht direkt beobachtbar sind.

Neben einer soziologischen Theorie der Interaktion und Kommunikation benötigen wir folglich eine Theorie kognitiver Prozesse, welche RÜ ermöglichen.

Man kann RÜ in diesem Sinne als einen kognitiven Akt der Schlußfolgerung ansehen. Er entsteht aus der Interaktion zwischen den konkreten Wahrnehmungen des Individuums (i. S. der Außenwelt) und den Erfahrungen (i. S. der Innenwelt), die es an eine Situation als vorgängig entworfene Interpretation heranträgt. Der Prozeß des Schlußfolgerns ist freilich nicht nur ein Kennzeichen für die Wahrnehmung sozialer Situationen; sondern die meisten kognitiven Prozesse zeichnen sich dadurch aus, daß eine Tendenz besteht, „to go beyond the information given“ (BRUNER 1957). BRUNER versteht darunter, daß alle Wahrnehmungsprozesse zugleich Kategorisierungsprozesse darstellen und daß uns die phänomenale Welt immer zugleich als eine bereits erschlossene bewußt wird. Insofern ordnet sich die Fragestellung des Verständnisses der sozialen Umwelt in die allgemeinere Frage ein, wie die ‚Welt‘ beschaffen ist, als die Frage nach der Beziehung des Subjekts zu seiner Umwelt.

Das Individuum verhält sich gegenüber der sozialen Umwelt und gegenüber den unpersönlichen Ereignissen dieser Umwelt insofern gleich, als es einerseits Informationen über diese Umwelt *organisiert* (Perzepte, Konzepte) und ihnen andererseits Bedeutungen *attribuiert.* Also nimmt es seine Umwelt nicht nur hin, sondern indem das Individuum die Welt interpretiert, *stattet es sie mit Sinn* aus.

So ergibt sich die Folgerung, die Prozesse der sozialen Kognition als Teil allgemeinerer kognitiver Prozesse zu begreifen. Die Genese der RÜ kann als eine im sozialen Interaktionsgeschehen verankerte kognitive Strukturierung und Umstrukturierung der Beziehungen von Selbst und Umwelt verstanden werden.

Die expliziteste Theorie kognitiver Prozesse, ihrer Struktur wie ihrer Genese hat J. PIAGET gegeben. Er begründet eine Psychologie des erkennenden Subjekts, die als genetische Epistemologie eine sowohl philosophisch wie biologisch fundierte Erkenntnistheorie ist. Das handelnde Subjekt erwirbt und entfaltet in der aktuellen Auseinandersetzung mit der Umwelt die gattungsspezifischen Kompetenzen der Erkenntnismöglichkeit, die sich in entwicklungsstadienspezifischen kognitiven Strukturen darstellen. Die Erkenntnis der Umwelt vollzieht sich in einer zunehmend verinnerlichten Weise, wobei der Umgang mit Symbolen immer mehr in den Vordergrund tritt. Damit wird eine vollzugs- und anschauungsgebundene Form der Verarbeitung von Umwelterfahrungen von einer auf abstrakte Symbole und potentiell auf die Struktur der Logik ausgerichteten Informationsverarbeitung unterschieden. Die Entwicklung, die zu einem Denken in Symbolen hinführt, verläuft in einer invarianten Abfolge hierarchisch integrierter Prozeßgesamtheiten zu einer allmählichen Internalisierung von Handlungen zu Strukturen; d. h. operatorischen Systemen.

Der Entwicklungsprozeß verläuft entlang der Dimension von Konkret zu Abstrakt: Konkrete Denkvollzüge sind an die spezielle Situation gebunden und damit nicht zu abstrahieren von dem Kontext, in dem sie sich ereignen. Demgegenüber bleiben abstrakte Denkprozesse nicht dem konkreten Kontext verhaftet; sie sind vielmehr verallgemeinerungsfähig. Aus den Ergebnissen von Denkprozessen können Hypothesen abgeleitet werden, deren Überprüfung nicht an den konkreten Handlungsvollzug gebunden sind, sondern das Ergebnis internaler symbolischer Prozesse darstellen. Diese Dimension der Konkretheit vs. Abstraktheit wird im Gegensatz von Egozentrismus und Perspektivismus gefaßt (WERNER 1951; LANGER 1968). Egozentrische Denkformen sind idiosynkratisch d. h. sie sind ausschließlich an die Erfahrung, das Erleben und die Perspektive des Individuums gebunden und daher nicht verallgemeinerungsfähig. Im egozentrischen Denken können verschiedene Perspektiven, die zugleich als Hypothesen zu betrachten sind, nur konkret und damit nur in sukzessiver Abfolge eingenommen werden. Eine simultane Koordination mehrerer Perspektiven kann erst im symbolischen Denken vorgenommen werden.

Die Fähigkeit zur RÜ erfordert hingegen eine simultane Koordination der sozialen Perspektiven von selbst und anderen, wenn soziale Interaktion erfolgreich verlaufen soll. Wie sich diese Koordination als kognitiver Prozeß im Verlauf der Entwicklung allmählich vollzieht, zeigt PIAGET in seiner Theorie der Genese der Intelligenz auf. Die Genese der Intelligenz und der RÜ werden als strukturanaloge Manifestationen der gattungsspezifischen Formen der Verarbeitung von Erfahrungen im Rahmen eines abstrakten und formalen Gleichgewichtsmodells gefaßt, das die Entfaltung kognitiver Prozesse sowohl zu beschreiben als auch zu erklären gestattet. PIAGETS Erkenntnisinteresse ist indessen eher darauf gerichtet, wie das Individuum die Objektumwelt begreift, und er neigt daher dazu, die Erkenntnis der sozialen Umwelt als Epiphenomen der Entwicklung logisch-mathematischer Koordinationen von Relationen der physischen Umwelt aufzufassen. Nach MEAD hingegen ist das Denken bereits in seinem Ursprung ein soziales Phänomen. Die Genese der RÜ ist nach seiner Konzeption möglicherweise weitgehender abhängig von den sozialen Interaktionen als die Ontogenese der allgemeinen Intelligenz, die sich – zumindest teilweise – auf der Basis einer relativ personunabhängigen Interaktion mit der materialen Umwelt vollziehen kann.

Beide Theorien sind notwendig, wenn man die Genese der RÜ begrifflich faßbar machen will. Die Theorie PIAGETS ermöglicht eine Präzisierung zentraler Konzepte der MEADschen Theorie, indem sie Prozeß und Struktur des Denkens deutlich werden läßt. Sie bleibt aber eine vom individuell handelnden Subjekt her bestimmte Theorie, denn PIAGETS Individuum setzt sich primär monologisch mit der Objektumwelt auseinander. Die Theorie MEADS ist demgegenüber eine Theorie des Wissenserwerbs im sozialen Kontext – eine kognitive Theorie der interpersonellen Beziehungen, in der menschliche Interaktion und Kommunikation dialogisch das Bewußtsein der Subjekte konstituieren. Beide Theorien verfolgen die Intention, einen universellen Entwicklungsverlauf zu beschreiben, und vernachlässigen daher die spezifischen Bedingungen, unter denen sich diese Entwicklung vollzieht. In beiden Theorien fehlt also eine Analyse der sozialen Bedingungen, unter denen sich kognitiv-soziale Lernprozesse vollziehen. Um die Genese der RÜ als sozialen Lernprozeß verstehbar zu machen, muß man also in einem weiteren Schritt auf die kognitiven und affektiven Erfahrungen des Kindes in sozialen Interaktionsprozessen eingehen.

3.3. Rollenübernahme im sozialisationstheoretischen Kontext

In den verschiedensten Forschungstraditionen hat sich die Relevanz *affektiver* Interaktionsdimensionen insbesondere für soziale Lernprozesse nachweisen lassen. Wärme und Zuneigung, Feindseligkeit oder Ablehnung, Macht und Unterwerfung oder Gefügigkeit sind Dimensionen von Interaktionen, die beim Kind emotionale und auch kognitive Lernerfahrungen bedingen, welche die Genese kognitiv-interpersoneller Fähigkeiten beeinflussen. Die emotionalen Lernerfahrungen konstituieren zugleich die Erwartungen, die das Kind an Interaktionssituationen heranträgt, und diese Erwartungen können, je nachdem, ob sie eher negativ oder positiv geprägt sind, zur Vermeidung oder zur Hinwendung zu sozialen Situationen führen und so den Erwerb der RÜ-Fähigkeit fördern oder hemmen.

Für unsere Fragestellung sind Untersuchungen und Theorien relevant, die einerseits triebdynamische und andererseits lerntheoretische Konzepte einbeziehen. Arbeiten, die in Anlehnung oder auch in Auseinandersetzung mit der FREUDschen Theorie der Identifikation entstanden, zeigen die sozialen Bedingungen der Genese der Persönlichkeit auf. In der lerntheoretischen Tradition werden die sozialen Erfahrungen, die das Kind in seiner Familie macht, unter dem Aspekt der Verstärkungsgeschichte (reinforcement history) beschrieben. Positive oder negative Erfahrungen in Interaktionssituationen können Annäherungs- oder Vermeidungstendenzen beim Individuum erzeugen, die seine spätere Entwicklung und die Art beeinflussen, soziale Interaktionen zu strukturieren und zu interpretieren (vgl. z. B. MOWRER 1960; ROTTER 1966).

In der Erziehungsstilforschung sind molare elterliche Verhaltensweisen oder Einstellungen untersucht worden, die als Indikator für ein eher positives (zuwendendes) oder negatives (ablehnendes) Familienklima herangezogen werden können (z. B. BECKER 1964). Trotz aller Differenzierungen der Konzeptualisierungen, die in den weiteren Untersuchungen vorgenommen worden sind, kann man den Schluß ziehen, daß die emotionale Qualität der Eltern-Kind-Interaktionen, wie sie in den relativ groben Dimensionen der Zuwendung und Ablehnung zum Ausdruck kommt, eine entscheidende Bedingung für die kindliche Entwicklung darstellt.

Ein Verständnis der Genese der RÜ als sozial-kognitiver Lernprozeß erfordert jedoch neben der Analyse der affektiven Aspekte des Lernprozesses zugleich eine Beachtung der kognitiven Dimensionen der Interaktionen von Eltern und Kind. Die kognitiven Vermittlungsstrategien, welche die Eltern in der verbalen Interaktion mit ihren Kindern explizit oder auch implizit einsetzen, bedingen beim Kind Lernerfahrungen, die als Grundlage der Orientierung in der Umwelt dienen. Wir haben oben den Prozeß der RÜ als einen Interpretationsakt für soziales Geschehen gefaßt, der sich in entwicklungsstadienspezifischer Weise vollzieht. Die Art der Erklärungen und die Interpretationen sozialen Geschehens, die das Kind in seiner Umwelt lernt, sind zugleich Modell für die Verarbeitung der eigenen Erfahrungen. Sie sind indes nicht Abbild dieser Erfahrungen, da sie zugleich in einem kognitiven Transformationsprozeß an die eigene Strukturierungsmöglichkeiten für soziales Geschehen adaptiert werden (vgl. KOHLBERG 1974; LANGER 1968; KUHN 1973).

Kommunikatives Handeln in der Familie und auch generell in sozialen Interaktionen beinhaltet explizite und implizite Dimensionen. Explizit nennen wir die Lernerfahrungen, die Erfahrungen, die sich aus den direkten Lehrstrategien der Eltern ergeben, wie z. B. die Erklärungen oder Anweisungen, die Eltern ihrem Kind im Lernprozeß vermitteln (vgl. HOFFMANN 1970). Implizite Lernerfahrungen meinen demgegenüber die Regeln, die das Kind aus dem aktuellen Interaktions- und Kommunikationsprozeß abliest.

Die kommunikativen Erfahrungen begründen sich nicht nur aus den direkten Lernprozessen, sondern auch aus den Möglichkeiten, die dem

Kind gegeben werden, sich im System der familialen Beziehungen als eigenständiges Subjekt zu erfahren und im Interaktionsprozeß seine Stellung in der Familie zu definieren. Sowohl die Erfahrungen, die in bezug auf die Verwirklichung eigener Intentionen gemacht werden, die Wahrnehmung, wie andere ihre Intentionen verwirklichen, sowie die Möglichkeit, durch eigenes Verhalten die Umwelt vorhersagbar zu machen und sie in gewünschte Richtungen zu beeinflussen, stellen wichtige Bedingungen für den Erwerb sozial-kognitiver Fähigkeiten dar. Darin sind affektive und kognitive Momente verknüpft, denn Erfolg oder Mißerfolg kognitiver Planungen oder Strategien wird, wenn es sich um für das Individuum relevante Vorgänge handelt, unmittelbar positiv oder negativ erfahren. Solche affektiven Erfahrungen steuern wiederum den Verlauf folgender kognitiver Lernprozesse.

4

Die Bestimmung von Rollenübernahme im Kontext rollentheoretischer und interaktionistischer Theorien

Wir können im Rahmen dieser Arbeit nicht die Auseinandersetzungen wiedergeben, die sich in der Soziologie und Sozialpsychologie um die Rollentheorie und das Konzept der Rolle entfacht haben (vgl. dazu SARBIN 1968; GERHARDT 1971; DAHRENDORF 1967; PARSONS & BALES 1955; HAGER et al. 1973). Wir halten es jedoch für wichtig, das Konzept der RÜ im Kontext der klassischen Rollentheorie zu diskutieren. Der Begriff der RÜ wurde nicht in der klassischen, makro-soziologisch orientierten Rollentheorie geprägt, sondern er entstammt einer Rollentheorie, die an Phänomenen sozialer Interaktion und Kommunikation orientiert ist und sich auf Handeln in der unmittelbaren, alltäglichen Interaktion richtet (MEAD 1969; GOFFMAN 1967; BLUMER 1973). Die Theorie des symbolischen Interaktionismus unterscheidet sich von der klassischen oder konventionellen Rollentheorie in wesentlichen Aspekten der Erklärung und Beschreibung sozialer Interaktion. Entsprechend diesen verschiedenartigen theoretischen Konzeptualisierungen kann man auch verschiedene Begriffe oder Definitionen der RÜ unterscheiden. Um sie herauszuarbeiten, wollen wir die Grundzüge der genannten theoretischen Ansätze ausführen.

4.1. Der ‚normative' Ansatz sozialer Interaktion

Der Begriff der Rolle, wie er in Anlehnung an LINTON in der Soziologie aufgenommen wurde, bezeichnet einen Satz von Verhaltensvorschriften, der einer Position in einem gesellschaftlichen Gefüge zugeordnet ist. LINTON (1967) hat den Begriff ‚Status' anstelle von ‚Position' verwendet; in der Nachfolge wurde jedoch der Begriff ‚soziale Position' anstelle von ‚Status' vorgezogen.
Der Begriff der Rolle wurde bei LINTON zunächst auf das (ideale) Verhalten bezogen, welches mit einer sozialen Position verknüpft ist. Später erweiterte er diese Definition, indem er Rolle als die Erwartungen definiert, die an den Inhaber einer sozialen Position gerichtet sind (LINTON 1967). In diesem Sinne definiert auch DAHRENDORF soziale Rollen als ‚Bündel von Erwartungen, die sich in einer Gesellschaft an das Verhalten der Träger von Positionen knüpfen' (1967, 144). Rolle kann damit

als ein Verbindungsglied zwischen individuellem Verhalten und sozialer Struktur aufgefaßt werden (BIDDLE & THOMAS 1966).
WILSON (1973) hat den Ansatz der Rollentheorie als ‚normativ' gekennzeichnet, da die Interaktionen der Handelnden durch Erwartungen bestimmt werden, die an ihre gesellschaftliche Position geknüpft sind. Alle Probleme der sozialen Interaktionen werden

„beschrieben und analysiert als Probleme im Verhältnis zwischen der Disposition eines Handelnden und den an ihn herangetragenen Rollenerwartungen, in Kategorien wie Rollenkonflikt, Konformität und Abweichung, Sanktionierung und Verstärkung von Rollenerwartungen und Dispositionen" (S. 56).

Den Begriffen der ‚Erwartung' und ‚Disposition' liegt nach WILSON die Vorstellung zugrunde, daß es feste Verknüpfungen zwischen der Situation und dem Handeln in einer Situation gibt:

„Geht es um eine Disposition, besteht diese Verbindung in der Neigung des Handelnden, sich in einer bestimmten Situation in einer ganz bestimmten Weise zu verhalten. Geht es um eine Erwartung, stellt sich diese Verknüpfung als ein Imperativ dar: das Individuum *sollte* sich in einer gegebenen Situation in einer ganz bestimmten Weise verhalten" (S. 56 f.).

Die Rollenerwartungen treten dem Individuum als Normen mit einer Verbindlichkeit gegenüber, die um so größer ist, je bedeutsamer die Funktion der sozialen Rolle im sozialen System ist. Von dem Grad der Verbindlichkeit der Rollenvorschriften und -erwartungen hängt auch das Ausmaß des Zwanges ab, der ausgeübt wird, um die Konformität des Individuums mit den normativen Rollenvorschriften zu sichern.
Die Normenkonformität des Individuums wird nun nicht nur über äußeren Zwang gesichert, sondern indem das Individuum im Sozialisationsprozeß die sozialen Erwartungen verinnerlicht, bildet es zugleich die motivationalen Dispositionen aus, sich gemäß normativen Erwartungen zu verhalten, die in sozialen Interaktionsprozessen an es gerichtet werden. Nach diesem Modell der Sozialisation, wie es von PARSONS (& BALES 1955) dargestellt wurde, entsprechen im Idealfall sozialer Interaktion die motivationalen Dispositionen der Handlungspartner ihren reziproken Erwartungen. Wenn also Handlungspartner in einer dyadischen Interaktion stehen, dann besitzt für den jeweiligen Handelnden das eigene Rollenverhalten dieselbe normative Verbindlichkeit (als Erwartung an sich selbst, die durch die motivationale Disposition gesichert ist), wie es für den reziproken Partner als Erwartung (als ‚moralischer Imperativ') Verbindlichkeit besitzt. Im Idealfall der Interaktion orientieren sich die Handlungspartner an gleichartig interpretierten Rollenerwartungen und verhalten sich entsprechend den an sie gerichteten Erwartungen. Durch die Komplementärität der Erwartungen wird eine maxi-

male Befriedigung der gegenseitigen Bedürfnisse hergestellt. Diese wechselseitige Befriedigung stabilisiert soziale Interaktionen und damit das Gleichgewicht des sozialen Systems.
Der Prozeß der Sozialisation, als das Erlernen sozialer Rollen und Erwartungen, wird bei PARSONS vorwiegend unter dem Aspekt der ‚Vergesellschaftung' gesehen. Rollenverhalten wird demnach vorwiegend unter dem Aspekt der Konformität mit vorgegebenen Normen analysiert. Diese Normen sind als Verhaltensvorschriften für soziale Rollen und damit als Handlungsspielräume vorgegeben. Rechte wie Pflichten erscheinen mehr oder weniger eindeutig definiert.
Da das Individuum immer zugleich Träger mehrerer sozialer Rollen ist, können Rollenkonflikte entstehen, die jedoch eher als eine Belastung des Gleichgewichts sozialer Beziehungen denn als ‚Normalfall' gefaßt werden. In einem solchen Modell wird der Prozeß der Sozialisation gleichfalls unter dem Aspekt der Integration des Individuums in das System gesellschaftlicher Beziehungen gefaßt (PARSONS & BALES 1955). Sozialisation wird zur Anpassung an vorgegebene Normen, zur Übernahme gesellschaftlich definierter Rollen.
Ziel des Sozialisationsprozesses ist die Konformität mit vorgegebenen Normen. Die Abweichung von den sozialen Erwartungen erscheint als ‚Störfaktor' in dem Selbstregulierungsmechanismus des sozialen Systems. Individuelle Spontaneität des Handelns wird daher leicht als ‚Abweichung' und Störung gedeutet.
Der Prozeß des Rollenlernens vollzieht sich nach PARSONS über die Verinnerlichung der Rollenvorschriften und Erwartungen. Durch den Prozeß der Identifikation, als symbolischer Akt der RÜ, erwirbt das Kind die ‚Grundqualifikationen' des Rollenhandelns, die es ihm ermöglichen, in soziale Interaktionen einzutreten. Identifikation meint – anders als in der lerntheoretischen Fassung (vgl. S. 81 f.) – nicht nur die Verinnerlichung von Personen, sondern vielmehr die Verinnerlichung von Beziehungsstrukturen zwischen Personen im sozialen System. Identifikation wird demgemäß zu einem Prozeß, der es ermöglicht, psychische Entwicklung zugleich psychologisch und soziologisch zu fassen (vgl. HABERMAS 1968; OEVERMANN 1972; KRAPPMANN 1972; CAESAR 1973). Indem die Entwicklung der Persönlichkeit als die Verinnerlichung der Struktur sozialer Interaktionen verstanden wird, wird ein Einbezug der sozialstrukturellen Variablen in den Sozialisationsprozeß ermöglicht: das soziale System der Familie stellt zugleich einen Filter für die Vermittlung der gesellschaftlichen Normen und Ansprüche dar und ist selbst nur in Abhängigkeit von den spezifisch gesellschaftlichen Bedingungen zu verstehen.

Nach der traditionellen Rollentheorie, wie wir sie dargestellt haben, läßt sich der Prozeß der RÜ als Akt der Erschließung von Verhaltensstandards und -vorschriften und damit von Erwartungen definieren, die an soziale Positionen geknüpft sind. Der kognitive Prozeß der RÜ reguliert das eigene Rollenverhalten, welches an den Erwartungen der Interaktionspartner ausgerichtet ist. Dieser Akt der RÜ wurde von WEINSTEIN (1969) und WALLER (1973) als positionale RÜ gefaßt und einem Akt der personorientierten RÜ gegenübergestellt, der in der interaktionistischen Theorie anzusiedeln ist (vgl. S. 70).

Die Kritik der klassischen Rollentheorie wird durch die Vertreter des symbolischen Interaktionismus vorgenommen (BLUMER 1973; GOFFMAN 1967; WILSON 1973; CICOUREL 1973; vgl. auch HABERMAS 1968; KRAPPMANN 1972a, b). Die genannten Autoren beziehen sich auf die Rollentheorie als heuristischen Bezugsrahmen, kritisieren sie jedoch dahingehend, daß im rollentheoretischen Modell gerade nicht die Struktur alltäglicher Interaktionssituationen analysiert werden kann. In diesen alltäglichen Interaktionen gibt es nämlich keine klaren und verbindlich geregelten Rollenerwartungen. Die Vorstellung, Interaktionen zwischen Individuen in Alltagssituationen würden durch eindeutig normierte Rollenerwartungen geregelt, wird nun als ‚oversocialized conception of man' (WRONG 1961) kritisiert. Zwar wird das Individuum in den Sozialwissenschaften konventionell als Träger sozialer Rollen aufgefaßt; doch in unserem Kontext ist es das handelnde Subjekt, das sich mit den Erwartungen anderer handelnder Subjekte auseinandersetzt. Der Rollenbegriff des symbolischen Interaktionismus orientiert sich an der Theorie MEADS (1968, 1969a, 1969b) der ‚Rolle' eher sozialpsychologisch als soziologisch faßt. Rollen sind demnach nicht Erwartungen, die an *Positionen* im sozialen System gebunden sind, sondern vielmehr ein Komplex von Haltungen, Einstellungen und Verhaltensweisen, der sich aus der *Beziehung* der Handlungspartner zueinander ergibt. Nach TURNER (1962) sind die Handlungspartner, um interagieren zu können, darauf angewiesen, ihre Rollen zu erschließen und zu interpretieren. Rollen bestehen nicht als eindeutig vorgegebene Komplexe von Vorschriften und Erwartungen. Selbst dort, wo es an Positionen oder Institutionen festgemachte Rollenerwartungen gibt, lassen sie einen Interpretationsspielraum zu (GOFFMAN 1959, 1973). Soziale Interaktion, in der die Handlungspartner sich an eindeutig fixierten Rollenvorschriften orientieren, stellt eher den Grenzfall einer repressiven Interaktion dar, in der es – wie GOFFMAN am Beispiel der totalen Institutionen aufgezeigt hat – zum Zusammenbruch der Persönlichkeit kommen kann.

Der Prozeß des Rollenhandelns ist folglich ein Prozeß der wechselseitigen Verständigung über Normen. Soziale Situationen und Erwartungen, die an das Subjekt gerichtet werden, sind immer interpretationsbedürftig und gewähren mehr oder weniger große Spielräume für die Definition der Situation und der eigenen Rolle sowie der RÜ des anderen. Die handelnden Subjekte werden nicht in passiver Abhängigkeit von den sozialen Stimuli begriffen, sondern als aktive Gestalter ihrer eigenen Umwelt. Die sozialen Situationen, in denen das Subjekt handelt, sind prinzipiell mehrdeutig, so daß ein Konsens über Situationen und Bedeutungen im fortlaufenden Prozeß der Interaktion ständig gesichert werden muß.

In kritischer Auseinandersetzung mit der Rollentheorie hat HABERMAS (1968) aufgezeigt, daß das Modell des Handelns in sozialen Rollen, in dem die Rollenträger mit klaren Verhaltensvorschriften konfrontiert sind und das Gleichgewicht des sozialen Systems durch die Komplementarität von Erwartungen und Verhalten gewährleistet ist, eher einen Grenzfall repressiv kontrollierter Interaktion darstellt als Handeln in alltäglichen Situationen. Darüber hinaus verschleiert die Annahme der wechselseitigen Bedürfnisbefriedigung durch die Orientierung an komplementären Erwartungen die Struktur von Interaktionssituationen. Denn diese unterscheiden sich gerade danach, welchen Handlungsspielraum und welchen Grad der Bedürfnisbefriedigung sie dem Individuum zugestehen (HABERMAS 1968, S. 8). HABERMAS setzt dem rollentheoretischen Integrationstheorem, das davon ausgeht, daß der Kongruenz zwischen individueller Bedürfnisposition und institutionalisierten Wertorientierungen in der Komplementarität von Erwartung und Verhalten zugleich eine maximale Bedürfnisbefriedigung entspricht, ein Repressionstheorem entgegen. Dieses weist auf, daß das Gleichgewicht einer Interaktion an die kognitive Ebene gebunden ist, nämlich an ein intersubjektiv gültiges System symbolischer Bedeutungen, nicht aber an die Reziprozität der Befriedigung auf der Ebene faktischen Handelns. Daher kann es, wie oben ausgeführt, als ein Merkmal von Interaktionssituationen angesehen werden, wie sie sich im Ausmaß der möglichen wechselseitigen Bedürfnisbefriedigung unterscheiden. Konkrete Interaktionen müssen also danach bemessen werden, welches Ausmaß an wechselseitiger Befriedigung sie ermöglichen. Nur so können z. B. Herrschaftsbedingungen gefaßt und von herrschaftsfreien Bedingungen unterschieden werden (vgl. FÜGEN 1972; GERHARDT 1971). Für die Analyse sozialisatorischer Interaktionen kommt dieser Dimension eine wichtige Bedeutung zu.

Die rollentheoretische Annahme, daß es eine Kongruenz zwischen Rollendefinition und Rolleninterpretation gibt (Identitätstheorem), vernachlässigt, daß in den meisten sozialen Situationen nur unklare Rollenvorschriften bestehen. Die Interpretationsbedürftigkeit von Situationen ermöglicht dem Subjekt eine individuelle Selbstdarstellung in einer Rolle. HABERMAS bezieht sich hier auf TURNER (1972), der dem MEADschen ‚role-taking‘ einen Prozeß des ‚role making‘ gegenüberstellt. Man kann dieses role-making als kognitiven Akt der Interpretation von Erwartungen verstehen; Situationen können nun wiederum danach beurteilt werden, in welchem Ausmaß sie dem Subjekt Möglichkeiten der Interpretation einer Rolle und damit zugleich der Selbstdarstellung geben.

Die dritte fundamentale Annahme der Rollentheorie geht nach HABERMAS davon aus, daß die Internalisierung der Wertvorstellungen, die in Rollen gefaßt sind, Normenkonformität und Stabilität des sozialen Systems garantieren. Diesem Konformitätstheorem wird das Konzept der ‚Rollendistanz‘ (GOFFMAN 1973) entgegengestellt. Erst Rollendistanz, als die Möglichkeit, im autonomen Rollenspiel internalisierte Normen kritisch zu befragen und auf ihre Inhalte zu überprüfen, kennzeichnet ein ‚autonomes, mit sich identisches, handlungsfähiges Subjekt‘ (OEVERMANN 1974).

Diesen Ausführungen liegt eine der Psychologie zugängliche Bestimmung von Rollenhandeln zugrunde, wonach das Individuum nicht als bloßer ‚Schnittpunkt‘ sozialer Rollen gesehen wird, in denen sich die gesellschaftlichen Anforderungen niederschlagen, sondern als ein potentiell autonomes Subjekt, dessen Selbst sich in sozialen Prozessen konstituiert und in sozialen Situationen manifest wird (ISRAEL & TAJFEL 1972). Die Einflußnahme geht also nicht nur von der Gesellschaft (bzw. der sozialisierenden Gruppe) auf das Individuum aus, sondern es bestehen wechselseitige Beeinflussungen, die freilich am Maß des Konformitätsdrucks gemessen werden können, der bei Abweichungen in sozialen Interaktionen ausgeübt wird. Die Betrachtungsweise von Rollenhandeln aus der Perspektive des symbolischen Interaktionismus ist für die Sozialisationstheorie fruchtbarer, weil sie neben dem Verständnis von Sozialisation als Übermittlung von Kultur (Enkulturation) auch ein Verständnis von Sozialisation als Prozeß der Individuierung ermöglicht (WRONG 1961; COBURN-STAEGE 1973; ZIGLER & CHILD 1973).

4.2. Das Konzept der interaktionistischen Theorie

Soziale Interaktion stellt nach der Theorie des symbolischen Interaktionismus einen ‚interpretativen‘ Prozeß dar (BLUMER 1973; TURNER 1962), in dem die miteinander interagierenden Subjekte Bedeutungen ausbilden und im Prozeß der Interaktion verändern. Die Bedeutungen beziehen sich auf Haltungen und Handlungsabsichten, die in sozialen Interaktionen als bedeutungs- und sinnvoll interpretiert werden. Der Prozeß der Interaktion ist ein Prozeß symbolischen Handelns, in dem die Interaktionspartner Sinn und Bedeutung sozialer Situationen über ein intersubjektiv gültiges Symbolsystem, nämlich die Sprache, erschließen. Rollenbeziehungen sind also symbolisch-sprachliche Beziehungen. Damit kommt der Sprache und sprachlicher Kommunikation generell in diesem Ansatz eine besondere Bedeutung zu. Die Konstitution intersubjektiv validierten Sinns vollzieht sich über einen symbolischen Perspektivenwechsel im ‚taking the role of the other'. Dieser Prozeß des ‚role-taking' wird von MEAD als Fundamentalkategorie für das Verständnis sozialer Interaktion bestimmt.

MEADS Erkenntnisinteresse richtete sich auf die Frage, wie soziale Interaktion und damit auch Gesellschaft überhaupt möglich wird.[1] Die zentralen Konstrukte zur Klärung dieser Frage sind die der symbolischen Interaktion und der RÜ. Menschliche Kooperation kann nach MEAD nur durch einen Prozeß hervorgebracht werden, in dem die Handlungspartner ihre Intentionen und Handlungsabsichten wechselseitig erschließen und dann auf der Basis dieser Absichten reagieren. Soziales Handeln ist immer dialogisches Handeln, welches nicht unmittelbar auf einen Akt reagiert, sondern auf die symbolisch erschlossene Intention, die sich in diesem Akt kund tut.

Das wechselseitige Erschließen der Handlungsabsichten ist nur dann erfolgreich, wenn die Interaktionspartner über einen Konsensus hinsichtlich der Bedeutung von Verhalten verfügen. Dieser Konsensus, als Teilhabe an intersubjektiv gültigen Bedeutungen und Erwartungen, ist grundlegend für soziale Interaktionen, in denen Handlungen *interpretiert* werden. MEAD unterscheidet den Akt der *symbolischen Interaktion,* in dem Reaktionen interpretiert werden, von der *nicht-symbolischen Interaktion,* in der eine direkte, nicht interpretierte Reaktion auf die Handlung eines anderen erfolgt. Die nicht-symbolische Interaktion wird am Beispiel des Kampfes zweier Hunde deutlich (MEAD 1969a, S. 210), in dem die Reaktion des einen zum unmittelbaren Auslöser für die Reaktion des anderen wird. Auch in der menschlichen Interaktion finden sich Fälle der unmittelbaren, nicht interpretierten Reaktion, in reflexartigen, automatischen Handlungen (ebda). Das spezifisch Menschliche macht jedoch die Fähigkeit zur symbolischen Interaktion aus. Sie besteht erst dann, wenn

---

[1] Darstellungen und Diskussionen der Theorie MEADS finden sich in GRAUMANN 1972; MANIS & MELTZER 1967; MELTZER & PETRAS 1974; NATHANSON 1973; ROSE 1962; SIEGRIST 1970.

eine Geste, als Teil einer Handlung, in den Handlungspartnern die gleiche Bedeutung hervorruft: Der Handelnde, der sie ausführt, verbindet damit die gleiche Bedeutung wie der Handlungspartner, dem sie gilt. Erst wenn eine Geste diese gleichartige Bedeutung im Selbst wie in den anderen hervorruft, ist sie als ‚linguistisches Element' (MELTZER 1967) ein ‚signifikantes Symbol'.

„Nur wo Gesten signifikante Symbole sind, ist Bewußtsein oder Intelligenz möglich. Denn nur wo Gesten signifikante Symbole sind, kann es Denken geben – das nichts anderes ist, als die internalisierte oder implizite, durch Gesten vermittelte Verständigung des Individuums mit sich selbst" (MEAD 1969a, S. 214 f.).

Die internalisierten Gesten sind signifikante Symbole, „weil sie für alle einzelnen Mitglieder der betreffenden Gesellschaft oder sozialen Gruppe ein und dieselbe Bedeutung haben" (ebda, S. 215).
Die Konstitution der Intersubjektivität von Bedeutungen geschieht nach MEAD durch

„a) den Mechanismus wechselseitiger Rollenübernahme auf der Grundlage b) eines signifikanten Symbolsystems, dessen Bedingungen empirisch durch die natürlichen menschlichen Sprachen sichergestellt sind" (MATHES & SCHÜTZE 1973, S. 25).

MATHES & SCHÜTZE weisen noch auf eine weitere, von SCHÜTZ genannte Bedingung der Herstellung von Reziprozität hin:

„auf das System universaler Sozialitätsidealisierungen, die jeder Interaktionspartner zur Konstitution einer kommunikativen Interaktionsbeziehung zu projizieren hat. Ein Beispiel hierfür wäre die Idealisierung von der Austauschbarkeit der Standpunkte: ego nimmt an, daß er in alters Position dieselben Perspektiven zur Verfügung haben würde wie alter und umgekehrt" (ebda, S. 25).

Die Verfügbarkeit des Symbolsystems der Sprache und die damit verbundene Idealisierung der Austauschbarkeit der Perspektiven konstituieren also menschliche Interaktion.

4.2.1. Bedeutung der Rollenübernahme für die Genese des Selbst und der reflexiven Intelligenz

Für MEAD bedeutet der Begriff des role-taking die Fähigkeit des Individuums, die Haltung der eigenen Gruppe gegenüber sich selbst zu verinnerlichen und damit Bewußtsein auszubilden (MEAD 1969a, S. 72). Es bedeutet die Repräsentation des anderen im Selbst, welches somit immer ein soziales Selbst ist. Erst die Teilhabe am anderen und die Teilnahme am gesamten sozialen Prozeß ermöglicht dem Individuum, sich selbst als ein Ich durch die anderen zu erfahren. Die Fähigkeit zur wechselseitigen RÜ gewährleistet die Herausbildung gemeinsamer (shared) Erwartungen und Bedeutungen, denn indem das Individuum die Fähigkeit hat, auf seine eigenen Gesten wie auf die Gesten anderer zu reagieren, eröffnet sich ihm die Möglichkeit, die Bedeutung der Geste in der gleichen Weise zu erfahren wie der andere. „This ability enables different human beings to respond in the same way to the same gesture, thereby sharing one another's experience" (MELTZER 1967, S. 9).

Das Erschließen dieser Erwartungen bzw. Bedeutungen wird über den Mechanismus der wechselseitigen RÜ geleistet. MEAD versteht RÜ primär als intellektuell-rationalen Prozeß der Teilhabe an signifikanten Symbolen und weniger als affektive Teilhabe im Sinne eines Mitfühlens und Mitempfindens. Im Vordergrund steht die Bedeutung von RÜ als Erkenntnisprozeß und nicht als affektiver Einfühlungsprozeß (Empathie). ARCHIBALD (1972) hat indessen neuerdings dafür plädiert, auch den Prozeß der Übernahme bzw. des Mitempfindens von Affekten der RÜ gleichzusetzen. Jedoch impliziert der kognitive Akt der RÜ nicht notwendigerweise den Nachvollzug der Gefühle des anderen. Die Beziehung zwischen kognitiver und affektiver RÜ ist bisher wenig geklärt.

Die Fähigkeit zur RÜ ermöglicht dem Individuum Kommunikation mit anderen und bildet damit die Grundlage komplexer sozialer Beziehungen überhaupt. Ein zentrales Moment besteht in der reflexiven Struktur der RÜ; d. h. in der Rückbezogenheit auf das eigene Selbst, und in der Kontrolle, die das Individuum über seine eigenen Reaktionen ausüben kann. Durch die Übernahme der Perspektive des anderen konstituiert sich nach MEAD menschliches Selbstbewußtsein und Intelligenz. Das Ich und das Denken entwickeln sich im Prozeß sozialer Erfahrung und sozialen Handelns, an dem das Individuum durch die Fähigkeit zur RÜ und zur Symbolbildung teilnehmen kann. Der Prozeß der RÜ und die Entwicklung des Ich sind also mit der Fähigkeit zur sprachlichen Verständigung untrennbar verknüpft. Daher vollzieht sich mit der Genese der Sprachstrukturen zugleich die Genese der Normen (CICOUREL 1973) und die Genese des Ich – also Sozialisierung und Individuierung gleichermaßen.

Alle Erfahrung strukturiert sich nach MEAD als Erfahrung eines Ich, d. h. als bewußte und reflexive Form der Verarbeitung der Umwelterfahrungen. Das Wesen der Ich-Erfahrung besteht darin, daß dem Individuum nicht nur andere zum Objekt der Erfahrung werden, sondern daß es sich selbst zum Erfahrungsobjekt werden kann: Es kann zugleich Subjekt und Objekt sein. Die Erklärung dafür, wie das Individuum sich im Prozeß der Entwicklung allmählich selbst zum Objekt werden kann und damit Selbstbewußtsein erlangt, ist seine Teilnahme am sozialen Interaktionsprozeß; denn im sozialen Handeln mit signifikanten anderen erfährt es sich durch die Fähigkeit zur Übernahme der Perspektive des anderen vom Standpunkt dieses anderen her. Die Teilhabe am anderen durch die Übernahme der Haltung des anderen im kommunikativen Prozeß macht den eigenen spezifischen Charakter menschlicher Intelligenz aus,

„da das Wesen der Intelligenz letztlich gesellschaftlich begründet ist – weil dieses Sichversetzen der Identität in die Rollen anderer, dieses Einnehmen ihrer Rollen oder Haltungen, nicht nur einer der möglichen Aspekte oder Ausdrucksformen der Intelligenz oder des intelligenten Verhaltens ist, sondern vielmehr ihr ganzes Wesen ausmacht. Spearmans ‚X-Faktor' in der Intelligenz ... ist ... diese Fähigkeit des intelligenten Individuums, die Haltungen des anderen oder der anderen einzunehmen, womit es die Bedeutung oder den Sinn der Symbole oder Gesten erfaßt, in deren Rahmen sich das Denken abspielt, und somit in der Lage ist, mit sich selbst das innerliche Gespräch zu führen – mit Hilfe dieser Symbole oder Gesten, die für das Denken unerläßlich sind" (Mead 1968, zit. nach Graumann 1972, S. 1131).

Das Individuum wird nicht individualistisch als Selbst konzipiert, welches allmählich seine Umwelt erfährt. Vielmehr wird das Selbst als soziales Produkt verstanden: Das Individuum kann sich nur dadurch zum Objekt und das heißt: ein Ich werden, wenn es sich selbst gegenüber die Haltung des anderen einnehmen kann. Die Erfahrung des anderen durch den Prozeß der RÜ geht der Erfahrung des Selbst voraus und stellt erst die Bedingung der Möglichkeit her, ein Selbst zu bilden. Das Selbst ist folglich das Produkt sozialer Prozesse, in denen das Individuum lernt, auf sich selbst so zu reagieren wie auf andere.
Der soziale Aspekt des Selbst ist nach Mead als ‚me' gefaßt, in dem der internalisierte andere repräsentiert ist.

"Thus, it comprises the organized set of attitudes and definitions, understandings and expectations – or simply meanings – common to the group. In any given situation, the ‚Me' comprises the generalized other and, often, some particular other" (Meltzer 1967, S. 11).

Demgegenüber repräsentiert das ‚I' die spontanen, ungerichteten und kreativen Tendenzen, die unvorhersagbare Triebnatur eines Individuums, durch die das Handeln überhaupt in Gang gesetzt wird. Beide Aspekte zusammen repräsentieren das Spannungsfeld des Selbst: soziale Kontrolle und spontane Innovation.
Indem Mead die Erfahrung des anderen durch den Prozeß der RÜ der Erfahrung des Selbst voraussetzt, entwirft er eine Theorie der sozialen Genese von Bewußtsein. Individuum und Gesellschaft werden in wech-

selseitiger Abhängigkeit begriffen. Beide werden im Prozeß sozialer Interaktion konstituiert.
Denken ist ein spezifisch soziales Phänomen, indem das Individuum mit sich selbst wie mit anderen in Beziehung treten kann. Die Konversation mit sich selbst vollzieht sich zunächst in der Rolle des spezifischen, konkreten anderen und später in der Rolle des generalisierten anderen. Der andere und das ‚Selbst' entstehen gemeinsam im sozialen Handeln und determinieren sich wechselseitig. Das Selbst entsteht in der sozialen Gruppe, und das gesamte Denken besteht in einem inneren Gespräch zwischen den generalisierten anderen und dem Subjekt. Da der generalisierte andere eine ‚Instanz' im Subjekt ist, ist das Gespräch mit ihm ein Gespräch des Subjekts mit sich selbst, das seine Subjektivität erst erzeugt. Denken ist für MEAD dieser innere Verständigungsprozeß, durch den das Subjekt mit sich selbst auf der Basis signifikanter Symbole interagiert.

„Intelligenz entsteht in jenem Stadium der Kommunikation, in dem der Organismus in sich selbst die Einstellung des anderen hervorruft, so zu sich Stellung nimmt und damit sich selbst zum Objekt, mit anderen Worten, ein ‚Selbst' wird, wobei derselbe Inhalt der Haltung den anderen wie das ‚Selbst' konstituiert" MEAD 1969b, S. 222).

Bewußtsein und Intelligenz sind Folge des sozialen Prozesses sowie dessen Produkt (MEAD 1969b, S. 308). Die Konstitution der sozialen Objekte im Prozeß der Interaktion vollzieht sich folglich nicht als passive Übernahme der Haltungen der anderen, sondern als *aktive* Rekonstruktion des anderen im eigenen Selbst. Indem es sich in die Perspektive anderer versetzt, kann das Individuum zunächst die Haltung des konkreten anderen sowohl gegenüber Dingen und Ereignissen als auch gegenüber sich selbst annehmen. Allmählich erwirbt es die Fähigkeit, auf einer abstrakteren Stufe die Haltung des ‚generalisierten anderen' einzunehmen, in dem die Normen der Gesellschaft repräsentiert sind.

4.2.2. Rollenübernahme und Sprache

Die Fähigkeit der Subjekte zur Symbolbildung und zur symbolisch vermittelten Interaktion bildet nach MEAD die Grundlage menschlicher Kooperativität in Gruppen und damit des gesellschaftlichen Zusammenlebens überhaupt. Erst der Gebrauch von Symbolen ermöglicht die spezifisch menschliche Form der Intelligenz, nämlich die reflexive: „Wenn wir andererseits von reflektierem Verhalten sprechen, meinen wir damit, daß die Zukunft in Form von Vorstellungen schon in der Gegenwart enthalten ist" (MEAD 1969a, S. 237). Erst der Gebrauch von Symbolen ermöglicht die Vergegenwärtigung von Handlungen in Form von Vorstellungen und damit Denken. Symbolische Interaktion besteht erst dann, wenn Individuen nicht auf Handlungen, sondern auf Intentionen, also auf die Bedeutung einer Handlung reagieren. BLUMER (1973) spricht von dem ‚triadischen Charakter' der Bedeutung der Geste in der Theorie MEADS:

„Sie zeigt an, was die Person, an die sie gerichtet ist, tun soll; sie zeigt an, was die Person, die sie setzt, zu tun beabsichtigt; und sie zeigt die gemeinsame Handlung an, die aus der Verbindung der Handlungen beider hervorgehen soll" (S. 88; auch MEAD 1969a, S. 219).

Erst wenn eine Geste im anderen Individuum, an das sie sich richtet, wie auch im Individuum selbst die gleiche Einstellung (d. h. Bedeutung) hervorruft, wird sie zum signifikanten Symbol für die handelnden Individuen.

Sprache ist jedoch nicht als individuelle Erfahrung zu begreifen. Sie stellt ein System von gemeinsamen Symbolen dar, welches in den kooperativen Aktivitäten der menschlichen Gesellschaften begründet ist. Diese Kooperation kann nur dann entstehen, wenn „a) each acting individual ascertains the intention of the acts of the other, and then b) makes his own response on the basis of that intention" (MELTZER 1967, S. 7). Der Akt der RÜ und die Fähigkeit zur Symbolbildung, welche die RÜ stets bereits voraussetzt, sind folglich fundamental für menschliche Kommunikation; denn Verständigung setzt voraus, daß die Symbole von allen Teilnehmern der Interaktion gleich interpretiert werden. Signifikante Symbole wiederum sind eben dadurch definiert, daß sie für die einzelnen Mitglieder der betreffenden Gesellschaft oder sozialen Gruppe ein und dieselbe Bedeutung haben (MEAD 1969a, S. 215). Die universelle Natur der Zeichensysteme in jeder Gesellschaft macht die Sprache nach MEAD zum wesentlichen Instrument der sozialen Kontrolle und, indem sie eine Verknüpfung von Vergangenheit, Gegenwart und Zukunft ermöglicht, zum Vehikel der Vermittlung von kultureller Tradition und Geschichte.

So kommt der Sprache zentrale Bedeutung für den Prozeß der Sozialisation wie auch der Individuierung zu: Im Prozeß sozialer Kommunikation werden zugleich Intersubjektivität (Sozialität) wie Selbstbewußtsein (Subjektivität und Individualität) begründet. Weder die physikalische noch die soziale Umwelt werden direkt, sie werden vielmehr symbolisch vermittelt erfahren. Soziales Verhalten wird durch die Welt der Symbole bestimmt, welche die ‚Umwelt' der Subjekte ausmacht. Demgemäß ist soziales Verhalten zugleich ein sprachlich-symbolischer Prozeß: Die physikalische und die soziale Umwelt werden stets interpretiert und immer als interpretiert wahrgenommen und erfahren. Da die Sprache das ausgezeichnete Mittel der Strukturierung von Erfahrungsgehalten darstellt, ist dieser Interpretationsprozeß vor allem ein sprachlicher. Der Kern dieses Interpretationsvorgangs ist nach MEAD der Akt der RÜ; denn die Herstellung der Intersubjektivität von Bedeutungen einer Situation fordert von den Beteiligten die wechselseitige Übernahme der – vor allem sprachlich-symbolischen – Perspektive des anderen. Sich in den anderen hineinversetzen – wie dies sich im Prozeß der RÜ vollzieht –, stellt folglich einen Prozeß der Interpretation des Verhaltens des anderen auf der Basis gemeinsamer Symbole dar. Wo diese Symbole keine gemeinsame (shared) Bedeutung haben, kann Verständigung nicht entstehen. Dies ist der Inhalt der Aussage MEADS, daß Kommunikation nur innerhalb der Gesellschaft oder der sozialen Gruppe erfolgen kann, deren Mitglied das Individuum ist. Nur innerhalb dieser Gruppe haben sich über den kooperativen Prozeß sozialen Handelns signifikante Symbole gebildet, die in den Mitgliedern der Gruppe die Herstellung von Intersubjektivität ermöglichen.

Zwischen RÜ als grundlegendem Mechanismus der Kommunikation und der Verfügung über sprachliche Symbole besteht eine wechselseitige Implikation: Erfordert die RÜ einerseits Verfügung über sprachliche Symbole, damit die interpretative Herstellng von Intersubjektivität überhaupt gelingen kann, so werden sprachliche Symbole andererseits erst über den Prozeß der RÜ verfügbar. Beides, RÜ wie sprachliches Symbol, sind in jener kooperativen Interaktion der Subjekte verankert, deren Bausteine sie sind.

5

Rollenübernahme im kognitiv-entwicklungs-psychologischen Kontext

Wir werden uns im folgenden den Arbeiten PIAGETS zuwenden, einerseits um RÜ als einen kognitiven Prozeß verständlich zu machen, der sich im Verlauf der Entwicklung zunehmend differenziert und andererseits um das Konzept des Egozentrismus zu diskutieren, welches einen zentralen Stellenwert in der PIAGETschen Theorie der kognitiven Entwicklung einnimmt. Dieser Egozentrismus des Kindes, von PIAGET als ein kognitives Phänomen bezeichnet, stellt zugleich eine jeweils entwicklungsstadienspezifische Unfähigkeit (bzw. auch Fähigkeit) zur RÜ dar.

Wir beziehen uns einerseits auf die späten Arbeiten PIAGETS, um die Charakteristika der Entwicklung der RÜ im Kontext der allgemeinen intellektuellen Entwicklung aufzuzeigen und ziehen die frühen Arbeiten heran, in deren Mittelpunkt das Konzept des Egozentrismus steht.

Während in der Theorie MEADS soziale Interaktionen und kommunikatives Handeln als *Bedingungen* der Genese des Denkens angenommen werden, bilden in der Theorie PIAGETS – im Widerspruch dazu – die kognitiven Strukturierungsmöglichkeiten (als simultane Koordinierung von Perspektiven) die *Voraussetzung* für kommunikatives Handeln. Indessen wird ein ähnlicher Widerspruch auch innerhalb der Theorie PIAGETS im Vergleich der frühen mit den späteren Arbeiten deutlich. In den frühen Arbeiten zum moralischen Urteil, zur Sprache und zum Denken des Kindes, die bereits in den 30er Jahren geschrieben wurden[1], finden die sozialen Momente der Entwicklung stärkere Berücksichtigung als in den späteren Werken zur Genese der logischen Denkprozesse. PIAGET versucht darin zugleich weit mehr inhaltlich als formal zu analysieren, wie das Kind zu den verschiedenen Zeitpunkten der Entwicklung seine Umwelt begreift, wie es das Geschehen um sich herum beurteilt und wie es mit seiner Umwelt Beziehungen aufnimmt. In diesen Werken steht der allmähliche Übergang vom egozentrischen zu einem ‚sozialen' Denken im Mittelpunkt. Dagegen tritt in den späteren Werken ein allgemeineres epistemologisches Interesse in den Vordergrund. In den späteren Arbeiten differenziert PIAGET sein mathematisch-physikalisches Erkenntnismodell an den ‚cold-blooded aspects of cognition' (FLAVELL 1968)[2], an der Ent-

[1] PIAGET 1929; 1972 a, b, c.

[2] Zusammenfassende Darstellungen der Theorie PIAGET finden sich bei ELKIND & FLAVELL, 1969; FLAVELL, 1963; FURTH, 1972; GINSBURG & OPPER, 1969.

wicklung von Raum, Zeit, Kausalität und Zahl, während die soziale Kognition demgegenüber kaum thematisiert wird.
Die Beschreibung der Struktur des kindlichen Denkens in den frühen Werken wird zugunsten der Explikation der Mechanismen aufgegeben, welche die Entwicklung dieser Denkprozesse steuern. Zugleich gerät aber die Auffassung in den Hintergrund, daß die sozialen Interaktionen eine wesentliche Quelle für die sich vollziehenden Änderungen der Denkstrukturen darstellen. Die Bedeutung der sozialen Interaktionen für die Entwicklung wird zwar nicht geleugnet, doch wird Entwicklung primär als internaler, selbstregulativer Prozeß gefaßt, der auf die Verwirklichung gattungsspezifischer Regeln der Verarbeitung von Erfahrungen ausgerichtet ist. Die sozialen Interaktionen, in denen sich dieser Entwicklungsprozeß vollzieht, werden eher als ‚Hintergrundfaktoren' in einem Prozeß der Verwirklichung zunehmend höherer Gleichgewichtsformen der Intelligenz gefaßt. Damit gerät aber die sozial-kognitive Entwicklung des Verstehens sozialer Beziehungen oder generell der sozialen Umwelt zum Epiphänomen der kognitiven Entwicklung.
Da Piaget die Genese der sozialen Kognitionen parallel zur Entwicklung der allgemeinen Intelligenz versteht und damit die Fähigkeiten zur RÜ Ausdruck grundlegender kognitiver Strukturmerkmale der Verarbeitung von Erfahrungen sind, sollen im folgenden die Grundzüge der Intelligenztheorie Piagets dargestellt werden. Das Konstrukt der RÜ kann im Rahmen dieser Theorie sowohl von der Dynamik des Aufbaus her *(funktional)* sowie den je spezifischen Organisationsmerkmalen *(strukturell)* bestimmt werden.

5.1. Exkurs zur Theorie Piagets

5.1.1. Der funktionale Aspekt der Intelligenzentwicklung

Darunter werden die Merkmale intelligenten Verhaltens gefaßt, die zu jedem Zeitpunkt der Entwicklung in gleicher Weise Geltung beanspruchen können, da sie erklären, wie der Organismus Wissen akkumuliert. Diese funktionalen Invarianten sind Organisation und Anpassung, durch die alle biologischen Prozesse gekennzeichnet sind.
Der Aspekt der *Organisation* meint, daß die intellektuelle Struktur und die grundlegenden psychologischen Prozesse nicht isolierte, sondern ganzheitliche Systeme von Beziehungen darstellen[3].

[3] Dieser ‚holistische' Aspekt wurde insbesondere von Werner (1969, Werner & Kaplan,

In einem Prozeß der zunehmenden Differenzierung entstehen diskrete Handlungssysteme, die intern strukturiert, integriert und in einem hierarchischen System miteinander verbunden sind. Entsprechend vollzieht sich Entwicklung als Transformation kognitiver Strukturen, die als organisierte Ganzheiten und als Systeme internaler Beziehungen gefaßt werden (FURTH, 1972; KOHLBERG, 1974; PIAGET, 1952, 1970, 1974).

Die zweite funktionale Invariante ist die *Anpassung*, die in Anlehnung an biologische Modellvorstellungen als ein Wechselspiel von assimilatorischen und akkomodatorischen Prozessen gefaßt wird. Damit unterstellt PIAGET die Entwicklung der Intelligenz einem allgemeinen Gesetz der biologischen Evolution und Anpassung, in dem ein Organismus immer zugleich Teil seiner Umwelt und die Organismus-Umwelt-Beziehung die Grundlage der Beziehung von Erkennendem und Erkannten ist (FURTH, 1972). Die Anpassung steht im Dienste der Interessen und Ziele des Organismus und vollzieht sich als dialektischer Austauschprozeß des Handelnden mit seiner Umwelt (vgl. GOLDMANN, 1969). Die Auffassung, daß sich in diesem Handeln die Umwelt als psychologische überhaupt erst konstituiert, stellt das finalistische Moment der PIAGETschen Theorie dar. Der Organismus ist auf die Bewältigung und kognitive Durchdringung seiner Umwelt ausgerichtet, die Motivation zu diesem Handeln ist intrinsisch im Sinne endogen zielgerichteten Umwelthandelns. Der ‚Motor' dieses Entwicklungsprozesses liegt in dem instabilen Gleichgewicht zwischen Assimilation und Akkomodation.

Was heißt ‚Assimilation' und ‚Akkomodation', und was versteht PIAGET unter dem Begriff des instabilen oder auch dynamischen Gleichgewichts zwischen beiden?

Assimilation meint die Tendenz eines Organismus, Umweltdaten aufzunehmen, sie entsprechend den bereits realisierten kognitiven Strukturen zu organisieren und damit den eigenen Erfahrungen zugänglich zu machen. Das Subjekt nimmt nicht ein ‚Abbild' der Umwelt auf, sondern konstruiert die Umwelt entsprechend den Denk- und Handlungsmöglichkeiten, über die es bereits verfügt. Assimilation ist also ‚the very functioning of the system of which organization is the structural aspect' (PIAGET, 1952, S. 419).

Akkomodation ist der notwendige, komplementäre Prozeß kognitiver Anpassung an die Umwelt, denn nur durch die Veränderungen der ver-

---

1963; LANGER, 1968; WAPNER et al., 1974) betont, der Entwicklung als zunehmende Differenzierung primitiver, globaler Handlungssysteme auffaßt, in denen die Funktionen entweder rigide, ohne Bezug aufeinander operieren oder aber miteinander synkretistisch konfundiert sind.

fügbaren Strukturen des Organismus, der ‚Erkenntnispläne‘ (FURTH, 1972) an die Struktur der Umwelt wird an den auftretenden Widersprüchen eine Erkenntnis gesichert, die realitätsgerechtes (Erkenntnis-)Handeln zuläßt.

Das Wechselspiel von Assimilation und Akkomodation läßt sich z. B. an der Differenzierung des Greifschemas des Kleinkindes verdeutlichen. Einerseits greift die Hand nach den physischen Objekten und gewinnt hierdurch Objekterkenntnis nach der bereits aufgebauten Struktur des Greifens auf der Grundlage der gegebenen Ausstattung des Organismus. Andererseits passen sich die Bewegungen allmählich in stets differenzierterer Weise der Form und Beschaffenheit eines Objektes an, indem sie eine realitäts-(gegenstands)adäquate ‚Handlungsstruktur‘ aufbauen, die zugleich mit der ‚Erkenntnis‘ das Zugriffspotential des Organismus konstruiert und strukturiert und als ‚Schema‘ zunächst eine Art von psychomotorischem „Begriff“ bildet. Derselbe Prozeß ist bei der Lösung eines intellektuellen Problems begriffsbildend wirksam, wenn zunächst bisherige Lösungsstrategien an ein Problem herangetragen werden (Assimilation der Aufgabe an vorhandene kognitive Strukturen), die erst im Verlauf der Lösungsversuche konstruktiv an das spezifische Problem akkomodiert werden.

Das Zusammenspiel von Assimilation und Akkomodation läßt sich auch für den Prozeß der RÜ verdeutlichen: die bisher verfügbaren kognitiven Strukturierungsschemata werden zunächst bestimmend für die Verarbeitung einer interpersonellen Situation (Assimilation). Das Ungleichgewicht, das dann entsteht, wenn bisherige Strukturierungsmöglichkeiten sich als unzureichend erweisen, führt zur Veränderung der Schemata (Akkomodation) und bildet damit zugleich die Bedingung der Möglichkeit zur Assimilation neuer Erfahrungen.

Die Verarbeitung interpersoneller Erfahrungen über RÜ kann als ein kontinuierlicher Prozeß der stets neuen Gleichgewichtsherstellung (Äquilibration) von Assimilation und Akkomodation gesehen werden, in dessen Verlauf das handelnde Subjekt seine Sicht der Welt mit der anderer in Übereinstimmung zu bringen und auf diese Weise ein Gleichgewicht zu erreichen sucht.

Da das Gleichgewicht zwischen Assimilation und Akkomodation stets instabil ist, zieht jeweils eine Veränderung eine andere nach sich: die Assimilation von Umwelterfahrungen führt durch akkomodatorische Prozesse zwar eine neue Form des Gleichgewichtes herbei, doch durch die Veränderung struktureller Art auch neue Möglichkeiten zur Umwelterkenntnis und damit erneutes Ungleichgewicht. Durch eine Gleichgewichtsform entsteht also potentiell ein erneutes Ungleichgewicht; wenn die Umwelt neue Ziele oder Probleme bietet, die mit bisherigen Mitteln nicht erreichbar sind oder wenn durch die Umstrukturierungen interne Widersprüche im Denken des Kindes entstehen, die nur durch erneute Umstrukturierungen aufzulösen sind. Es sind diese Formen des Ungleichgewichts, die als ‚kognitiver Konflikt' die Entwicklung vorantreiben (Piaget, 1964; Seiler, 1968). Der Konflikt muß allerdings subjektiv empfunden werden, bevor das Ungleichgewicht zum ‚energetischen Parameter' (Langer, 1969b, S. 30 f.) werden kann. Die Bedingungen zur Wiederherstellung von Gleichgewicht haben neben dem energetischen Aspekt zugleich einen Organisationsaspekt; die Situation muß dem Kind Möglichkeiten bieten, eine höherstehende kognitive Organisationsform zu erreichen. Hierdurch wird der Blick auf die Strukturierungshilfen für Erfahrungen gelenkt, die in der Objekt- wie in der sozialen Umwelt gegeben sind.

Es ist ein Charakteristikum der Entwicklung und damit gleichzeitig des altersmäßen Fortschreitens von einem Stadium zum anderen, daß beständigere Formen des Gleichgewichtes erreicht werden. Voraussetzung für die stabileren Gleichgewichtsformen ist die *Reversibilität* des Denkens, d. h. die Möglichkeit, Veränderungen, die sich in einer Richtung vollzogen haben, im Denken durch komplementäre Veränderungen zu kompensieren. Nach Flavell gebraucht Piaget die Begriffe der Äquilibration und Reversibilität beinahe austauschbar, wenn er schreibt, ‚an operation is a regulation which has become completely reversible in a system completely equilibrated, and become completely reversible *because* completely equilibrated' (1963, S. 249). Es ist jedoch zu überlegen, ob nicht eher eine Austauschbarkeit von Ursache und Folge gemeint ist im Sinne dialektischer Implikation von Ursache und Wirkung.

Frühe Formen der reversiblen Prozesse zeigen sich bereits im Stadium der konkreten Operationen, wenn das Kind begreift, daß Objekte gegenüber bestimmten phänomenalen Transformationen invariant sind, also gegenüber Veränderungen, die nur an der Oberflächenstruktur vorgenommen werden. Die Veränderungen können dann vom Kind in der Vorstellung aufgehoben werden, wenn es die gleichzeitige Veränderung mehrerer Dimensionen als sich gegenseitig kompensierend versteht. Diese sogenannten Regulierungen stellen die Vorformen der reversiblen Prozesse dar, die sich unabhängig von der konkreten Anschauung im Bezugssystem der formalen Logik vollziehen, einem vollständig reversiblen Erkenntnissystem.

Der Äquilibrationsprozeß entfaltet sich nach Piaget im aktiven Handeln, welches sich zunächst auf die konkreten Objekte der Umwelt richtet. In der handelnden Auseinandersetzung mit den Objekten der Erfahrungsumwelt konstituiert sich die Intelligenz. Denken ist zunächst dieses aktive Handeln, welches sich beim kleinen Kind im konkreten Vollzug äußert, jedoch im Verlauf des Entwicklungsprozesses internalisiert und damit zum eigentlichen Denken wird. Die Objektumwelt wird zunehmend durch Vorstellungen oder Symbole repräsentiert, so daß Denkprozesse als verinnerlichte Operationen ablaufen können. Weder Reifung noch soziale Erfahrung (als Lernen) sind für PIAGET hinreichende Erklärung für die Entstehung des operationalen Denkens. PIAGET zieht Reifung, wenn man darunter das neurale und physische Wachstum versteht, als einen Faktor der Erklärung psychischer Veränderungen heran, lehnt jedoch einen normativ-reifungsgebundenen Ansatz wie den GESELLS ab. Insofern ist auch – wie bereits HUNT (1965) und AUSUBEL (1965) betont haben, nur die invariante Abfolge der Stadien notwendige Voraussetzung für die Geltung der Piagetschen Theorie, nicht aber der Zeitpunkt, zu dem diese stadienspezifischen Leistungen erreicht werden. Dieser kann je nach den Umweltbedingungen erheblich variieren. Die zeitliche Verzögerung oder Beschleunigung im Auftreten neuer kognitiver Strukturen versucht PIAGET durch eine Theorie der Verschiebung (décalages) zu fassen. Doch bleiben die Erklärungen für solche Verschiebungsprozesse theoretisch unbefriedigend, da PIAGET in seiner Entwicklungstheorie das Konzept der Äquilibration, also der selbstgenerierten Gleichgewichtsveränderungen in den Vordergrund stellt und die soziostrukturellen Bedingungen der Entwicklung vernachlässigt, und zwar sowohl die Bedingungen des Lernens, wie auch die Bedingungen der Aktualisierung kognitiver Strukturen in Lernsituationen (AEBLI, 1968; FLAVELL & WOHLWILL, 1969). Entwicklung vollzieht sich – zumindest teilweise – unabhängig von Erfahrungen, nach dem Modus der logischen Notwendigkeit. Der Faktor der sozialen Übermittlung ist notwendige aber nicht hinreichende Bedingung. Erst der Prozeß der Äquilibration ermöglicht die kognitive Entwicklung.

Entwicklung läßt sich als ein vorwiegend internal gesteuerter Äquilibrationsprozeß der immer neu zu vollziehenden Anpassung begreifen (PIAGET, 1964), in dem das instrumentell handelnde Subjekt sich im Prozeß des Wissenserwerbs aktiv mit den immer neu sich ergebenden Umweltanforderungen auseinandersetzt und die in diesem Prozeß entstehenden ‚Störungen‘ oder Ungleichgewichtsformen in einer neuen (‚höheren‘) Form des Gleichgewichts zu kompensieren sucht.

Aus dieser Konzeptualisierung von Entwicklung als autoregulativ gesteuertem Prozeß ergibt sich in der Theorie PIAGETs ein ungelöster Widerspruch zwischen den frühen und späteren Arbeiten (vgl. auch OEVERMANN, 1974). Während er in den frühen Arbeiten die soziale Kausalität und Dynamik der Entwicklung betont und damit zugleich soziale Interaktion als Erklärung für Entwicklungsprozesse heranzieht, führt er in den späteren Arbeiten zunehmend eine gleichsam kybernetische ‚mechanische' Dynamik ein, welche die soziale Erzeugung von Konflikt- und Strukturgenese substituiert.

Es ist jedoch auffallend, daß das Gewicht, welches PIAGET in seiner Theorie den sozialen Faktoren als Erklärung für Entwicklungsprozesse gegenüber dem internal gesteuerten Äquilibrationsprozeß einräumt, zunimmt, wenn er (in den frühen Arbeiten) sozial-kognitive Prozesse thematisiert (Moral, Spiel) und abnimmt, wenn er sich (in den späteren Arbeiten) mit den logisch-mathematischen Denkprozessen beschäftigt. Das Gleichgewichtsmodell bleibt bezüglich der sozio-kognitiven Inhalte des Denkens abstrakt, da die sozialen Momente der Entwicklung darunter subsumiert und gleichsam physikalisiert werden.

5.1.2. Der strukturelle Aspekt der Intelligenzentwicklung

Die funktionalen und formalen bzw. strukturellen Aspekte der PIAGETschen Theorie stehen in einem untrennbaren Zusammenhang. Wie PIAGET (1952) schreibt, stellen die funktionalen Charakteristika den intellektuellen Rahmen dar, der die Genese der kognitiven Strukturen durch die Interaktion von Organismus und Umwelt ermöglicht. Die stadienspezifischen Aspekte der Theorie beziehen sich auf die je charakteristischen Formen der Verarbeitung von Umwelterfahrungen in einem Entwicklungsabschnitt. Wir haben oben den Strukturbegriff mit den Organisationseigenschaften umschrieben, die dem kognitiven Funktionieren zugrunde liegen. Ohne auf die ausführliche philosophische und psychologische Diskussion einzugehen, die der Strukturbegriff ausgelöst hat (vgl. z. B. BRUNER et al., 1957; FURTH, 1972), wollen wir uns dem Stadienkonzept zuwenden, welches die Annahme von Strukturen, als ganzheitlich aufeinanderbezogenen Elementen, voraussetzt (vgl. PIAGET, 1956; PINARD & LAURENDEAU, 1969). WOHLWILL & FLAVELL ziehen aus der Diskussion um das Stadienkonzept die Folgerung, den Begriff des Stadiums in dem Sinne zu gebrauchen, daß

> "it has reference to a diversity of behaviors that are still interrelated, whether by way of certain structural relationships that bind them together or by some behavioral or functional core. In either case the degree of generality of the behavior referred to invests the stage concept with a status clearly transcending the purely descriptive level and approaching more closely to the level of explanation identified with the hypothetical construct" (1969, S. 91).

Die stadienspezifischen Organisationen von Erfahrungen als spezifische Formen oder Möglichkeiten der Strukturierung von Erfahrungen sollen im folgenden kurz charakterisiert werden.

Der Säugling erfährt auf der Basis angeborener Handlungsreflexe seine Umwelt zunächst ausschließlich im konkreten Vollzug. Im Wechselspiel assimilatorischer und akkomodativer Prozesse differenzieren sich die ersten Handlungsschemata als Pläne von Handlungen, die in neuen Situationen erprobt und erweitert werden. Die *sensumotorischen* Schemata bilden die Grundlage der kognitiven Repräsentationen, die aus den konkreten Handlungen abstrahiert werden. Auf diesen Abstraktionen bauen die Denkprozesse auf, die sich internal, also gestützt auf Vorstellungen und Symbole vollziehen. Doch bleibt das Kind in der Phase des *präoperationalen* Denkens der konkreten Anschauung verhaftet. Die Wahrnehmungsgebundenheit beginnt sich erst in der Phase der *konkreten Operationen* zu lösen. In dieser Phase laufen bereits logische Denkprozesse ab, doch erst im Stadium der *formalen Operationen* wird die Fähigkeit zu einem internalisierten und damit reversiblen Denken ausgebildet. Eine allgemeine Entwicklungsdimension durch diese Stadien hindurch beschreibt die Zentrierung bzw. Dezentrierung des Denkens[4]. Zentrierung meint den (kognitiven) ‚Egozentrismus' des Kindes, einen Zustand, in dem das Kind sich entweder konfundiert mit der Außenwelt wahrnimmt (synkretistisch) oder auch – komplementär dazu – innere, psychische Phänomene als konkret und real – gleichsam außenwelthaft – erlebt. PIAGET hat dies am Beispiel von Träumen als den ‚Realismus' des Kindes bezeichnet (1975). Die *Zentrierung* bzw. der *Egozentrismus* zeigt sich auch darin, daß die eigene Perspektive mit der anderer konfundiert wird, da die Relativität von Standpunkten und allgemeiner: die Relativität von Begriffen und Konzepten nicht verstanden wird.

Gegenüber den zentrierten und anschauungsgebundenen Denkprozessen der Kindheit gewinnen mit zunehmendem Alter die ‚dezentrierten' Denkprozesse an Bedeutung, die in ihrer vollendeten Form als reversible Operationen und damit als vollständig internalisierte Prozesse ablaufen. Die mangelnde Möglichkeit zur Dezentrierung verhindert nach PIAGET eine adäquate Teilnahme des Kindes an sozialen Interaktionssituationen und bedingt zugleich eine je spezifische Wahrnehmung und Beurteilung sozialer Phänomene. Erst wenn das Denken dezentriert und reversibel wird, ist ein Wechsel der Perspektiven möglich und damit auch das, was

---

4 Die Entwicklungsdimension von „Egozentrismus" zum Perspektivismus ist auch die Linie, entlang derer WERNER (1969) die kindliche Entwicklung darstellt; dieselbe Dimension wird in modifizierter Weise als Entwicklungs- und kognitive Stildimension bei WITKIN (1962) aufgezeigt.

wir spezifisch als Akt der RÜ verstehen: die innerliche Rekonstruktion des Denkens, Erlebens und Handelns sozialer Interaktionspartner. Damit wird die Fähigkeit zur Rollenübernahme im Kontext der Theorie Piagets als ein reversibler Denkprozeß definiert, der zu einem relativ späten Zeitpunkt der Entwicklung auftritt und sich über ‚Vorläuferprozesse' konstituiert. Die soziale Reziprozität korrespondiert für Piaget der logischen Reziprozität des Denkens:

"... the social relation of reciprocity, which gradually imposes itself as a form of equilibrium between individuals considering themselves as equals, assuredly corresponds to the logical and operational transformation of reciprocity which dominates the logic of symmetrical relationships (a = b therefore b = a) and certain equations in the logic of propositions ($p \supset q = \bar{q} \supset \bar{p}$ and $\bar{p} \supset \bar{q} = q \supset p$). Developmentally speaking the progressive organization of interindividual reciprocities and that of operational reciprocities in the field of thought certainly constitutes two correlated phenomena, without mentioning moral reciprocity which is of importance in the organization of normative values and which is, in the opinion of all authors, simultaneously social and relative to 'practical thought'" (Piaget, 1956, S. 20).

5.2. Das Konzept des Egozentrismus

‚Egozentrismus' kann im Vergleich zur RÜ als das umfassendere Konzept verstanden werden, da es sich auf die Erkenntnis der physikalischen wie der sozialen Umwelt richtet, während sich RÜ insbesondere auf die Erfassung sozialer Beziehungen bezieht. Während Mead fragt, wie sich durch die Fähigkeit zur RÜ soziales Verstehen und die Teilnahme an sozialen Prozessen allmählich differenzieren, richtet Piaget sein Augenmerk auf die Beschaffenheit der kognitiven Prozesse, welche das soziale Verstehen zunächst behindern. Die Konstrukte der RÜ und des kognitiven Egozentrismus sind insofern komplementär, als Egozentrismus die Unfähigkeit bezeichnet, die Perspektive eines anderen einzunehmen. Der Perspektivenwechsel und die Lösung aus dem eigenen Bezugssystem stellt die sozio-kognitive Voraussetzung für die Übernahme sozialer Perspektiven und damit für eine gelungene Teilnahme an sozialen Interaktionen dar.
Das Konzept des Egozentrismus nimmt in den frühen Arbeiten Piagets eine überragende Stellung ein. Piaget hat den Begriff zuerst gebraucht, um das Denken des Vorschulkindes zu charakterisieren, das in seinen Kommunikationsformen und in bestimmten Denkprozessen an den eigenen Standpunkt gebunden bleibt. In diesem Sinne bestimmt das Konzept

ein Entwicklungsstadium, während dessen die Denkprozesse ,egozentrisch' sind. Erst in der späteren Ausarbeitung der Theorie gewinnt es eine andere Bedeutung (INHELDER & PIAGET, 1958). Indem PIAGET das Konzept des Egozentrismus an die Theorie der Äquilibration bindet, versteht er später darunter nicht mehr eine spezielle Phase der Entwicklung, sondern ein Ungleichgewicht von assimilatorischen und akkomodativen Prozessen, welches sich in jedem Entwicklungsstadium in einer anderen Form darstellt. In der weitesten Anwendung des Begriffes würde man dann sogar das Ungleichgewicht, welches sich zunächst beim Lösen eines Problems einstellt, als ,egozentrische' Assimilation bezeichnen. PIAGET unterscheidet einen *verbalen* (sprachlichen) und einen *intellektuellen* (kognitiven) Egozentrismus. Der intellektuelle Egozentrismus, der ein nicht beobachtbares epistemisches Verhalten kennzeichnet, ist für ihn der ,eigentliche', während der verbale nur ein Indiz des intellektuellen Egozentrismus darstellt. Der sprachliche Egozentrismus ist deshalb auch situationsabhängiger, d. h. er tritt in einigen Situationen auf und in anderen nicht. So kann die Sprache des Kindes gegenüber Erwachsenen oder bei der Arbeit bereits sozialisiert und gegenüber Gleichaltrigen noch (oder wieder) egozentrisch sein (PIAGET, 1972a, S. 77 ff.). Demgegenüber stellt der intellektuelle Egozentrismus die gesamte ,vorkritische' und vorobjektive' Haltung der Erkenntnis dar. Er ist, wie PIAGET ausführt, weder ein Phänomen des Bewußtseins (das Bewußtsein löst ihn auf) noch ein Phänomen des sozialen Verhaltens (in dem er sich manifestiert, das ihn aber nicht konstituiert), sondern es ist ,eine Art systematischer und unbewußter Illusion, eine Art Perspektive' (ebda., S. 81). Der Egozentrismus ist eine epistemische Haltung, die auf der unmittelbaren Besitzergreifung der Welt beruht, in der es zunächst keine Trennung von Subjekt und Objekt gibt. Im Erkenntnisakt besteht eine Verwechslung von Subjekt und Objekt. Die eigene Perspektive gilt als die einzig mögliche, und das Denken ist jeweils an eine Perspektive (einen Aspekt) fixiert. Diese systematische Illusion kehrt in jeder neu auftretenden Form der Realitätsbewältigung wieder, als neue und andere Form des Ungleichgewichts von Assimilation und Akkomodation. PIAGET stellt das Phänomen des egozentrischen Denkens innerhalb verschiedenster Bereiche dar: auf der Ebene des Handelns mit der Objektumwelt, in Wahrnehmung und Vorstellung, im sprachlichen Denken und in der Kommunikation sowie schließlich im Verstehen sozialer Interaktionen und im sozialen Handeln. In allen diesen Bereichen lassen sich hierarchische Abfolgen und stadienspezifische Formen des Egozentrismus aufzeigen. Die Formen des Egozentrismus sind durch je charakteristische Formen der Verarbeitung von Umwelterfahrungen bestimmt.

Die Überwindung der jeweiligen Formen des Egozentrismus vollzieht sich in einem allmählichen Lernprozeß, indem die kontinuierliche Akkumulation von Erfahrungen zu internalen Umstrukturierungen und neuen Gleichgewichtsformen von Assimilation und Akkomodation führt. Jedes Umstrukturieren, welches eine neue Form des Gleichgewichts herbeiführt, bedingt zunächst gleichzeitig eine andere Form des Ungleichgewichts auf dem nächsthöheren Entwicklungsniveau: die Überwindung des Egozentrismus im Handeln führt zu einer neuen Form des Egozentrismus in der Wahrnehmung und Vorstellung, der im Stadium des konkreten Denkens allmählich überwunden wird. Auch im Stadium des formalen Denkens gehen die neu gewonnenen Möglichkeiten zum hypothetisch-deduktiven Denken zunächst mit egozentrischen Denkformen einher, die allerdings unserer Ansicht nach weniger eindeutig als ein rein kognitives Phänomen anzusehen sind, sondern stärker soziale Komponenten beinhalten (vgl. Elkind, 1970, 1972; Looft, 1971, 1972).
Im folgenden soll das egozentrische Denken an charakteristischen Beispielen verdeutlicht werden.

5.2.1. Der Egozentrismus im Wahrnehmen und Denken

Das kleine Kind wird als radikal egozentrisch angesehen, weil es sich zunächst noch vollständig konfundiert mit der Umwelt erlebt. Weder die Umwelt noch das Selbst besitzen psychische Realität, sondern beide gehen als strukturierte Realität erst aus der assimilatorisch-akkomodativen Auseinandersetzung des Organismus mit seiner Umgebung hervor. In diesem Interaktionsprozeß konstituiert das handelnde Subjekt sich erst als das psychologische Objekt.
Der erste bedeutende Schritt in der Konstituierung des Objektes, und damit verbunden auch die Erfahrung eines von der Objektumwelt unabhängigen Selbst, ist der Erwerb der Objektpermanenz. Umgekehrt kann man sagen, daß die Einsicht in das überdauernde Objekt die Überwindung des sensu-motorischen Egozentrismus darstellt (vgl. Elkind, 1970).
Kinder entdecken etwa im 8. bis 9. Lebensmonat, daß Objekte der Umwelt permanent und überdauernd sind, auch wenn sie nicht mehr aktuell wahrgenommen werden können. Piaget und in seiner Nachfolge zahlreiche andere Autoren haben Untersuchungen zum Objekterwerb durchgeführt und immer wieder bestätigt, daß erst das etwas ältere Kind nach einem Objekt, das vor seinen Augen versteckt wird, zu suchen beginnt. Der Erwerb des permanenten Objekts bildet die Bedingung der Mög-

lichkeit der Erkenntnis einer objektiven Welt, denn Einsicht in die Struktur der Realität, in Raum, Zeit und Kausalität ist nur unter der Annahme möglich, daß Objekte stabil und überdauernd sind. Die Erkenntnis einer objektiven Welt, die unabhängig vom konkreten Handeln existiert, wird zugleich zur Erfahrung, daß das Selbst ein Objekt unter anderen ist:

"The child's initial universe is entirely centered on his own body and action in an egocentrim as total as it is unconscious (for lack of consciousness of the self). In the course of the first eighteen months, however, there occurs a kind of copernican revolution, or more simply a kind of general decentering process whereby the child eventually comes to regard himself as an object among others in a universe that is made up of permanent objects (that is structured in a spatio-temporal manner) and in which there is at work a causality that is both localized in space and objectified in things" (PIAGET & INHELDER, 1969, S. 13).

Nicht nur die Beziehung zum Selbst, als einem Objekt unter anderen, sondern auch die Beziehung zur sozialen Umwelt wird zu diesem Zeitpunkt transformiert, da erst auf der Basis der Erkenntnis des anderen in seiner Eigenständigkeit sich individualisierte Beziehungen entwickeln können. Während der frühkindliche Egozentrismus der sensu-motorischen Phase bereits frühzeitig überwunden wird, bleibt das Kind in der Phase des voroperatorischen Denkens in einer Form des Egozentrismus befangen, die sich aus der Unfähigkeit ergibt, verschiedene Perspektiven von Situationen vorstellungsmäßig zu koordinieren. Das egozentrische Denken, das im konkreten Handlungsvollzug bereits überwunden wird, tritt jetzt auf der Ebene der Vorstellungen auf. Dies zeigt sich in der Unfähigkeit des Kindes, die Invarianz der Eigenschaften eines Objektes bei Veränderung seiner Erscheinung zu verstehen. Dem Erwerb des Invarianzkonzeptes und der Aufklärung der Mechanismen, die ihm zugrunde liegen, ist weitaus die größte Zahl von experimentellen Untersuchungen in der PIAGETschen Tradition gewidmet (vgl. SIGEL & HOOPER, 1968).

Das egozentrische Denken der präoperationalen Phase ist darin begründet, daß die ‚reversiblen' Prozesse noch nicht ausgebildet sind, durch welche die Veränderungen des Objektes oder der Beziehung von Objekten internal (also im kognitiven System) rückgängig gemacht oder die Veränderungen durch kompensierende Transformationen aufgehoben werden können. Der Egozentrismus, der sich im Begreifen der physikalischen Beziehungen zeigt, äußert sich auch in der räumlichen Wahrnehmung: Jüngere Kinder verstehen die Relativität von räumlichen Perspektiven noch nicht, sondern projizieren naiv ihre eigene als einzig mögliche Perspektive auf die eines anderen. Es gelingt ihnen z. B. noch nicht, sich in die Perspektive eines Beobachters hineinzuversetzen, der ein Bergpanorama aus verschiedenen Positionen wahrnimmt und die diesen Positionen entsprechenden Ansichten, unabhängig von der aktuellen Ansicht, die das Kind auf dieses Bergpanorama aus Pappmaché hat, zu identifizieren (PIAGET & INHELDER, 1956). Das Phänomen des Egozentrismus in der Wahrnehmung ist von verschiedenen Autoren untersucht und bestätigt worden (vgl. S. 139 f.). Neuerdings konnte BORKE (1975) jedoch den Nachweis führen, daß bei Veränderung der Versuchsbedingungen zu einer für Kinder anschaulicheren und interessanteren Situation, auch Kinder im Alter von drei Jahren bereits zum räumlichen Perspektivenwechsel in der Lage waren (vgl. dazu die Diskussion S. 149 f.).

5.2.2. Der Egozentrismus im begrifflichen und sprachlichen Denken

PIAGET hat in einer seinen frühen Untersuchungen die Sprache von Kindern untersucht und als hervorragendes Moment der kindlichen Kommunikationen ihre Egozentrik analysiert (1972a). Er schloß aus seinen Beobachtungen, daß die kindliche Sprache zunächst nicht auf die Kommunikation mit anderen gerichtet ist und unterschied eine ‚egozentrische' Form der Sprache, die nur das eigene Handeln begleitet, ohne sich explizit an einen Kommunikationspartner zu wenden, von der ‚sozialisierten' Sprache, die der Informationsübermittlung, der Klärung von Motiven und Intentionen oder der Beeinflussung eines Kommunikationspartners dient, also ‚sozial' ist.

Die mangelnde Fähigkeit des Kindes zur sozialen Interaktion und zur Kooperation, die im egozentrischen Sprechen zum Ausdruck kommt, hat ihre Wurzeln im Egozentrismus des Denkens als der kognitiven Unfähigkeit zur Koordinierung der Handlungen als verinnerlichte Operationen und der daraus resultierenden Befangenheit in der eigenen konkreten Perspektive. Daher hält PIAGET auch den sprachlichen Egozentrismus für variabler als den intellektuellen, denn je nachdem ob das Kind mit Erwachsenen kommuniziert oder mit Gleichaltrigen ist seine Sprache eher sozial oder eher egozentrisch (PIAGET, 1972a). Da das Kind aus seiner Erfahrung heraus an den Erwachsenen die Erwartung heranträgt, daß dessen Autorität zugleich mit einem Wissensvorsprung einhergeht und ihn deshalb stets als Wissensquelle heranzieht, verläuft die Kommunikation eher sozial, d. h. das Kind stellt Fragen, deren Beantwortung es von Erwachsenen erstrebt, und übernimmt folglich in strategischer Absicht die Perspektive der Erwachsenen als Sachautorität.

Dem Egozentrismus in der sprachlichen Kommunikation entspricht ein Egozentrismus im begrifflichen Denken, der auch dann noch besteht, wenn das Kind im Handeln bzw. im Manipulieren konkret wahrnehmbarer Objekte das egozentrische Denken bereits überwunden hat. In einem höheren Stadium der Entwicklung wiederholt sich also wieder die ‚Prälogik', die das Kind auf der vorherigen Stufe bereits überwunden hat. Den begrifflichen Egozentrismus wies PIAGET z. B. an der Schwierigkeit von Kindern auf, Relationen zu begreifen (1972b). Kinder gebrauchen relative Begriffe wie rechts-links, hell-dunkel zunächst als absolute Begriffe und verfallen damit einem Irrtum, den PIAGET als den Realismus des kindlichen Denkens bezeichnet. Das kindliche Unverständnis von Beziehungen zeigt sich auch am Beispiel des Begreifens von Geschwisterbeziehungen. Das Kind im Stadium der konkreten Operationen versteht noch nicht, daß es einen Bruder hat, zugleich aber selbst Bruder dieses Bruders ist. Deshalb zählt es sich selbst nicht mit, wenn es nach der Anzahl der Brüder in seiner Familie gefragt wird (PIAGET, ebda, S. 98 ff., vgl. ELKIND, 1961, 1962).

Eine neuere Untersuchung von SALTZ (1971) zeigt entsprechend das kindliche Unverständnis dafür auf, daß eine Person mehrere Rollen gleichzeitig innehaben kann. Das Geschwisterbeispiel hat PIAGET auch herangezogen, um zu verdeutlichen, daß der kindliche Egozentrismus kein soziales Phänomen ist, in dem das Kind nur auf seine eigenen Bedürfnisse ausgerichtet wäre, sondern daß er ein intellektuelles (kognitives) Phänomen darstellt, in dem der Standpunkt des anderen und die Relativität des eigenen nicht begriffen wird (PIAGET, 1972a). Allerdings hat PIAGET zu der Begriffsverwirrung beigetragen, die zwischen sozio-moralischen und kognitiven Konnotationen des Egozentrismus-Begriffs entstanden ist, wenn er zum Beispiel die Begriffe ‚egozentrisch' und egotistisch' austauschbar gebraucht und Formulierungen verwendet wie etwa die folgenden:

„Diese (kindliche) Aktivität ist unzweifelhaft egozentrisch und egotistisch. Der soziale Instinkt entwickelt sich erst spät in deutlichen Formen" (1972,b, S. 209).

Es sind dies die Stellen, welche zu der Kontroverse mit WYGOTSKY über das ursprünglich soziale oder a-soziale Wesen des Kindes beigetragen haben (vgl. S. 61). PIAGET hat aber, wie aus vielen anderen Stellen hervorgeht, den Egozentrismus als ein intellektuelles – und daraus wiederum abgeleitet – sprachliches Problem betrachtet.

Wichtig im Zusammenhang mit der Entwicklung der RÜ sind auch die Untersuchungen zur Kausalität. PIAGET hat das kindliche Kausalitätskonzept am Beispiel von Traumdeutungen untersucht und festgestellt, daß Kinder zunächst nicht zwischen Physischem und Psychischem unterscheiden. Psychische Phänomene werden als reale Phänomene interpretiert und erst zu einem späteren Zeitpunkt der Entwicklung als subjektiv und internal verstanden (PIAGET, 1969, 1972b).

Das Wort ‚weil', das beim Erwachsenen logisch-kausale Erklärungen von realen oder psychischen Sachverhalten einleitet – im Sinne von Erklärungen durch Ursachen bzw. Motive – ist Kindern zunächst nicht geläufig. Der Tendenz, Sätze durch einfache ‚Und-verbindungen' nebenzuordnen, liegt die Unfähigkeit zugrunde, kausale Beziehungen zu erkennen. PIAGET hat dies an Fragen zum naturwissenschaftlichen Denken untersucht, wie z. B. daran, welche Erklärungen das Kind für Naturphänomene (Wind, Sonne) oder physikalische Transformationen sucht[5].

Auch die Beurteilung sozialer Phänomene, also Erklärung und Evaluierung von Verhalten, unterliegen dem ‚kausalen Egozentrismus'. So zeigt es sich z. B., daß jüngere Kinder in dem Sinne ‚außen' orientiert sind, als sie nicht nach den subjektiven Motivationen und damit nach den Gründen und Absichten einer Handlung fragen, sondern die Handlung nach den äußeren, offensichtlichen Konsequenzen beurteilen. Berühmt geworden sind die Untersuchungen zum moralischen Urteil (PIAGET, 1973), wonach jüngere Kinder eine Handlung nach den sichtbaren Konsequenzen bewerten (wie z. B. der Größe des angerichteten Schadens) und nicht nach den Intentionen, die dem Handeln zugrunde lagen. Solche Beurteilungsdimensionen scheinen jedoch in späterem Alter auch subkulturell zu variieren, wie die Untersuchungen schichtspezifischer Erziehungsstile von KOHN (1969) andeuten. Die Phänomene des sozialen Denkens und Urteilens sind möglicherweise stärker als die logisch-mathematischen Denkweisen durch die Struktur des elterlichen Verhaltens im Sozialisationsprozeß beeinflußbar. Dies könnte durch die unmittelbare Relevanz begründet sein, welche die Beurteilung sozialer Phänomene für das Kind hat, da es in der Interaktion mit den Eltern fortwährend auf Gebote und Verbote stößt, die sein Verhalten leiten. So entsteht ein vitales Interesse an den Bewertungen eigener und fremder Handlungen. Die Art der Erklärungen und Begründungen, die das Kind im Sozialisationsprozeß erfährt, sind daher von weitreichender Bedeutung dafür, wie das Kind das ursprünglich egozentrische Denken überwindet, das nicht nach Motiven, Intentionen und Gefühlen fragt, die dem Handeln zugrunde liegen (vgl. dazu S. 113).

Dieser Hinweis sollte zeigen, daß gerade die Untersuchung der kindlichen

[5] Interessanterweise treten bei der Erklärung von physikalischen Phänomenen im frühen Alter magische Interpretationen auf, die man als eine Form der Psychifizierung physikalischen Geschehens betrachten kann, während psychische Phänomene wie z. B. Träume umgekehrt zunächst real interpretiert werden.

‚warum'-Fragen oder der naiven Kategorien interpersoneller Evaluationen dazu anregt, nicht nur den vom Kind selbst gegebenen Gründen nachzugehen, sondern zugleich auch die ihm von der Umwelt angebotenen Gründe zu beachten, also die Struktur der Lernsituationen, denen das Kind im Laufe der sozialisatorischen Interaktionen ausgesetzt wird[6].

---

[6] In diesen Zusammenhang gehörte die systematische Darstellung des Übergangs vom egozentrischen Verständnis interaktionaler Regeln zur Koordination des Handelns und Denkens nach wechselseitig verpflichtenden Regeln. Diese Frage ist von PIAGET in den Bereichen des Spiels und der Entwicklung des moralischen Urteils abgehandelt worden. Fragen des Spiels werden an anderer Stelle aufgenommen (vgl. S. 76 ff.), soweit sich hieran sowohl Stadien wie Mechanismen der Genese der RÜ verdeutlichen lassen. Die Forschungen zur Genese des moralischen Urteils werden nicht behandelt, da sich hierzu ein eigenständiger, umfangreicher, kognitiv-strukturtheoretischer Forschungsbereich entwickelt hat, insbesondere im Kreis um KOHLBERG in Harvard (vgl. z. B. KOHLBERG,, 1971, 1973, 1974). Ihn schematisch darzustellen, erschien nicht angemessen, zumal die Arbeiten KOHLBERGS zum moralischen Urteil neuerdings teilweise auch in Deutsch zugänglich sind (KOHLBERG, 1974, s. auch DÖBERT & NUNNER-WINKLER, 1975).

6

Konstruktivistischer Interaktionismus: Mead, Piaget, Kohlberg

Eine deutliche Übereinstimmung der Theorien MEADS und PIAGETS besteht hinsichtlich ihres Konstruktivismus. Danach setzt das Individuum sich aktiv mit der Umwelt auseinander und konstituiert im Prozeß des Handelns die pysikalische Umwelt der Objekte und die soziale Umwelt der Beziehungen. Wie für PIAGET existieren auch für MEAD Objekte nicht als vorgegebene Entitäten, sondern sie entstehen durch die auf Objekte gerichtete Aktivität des Subjekts. Für beide Theorien ist Intelligenz ein Handeln des Organismus. Sie stellt eine Anpassung von Organismus und Umwelt dar, die durch ein kognitives Ungleichgewicht im Organismus erzeugt wird. Intelligentes Handeln ist eine ständige Reorganisation und Rekonstruktion der Umwelt, indem jede neue Erfahrung eine veränderte Interpretation der Objekte wie der Umwelt im ganzen mit sich bringt. Ein Objekt ist folglich nicht ‚Ding an sich', sondern Ausdruck einer bestimmten Beziehung zwischen Individuum und ‚Welt', d. h. einem physikalischen oder sozialen Gegenüber. PIAGETS biologistischem Modell der Dynamik von Assimilation und Akkomodation und den stets neu entstehenden Gleichgewichtsformen zwischen ihnen entspricht bei MEAD die Annahme, daß das Subjekt entsprechend seiner Perspektive und den jeweiligen Voraussetzungen gemäß unterschiedlich auf Objekte reagiert, d. h. auf sie hin agiert, um sie im Prozeß des Handelns zu rekonstruieren, indem es deren Perspektive einnimmt. Auch bei MEAD wird folglich der ‚Assimilation' des Objektes an die zur Verfügung stehenden Erfahrungsschemata die ‚Akkomodation' dieser Schemata an das Objekt äquilibrierend zur Seite gestellt.

Der Akt der RÜ kann danach in einer aktuellen Situation formal als die Herstellung eines Gleichgewichts beschrieben werden, wodurch das Subjekt Konsistenz in der Bedeutung einer sozialen Situation zu erzeugen sucht. Im Verlauf der Entwicklung der RÜ im Prozeß sozialer Erfahrung werden stets neue Formen dieser ‚Äquilibration' als qualitativ veränderte (kognitive) Fähigkeiten zur Interpretation interpersoneller Erfahrungen realisiert. Der Organismus wird folglich nicht als passiver Rezipient äußerer Stimuli begriffen, sondern als aktives und spontanes Wesen, dessen Handeln und Aktivität den Aufgaben funktional ist, die es bewältigen muß. Dieser Funktionalismus liegt der Theorie MEADS wie der PIAGETS zugrunde, freilich mit unterschiedlichen Konnotationen.

Piagets Funktionalismus bezieht sich auf letztlich biologisch begriffene ‚autoregulative Mechanismen', während der Funktionalismus Meads die Orientierung des Subjekts an sozial konstituiertem Sinn meint. Dieser Aspekt ist in kognitiven Theorien zugunsten der präzisen Bestimmung von Prozessen häufig vernachlässigt worden. So kritisieren Wapner, Cohen und Kaplan (1973) eine einseitige Prozeßorientierung im kognitiv-entwicklungspsychologischen Ansatz und fordern eine theoretische und methodologische Neuorientierung im Sinne interaktionistischer Prinzipien. Sie vertreten die Ansicht, daß kognitive Prozesse nur verstanden werden können, wenn sie nicht als isolierte Prozesse, sondern im Rahmen einer sinnhaft strukturierten Beziehung vom Organismus und Umwelt analysiert werden. Diese Umorientierung hebt auf die Tatsache ab, daß menschliches Handeln seiner Struktur nach zielgerichtetes, d. h. an Sinn orientiertes Handeln ist. Danach setzt das Individuum die ihm zur Verfügung stehenden kognitiven und Handlungspotentiale teils instrumentell ein, um gesetzte Ziele zu erreichen, teils kommunikativ, um sich über Sinn zu verständigen. Will man menschliches Handeln und Denken im Kontext sozialer Interaktionen verständlich machen, müssen die psychischen Prozesse in ihrer Einbettung in den gesellschaftlichen Handlungsprozeß, also zugleich in ihrer Funktionalität für gesellschaftlich vermittelte Handlungsziele begriffen und untersucht werden. Dies impliziert die Notwendigkeit, eine einseitige Prozeßorientierung durch funktionale Betrachtungsweise zu ersetzen. Der Begriff ‚funktional' meint folglich hier den Rekurs auf die Intentionalität menschlichen Handelns. Wapner et al. (1973) nennen zwei globale Ziele des Handelns:

a) die Welt zu strukturieren und sie damit verstehbar, interpretierbar und vorhersagbar zu machen und
b) sich selbst in dieser Umwelt zu orientieren und einen definitiven Platz darin zu finden.

"Man seeks to make sense of out of his surroundings and to define and locate himself with respect to these surroundings. Throughout he is continuously directed toward organizing his environment, endowing it with significance and assessing his own place in the environment thus structured ... The structurization of the environment is not in terms of inert things, or entities, but in terms of the relevance and meaning of features of the world for his plans and his actions. He is constantly interpreting happenings and objects with respect to a schema which he has of the nature of the environment" (ebd, S. 258).

Dieses teleologische Moment der Zielgerichtetheit liefert das Motiv für die Auseinandersetzung mit der Umwelt, die bei Piaget primär als instrumentelle Auseinandersetzung mit der physikalischen Objektwelt verstanden wird. Diese Perspektive läßt jedoch nicht zu, menschliches

Handeln im Kontext sozialer Interaktionen als sinnhaft strukturiert zu begreifen. Versteht man indessen die handlungsorientierenden Interpretationsschemata als die in sozialen Interaktionssituationen erzeugten Regeln und Erwartungen, die ihrerseits an soziale Situationen herangetragen werden, dann deutet sich hier die Perspektive des symbolischen Interaktionismus an: menschliches Handeln als von gesellschaftlich erzeugten Interaktionsregeln angeleitetes, d. h. als sinnhaft strukturiertes, verstehbar zu machen. Die Interpretationsschemata (CICOUREL, 1973) bzw. Deutungsmuster (OEVERMANN, 1974), die das Handeln in und Bedeutung von sozialen Interaktionssituationen regulieren, unterliegen im Verlauf der Ontogenese qualitativen Änderungen als Konsequenz *sozialer* Interaktionen mit der Umwelt. Wir können auf der Basis des symbolischen Interaktionismus postulieren, daß die Fähigkeit zur RÜ als ein Prozeß der Interpretation sozialer Prozesse den Transformationen der normativen Orientierung zugrunde liegt[1]. Die Theorie PIAGETS gibt keine Auskunft darüber, wie die Genese von Regeln und Normen, die zu kognitiven, motivationalen und Handlungsorientierungen verinnerlicht werden, als Folge der Interaktion mit der sozialen Umwelt erklärt werden kann. Daher muß auch die Beschreibung der RÜ als Prozeß wechselnder kognitiver Gleichgewichtszustände von Assimilation und Akkommodation, in denen durch die Verinnerlichung von Handlungsstrukturen allmählich unterschiedliche Perspektiven symbolisch repräsentiert und simultan koordiniert werden können, unzureichend bleiben, solange die Differenz zwischen dem Verständnis von Objekten und Relationen der physikalischen Umwelt und dem Verständnis von Personen und Subjekt-Beziehungen der sozialen Umwelt unberücksichtigt bleibt. Dieser Unterschied ist von MISCHEL (1974) folgendermaßen bestimmt worden:

"that we can stand in personal relationships to people but not to things" (XI, s. auch HAMLYN, ebda, S. 29 f.).

Diese Unterscheidung verweist auf den Unterschied zwischen instrumentellem und kommunikativem Handeln (HABERMAS, 1971, 1973, 1975; OEVERMANN, 1974). Nur das kommunikative Handeln setzt ein Selbst voraus, welches sich zugleich als dem anderen gleich und von ihm unter-

[1] Es sei an dieser Stelle auf KOHLBERG (1974) verwiesen, der in enger Anlehnung an MEAD die Struktur des moralischen Urteils, als eine Form normativer Orientierung, von der Struktur der Beziehung des Selbst zum anderen abhängig macht, also von Möglichkeiten zur RÜ. Die Stadien des moralischen Urteils repräsentieren die Struktur der Reziprozität der an sozialen Regeln (nämlich an der Norm der Gerechtigkeit) orientierten Beziehungen und stellen sukzessive Formen dieser Reziprozität dar, jede differenzierter und universeller als die vorhergehende.

schieden erfährt. Die Nicht-Unterscheidung von instrumentellem und kommunikativem Handeln scheint ein Grund dafür, warum PIAGET im Gegensatz zu MEAD der Sprache und zugleich damit dem Prozeß der Kommunikation nur eine untergeordnete Rolle für die Genese der Intelligenz einräumt. Denken ist für PIAGET zunächst (instrumentelles) Handeln, welches allmählich nach innen verlegt wird. Sprache wird von PIAGET als ein äußeres Zeichensystem gesehen, als eine Art der Repräsentation (figurativer Aspekt, vgl. FURTH, 1972), der die Intelligenz als Handeln (operativer Aspekt) vorgelagert ist. Erst im Prozeß dieser Verinnerlichung des Handelns zu internalisierten Koordinationen von Handlungssystemen gewinnt die Sprache zunehmend an Bedeutung. Für die formalen Denkprozesse erst wird sie konstitutiv, da nun die Verfügung über das Symbolsystem Sprache ermöglicht, die Operationen zu Systemen zu integrieren, in denen mehrere Transformationen gleichzeitig durchgeführt werden können. Die Koordination der Operationen hat für PIAGET 1972c, S. 269 f.) ihre Ursprünge in den sensumotorischen Prozessen, also im Handeln und nicht in den symbolischen Funktionen, die ihrerseits ebenfalls auf Motorik und Perzeption zurückgehen (vgl. dazu auch OEVERMANN, 1969, 1974).

Auch wenn PIAGET (1973) in Übereinstimmung mit MEAD Sprache als unentbehrliches Mittel der Herstellung sozialer Kontrolle versteht, geschieht Denken für ihn nicht primär im Medium der Sprache; vielmehr ist es der Sprache vorgeordnet und nutzt sie zu seiner vollständigen Entfaltung im System der formalen Operationen. Für MEAD hingegen ist die Genese des Denkens ein sprachlicher Prozeß – der Prozeß der Symbolisierung sozialer Beziehungen. Sprache ist das Medium, in dem das Denken zugleich mit dem Selbst konstituiert wird, welches sich in Sprache, einem Objekt gleich, gegenübertritt, das es folglich aus der Perspektive des anderen, mit dem es die Sprache teilt, betrachten kann. Sprache enthält also die kommunikative Beziehung zu sozialen Objekten wie die zum Selbst als sprachlich-symbolisch zugänglichen Objekt. Der Erwerb der Sprache ist mit dem Erwerb des Denkens identisch, denn Spracherwerb ist für MEAD nicht der passive Erwerb von Begriffen, Konzepten und syntaktischen Strukturen. Vielmehr ist das Erlernen von Begriffen und Konzepten sowie das Benennen und Klassifizieren von Objekten und sozialen Ereignissen ein *aktiver* Prozeß der Verarbeitung und Interpretation von Erfahrungen. Durch Sprache finden Individuen überhaupt erst Zugang zueinander und zu ihren eigenen Erfahrungen.

Nach BERGER & LUCKMANN (1970, S. 36 ff.) ermöglicht die Sprache in der „face to face"-Situation der direkten Beziehung eine Art der Reziprozität, die sie von jedem anderen Zeichensystem unterscheidet. Im Gespräch

sind die Interaktionspartner an den jeweiligen eigenen und den Intentionen des Gegenüber orientiert, so daß ein fortwährender wechselseitiger Zugang der Individuen zueinander eröffnet wird, der Intersubjektivität ermöglicht.
Erlaubt Sprache einerseits die konkrete Erfahrung intersubjektiver Nähe, so erreicht sie als symbolische Sprache „die weiteste Entfernung vom ‚Hier und Jetzt' der Alltagswelt" (BERGER & LUCKMANN, ebda, S. 42), indem sie räumlich oder zeitlich voneinander entfernte Wirklichkeiten zu verknüpfen ermöglicht und dadurch der Erfahrung zugänglich macht. Das Denken wird unmittelbar zum Produkt sozialer Interaktions- und Kommunikationsprozesse, denn die sozialen Beziehungen und nicht das instrumentelle Handeln sind konstitutiv für das Denken. Bestimmt PIAGET — insbesondere in seinen frühen Arbeiten — den sozialen Austausch und die kooperativen Beziehungen als grundlegend für die Überwindung des egozentrischen Denkens, so wird die These einer sozialen Konstitution des Denkens in den kommunikativen Beziehungen zugunsten der Verankerung des Denkens im instrumentellen Handeln faktisch aufgegeben. Es bleibt ein ungelöster Widerspruch zwischen dem ‚biologistischen' Modell und der ‚soziologischen' Erklärung der Genese der Intelligenz. MEAD dagegen begründet die Genese des Denkens in Beziehungen zu den ‚signifikanten anderen' und eröffnet damit die Möglichkeit, Denken als gesellschaftliches Phänomen zu begreifen.
Entgegen der Bestimmung von RÜ als dezentrierter, reversibler Prozeß der Koordinierung von Handlungssystemen, der dem sozialen Verstehen zugrunde liegt, ist es nach MEAD die Fähigkeit zur Übernahme von (sozialen) Perspektiven im Gebrauch signifikanter Symbole, welche die Fähigkeit zur Auseinandersetzung auch mit der Objektumwelt herstellt. Erst die Fähigkeit mit sich selbst wie mit anderen mittels signifikanter Symbole zu kommunizieren bzw. im Prozeß der sozialen Interaktion durch RÜ signifikante Symbole zu erwerben, läßt die bewußte und reflexive Intelligenz und damit das Selbst entstehen. Diese reflexive Form der Intelligenz, die als internalisiertes Selbstgespräch ein Selbst voraussetzt, das durch Beziehung zu signifikanten anderen überhaupt erst entstanden ist, wird bei PIAGET nicht von der strategischen Form der Intelligenz unterschieden. Subjekt- und Objektbeziehungen werden als identisch begriffen. Der spezifische Unterschied, der MEADS sozio-genetische Theorie bestimmt, geht ihm verloren. Dieser Unterschied ist in der reziproken sozialen Beziehung zum anderen definiert, in der ego an alter Erwartungen heranträgt und zugleich alter als ein Selbst erfährt, welches Erwartungen an ego richtet.
Die unterschiedlichen Positionen PIAGETS und MEADS hinsichtlich der Be-

deutung der Sprache werden in einer Kontroverse zwischen PIAGET und WYGOTSKI (WYGOTSKI, 1969; PIAGET, 1962; KOHLBERG et al., 1968) über die Funktion der egozentrischen Sprache für die kognitive Entwicklung deutlich. Während PIAGET der Sprache lediglich eine handlungsbegleitende Rolle einräumt, betont WYGOTSKI einerseits den ursprünglich sozialen und kommunikativen Charakter des Sprachgebrauchs sowie andererseits die Funktion der egozentrischen Sprache als Mittel zur kognitiven Selbstregulierung des Individuums. Die egozentrische Sprache ist nicht präsozial, sondern stellt vielmehr ein wichtiges Vermittlungsglied dar zwischen externaler, sozialisierter Sprache und der inneren Sprache als dem eigentlichen Denken. Während PIAGET die These vertritt, daß die egozentrische Sprache im Verlauf der kognitiven Entwicklung funktionslos wird, bildet sie nach WYGOTSKIS Hypothese als innere Sprache das Grundmuster des sprachlichen Denkens. Sprache ist danach die Vermittlungsinstanz, mittels welcher das Denken überhaupt erst realisiert und intersubjektiv verfügbar wird.

PIAGET (1962) hat in seiner Erwiderung der Kritik WYGOTSKIS auf einige Mißverständnisse hingewiesen bezüglich der Frage, ob die Entwicklung vom Individuellen (Egozentrischen) zum Sozialen verläuft – wie es WYGOTSKI PIAGET nach dessen Meinung zu Unrecht unterstellte – oder vom Sozialen zum Individuellen, wie WYGOTSKI annahm. Dennoch bleibt ein Widerspruch zwischen den beiden theoretischen Ansätzen bestehen, der auf eben der unterschiedlichen Auffassung der Funktion von Sprache beruht: während PIAGET Sprache unter figurativem Aspekt als das Medium der Repräsentation der Realität in generalisierten Symbolen auffaßt, ist sie für WYGOTSKI – in Übereinstimmung mit MEAD – als kommunikative Symbolisierung die Bedingung der Möglichkeit von Sozialität wie Individualität (Subjektivität) (vgl. auch BRUNER et al., 1972). Dabei meint kommunikative Symbolisierung zugleich die Repräsentation der Wirklichkeit im sprachlich realisierten Akt kommunikativer Reziprozität wie die im sprachlichen Symbol gegebene Bewertung des kommunikativen Handelns selbst. PIAGETS Deutung der Sprache bleibt instrumentell – und insoweit ‚monologisch' –, während WYGOTSKIS Sprachtheorie ihrer dialektischen Intention nach MEADS sozial-kommunikativer Dialektik sehr nahe kommt.

Nicht auf die Funktion der Sprache für die Genese der Sozialität, sondern auf die Struktur der sozialen Kognition selbst gründet KOHLBERG (1974) seinen Versuch, PIAGETS Theorie der kognitiven Entwicklung unter Einbezug der Theorien von MEAD und J. M. BALDWIN (1900) in Hinblick auf die Erfassung der sozio-kognitiven Entwicklung zu erweitern. KOHLBERG formuliert in Anlehnung an A. L. BALDWIN (1969) zunächst die Grundannahmen kognitiver Theorien und erweitert diese dann für eine Theorie der interpersonalen Entwicklung. Wir wollen hier auch die von KOHLBERG dargestellten Grundannahmen kognitiver Theorien aufnehmen, da sie zugleich eine Zusammenfassung der vorangegangenen Diskussion der PIAGETschen Theorie ermöglichen (ebda. S. 9 ff.):

„1. Die fundamentale Entwicklung involviert fundamentale Transformationen der kognitiven Struktur, die nicht durch die Parameter des assoziativen Lernens (Kontiguität, Repetition, Verstärkung usw.) definiert oder erklärt werden können, sondern durch Parameter von organisatorischen Ganzheiten oder Systemen interner Relationen erklärt werden müssen.
2. Die Entwicklung der kognitiven Struktur ist das Ergebnis von Interaktionsprozessen zwischen der Struktur des Organismus und der Struktur der Umwelt, und nicht Folge der Reifung oder direkte Folge des Lernens (im Sinne einer direkten Formung der Reaktionen des Organismus auf Strukturen der Umwelt).
3. Die kognitiven Strukturen sind immer Strukturen (Schemata) des Handelns. Während die kognitiven Aktivitäten von sensomotorischen über symbolische zu verbalen Äußerungsformen fortschreiten, ist die Organisation dieser Modi immer eine Organisation von auf Objekte bezogenen Handlungen.
4. Die Entwicklung der kognitiven Struktur ist auf ein besseres Äquilibrium dieser Interaktion zwischen Organismus und Umwelt gerichtet, das heißt auf ein besseres Gleichgewicht oder eine bessere Reziprozität zwischen dem auf das (wahrgenommene) Objekt (oder die Situation) bezogenen Handeln des Organismus und dem auf den Organismus bezogenen Handeln des (wahrgenommenen) Objekts. Dieses Gleichgewicht der Interaktion – und nicht die statische Entsprechung zwischen einem Begriff und einem Objekt – repräsentiert ‚Wahrheit', ‚Logik', ‚Wissen' oder ‚Anpassung' in allgemeinster Form."

Diese Annahmen gelten für die Entwicklung in bezug auf die Objektwelt wie die soziale Umwelt, doch sind sie für die letztgenannte eher notwendige Vorbedingungen denn hinreichende Bedingungen. KOHLBERG konkretisiert die Annahmen deshalb durch vier weitere:

„5. Die affektive Entwicklung und Funktion und die kognitive Entwicklung und Funktion sind nicht voneinander geschiedene Bereiche. ‚Affektive' und ‚kognitive' Entwicklung verlaufen parallel; sie repräsentieren verschiedene Perspektiven und Kontexte für die Definition der strukturellen Veränderung.
6. Es gibt eine fundamentale Einheit der Persönlichkeitsorganisation und -entwicklung, die wir als Ego oder Ich bezeichnen. Zwar gibt es vielfältige Bahnen der sozialen Entwicklung (psychosexuelle Entwicklung, moralische Entwicklung usw.), doch diese Bahnen sind durch ihren gemeinsamen Bezug auf ein einziges Konzept des Ich in einer einzigen sozialen Welt geeint. Die soziale Entwicklung ist im wesentlichen die Restrukturierung (1) des Konzepts des Ich, (2) in Beziehung zu den Konzepten anderer Menschen, (3) begriffen als in einer gemeinsamen sozialen Welt mit sozialen Standards existierend. Die Einheit des Niveaus der sozialen Entwicklung, bedingt durch die kognitive Entwicklung (der g-Faktor bei Tests der geistigen Reife) wird ergänzt

durch eine weitere Einheit der Entwicklung, bedingt durch einen gemeinsamen Faktor der Ich-Reife.

7. Alle für ‚physische' Wahrnehmungen sowie für die Stimulierung entwicklungsmäßiger Veränderungen dieser Wahrnehmungen fundamentalen Prozesse sind auch für die soziale Entwicklung fundamental. Darüber hinaus involviert die soziale Wahrnehmung stets eine Rollenübernahme, das heißt ein Wissen, daß der andere mehr oder minder wie das Ich ist und daß der andere dies weiß und auf das Ich innerhalb eines Systems komplementärer Erwartungen reagiert. Dementsprechend reflektieren entwicklungsmäßige Veränderungen des sozialen Ich parallele Veränderungen der Vorstellung von der sozialen Welt.
8. Die soziale oder Ich-Entwicklung ist immer auf ein Gleichgewicht oder eine Reziprozität zwischen den Handlungen des Ich und den auf das Ich bezogenen Handlungen des anderen gerichtet. In verallgemeinerter Form ist dieses Gleichgewicht der Endpunkt oder die Bestimmung der Moralität, begriffen als Prinzip der Gerechtigkeit, d. h. der Reziprozität oder Gleichheit. In individualisierter Form definiert es Beziehungen der ‚Liebe', d. h. der Gegenseitigkeit und reziproken Intimität. Die soziale Analogie zur logischen und physischen Erhaltung ist die Aufrechterhaltung einer Ich-Identität über die Transformationen der verschiedenen Rollenbeziehungen hinweg." (KOHLBERG, 1974, S. 9 ff.)

Diese Punkte verdeutlichen, daß man, um die sozial-kognitive Entwicklung zu begreifen, auf Theorien zurückgreifen muß, die das Individuum als sozial handelndes Subjekt fassen, das mit der Fähigkeit zur RÜ potentiell insoweit ausgestattet ist als es in Interaktionssituationen vom Beginn der sozialisatorischen Interaktion an von anderen kontrafaktisch unterstelltes Fähigkeitspotential in sozialen Lernprozessen aktualisiert und erweitert. KOHLBERG stellt sich bezüglich dieser Entfaltungsprozesse auf den Boden des symbolischen Interaktionismus MEADs und begreift Entwicklung als fundamental sozialen Prozeß.

Der Begriff ‚sozial' meint nach KOHLBERG einerseits die Fähigkeit zu *affektiven Bindungen* und andererseits zum sozialen Lernen durch *Imitation* und *Identifikation.* Beides vollzieht sich über symbolische Kommunikationsprozesse mit anderen, die dem Selbst ähnlich und doch zugleich unähnlich sind. Es ist nach PIAGET gerade diese *Unähnlichkeit,* die als ‚kognitiver Konflikt' den Anreiz darstellt, sich des eigenen Denkens bewußt zu werden und so den Egozentrismus zu überwinden (vgl. MISCHEL, 1971, TURIEL, 1969).

In diesem erweiterten Ansatz einer Entwicklungstheorie erhält das Konzept der RÜ einen zentralen Stellenwert, da es kognitive und soziale Lernvorgänge miteinander verknüpft. Die soziale Entwicklung wird in Anlehnung an MEAD als eine Umstrukturierung der Beziehungen zwischen dem Selbst und seiner sozialen Umwelt sowie der Interpretation, die das Selbst den sozialen Beziehungen gibt, verstanden. Dabei werden

das Selbst wie die anderen in ihrer Zugehörigkeit zu einer gemeinsamen sozialen Welt begriffen.
KOHLBERG zieht die Folgerung, daß alle Prozesse, welche die Entwicklung der physikalischen Kognitionen, also die Kognition der Objektumwelt, stimulieren, auch die grundlegenden Prozesse für die Entwicklung des sozialen Denkens sind. Soziale Kognition jedoch erfordert zusätzlich RÜ als Einsicht in die Mutualität sozialer Beziehungen. Diese Annahmen stützen in einer umfassenden Theorie die in der kognitiven Entwicklungstheorie PIAGETs theoretisch postulierte Einheit kognitiver und sozialer Lernvorgänge, die als Parallelität des Begreifens der Objektwelt wie der sozialen Umwelt gefaßt wird.
KOHLBERG betont in Punkt fünf die Parallelität affektiver und kognitiver Prozesse, ohne jedoch zu explizieren, was er unter dieser Parallelität versteht. Beinahe scheint er die affektive Entwicklung der kognitiv-sozialen gleichzusetzen, da er in den folgenden Punkten nur auf letztere eingeht. Eine solche Gleichsetzung erscheint indessen nicht gerechtfertigt. Nach PIAGET (1960, PIAGET & INHELDER, 1972) ist die Affektivität der energetische Motor des Verhaltens, dessen Struktur die kognitiven Funktionen sind. Indem die Affektivität lediglich als energetisches Moment des Gleichgewichtsmodells bestimmt wird, bleibt implizit eine Vorrangigkeit kognitiver gegenüber affektiven Prozessen erhalten. Zwar ist die Theorie ihrem Anspruch nach eine Theorie der kognitiven wie auch der affektiven Entwicklung doch wie z. B. LANGER (1969b) schreibt:

"... even though it is possible to point to some of the affective aspects of development, it is the intellectual features that have actually been worked out in some detail" (S. 105).

In einer Theorie der Genese der RÜ dürfte den affektiven Prozessen eine weit stärkere Bedeutung zukommen als bisher thematisiert. Die affektiven Beziehungen zu ‚signifikanten anderen' bilden nach HAMLYN (1974) die Bedingungen der sozio-kognitiven Entwicklung.

"Knowledge of others would then have for its foundation something like relations between the child and others based on feeling" (S. 32).

KOHLBERG geht folglich über PIAGET hinaus, wenn er die sozio-kognitive Entwicklung als eine Umstrukturierung der Beziehungen des Selbst zum anderen und damit der Fähigkeiten zur RÜ faßt. Auch er begreift jedoch die kognitiven Strukturen als Voraussetzung sozio-kognitiver Denkprozesse, wenn er sagt, daß alle grundlegenden Prozesse, welche die Erkenntnis der physikalischen Umwelt stimulieren, zugleich für die sozial-kognitive Entwicklung grundlegend sind. Eine mögliche, gerade durch die Theorie MEADs, auf die er sich bezieht, nahegelegte Umkehrung dieser Annahmen (die übrigens in Einklang mit psychodynamischen Entwicklungstheorien stünde) deutet er nicht an: daß nämlich die Prozesse, welche grundlegend für die soziale Entwicklung sind, auch zugleich die Erkenntnis der physikalischen Umwelt stimulieren könnten.

Die Vorrangigkeit der Stadien des logisch-mathematischen Denkens gegenüber den Stadien des sozio-kognitiven Denkens bleibt auch in einer Analyse SELMANS (1973, 1974) – einem Mitarbeiter KOHLBERGS – erhalten. SELMAN definiert Stadien der RÜ (vgl. S. 71 f.) analog den Stadien der kognitiven Entwicklung und des moralischen Urteils. Die kognitiven Stadien werden als notwendige aber nicht hinreichende Bedingungen für die Stadien der RÜ angesehen, die ihrerseits notwendige aber nicht hinreichende Bedingung für die Entwicklung des moralischen Urteils bilden. In diesem Modell ist eine Hierarchie des Aufbaus impliziert, die zwar von SELMAN als Parallelität der Entwicklung aller drei Prozesse definiert wird, jedoch zugleich eine temporale Abfolge voraussetzt, indem die logische Hierarchie von den kognitiven Stadien ausgeht und, gleichsam darauf aufbauend, zu den sozio-kognitiven Lernprozessen voranschreitet. Die Abfolge der Prozesse, die in diesem Modell dargestellt wird, und deren Parallelität sind freilich auch durch die Logik der Analyse gegeben, da die Kriterien für RÜ und moralische Entwicklung anhand der Kriterien für den Nachweis der kognitiven Stadien gewählt werden.

Die Frage der genetischen Implikationen dieses Modells wird demgegenüber nicht gestellt. Unausgesprochen scheint SELMAN indessen wie KOHLBERG die genetische Priorität der kognitiven Operationen anzunehmen. Das hierarchische Modell, welches das Auseinanderhervorgehen der Stadien im Sinne notwendiger aber nicht hinreichender Bedingungen spezifiziert, ließe sich nach der Theorie PIAGETS im Sinne von ‚décalages' verstehen: Danach würden gleiche Strukturniveaus in verschiedenen Bereichen der Umwelterfassung auf der Basis vorausgegangener Lernerfahrungen unter dem Einfluß neu hinzukommender Erfahrungen erreicht. Da in der PIAGETschen Theorie die Objekterfahrung des instrumentell handelnden Subjektes zentral für die Genese der Intelligenz ist, bestimmt diese theoretische Annahme zugleich die genetische Priorität der Stadien des logisch-mathematischen Denkens, das somit zur Voraussetzung der Strukturierung der sozialen Umwelt wird.

Dieser Konzeptualisierung läßt sich eine der Theorie MEADS entnommene Aussage gegenüberstellen, in der in ähnlicher Weise wie in der PIAGET/WYGOTSKI-Kontroverse das Problem von epistemischen und sozialen Subjekt zum Ausdruck kommt:

"As consciousness of other precedes consciousness of self, so too does social consciousness precede physical consciousness ... Experience in its original form became reflective in the recognition of selves, and only gradually was there differentiated a reflective experience of things which were purely physical" (MEAD, 1910, S. 180 zit. nach MELTZER et al., 1975, S. 40).

Die logisch-mathematische Erkenntnis der physikalischen Umwelt wird danach als Abstraktion sozialer Bewußtheit gefaßt, die als Folge und als Verarbeitung sozialer Interaktion entsteht. Verankert man nicht wie PIAGET die Entwicklungsdynamik als internalen, autoregulativen Prozeß im instrumentellen Handeln, sondern begreift sie von Anbeginn an sozial und damit in kommunikatives Handeln eingebettet, dann muß dies zu einer Problematisierung des Selbstverständnisses führen, nach dem die kognitiven Stadien als notwendige Bedingung für die sozio-kognitiven begriffen werden.

Die Frage stellt sich, ob nicht vielmehr die wechselseitige Implikation der kognitiven und der sozialen Entwicklung als Erklärung des Phänomens der Parallelität der Entwicklungsverläufe angemessener ist: daß die kognitiven Stadien zugleich Ursache und Folge der sozial-kognitiven Lernprozesse sind wie umgekehrt. Denn einerseits kann die kognitive Dezentrierungsleistung gewiß als Voraussetzung der Fähigkeit zum speziellen Perspektivenwechsel und damit zum Rollenhandeln betrachtet werden. Indessen verlangt das auch von PIAGET gesehene Problem nach einer Klärung, daß die Ontogenese kognitiver Dezentrierung ihrerseits den Vollzug sozialer Interaktionen und damit i. w. S. Rollenhandeln bereits vorauszusetzen scheint.

Die Genese des physikalischen und sozialen Objektes sind in der Theorie PIAGETS nicht systematisch geschieden, der Objektbegriff ist weit genug, um soziale Objekte darunter zu subsumieren. Doch hat sich die empirische Prüfung der Theorie vorwiegend der Frage nach der Konstitution der physikalischen Objekte wie der logisch-mathematischen Beziehungen zwischen ihnen gewidmet. Nur in wenigen Arbeiten wurde aus psychoanalytischer Perspektive die Genese physikalischer wie sozialer Objektbeziehungen als integraler, ontogenetischer Entwicklungsverlauf zu beschreiben versucht, allerdings nur für die sensumotorische Phase (DECARIE, 1965; WOLFF, 1960; COBLINER, 1967).

Insbesondere in dieser Entwicklungsphase dürfte die Aussage, daß alles, was die soziale Kognition stimuliert, zugleich die kognitive Entwicklung vorantreibt, mehr Gültigkeit haben als die Aussage KOHLBERGS, daß alles, was die kognitive Entwicklung fördert, zugleich das sozio-kognitive Denken stimuliert. Die Bedeutung der sozialen Interaktion und Kommunikation vor dem instrumentellen Handeln erweist sich vor allem in der umfangreichen Deprivationsforschung (vgl. SCHAFFER, 1971).

Die Frage der Beziehungen zwischen kognitiver und sozio-kognitiver

Reversibilität wurde auch zum Gegenstand einer Kontroverse zwischen BORKE (1971) und CHANDLER & GREENSPAN (1971). BORKE interpretierte das Ergebnis ihrer Untersuchung, daß bereits Kinder im Alter von 3 Jahren zur Identifizierung von Gefühlszuständen anderer in der Lage sind als frühe Form von Empathie und RÜ, während CHANDLER und GREENSPAN dafür plädieren, den Begriff RÜ erst dann anzuwenden, wenn über die Projektion eigener Erfahrungen hinaus ein Wechsel des Bezugssystems vorgenommen werden kann. Doch scheint es, daß eine solche Einschränkung gerade die Vorformen der RÜ verdeckt, die ihrerseits zum Stimulans der kognitiven Dezentrierungsfähigkeit werden könnten. Es sei hier auch auf WYGOTSKI (1967, vgl. S. 77) verwiesen, der die flexiblen Bedeutungswechsel im symbolischen Spiel als Vorform der Reversibilität im logisch-mathematischen Denken begreift. Entsprechend könnte der im Spiel oder genereller in sozialen Interaktionen vollzogene Wechsel der sozialen Rollen und Perspektiven zum Paradigma für das Begreifen der Invarianz von Objekteigenschaften werden. Daß die affektiven Beziehungen zu anderen, die Übernahme deren räumlicher Perspektive zu einem weitaus früheren Zeitpunkt ermöglicht, als dies nach Arbeiten der PIAGET-Tradition angenommen wird (vgl. Lit., S. 139 f.), konnte BORKE (1975) ebenfalls nachweisen. Bereits im Alter von drei Jahren identifizierten die Kinder unabhängig von ihrer eigenen Sichtweise die unterschiedliche räumliche Perspektive in affektiv positiv besetzten Zusammenhängen. Dies deutet ebenfalls darauf hin, daß die Überwindung egozentrischer Denkformen über soziale Beziehungsmomente verläuft und daß die soziale Beziehungsdynamik zentrales Konstituens der Genese des Denkens und der performanz-steuernden Bedingungen kognitiv-sozialer Lernvorgänge darstellt, die in der Theorie PIAGETS eher verdeckt als erhellt werden (vgl. dazu auch EDELSTEIN, 1975 sowie S. 149 f.).

7

Stadien der Rollenübernahme

Haben wir bisher die Formen des egozentrischen Denkens dargestellt, so sollen jetzt komplementär dazu die Stadien der RÜ aufgezeigt werden, als je charakteristische Formen der Verarbeitung und Strukturierung sozialer Erfahrungen.

Mead (1968) führt drei Stadien in der Entwicklung des Selbst und der reflexiven Intelligenz auf, die durch verschiedenartige Fähigkeiten zum role-taking gekennzeichnet sind: In dem *vorbereitenden Stadium* (welches nach Meltzer, 1967, aus fragmentarischen Schriften erschlossen werden kann) imitiert das Kind Verhaltensakte, ohne deren Bedeutung zu begreifen. Siegrist (1970, S. 29) hat neben den imitativen Akten des Kindes in dem Stadium der vorsprachlichen RÜ zugleich die Entwicklung von Verhaltenskoordinationen, als frühe Formen der Einstimmung zwischen Mutter und Kind, herausgestellt. Das Kind imitiert nicht nur, sondern antizipiert bereits Verhaltensreaktionen, die zum Auslöser für intendierte soziale Akte gegenüber der Mutter werden. Mead hat dies am Beispiel des Weinens aufgezeigt, welches das Kind bereits im 5. bis 6. Monat als intentionalen Akt anwenden kann, um eine mütterliche Reaktion hervorzurufen.

Im Stadium der *spielerischen Handlung* übernimmt das Kind soziale Rollen im Spiel (playing-at a role). Indem es die verschiedenartigsten Rollen übernimmt, lernt es sich selbst als ein anderer gegenüberzutreten und damit auf sich selbst zu reagieren. Die sozialen Rollen sind in diesem Stadium noch nicht einheitlich organisiert und miteinander in Beziehung gesetzt.

Erst im dritten Stadium des Spiels *(game-stage)* lernt das Kind die Haltungen eines jeden am Spiel Beteiligten zu übernehmen und diese Perspektiven miteinander zu koordinieren. Im Regelspiel muß das Kind simultan mehrere Rollen gleichzeitig übernehmen, um die Handlungen und Strategien der Mitspieler zu antizipieren und seine eigenen Reaktionen darauf abzustimmen. Im Akt der RÜ ist jetzt der gesamte ‚interpersonelle Akt' repräsentiert, das Selbst wie der andere (Cottrell, 1972). In diesem Stadium übernimmt das Kind nicht mehr nur konkrete Rollen ‚signifikanter' Personen seiner Umwelt, sondern es übernimmt die Haltung der sozialen Gruppe, deren Mitglied es ist (repräsentiert im ‚generalized other'). Die Übernahme der Rolle des ‚generalisierten Anderen' ist ein Prozeß des abstrakten Denkens, in dem das Individuum sich selbst vom Standpunkt der Bezugsgruppe her sehen und bewerten kann. Im ‚generalisierten anderen' sind die Erwartungen der sozialen Gruppe als generalisierte Standards und Normen repräsentiert, die das Subjekt an soziale Situationen heranträgt und die sein eigenes Verhalten regulieren.

Eine weitgehend entsprechende Abfolge von Stadien des Spiels hat PIAGET (1973) gegeben. Er versucht unterschiedliche Formen im Verständnis von Regeln zu begreifen, die durch je verschiedenartige Fähigkeiten zur Übernahme von Perspektiven begründet sind. PIAGET trennt hier interessanterweise Handeln und Verstehen, indem er die ‚Praxis der Regeln' als ihre Anwendung im Verhalten dem ‚Bewußtsein der Regeln' als dem Verständnis von Regeln gegenüberstellt. Durch diese Trennung wird es möglich, die generelle kognitive Verfügbarkeit einer Regel von den Bedingungen zu unterscheiden, welche in einer aktuellen Handlungssituation performanzsteuernd wirksam werden.

Dieser Aspekt ist allerdings von PIAGET nicht weitergehend expliziert worden, obwohl auch am Beispiel des verbalen Egozentrismus situationsspezifische Bedingungen der Aktualisierung egozentrischer Sprache eine Rolle spielen (vgl. dazu ZEBERGS, 1974).

PIAGET charakterisiert vier Stadien, die Einblick in die Genese soziokognitiver Prozesse vermitteln:

Im ersten Stadium hat das Kind noch kein Verständnis von Regeln und richtet sich auch in seinem Verhalten nach privaten (individuellen) Regeln. Im zweiten, egozentrischen Stadium spielen Kinder allein oder nebeneinander, ohne mutuell zu kooperieren. Das Kind begreift Regeln als unabänderlich gegeben und unterwirft sich zugleich den Regeln, die Erwachsene vorgeben. Erst im dritten Stadium beginnt eine Kooperation der Kinder im Spiel, die sie dazu veranlaßt, auf das Befolgen von Regeln zu dringen. In diesem Stadium gewinnen Kinder Einsicht, daß Regeln auf Gegenseitigkeit beruhen und daß Spiele nur gelingen, wenn alle sich der Regel verpflichtet fühlen. Folglich entstehen nun in der Gruppe der Gleichaltrigen neue Lernsituationen, die soziale Sensibilität fördern. Denn in dem Maße wie Regeln nicht als ‚absolutes Recht' begriffen werden, sondern als veränderlich gelten, werden individuelle Interessen im Kontext wechselseitiger Verpflichtung begriffen: daß man nur spielen kann, wenn alle sich für das Spiel und die Einhaltung der Regel verantwortlich fühlen, daß man in dieser Gegenseitigkeit die eigenen und die Bedürfnisse der anderen befriedigen kann und daß Regeln nicht absolut, sondern entsprechend den Bedürfnissen der Spieler veränderbar sind (DAUBLEBSKY, 1973).

PIAGET hat besonders für das dritte Stadium die Einsicht in die Verän-

derbarkeit der Regel betont, während im vierten Stadium demgegenüber wieder eine starke Bindung an die Regeln einsetzt. Die Mitspieler fordern nun voneinander peinlich genaues Einhalten der Regeln. In diesem Stadium werden auch gesellschaftliche Normen als allgemeinverbindliche ‚kodifizierte Regeln' begriffen, als ‚Recht'. Dieses Stadium entspricht dem der Übernahme der Perspektive der ‚generalisierten anderen' in der Theorie MEADS.
Unabhängig von den Formen des Spiels als Paradigma der Charakterisierung sozio-kognitiver Prozesse beschreibt WEINSTEIN (1969) verschiedene Arten des sozialen Verstehens. Als früheste Form der Erfassung des anderen versteht er die unmittelbare Reaktion kleiner Kinder auf Gefühlszustände eines anderen. Grobe Gefühlskategorien wie Freude, Trauer oder Schmerz führen bereits sehr früh zu einer Sympathiereaktion beim Kind und können auch relativ frühzeitig unterschieden werden (vgl. BORKE, 1971). Eine kognitiv höher entwickelte Form der RÜ stellt die projektive RÜ (projective role-taking) dar, in der das Kind Schlußfolgerungen über das Verhalten eines anderen zieht, die seinen eigenen Bedeutungen entsprechen. Die Situation wird zwar schon berücksichtigt, doch wird die eigene Perspektive zur generalisierten Grundlage der Erfahrung des anderen.
Positionale RÜ (positional role-taking) meint die Entwicklung stereotyper Verhaltensnormen und -erwartungen, die an soziale Positionen geknüpft sind. Diese Form der RÜ entspricht dem Erlernen sozialer Rollen, wobei der normative Aspekt hervorgehoben wird.
Die groben Kategorien positionaler RÜ werden durch eine persönliche Stereotypisierung (personality stereotyping mode of role-taking) verfeinert, wenn das Individuum situationsspezifische Erfahrungen als Korrektur stereotyper Erwartungen heranziehen kann.
Individuierte RÜ ist dadurch gekennzeichnet, daß die Interpretation des anderen an den Bedingungen der aktuellen Situationen und nicht an verfügbaren Stereotypen ausgerichtet ist. WALLER (1973) kennzeichnet die personorientierte RÜ als die Fähigkeit des Subjekts,

> „... die auf personalisierte Interaktionssituationen bezogene Handlungsorientierung anderer Personen adäquat zu erfassen, indem es seine subjektiven Erwartungen an deren individueller Bewertung der spezifischen Anforderungen und Zielsetzung einer Interaktionssituation orientiert und auf diese Weise die auf die positionsbezogene Handlungsorientierung anderer gerichteten Erwartungsstereotype differenziert" (S. 217).

Der situations- und personorientierte RÜ-Prozeß stellt eine kognitive Interpretationsleistung dar, in der die Perspektive von alter aus den Hinweisreizen einer individualisierten Interaktionsbeziehung übernommen wird. Voraussetzung dafür ist sowohl die Fähigkeit wie auch die Bereitschaft (Motivation) von ego, die aktuellen Erfahrungen in einer Situation aufzunehmen und die Interpretation des Verhaltens von alter darauf zu begründen – also im Prozeß der Interaktion mit alter die Bedeutung einer Situation zu konstruieren.

Die genannten Formen der RÜ bilden nur zum Teil eine Entwicklungshierarchie. Vielmehr sind es auch nebeneinander bestehende Möglichkeiten zur Verarbeitung sozialer Situationen, die situationsspezifisch unterschiedlich aktualisiert werden können. Welche Form der RÜ das Subjekt in einer sozialen Situation zeigt, hängt bei genereller Verfügbarkeit aller Formen vor allem von der Bedeutsamkeit der Situation und der emotionalen Beziehung zum anderen in einer speziellen Situation ab. Hier ergeben sich Ansätze für differentialpsychologische und klinische Fragestellungen.

Die kognitiv-entwicklungspsychologische differenzierteste Beschreibung einer ontogenetischen Sequenz von Stadien der RÜ hat SELMAN (1973) gegeben. Ausgehend von den Arbeiten MEADS, PIAGETS und KOHLBERGS konzipierte er eine theoretische Abfolge hierarchisch aufeinander aufbauender Prozesse der RÜ. Diese Hierarchie stellt allerdings eher ein theoretisches und logisches Gerüst dar als eine empirisch validierte Abfolge. Erste Ansätze zur empirischen Überprüfung wurden von SELMAN (1973, 1974) vorgenommen (vgl. S. 147). SELMAN formuliert Stadien der Entwicklung in Anlehnung an PIAGET als Tiefenstrukturen des Denkens, die verschiedensten Arten von Reaktionen zugrunde liegen. Die qualitativ verschiedenen Stadien der RÜ bauen hierarchisch aufeinander auf. In dieser kognitiv-strukturtheoretischen Konzeption unterscheidet er einen formalen oder strukturellen Aspekt von einem inhaltlichen Aspekt der RÜ. Der formale Aspekt wird in Anlehnung an KOHLBERG (1974) als Entwicklung des Verständnisses der Beziehung zwischen Selbst und anderen definiert, die im Verlauf der Entwicklung qualitativen Transformationen unterliegt. Der inhaltliche Aspekt bezieht sich auf die Entwicklung des Verständnisses dessen, was ein soziales Wesen ist, also auf die Kategorien, die an die soziale Umwelt herangetragen werden. Erwartungen, Gefühle, Motive und Fähigkeiten des anderen werden gemäß diesen Schemata konstruiert, als eine Art ‚naive' Theorie (vgl. HEIDER, 1964) des sozialen Geschehens.

Im Stadium der *egozentrischen RÜ* (etwa 4–6 Jahre) besteht keine Differenzierung der Standpunkte von Selbst und anderen und damit von Motiven, Attributierungen und Erwartungen (Struktureller Aspekt). Das Kind ist in diesem Alter bereits dazu fähig, die Gefühle anderer zu verstehen, doch überträgt es assoziativ die eigenen Erfahrungen. Es versteht also Gefühle in den Situationen, in denen es seine eigenen Reaktionen weiß. Die Welt wird ‚naiv' hingenommen, die Handlungen anderer werden nicht interpretiert, sowie auch kein Verständnis dafür besteht, daß andere die Welt interpretieren (Inhaltlicher Aspekt).

Im Stadium der *sozial-informationalen* (social-informational) *RÜ* (etwa 6–8 Jahre) begreift das Kind, daß die Personen seiner Umwelt Handlungen oder Situationen unterschiedlich sehen, beurteilen oder interpretieren. Damit wird die unterschiedliche Perspektive von Selbst und anderen deutlich (Struktureller Aspekt). Zugleich werden jetzt Handlungen nach ihrer Intentionalität (als beabsichtigt oder zufällig) interpretiert, d. h. es werden psychische (nicht evidente) Gründe als dem Verhalten zugrunde liegend angenommen (Inhaltlicher Aspekt).

Im dritten Stadium der *selbst-reflexiven* (self-reflective) *RÜ* (etwa 8 bis 10 Jahre) entsteht die Einsicht, daß dem Perspektivenwechsel den ego vornimmt, um alters Verhalten oder Motive zu interpretieren, zugleich entspricht, daß alter egos Perspektive bezieht, um die Handlungen und Motive von ego zu interpretieren. Dies kann man als den Beginn rekursiver Denkprozesse im Verständnis sozialer Interaktionen ansehen (MILLER et al., 1970). Erst damit wird ein Verständnis dyadischer Interaktion möglich, in der die Interaktionspartner durch wechselseitige Perspektivenübernahme ihr Verhalten steuern (Struktureller Aspekt). Das Kind bemerkt jetzt, daß ego und alter unterschiedliche Interpretationen von Handlungen vornehmen können, die verschiedenartigen Bedürfnissen und Werthierarchien entsprechen können. Eine Erkenntnis der Reziprozität von Erfahrungen und Bewertungen besteht in der Einsicht, daß alter die Intentionalität der Handlungen von ego ebenso beurteilt wie ego die von alter. Zugleich mit der Fähigkeit, sich selbst aus der Perspektive von alter zu sehen, entsteht die Möglichkeit, über das eigene Denken zu reflektieren, als eine neue Form des ‚Selbstbewußtseins'.

In einem vierten Stadium *der mutuellen* (mutual) *RÜ*, das SELMAN (1974) charakterisiert, besteht Verständnis für die Wechselseitigkeit sozialer Perspektiven. Das Kind kann jetzt in dynamischen Interaktionssituationen das Verhalten der jeweiligen Interaktionspartner vom Standpunkt eines dritten her betrachten und kann allgemein die Rolle eines ‚Beobachters' einnehmen. Erst in diesem Stadium besteht die Möglichkeit zu einer vollständigen Reversibilität der Bezugssysteme, in der die Bedeutung einer sozialen Situation von unterschiedlichsten Standpunkten her rekonzeptualisiert werden kann (‚generalized other').

Diese Ausführungen verdeutlichen, daß neben den generellen Übereinstimmungen in der Deutung der Formen der RÜ im Entwicklungsprozeß zwei unterschiedliche Bestimmungen der RÜ zum Ausdruck kommen:

Die Übernahme der Perspektive des anderen in einer realen oder vorgestellten Interaktionssituation ermöglicht als quasi ‚instrumenteller' Akt (LINDESMITH & STRAUSS, 1968) das soziale Verstehen. Davon ist zu unterscheiden die Übernahme der Perspektive des ‚generalisierten anderen' als Verinnerlichung der sozialen Normen, die langfristig den Prozeß sozialen Verstehens als interpretativen Vorgang steuert. Diese Bedeutung von RÜ im Sinne von Identifikation (vgl. S. 81 f.) haben MEAD und PIAGET im Sinn, wenn sie das genetisch höchste Stadium der RÜ charakterisieren. Die entwicklungspsychologische Konzeptualisierung der RÜ Fähigkeiten beschränkt sich demgegenüber auf den ersten Aspekt, während der zweite Aspekt der Organisation normativer Werte in den Arbeiten zum moralischen Urteil behandelt wird.

8

Entwicklungspsychologische Bedingungen der Genese der Rollenübernahme

8.1. Überwindung des Egozentrismus: kognitiv oder sozial?

Piaget führt den Egozentrismus – wie bereits ausgeführt – auf eine Zentrierung des Denkens und eine logische Nicht-Umkehrbarkeit zurück:

„Die Erkenntnis beginnt mit Handlungen in einer einzigen Richtung und ist zunächst auf die eigene Aktivität konzentriert. Daher rührt diese Egozentrik, für die logische Nichtumkehrbarkeit der unmittelbarste Ausdruck ist. In dem Maße, in dem sich die Handlungen ordnen und sich somit in Operationen verinnerlichen, dezentralisieren die operationalen Gruppierungen die Handlung, indem sie diese in Systeme von umkehrbaren Transformationen eingliedern“ (1972 b, S. 22).

Für das Funktionieren der formallogischen und nicht egozentrischen Denkprozesse sind zwei Bedingungen notwendig:

a) Die Lösung vom eigenen unmittelbaren Standpunkt, so daß man über sich selbst, den anderen und generell über Mögliches reflektieren kann und

b) die Lösung von der konkret-anschaulichen Wirklichkeit, um hypothetisch und deduktiv Möglichkeiten zu überprüfen.

Piaget charakterisiert die erste Bedingung als sozial und die zweite als intellektuell (logisch), in dem Sinne, daß die Realität als eine mögliche Wirklichkeit verstanden wird. Die Überwindung des Egozentrismus wird also durch zwei Faktoren verständlich gemacht: einerseits die Dynamik des Assimilations-Akkommodationsprozesses und andererseits die sozialen Interaktionsprozesse.

In seinen frühen Arbeiten scheint Paget sogar in Übereinstimmung zu Mead eine Vorrangigkeit des sozialen Faktors gegenüber dem logischen Faktor für die Entwicklung der formalen Denkoperationen anzunehmen, wenn er schreibt:

„Was wir über die Rolle der sozialen Faktoren in der geistigen Entwicklung festgestellt haben, kann uns, so scheint es, in dieser Frage nicht schwanken lassen: erst in dem Augenblick, wo das Kind von seinen persönlichen Meinungen abstrahieren kann und sich auf welchen fremden Standpunkt auch immer einlassen kann, weiß es wirklich, was eine Hypothese ist“ (1972 b, S. 85).

Dem biologischen Standpunkt des erkenntnistheoretischen Gleichgewichtsmodells stellt er damit einen ‚soziologischen Standpunkt‘ gegenüber (ebda, S. 202) als ein an DURKHEIM orientiertes soziologisches Erklärungsmodell der Entwicklung. In den sozialen Interaktionen, als ‚Produkt des sozialen Lebens' und nicht im Rahmen des individuellen Lebens entsteht das Bedürfnis (und zugleich die Fähigkeit), das eigene Denken zu rechtfertigen und zu begründen. Daher führt die Diskussion mit anderen auch zur Überwindung des ursprünglichen Egozentrismus.

„Das soziale Bedürfnis, am Denken der anderen teilzunehmen, das unsere mitzuteilen und zu überzeugen, steht am Anfang unseres Bedürfnisses der Verifizierung. Der Beweis ist aus der Diskussion entstanden" (ebda., S. 204).

Eine explizite Ähnlichkeit mit dem Denken MEADS, den PIAGET nicht erwähnt[1], wird deutlich, wenn er schreibt, daß durch diese Diskussion schließlich das Subjekt die Fähigkeit erwirbt, ‚den eigenen Standpunkt zu verlassen und sich schließlich auf den Standpunkt der Allgemeinheit zu stellen' (a.a.O., S. 183). Er bezieht sich hier auf das ‚fait social' DURKHEIMS, doch zugleich ist, anders als bei DURKHEIM und ähnlicher der Konzeption MEADS, eine Entwicklungstheorie der sozialen Genese der Moral in Ansätzen formuliert. Setzt man anstelle des Begriffes der Diskussion den der sozialen Interaktion, dann wird noch deutlicher, daß PIAGET beinahe ein sozial handelndes, dialogisches Subjekt im Sinne von MEAD konzipiert.
Im System sozialer Beziehungen konstituiert sich ein Denken, welches ursprünglich sozial ist, da es die Tendenz hat, sich gesellschaftlich zu verifizieren und zu legitimieren. In Interaktionen mit ‚signifikanten anderen' werden die sozialen Erwartungen verinnerlicht, die schließlich im ‚generalisierten anderen' repräsentiert sind, als allgemeinverbindliche Struktur der Moral oder gesellschaftlicher Normsysteme. In der Konfrontation biologischer und soziologischer Erklärungsansätze entsteht ein Widerspruch zwischen ‚monologischem' und ‚dialogischem' Ansatz der Ontogenese, der im Rahmen der PIAGETschen Theorie nicht gelöst wurde (vgl. dazu OEVERMANN, 1974).
Wird die Genese der RÜ im sozialen Interaktionsprozeß verankert, so stellt sich die Frage nach den sozialen Lernsituationen, in denen sich die sozio-kognitive Entwicklung vollzieht. Aus entwicklungspsychologischer Perspektive stellen Imitation und Spiel wichtige Mechanismen für den Erwerb der RÜ-Fähigkeiten dar. Sie sollen im folgenden charakterisiert werden. Daran anschließend werden die sozialisatorischen Bedingungen der Genese der RÜ im familialen Interaktionsprozeß ausgeführt.

1 Er bezieht sich jedoch auf BALDWIN (1900), der seinerseits an MEAD orientiert war.

8.2. Die Bedeutung von Imitation und Spiel für die Genese der Rollenübernahme

Die Definition von RÜ als Erschließung nicht-beobachtbarer Dimensionen sozialer Interaktion charakterisiert RÜ als eine Fähigkeit, die erst zu einem relativ späten Zeitpunkt der Entwicklung auftreten kann, wenn das Kind den ursprünglichen Realismus überwunden hat, also die Trennung von physischen und psychischen Phänomenen erkennt, sich selbst und andere als eigenständiges Subjekt wahrnimmt und zugleich eine Relativität von Perspektiven zu begreifen beginnt. Die ‚Vorläufer' eines so konzipierten „role-taking"-Prozesses konstituieren sich auf der Basis von Reaktionspotentialen, die offensichtlich angeboren sind und eine primäre Kontaktaufnahme und Reaktionsbereitschaft des Säuglings auf seine soziale Umwelt hin gewährleisten. Bereits der Säugling reagiert durch Ko-Aktionen auf seine Umwelt: er beginnt zu weinen, wenn andere Säuglinge weinen (Piaget, 1952). Werner (1969) bezeichnet solche Ko-Orientierungen als empathische Reaktionen, Piaget bezeichnet sie als früheste Form von Imitationsprozessen, die auf einem unbewußten Niveau ablaufen. Er hält diese frühe Imitation für die ursprüngliche Tendenz des Organismus, sich seine Umwelt anzueignen oder, wie Piaget es formuliert,

> „ständig die Geschichte der Dinge nachzuvollziehen, um sich daran anzupassen, ob nun diese Wiedergabe körperlich oder geistig ist" (1972 b, S. 178).

Imitation, als Akt der Reproduktion der Umwelt, ist also das, was Piaget unter Akkommodation versteht, nämlich die Anpassung des Organismus oder der Strukturen des Organismus an die Struktur der Umwelt.

Dem akkommodativen Prozeß steht, wie wir beschrieben haben, der assimilatorische Prozeß komplementär zur Seite. Der ursprünglichen Tendenz der Imitation ist eine Tendenz zur ‚Aneignung' (Assimilation) zugeordnet, nämlich das Bestreben des Organismus, die Umwelt den eigenen Denkschemata und Strukturen anzueignen. Diese Aneignung ist zunächst in gewisser Weise verzerrt, da sie nur ungenügende Rücksicht auf die Struktur der Realität nimmt. Die Umwelt wird ‚egozentrisch' assimiliert, ohne zugleich die eigenen Strukturen an diese Umwelt zu akkomodieren. Ein Gleichgewicht und eine Umkehrbarkeit des Denkens kann so lange nicht entstehen, als diese beiden Tendenzen antagonistisch gegeneinander wirken. Und doch gewährleistet gerade dieser Antagonismus – wie es scheint – die Möglichkeit zum Lernen. Man könnte die These formulieren, daß erst das Ungleichgewicht zwischen Assimilation und Akkommodation, welches die Umkehrbarkeit des Denkens verhindert, den Aufbau des kognitiven Systems ermöglicht. Dieses Ungleichgewicht eröffnet Möglichkeiten und Offenheiten für die Aufnahme und Exploration von neuen Erfahrungen und für die Integration dieser Erfahrungen an das kognitive System. Je optimaler das Gleichgewicht ist, desto stabiler und weniger angewiesen auf externe Erfahrungen ist zugleich das kognitive System.

Piaget hat die Akkommodation in der frühen Entwicklungsphase mit der Imitation gleichgesetzt und die assimilatorischen Tendenzen mit dem Spiel. Beide Formen stellen ein entwicklungsspezifisches Ungleichgewicht dar. Nachahmung bildet nach Inhelder und Piaget (1972, S. 64) die Grundbedingung für die symbolischen Funktionen, denn die frühe sensu-motorische Nachahmung ist Voraussetzung für die Vorstellungen und damit für Zeichen und Symbole. Erst wenn diese Zeichen und Symbole beherrscht werden, ist gleichzeitig eine nicht mehr nur konkrete Nachahmung möglich, sondern eine symbolische und gegenüber den nachgeahmten Ereignissen zeitlich verschobene Form der Nachahmung.

Zur Stabilisierung des symbolischen Systems ist nun wiederum die assimilatorische Tendenz notwendig, die ja erst die symbolischen Repräsentationen der Umwelt dem Organismus wirklich verfügbar macht. Dieses Verfügbarmachen und die Aneignung geschieht im Spiel. In den frühen symbolischen Spielen befreit sich das Kind zunächst wieder von der Wirklichkeit, indem es eine Symbolwelt aufbaut, die gerade nicht auf unmittelbare Anpassung an die Realität gerichtet ist und doch letztlich gerade dieser Anpassung dient. So hat z. B. Wygotski (1967) aufgezeigt, daß die flexiblen Bedeutungsverleihungen, die das Kind im Spiel vornimmt, eine Vorform der reversiblen Denkprozesse darstellen, wie sie beim Übergang zu den konkreten Operationen z. B. als Invarianzstrukturen auftreten. Piaget und Mead sprechen dem Spiel eine wichtige Bedeutung für die Entwicklung zu, da das Denken sich im Spiel seiner selbst bewußt wird, indem wechselseitige Perpektiven eingenommen werden müssen. Die Diskussion mit den Gleichaltrigen im Spiel ist für Piaget die wichtigste Stimulierung für die Überwindung des Egozentrismus.

Wir wollen nun dieses antagonistische und wechselseitige Zusammenpiel von Akkommodation (Imitation) und Assimilation (Spiel), das Piaget in seinen Funktionen für die allgemeine kognitive Entwicklung dargestellt hat, für die Erklärung der Entstehung und Differenzierung von RÜ-Prozessen diskutieren.

Imitation ist ein grundlegender Mechanismus der Konstitution der sozialen Wirklichkeit. Im Akt der Imitation nimmt das Kind den sozialen

Partner in sich auf, indem es die eigenen Strukturen an diesen akkomodiert. Damit stellt Imitation zugleich eine frühe Form der RÜ dar, als ein Akt der Verhaltensangleichung, nicht als symbolischer Akt. Im Sinne PIAGETS haben wir diese imitativen Tendenzen als ursprüngliche Tendenzen zu einer kompetenten Auseinandersetzung des Organismus mit seiner Umwelt verstanden, als die eigentliche intrinsische Motivierung oder ‚effectance-motivation' (vgl. KOHLBERG, 1974), welche auf die Erweiterung des Denk- und Handlungssystems gerichtet ist. Nach PIAGET sind die ursprünglichen imitativen Tendenzen durch dies Motiv zur kompetenten Auseinandersetzung mit der Umwelt begründet. Wie das kleine Kind durch den Akt der Imitation die Objektumwelt und auch die soziale Umwelt erschließt, hat er eindrucksvoll in seinen Beobachtungen kindlichen Verhaltens aufgezeigt (1969). Durch Imitationen erweitert das Kind sein kognitives und sein Verhaltenssystem, denn indem es einen Verhaltensakt imitiert, akkommodiert es die eigenen Strukturen an das Vorbild und gewinnt damit neue Formen des Verhaltens. Das Motiv der Imitation ist zugleich ein soziales Motiv, die Personen, die geliebt werden oder Macht ausüben können, zu imitieren bzw. sich mit ihnen zu identifizieren. Die gefühlsmäßigen Beziehungen werden zum Motiv der Imitation (vgl. S. 84), ein Aspekt, der bei PIAGET kaum angesprochen ist, während er im MEADschen Konzept des ‚signifikanten anderen' durchaus enthalten ist. Für MEAD stellt Imitation eine Form des vorsprachlichen ‚role-taking' dar. Im Akt der RÜ konstituieren sich das Selbst und der andere und damit die soziale Welt als ein System mutueller Beziehungen und Erwartungen. Das Selbst erfährt die gefühlsmäßigen Aspekte, die mit dem Akt der RÜ verbunden sind, und diese Erfahrung wird zur Grundlage dafür, daß dem anderen ‚Gefühle' zugeschrieben werden.

BALDWIN (1900, vgl. KOHLBERG, 1974) stellt der akkommodativen Tendenz der Imitation wie PIAGET eine assimilative Tendenz zur Seite, die er allerdings nicht nur als ‚Verfügbarmachen' begreift, sondern gleichzeitig als Tendenz zur ‚Ejektion': das Individuum projiziert seine eigenen Empfindungen in den anderen. Der Akt der Imitation verändert zugleich die Haltung und Empfindung gegenüber dem Selbst wie gegenüber dem anderen. Das Selbst erfährt und konstituiert sich, indem es im sozialen Prozeß der Teilhabe am anderen, die Erwartungen der sozialen Welt rekonstruiert. Diese Rekonstruktion geschieht entsprechend den Möglichkeiten, die dem Organismus zur Verfügung stehen, und zugleich bauen sich durch die Teilnahme am sozialen Prozeß neue Kompetenzen und Formen der Beziehungen zwischen Selbst und anderen auf.

Imitation kann demnach neben den spontanen Verhaltenskoordinierungen als eine entwicklungspsychologische Wurzel für symbolische RÜ-Prozesse angesehen werden.

Maccoby (1959) hat dargestellt, welche Funktion Imitation als eine frühe Form der RÜ für die Sozialisation des Kindes hat. Die spielerische Übernahme von Rollenverhalten, das dem Kind nicht angemessen ist, stellt eine Form der antizipatorischen Sozialisation für später zu übernehmende Rollen dar. Das kleine Kind, welches im Spiel die Rolle der Mutter imitiert, übernimmt Aspekte eigenen zukünftigen Rollenverhaltens. Hier übt das Kind selbst die antizipatorische Sozialisation aus, die Merton (1957) von der Seite der sozialen Umwelt her beschrieben hat.

Das kleine Kind imitiert nicht nur offen auf der Verhaltensebene, sondern es imitiert auch in der Vorstellung. Beispielsweise dann, wenn es für die offene Imitation einer Verhaltensweise, die seiner eigenen Rolle nicht angemessen ist, bestraft wird – oder wenn seine eigenen Verhaltensmöglichkeiten eine offene Reproduktion des beobachteten Verhaltens noch nicht zulassen.

Maccoby nimmt wie Mead an, daß Kinder zugleich mit den Rollencharakteristiken auch Einstellungen und Haltungen gegenüber dem Selbst lernen, wenn sie das Verhalten von anderen beobachten und imitieren. Das Kind imitiert Verhaltensweisen zunächst ohne Verarbeitung der externalen Hinweise, die das imitierte Verhalten beim anderen hervorgerufen haben. Es reagiert mithin in dem Sinne egozentrisch, als es nicht die externalen Reize oder auch internalen (psychischen) Motive, die dem Verhaltensakt von alter zugrunde liegen, erschließen und verarbeiten kann. Es reagiert eher aufgrund eigener Vorstellungen über Reize oder auch Motive, die das Verhalten des anderen hervorrufen. Diese Imitation ist also nur eine Vorform der RÜ (projektive RÜ), ohne daß Schlußfolgerungen und Interpretationen äußerer Ereignisse abgeleitet oder Rückschlüsse über dem Verhalten zugrunde liegende Motive gezogen werden. Diese Fähigkeiten werden erst in einem allmählichen Lernprozeß erworben, in dem neben die Erfahrung des Selbst und der eigenen Befindlichkeit die über Erfahrung im Selbst gelernte Erfahrung des anderen tritt, und zwar über die Projektion der Ich-Erfahrung auf den anderen hinaus. Denn RÜ ist eben nicht nur Imitation oder Projektion eigener Umweltstrukturierung auf den anderen, sondern die kognitive Leistung des Subjektes, das Verhalten des anderen im situationsspezifischen Kontext zu verstehen.

Neben der Imitation hat das *Spiel* eine wichtige Funktion für Erlernen der RÜ. Nach Piaget ist der Imitation (als Akkommodation) immer zugleich der komplementäre Aspekt des Spiels (als Assimilation) zugeordnet. Im Spiel erweitert das Kind das durch Imitation erworbene Handlungs-, Vorstellungs- und Symbolsystem und macht es zugleich den eigenen Handlungs- und Denkstrukturen verfügbar. Damit steht dem Subjekt wiederum ein erweitertes Assimilations- (Aneignungs-)potential zur Verfügung, auf dessen Basis sich neue Akkommodationsprozesse vollziehen können.

Mead stellt dar, wie das Kind im Spiel dyadische Rollenbeziehungen und soziale Erwartungen erlernt: indem es im Spiel eine Rolle übernimmt, spielt es gleichzeitig (explizit oder implizit) die komplementäre Rolle. Es spielt nicht nur Mutter, sondern Mutter und Kind, oder Kaufmann und Käufer. Es tritt gleichsam sich selbst als ein anderer gegenüber und erfährt so in sich die Reaktionen, die es im anderen hervorruft. So z. B. erfährt es als ‚Kind' die Anordnung, die es als ‚Mutter' verfügt hat. Auf diese Weise lernt das Kind dialogische Beziehungen, in denen ego auf alter in einem System mutueller Erwartungen reagiert (zum Erwerb der Dialogrolle s. Habermas, 1973, 1975; Zebergs, 1974).

Dieser Meadsche Aspekt der komplementären RÜ, in der das Subjekt sich selbst zum Objekt wird, so wie der andere Objekt der Erfahrung ist, entspricht der funktionalen Einheit von Assimilation und Akkommodation: das Kind imitiert im Spiel eine Rollenbeziehung und assimiliert diese zugleich, indem es sie gemäß den eigenen Strukturen verarbeitet. Es repräsentiert gleichzeitig im Handlungsvollzug oder symbolisch das ‚Außen', die übernommenen Rollen, und das ‚Innen', das Selbst, welches auf diese Rollen reagiert.

Mead hat den ‚imaginären Spielgefährten', den sich Kinder im Spiel schaffen, in seiner Bedeutung für das Erlernen eines universalen Zeichensystems dargestellt. Das Kind erwirbt auf der Basis von Gesten und primitiven Symbolen die organisierten Strukturen von Rollenbeziehungen und Kommunikationsprozessen (1969a, S. 277). Dies zeigt wiederum die Bedeutung der ‚egozentrischen' Sprache.

Wir haben bereits erwähnt, daß Wygotski (1967) die Symbolspiele als Vorläufer der reversiblen Denkprozesse begreift, denn im Spiel können bereits symbolisch Transformationen vorgenommen und in der Vorstellung rückgängig gemacht werden, die im logisch-mathematischen Denken noch nicht vollzogen werden können. Damit stellt sich das Symbolspiel als Vorbereitung logisch-mathematischer Denkprozesse dar. Es wäre denkbar, daß auch die im Rollenspiel gelernte soziale Reversibilität eine Stimulierung für die Genese der logisch-mathematischen Reversibilität bildet, daß also kommunikatives Handeln im Spiel die Genese der kognitiven Strukturen vorantreibt.

8.3. Exkurs: Zur kognitiv-entwicklungspsychologischen Bestimmung von Imitation, Identifikation und Rollenübernahme

Die Konzepte Imitation, Identifikation und RÜ werden von Sarbin & Allen (1968) als synonyme Begriffe gebraucht, obwohl sie verschiedenartigen Theorien entstammen. In der Tat bezeichnen sie unserer Ansicht nach z. T. identische Sachverhalte. Zu einem anderen Teil bezeichnen sie jedoch durchaus unterschiedliche Bedeutungsgehalte. Im Kontext einer genetischen Theorie der RÜ erscheint es daher unerläßlich, die Beziehungen dieser Konstrukte untereinander aufzuweisen.

Das Konstrukt der RÜ entstammt einem interaktionistischen Ansatz, der die Frage stellt, wie in sozialen Interaktionssituationen intersubjektiv gültiger Sinn (Bedeutung) konstituiert wird. Dabei erhält der Prozeß der RÜ zentrale Bedeutung, denn durch RÜ wird wechselseitige Verständigung erst möglich. Der Prozeß der sozialen Interaktion fordert von ego die symbolische Übernahme der Perspektive von alter, um das Verständnis von alters Verhalten zu erlangen, alters Reaktionen auf ego zu antizipieren und die eigenen Reaktionen auf die alters planen zu können.

Das Konzept der Imitation besitzt, wie bereits dargestellt, Relevanz im Rahmen der kognitiven Entwicklungstheorie; Imitation wurde indessen vor allem als sozialer Lernprozeß im Bereich der Persönlichkeitsentwicklung untersucht, ähnlich dem Konzept der Identifikation – ein Begriff, der vor allem in den psychodynamischen Theorien verwendet worden ist.

Wir haben in der vorausgehenden Diskussion Imitation als eine genetische, gleichsam konkretistische Vorform der RÜ dargestellt, aus der sich die Fähigkeit zur symbolischen, generalisierungsfähigen RÜ allmählich ausdifferenziert.

Wir haben auch darauf hingewiesen, daß Imitation nur *eine* genetische Wurzel der RÜ ist. Die andere Wurzel stellen die empathischen Ko-Orientierungen dar, die man als eine Form des Einstimmungsprozesses (Siegrist 1970) bezeichnen kann. Sie sind insofern vom imitativen Verhalten zu unterscheiden, als Imitation immer eine Ähnlichkeit der Reaktion von Modell und Beobachter voraussetzt. Das imitierende Kind versucht – unabhängig davon, wie gut ihm dies zunächst gelingt –, sein Verhalten dem des Modells anzugleichen. Die Identität oder zumindest Ähnlichkeit der manifesten Reaktion wird folglich zum Kriterium dafür, ob Imitation stattfindet. Dagegen stellen die Ko-Orientierungen eine Form der Abstimmung des Verhaltens auf einen anderen dar, die nicht notwendigerweise Ähnlichkeit des Verhaltens zum Ziel haben, sondern eher

Komplementarität. Solche Einstimmungsprozesse zeigen sich bereits frühzeitig in der Mutter-Kind-Interaktion, an speziellen Rhythmen der Pflege oder des Kontaktes (SCHAFFER 1971). Nach WINCH (1962) hat FREUD mit dem Konzept der primären Identifikation eben diese empathischen Einstimmungen oder Ko-Orientierungen im Sinn. Der Aspekt der Verhaltenskomplementarität liegt auch dem Beispiel zugrunde, das MEAD im Stadium des organisierten Spiels (game stage) anführt: In einem Baseball-Spiel werden danach die eigenen Handlungsweisen durch die antizipierten Handlungen der Mitspieler bestimmt (1969, S. 281). Doch auch im Stadium des kindlichen Rollenspiels wohnt — wie zuvor gezeigt — den imitativen Strebungen immer zugleich die Tendenz inne, Komplementarität zu erlernen: indem das Kind stets sich selbst als ein anderer gegenübertritt, spielt es immer simultan komplementäre und reziproke Rollen. In diesen Rollenbeziehungen herrschen zwar zunächst imitative Tendenzen vor; doch ist der Begriff der Imitation nicht einseitig auf den beobachtbaren Akt der Verhaltensangleichung an ein Modell festgelegt (vgl. BANDURA 1969). Vielmehr enthält er zugleich bereits einen Schritt in Richtung jener Reproduktion der Beziehung, die als innere Rekonstruktion der Struktur sozialer Beziehungen das Wesen der Identifikation ausmacht, die unten thematisiert werden soll.

Der Begriff Imitation erfährt durch diese Konzeptualisierung eine Erweiterung, die ihn über den Bereich der Persönlichkeitsentwicklung hinaus für das Erlernen sozialer Interaktionsmuster Relevanz gewinnen läßt.

Imitation ist demnach eine frühe Form der RÜ, durch die das Individuum auf der beobachtbaren Verhaltensebene Verhaltenskompetenzen und soziale Interaktionsfähigkeiten erweitert. In diesem Sinn hat PIAGET (1969) die Bedeutung imitativer Prozesse für den Erwerb der frühesten repräsentationalen Fähigkeiten nachgewiesen. Auch für den Spracherwerb scheint der Imitation eine — wenn auch nicht konstitutive — Funktion zuzukommen (vgl. CAZDEN 1972; CROMER 1975), deren Bedeutung für das Kind darin liegt, daß ihm ein kompetentes Sprachmodell zur Verfügung steht.

Die repräsentationalen Fähigkeiten sind ihrerseits Voraussetzungen von RÜ auf der symbolischen Ebene als ein nicht beobachtbarer *kognitiver* Prozeß des Schlußfolgerns. Daß umgekehrt das imitative Verhalten wiederum von den repräsentationalen Fähigkeiten abhängt, wird insbesondere durch Arbeiten zum Imitationslernen aufgezeigt, die in Auseinandersetzung mit der kognitiven Entwicklungstheorie entstanden sind (HARTUP & COATES 1970; KOHLBERG 1974; LANGER 1969a; KUHN 1973; neuerdings auch BANDURA 1969). Die kognitiv-strukturellen Veränderungen im Verlauf der Entwicklung bewirken eine Veränderung zugleich in der *Art* wie im *Gehalt* der Imitation; also sowohl *wie* als auch *was* imitiert wird.

So ergibt sich eine Abhängigkeit des imitativen Verhaltens von den Fähigkeiten zum Perspektivenwechsel dann, wenn zur Imitation des Modellverhaltens ein kognitiver Akt der Umstrukturierung erforderlich ist. WAPNER & CIRILLO (1968) konnten zeigen, daß Kinder ein Modell, das ihnen gegenüber sitzt und mit der rechten Hand an das linke Ohr greift, erst dann richtig imitieren konnten, wenn sie zum Perspektivenwechsel fähig waren. Ähnliche Untersuchungen führte auch KUHN (1973) durch. Das Beispiel zeigt, daß einerseits repräsentationale Fähigkeiten – nämlich die Fähigkeit zum Perspektivenwechsel – die Grundlage für den Erfolg des imitativen Verhaltens bilden können, während andererseits im Entwicklungsverlauf die Imitation eine Voraussetzung für den Erwerb dieser repräsentationalen Fähigkeiten darstellt. Imitation als sozialer Lernprozeß besitzt für die frühe Entwicklung offensichtlich größere Bedeutung als für die spätere; denn kleine Kinder imitieren in einem weitaus größeren Ausmaß als ältere (LANGER 1969a).

Im Verlauf der Entwicklung verändert sich auch das, was für Kinder Anreiz zur Imitation ist; denn sowohl die eigenen Fähigkeiten (als kognitive Bedingungen) wie auch Interessen und Intentionen (als motivationale Bedingungen) bestimmten die Auswahl der Modellcharakteristika und -verhaltensweisen, die imitiert werden. PIAGET hat der frühen imitativen Phase die des Spiels nachgeordnet, in der nicht die akkommodative Reproduktion, sondern die assimilatorische, produktive Umgestaltung in den Vordergrund tritt. KOHLBERG (1974) sieht das Zurückgehen der imitativen Angleichung von Verhaltensweisen ebenfalls in Zusammenhang mit der Differenzierung der kognitiven Verarbeitungsmöglichkeiten des Kindes. In späteren Phasen der Entwicklung treten weniger Imitationen konkreten Handelns als symbolische Akte der RÜ auf, wie sie dann im Begriff der Identifikation ausgearbeitet sind.

KOHLBERG unterscheidet die Konstrukte Imitation und Identifikation, die immer wieder zu Streitpunkten theoretischer Auseinandersetzungen psychodynamisch und lerntheoretisch orientierter Schulen wurden (z. B. BRONFENBRENNER 1960; LAZOWIK 1955; KAGAN 1958), indem er Imitation eher im Sinne einer funktionalen Motivation zum Erwerb spezieller Fähigkeiten begreift, die der kompetenten Bewältigung von Anforderungen dienen. Dies scheint insoweit zuzutreffen, als Kinder Verhaltensweisen zahlreicher Modelle imitieren und so ihr Verhaltensrepertoire und ihre kognitiven Strukturen erweitern. Doch ist die Definition zu eng, da in ihr nicht zum Ausdruck kommt, daß Imitation eine *frühe* Form des Erlernens sozial-kognitiver Kompetenzen zur symbolischen RÜ darstellt.

Den ‚signifikanten' Bezugspersonen kommt auch beim imitativen Lernen ein besonderer Stellenwert zu. Die Imitation von Verhaltensweisen *und* von Beziehungsformen signifikanter anderer sowie die assimilatorische Umsetzung im Spiel gemäß den verfügbaren (kognitiven) Verarbeitungsmöglichkeiten legen den Grundstein für das Verständnis mutueller Beziehungen. Zwar tritt auch dann Imitation auf, wenn überdauernde Bindungen an signifikante andere nicht bestehen; doch werden im imitativen Verhalten andererseits auch Grundlagen für die innere symbolische Rekonstruktion signifikanter anderer und der Formen ihrer Beziehungen geschaffen. KOHLBERG spricht dann von Identifikation, wenn imitative Tendenzen über Situationen hinweg generalisiert werden und der symbolisch verinnerlichte andere zum Modell für das Verhalten in verschiedenartigen Situationen wird, wenn seine Einstellungen und Haltungen erschlossen werden und als Vorbild für das eigene Verhalten dienen. In dieser Definition entspricht Identifikation weitgehend der MEADschen Konzeption des ‚taking the role of significant others', deren Erwartungen antizipiert und zum Anhaltspunkt für eigenes Verhalten werden. Das Kind lernt, sich selbst vom Standpunkt des konkreten anderen bzw. des ‚generalisierten anderen' her zu betrachten und zu bewerten.

Identifikation als symbolische RÜ hat also in jedem Fall eine überdauernde, intensive affektive Bindung an signifikante andere zur Voraussetzung. Diese Gefühlsbeziehung wird zum Motiv des ‚role-taking', d. h. der Strukturierung des Selbst im Sinne manifest beobachteter und symbolisch erschlossener Merkmale des anderen. Im Akt des role-taking versucht das Kind zunächst, den normativen Anforderungen der konkreten, bedeutsamen Bezugspersonen – nämlich der Eltern – gerecht zu werden; zu einem späteren Zeitpunkt folgt die Orientierung am ‚generalized other', dem interpretierten, generalisierten Normensystem und den moralischen Standards der sozialen Bezugsgruppe.

Die Entfaltung des Imitations- und Identifikationskonzepts in der Perspektive des symbolischen Interaktionismus erscheint deshalb relevant, weil sie den Blick von einer reduktionistischen Betrachtung von Persönlichkeitsentwicklung durch die Übernahme von Merkmalen des Identifikationsmodells zugleich auf das verinnerlichende Erlernen sozialer Beziehungsmuster und Interaktionsfähigkeiten lenkt. Nicht nur das Verhalten individueller Personen, sondern ihre Beziehungsmuster werden über RÜ gelernt (vgl. auch PARSONS 1968; KRAPPMANN 1971a; OEVERMANN 1972). Die Sinnstrukturen sozialen Handelns konstituieren sich im Individuum über die expliziten und impliziten Lernerfahrungen in sozialen Interaktionen mittels symbolischer Prozesse der RÜ, die ihrerseits in sozialen Interaktionen ausdifferenziert werden.

Der Prozeß der Imitation kann folglich als eine Vorstufe der symbolischen RÜ als ein Akt konkretistischer Einübung von Rollenverhalten und Rollenbeziehungen aufgefaßt werden, der indessen niemals nur reproduktiv ist, sondern stets einen Akt der Transformation beinhaltet, der zum Aufbau und zur Erweiterung der kognitiven und Handlungskompetenzen des sich entwickelnden Subjekts führt. Der Prozeß der Identifikation, als Akt der symbolischen RÜ, ist vom kognitiv-instrumentellen Akt der RÜ am ehesten dadurch abzuheben, daß für Identifikation eine überdauernde, intensive affektive Bindung an signifikante andere erforderlich ist, die zu Modellen für das Selbst und die Beziehungen des Selbst zu anderen werden. Während der instrumentelle Akt der RÜ eher als ein ‚kurzfristiger' kognitiver Prozeß zu kennzeichnen ist, durch den das Individuum Verständnis anderer in sozialen Situationen erwirbt, meint Identifikation den langfristigen Prozeß der Strukturierung des Selbst im Sinne der antizipierten Erwartungen signifikanter anderer und den Erwerb sozialer Handlungsfähigkeit, der wiederum die Realisierung von RÜ-Fähigkeiten in aktuellen Interaktionssituationen bestimmt.
Die Fähigkeit zur RÜ, die sich im Rahmen der Struktur sozialisatorischer Interaktionen über Imitation und Identifikation ausdifferenziert hat, kann in je aktuellen Interaktionssituationen als instrumenteller Akt verhaltenssteuernd eingesetzt werden, und zwar unabhängig davon, ob positive oder negative Beziehungen zum Interaktionspartner bestehen. RÜ ‚funktioniert' dann als eine kognitive Fähigkeit, die zielgerichtet operiert, ohne daß eine überdauernde Gefühlsbeziehung die Voraussetzung dafür bildet. Dagegen kann die Qualität der Gefühlsbeziehung zu signifikanten anderen – wie wir bereits angedeutet haben und im folgenden zeigen werden – als eine zentrale Voraussetzung für die sozialisatorische Differenzierung einer vermutlich universellen, weil sozialitätsnotwendigen Fähigkeit zur RÜ betrachtet werden. Wenn diese Auffassung zutrifft, kann die sozialisatorisch erworbene Fähigkeit als ein Potential für RÜ-Akte in affekt-positiven wie affekt-negativen Situationen begriffen werden.

II

Bedingungen und Folgen der Rollenübernahme

9

Die Genese der Rollenübernahme im Kontext sozialer Interaktionen

9.1. Die Bedeutung kommunikativer Prozesse für die Genese der Rollenübernahme bei Piaget und Mead

In den frühen Arbeiten PIAGETS wird ebenso wie in den theoretischen Überlegungen MEADS die Genese des Denkens als Folge sozialer Interaktions- und Kommunikationsprozesse begriffen. Ein wesentliches Moment für die Überwindung des egozentrischen Denkens ist für PIAGET der *kognitive Konflikt,* der entsteht, wenn das Denken des Kindes in diesem Kommunikationsprozeß mit dem Denken der Interaktionspartner konfrontiert wird:

„Niemals wäre das eigene Denken ohne den Zusammenstoß mit dem Denken der anderen und der Reflexionsanstrengung, die dieser Zusammenstoß mit sich bringt, dazu gekommen, sich seiner selbst bewußt zu werden" (1972 b, S. 151).

In derselben Weise formuliert MEAD, daß Bewußtsein und damit die Fähigkeit, Bedeutungen zu konstituieren, als

„sozialer Prozeß, (der) im realen Feld sozialer Interaktion entsteht und sich entwickelt. Das heißt, wir müssen von den sozialen Handlungen her zur inneren individuellen Erfahung kommen; darin sind die Erfahrungen der einzelnen Individuen in einem sozialen Kontext eingeschlossen, in dem diese Individuen miteinander interagieren" (1969, S. 251).

Indem MEAD das Ich und das Bewußtsein als Reflex der Struktur des gesamten sozialen Prozesses bezeichnet (1969, S. 271), macht er die Genese des Subjekts zu einem fundamental sozialen Prozeß.

PIAGET hat in seinen frühen Arbeiten eine Position vertreten, die der MEADS verwandt ist; die Genese des moralischen Bewußtseins hat er in Anlehnung an DURKHEIM als Internalisierung des Normensystems der Gesellschaft begriffen. In seinen späteren Arbeiten entwirft er dagegen seine Theorie der individuellen Entwicklung als Ontogenese des erkennenden Subjekts. Darin erscheint die fundamentale Sozialität des Ichs zugunsten einer gleichsam monologisch konstituierten epistemischen Struktur aufgegeben. Doch sowohl MEAD als auch PIAGET sehen das reflexive und abstrakte Denken dann verwirklicht, wenn es dem Subjekt gelingt, sich auf den ‚Standpunkt der Allgemeinheit' (PIAGET) zu stellen oder sich in die Haltung des generalisierten anderen zum eigenen Selbst zu versetzen (MEAD), also soziale Erwartungen zu begreifen.

Die Notwendigkeit zum Perspektivenwechsel entsteht aus dem kognitiven Konflikt, der das Moment des Widerspruchs zu den anderen im Kommunikationsprozeß notwendig impliziert. PIAGET spricht der Interaktion in der Gruppe der Gleichaltrigen eine entscheidende Bedeutung für die Lösung aus dem egozentrischen Bezugssystem zu. Erst diese Interaktion vollzieht sich seiner Ansicht nach auf der Grundlage von Gleichheit, die notwendige Basis aktiver Herstellung von Reziprozität ist: Die Erfahrung von Ähnlichkeit und zugleich Unähnlichkeit unter prinzipiell Gleichen macht es erforderlich, in der Kommunikation ständig die Wechselseitigkeit der Perspektiven zu erarbeiten. Nach PIAGET ist die Beziehung zum Erwachsenen im Gegensatz dazu gerade nicht durch dieses Moment der Gleichheit charakterisiert. Der Erwachsene ist dem Kind einerseits Autorität und damit fern und anders; andererseits aber geht das Kind von der Erfahrung der ursprünglichen Einheit mit der Mutter aus und einem darauf gründenden Vorverständnis von Gleichheit im Sinne eines symbiotisch bestimmten Identischseins. Diese Struktur der Beziehung verhindert indessen gerade den Perspektivenwechsel, da das Kind sich an die intellektuelle Autorität mit Fragen wendet und Informationen von ihr erwartet (und erhält), die immer zugleich Distanz und Andersartigkeit gegen jenes Identischsein bestätigen und folglich ein Gefühl der Unterordnung unter diese Sachautorität im Kind erzeugen. Andererseits muß sich das Kind im Kommunikationsprozeß mit dem Erwachsenen nicht auf den Standpunkt des Erwachsenen begeben, um sich ihm verständlich zu machen. Vielmehr kann es von vornherein entweder gleichsam in der Annahme handeln, daß der Erwachsene ihm so nahe steht, daß keine Grenze zwischen Selbst und Nicht-Selbst vorhanden ist, wie z. B. bei der Mutter. Oder aber der Erwachsene ist so fern, daß er als intellektuell omnipotent definiert wird. Auch in dieser Beziehung unterstellt das Kind dem Erwachsenen Verständnis, so daß es dessen Perspektive nicht einnehmen muß, um die eigene Information der Kapazität des Kommunikationspartners in einem ständigen Prozeß von Information und Rückmeldung anzupassen (PIAGET 1972a, S. 73 f.).
Für PIAGET ist die Interaktion in der Gruppe der Gleichaltrigen deshalb so bedeutsam, weil hier ein *induktives* Lernen gewährleistet ist, ein Lernen also, in dem das Kind, durch eigene Impulse gesteuert, allmählich die Erkenntnisprozesse vollziehen kann, die seinen Erkenntnismöglichkeiten entsprechen. Zugleich ist ein ‚kognitiver Konflikt' gegenwärtig, weil der Handlungspartner immer einen Anreiz darstellt, um einen gemeinsamen Verständniszusammenhang oder überhaupt erst die Basis für gemeinsame Verständnismöglichkeiten zu schaffen. Der Erwachsene verhindert demgegenüber durch seine intellektuelle Dominanz diese Möglichkeiten zur

allmählichen Erzeugung eines Gleichgewichts in der Kommunikation.

Das Moment des spontanen, induktiven Entdeckungslernens in der Gruppe der Gleichaltrigen macht diese zu einem bedeutsamen Faktor der Entwicklung des Denkens. Auf der anderen Seite kann man jedoch annehmen, daß die Erfahrungen in der Gruppe der Gleichaltrigen bereits auf der Basis zentraler Lernerfahrungen gewonnen werden, die das Kind in einer anderen Gruppe macht, nämlich in der Primärgruppe der Familie. Hier ist PIAGET zu wenig Sozialpsychologe und vielleicht auch zu sehr Erkenntnistheoretiker, um die zentralen emotionalen und kognitiven Erfahrungen zu berücksichtigen, die das Kind in der Interaktion mit den Eltern bereits gemacht hat und auch weiterhin parallel zu den Erfahrungen mit der Gruppe der Gleichaltrigen vollzieht.

MEAD sieht im Gegensatz zu PIAGET die Genese der Fähigkeit zur RÜ in einem weiteren Kontext, wenn er sie in Abhängigkeit von den Beziehungen zu ‚signifikanten anderen' begreift. Die Gefühlsbeziehungen zu zentralen Interaktionspartnern werden zur Grundlage des sich im Prozeß der Interaktion vollziehenden Perspektivenwechsels. Der Prozeß der Sozialwerdung wie die Genese des Selbst vollziehen sich in der Begegnung mit ‚signifikanten anderen', deren Perspektive das Kind im sozialen Interaktionsprozeß übernimmt. Insofern kommt insbesondere den *Eltern* als den frühesten und intensivsten Kommunikationspartnern des Kindes eine wesentliche Bedeutung als Quelle der Erfahrungen zu, die das Kind in Interaktionsprozessen macht.

PIAGETS Ausführungen weisen allerdings – wenn man sie allgemeiner versteht – auf wichtige Dimensionen hin, die Interaktionen mit den Eltern kennzeichnen können: ob die Eltern in ihrem Erziehungsverhalten die Kinder permanent mit ihrer Allwissenheit konfrontieren oder ob sie dem Kind Möglichkeiten der Eigenerkundung zugestehen und entsprechend den Möglichkeiten des Kindes mit ihm gemeinsam in Frage und Antwort zu lösende Probleme ‚entdecken'. Letzteres ist das wichtige Moment des induktiven Entdeckungslernens, welches in der Curriculumtheorie besondere Beachtung auf sich gezogen hat und insbesondere auch PIAGETS Theorie der Schule und Erziehung bestimmt (ATHEY & RUBADEAU 1973; DUCKWORTH 1972; EDELSTEIN 1973; FURTH 1970; PIAGET 1972c). Jedoch verfehlt die einseitige Annahme, daß die Gruppe der Gleichaltrigen die Überwindung des Egozentrismus ermöglicht, auch einen Aspekt, den PIAGET selbst thematisiert hat: daß es der Widerspruch ist, der das Denken vorantreibt. Denn nach den Ergebnissen der Sozialisationsforschung scheint es eher die Interaktion mit Erwachsenen zu sein, die diesen Widerspruch zunächst entstehen läßt. Erst die Interaktion mit den Eltern, die Lernerfahrungen des Kindes strukturieren und Bedeutun-

gen vermitteln, ermöglicht die Entwicklung des Kindes. Stünde das Kind nur in Interaktion mit Partnern, die über dasselbe Denkniveau verfügen wie es selbst, so würde man erwarten, daß dies die Entwicklung gerade nicht vorantriebe, sondern das Kind viel eher in seinem egozentrischen Denksystem befangen bliebe.
So gewinnt die Gruppe der Gleichaltrigen zwar im Sozialisationsprozeß zunehmend an Bedeutung (vgl. HARTUP 1970). Doch soll im folgenden aufgezeigt werden, daß die stimulierende Rolle der Eltern für die kognitive interpersonelle Entwicklung von entscheidender Bedeutung ist.

9.2. Aspekte der Eltern-Kind-Interaktion

Die Rolle der Eltern im Sozialisationsprozeß kann unter zwei Aspekten gesehen werden: Einerseits müssen sie in der Interaktion mit den Kindern selbst RÜ-Leistungen vollbringen, um deren Bedürfnisse und Handlungsintentionen zu verstehen. Zunächst müssen Eltern in einem gewissen Ausmaß über die Fähigkeit verfügen, sich auf das Kind einzustellen, um damit Bedingungen für Interaktionen zu schaffen. Dies gilt für den Prozeß der vorsprachlichen Interaktion, wenn das Kind noch nicht in der Lage ist, seine Bedürfnisse mitzuteilen, wie auch für den Prozeß der sprachlichen Interaktion. Zum anderen müssen die Eltern in der Interaktion mit dem Kind Bedeutungen ‚durchsetzen', die als normative und regulierende Sinnstrukturen in die Interaktion eingehen.
Die Herstellung einer optimalen ‚Balance' in der Interaktion von Eltern und Kind fordert von den Eltern eine Sensibilität gegenüber den emotionalen und kognitiven Bedürfnissen und Verarbeitungsmöglichkeiten des Kindes. Gegen die These PIAGETS, daß es die Interaktion mit den Gleichaltrigen sei, welche die kognitive Entwicklung vorantreibt, läßt sich also die These aufstellen, daß gerade das ‚mehr' an Verständnis, welches die Eltern in den Sozialisationsprozeß einbringen, die kognitiv-soziale Entwicklung und folglich die Genese der Fähigkeit zur RÜ entscheidend stimuliert.
Eine entscheidende Bedingung für die Genese sozio-kognitiver Fähigkeiten liegt darin, daß das Kind vom Beginn der Entwicklung an Teilnehmer am sozialen Interaktionsprozeß ist. Damit die Interaktion sich vollziehen kann, unterstellen die Eltern dem Kind Fähigkeiten zur Interaktion – sei es real, (weil das Kind von Geburt an auf Sozialität angelegt ist), sei es kontrafaktisch (weil die Eltern die Sinnauslegungskapazität des Kindes überfordern) (HAMLYN 1974; OEVERMANN 1974; RI-

chards 1974). In der sozialen Interaktion erfährt das Kind sich selbst wie die anderen als Person, d. h. als Subjekt im Unterschied zu Objekten. Diese Erfahrung ist abhängig von der affektiven Bindung an ‚signifikante andere'. Das Kind erfährt Liebe und ist seinerseits dazu prädisponiert, Affekte aktiv zu erwidern. Soziales Verhalten wird also dem Kind nicht ‚aufgeprägt', sondern es ist von Anbeginn an ein soziales Wesen (vgl. Ainsworth et al. 1974; Richards 1974). Dem entspricht die auf Mead gegründete These Kohlbergs (1974, vgl. S. 62 f.), daß ego und alter in einem System komplementärer Erwartungen stehen und wechselseitig aufeinander reagieren und zwar vom Anbeginn der Interaktion an. Die Gefühlsbeziehungen mit ‚signifikanten anderen' können als entscheidende Fundierung der Entwicklung betrachtet werden, die zum Verstehen des anderen führt.

"But to think of the child as a simple classifier and distinguisher would be far from doing justice to the facts; for this would confine one's attention, once again, to the purely cognitive aspects of its life, and I think that these would be nothing without the background of feeling and emotion which constitutes the foundation of the relationship with others within which alone its development could thrive" (Hamlyn 1974, S. 33).

In den Beziehungen zu anderen erfährt das Kind, daß ihm die Befriedigung seiner Bedürfnisse durch die Liebe anderer zuteil wird. Diese Erfahrung wird zur Voraussetzung zugleich des Verstehens von Subjektivität wie Sozialität. Das Verständnis dessen, was eine Beziehung ist, liegt folglich in der Erfahrung von Mutualität. Während in der frühen Phase der Entwicklung ein Ungleichgewicht von Geben und Empfangen besteht und das Kind auf uneingeschränkte Zuwendung und auf die Befriedigung von Bedürfnissen angewiesen ist, entsteht im Verlauf der Entwicklung ein zunehmend größeres Gleichgewicht von Geben und Nehmen. Die Erfahrung der Bedürfnisbefriedigung durch andere bietet für das Kind die Grundlage, sich seinerseits anderen zuzuwenden und nicht nur eigene Bedürfnisse, Gefühle und Interessen, sondern auch die der anderen in sein Denken und Handeln einzubeziehen. Die vollständige Mutualität und Reziprozität in der Beziehung zwischen Selbst und anderen kann nach Kohlberg (1974) in der individualisierten Form als ‚Liebe' und in der generalisierten Form als eine Moral bezeichnet werden, die auf den Prinzipien von Gleichheit und Gerechtigkeit gründet.
Eltern und Kind interagieren also in einem mutuellen, wechselseitig aneinander orientierten Beziehungssystem, in dem es eine dauernde Antizipation und wechselseitige Verstärkung von Reaktionen gibt. Das Ziel stets neuer Formen der Herstellung von Gleichgewicht zwischen Assimilation und Akkommodation, welches Piaget für den Prozeß der inter-

nalen Umstrukturierung der Schemata des Handelns und der kognitiven Operationen verdeutlicht hat, läßt sich entsprechend für den Prozeß der Interaktion zwischen Eltern und Kind aufweisen: Auch hier kann es als Ziel der Interaktion betrachtet werden, im Spannungsfeld unterschiedlicher Bedürfnisse und Motivationen von Kind und Eltern eine ‚optimale Balance' zu finden, die den Ansprüchen aller Interaktionspartner gerecht wird. Kann ein zumindest relatives Gleichgewicht zwischen Ansprüchen und Erwartungen des einen und Handlungen des anderen nicht hergestellt werden, kommt es zu einer problembesetzten Interaktion, aus der negative emotionale Erfahrungen und zunehmend negative Erwartungen über den weiteren Verlauf der Interaktion resultieren.

Die Definition von Sozialisation als wechselseitiger Anpassungsprozeß, der die Herstellung von Gleichgewicht auf der emotionalen wie auf der kognitiven Ebene zum Ziel hat, steht in Übereinstimmung mit kognitiv-strukturtheoretischen wie auch mit interaktionistischen Überlegungen. Sozialisation kann danach als aktiver Prozeß begriffen werden: Einerseits interagieren die Eltern mit dem Kind von Beginn an auf der Basis von Erwartungen. Diese Erwartungen verändern sich im Entwicklungsverlauf, wenn das Kind über zunehmend komplexere Fähigkeiten der Repräsentation und der Verarbeitung sozialer Situationen verfügt. Andererseits kann das Kind entsprechend als aktiver Teilnehmer am Interaktionsprozeß angesehen werden. Die Prädisposition zu Sozialität macht es von Anbeginn zu einem sozial reagiblen Partner der Eltern, indem es auf deren Erwartungen reagiert.

Das System wechselseitiger Beziehungen von Eltern und Kind kann als Prozeß der Umstrukturierung der Beziehungen zwischen Selbst und anderen begriffen werden, in dem sich die wechselseitigen Ansprüche und Erwartungen in entwicklungsstadienspezifischer Abfolge verändern. Eine solche Sequenz wechselseitiger Anforderungen und Umstrukturierungen hat Danziger (1971, S. 70 f.) dargestellt. Da das kleine Kind noch nicht über Sprache verfügt, werden wechselseitige Ansprüche zunächst vorsprachlich reguliert. Dem Lächeln oder Schreien des Kindes entspricht seitens der Pflegepersonen die körperliche Kontaktaufnahme mit dem Kind sowie auch die spielerisch-dialogischen Lautäußerungen in der Kommunikation mit dem Säugling. Während der frühen Entwicklungsphase bleiben die verbalen Äußerungen zunächst auf einfache Gebote, Verbote, Bestätigungen oder auch Erklärungen beschränkt. Dem entspricht auf der Seite des Kindes zunächst eine an individuellen Geboten und Verboten orientierte soziale Interaktion. Die Reziprozität der Beziehung von Selbst und anderen ist vor allem über physische Belohnung und Bestrafung realisiert. Mit zunehmender Versprachlichung der Interaktion kommt den Erklä-

rungen und Rechtfertigungen von Anforderungen immer stärkere Bedeutung zu. Die Begründung von Ansprüchen auf der Basis individueller Motive und Bedürfnisse wird allmählich abgelöst durch auf allgemeine Regeln gegründete wechselseitige Verpflichtung. Dem entspricht auf der Seite des Kindes die Internalisierung elterlicher Gebote und Verbote, sowie auf einer abstrakteren Ebene die Orientierung an universalistischen Normen. Den Anforderungen der Eltern an das Kind können Anforderungen des Kindes an die Eltern zur Seite gestellt werden. Imitation und Identifikation sind als Mechanismen des sozialen Lernens nicht nur der Versuch, elterlichen Ansprüchen gerecht zu werden, sondern zugleich sucht das Kind dadurch Zuwendung und Bestätigung seiner eigenen Person. Dies ist der Inhalt des von BALDWIN (1900; s. KOHLBERG 1974) beschriebenen Mechanismus der ‚Ejektion', durch den das im Akt der Imitation erworbene Verhalten nach außen verlagert und ‚vorgezeigt' wird.
Im Akt der konkreten Reproduktion des Verhaltens signifikanter anderer wie auch im Akt der symbolischen Reproduktion, in dem das Selbst nach den internalisierten Geboten und Verboten der Bezugspersonen strukturiert wird, sucht das Kind Anerkennung und Bestätigung, die zunächst konkret und später auch symbolisch vermittelt wird.
Stellt man die Frage danach, welche sozialisatorischen Bedingungen der Genese der RÜ zugrunde liegen, so läßt sich nach diesen Überlegungen die Hypothese aufstellen, daß die Genese der RÜ in solchen Beziehungen gefördert wird, in denen das Kind einerseits die Befriedigung eigener Bedürfnisse erfährt und andererseits – möglicherweise gerade als Konsequenz dieser Erfahrung (vgl. AINSWORTH et al. 1974) – die Ansprüche anderer wahrzunehmen und zu beantworten lernt.
Kann ein solches Gleichgewicht in der Eltern-Kind-Interaktion nicht hergestellt werden, so läßt sich annehmen, daß negative Bedingungen für die Genese der Fähigkeit zur RÜ vorliegen. In der Analyse familialer Interaktionssituationen müssen also die affektiven und kognitiven Erfahrungen des Kindes aufgewiesen werden, die mittels Mutualität die Genese der RÜ fördern oder – wenn Mutualität nicht hergestellt wird – die Genese der RÜ erschweren und damit zugleich die vollständige Erfahrung dessen verhindern, was personales Verstehen bedeutet.
Da bisher kaum empirische Arbeiten über die familialen Sozialisationsbedingungen der RÜ-Fähigkeit vorliegen, sind wir einerseits auf bisherige theoretische Analysen angewiesen (MACCOBY 1959; KERKHOFF 1969; WALLER 1971, 1973a; WEINSTEIN 1969; HAMLYN 1974) und andererseits auf Befunde der Sozialisationsforschung, die Rückschlüsse theoretischer Art auf die Sozialisationsbedingungen der RÜ zulassen.
Die emotionalen Beziehungen zwischen Eltern und Kind können als fun-

dierende Bedingungen der Genese der RÜ-Fähigkeit angesehen werden, denn die affektiven Erfahrungen, die das Kind im familialen Interaktionsprozeß gewinnt, bilden die zentrale motivationale Basis (KERKHOFF 1969) dafür, sich am Verhalten und an den Erwartungen anderer zu orientieren und das eigene Verhalten unter Einbezug dieser Erwartungen zu regulieren. Auf der Grundlage affektiver Erfahrungen vollziehen sich die kognitiven Lernprozesse, die für den Erwerb der RÜ als repräsentationaler kognitiver Akt notwendig sind. Aus der Perspektive der kognitiven Entwicklungstheorie scheint das Wechselspiel von Assimilation und Akkommodation, das sich auf der Basis einer neugierigen, exploratorischen Haltung gegenüber der Umwelt vollzieht, auf gesicherte emotionale Beziehungen angewiesen zu sein, die eine auf Angst vor dem Ungewohnten beruhende Explorationshemmung überwinden helfen.
Das Angebot an kognitiver Stimulierung weckt zugleich die Neugier und den Wunsch des Kindes, sich mit seiner sozialen Umwelt auseinanderzusetzen und sie zu verstehen. Doch nicht nur das explizite Angebot an kognitiven Strukturierungsmöglichkeiten, welches die Umwelt dem Kind anbietet, sondern auch die impliziten Bedeutungsstrukturen, die es aus sozialen Beziehungs- und Interaktionssituationen seinen eigenen Verarbeitungsmöglichkeiten entsprechend ‚abliest', begründen die kognitiven Lernerfahrungen des Kindes.
Aus der Perspektive des symbolischen Interaktionismus wird das Augenmerk auf den Spielraum gelenkt, der in familialen Interaktionen zur Verwirklichung der eigenen Rolle und zur Interpretation und Definition von Situationen dient. Diese Freiheit zum ‚Rollenhandeln' dürfte ein wichtiger Anreiz für die Genese der RÜ sein. Damit wird auf ein weiteres Merkmal von Interaktionen hingewiesen, welches ein Motiv und eine Anregung zur RÜ darstellen dürfte, nämlich die Möglichkeit des Kindes, seine Umwelt als reaktiv und durch eigenes Handeln beeinflußbar zu erleben. Erst wenn das Kind erfährt, daß seine Äußerungen von der Umwelt beantwortet und daß seine Antizipationen der Reaktionen signifikanter anderer bestätigt werden, entsteht in einem System reziproker Beziehungen das Motiv, sich in die Perspektive anderer hineinzuversetzen und diese Fähigkeiten zu erproben und zu erweitern.
Aus diesen Ausführungen läßt sich die Folgerung ziehen, daß die Genese der Fähigkeit zur RÜ im Wechselspiel der Anforderungen und Erwartungen von Eltern und Kind und als Ausdruck und Produkt der affektiven und kognitiven Balance, die in der Interaktion verwirklicht wird, begriffen werden muß.
Da das Kind elterlichem Sozialisationsverhalten nicht passiv ausgesetzt ist, muß das Problem, ob eine Balance in der Befriedigung wechselseitiger

Ansprüche hergestellt werden kann, von der Seite beider (oder mehrerer) Interaktionspartner her betrachtet werden. So wird die Art, wie das Kind auf das Verhalten der Pflegeperson reagiert, in einem gewissen Ausmaß zur Voraussetzung für weitere Interaktionssequenzen. Ein aktives, auf soziale Stimulierung intensiv antwortendes Kind dürfte von der Pflegeperson mehr Zuwendung erhalten als ein Kind, welches diese Reaktionen nicht zeigt. Die aus individuellen Erfahrungen mit dem Kind resultierenden Erwartungshaltungen der Pflegeperson bestimmen also die Interaktion mit dem Kind. Wärme, Zuwendung oder eine ablehnende Haltung sind daher nicht nur als Ursache, sondern auch als Folge reziproker Beziehungen zu sehen (BELL 1970; DANZIGER 1971; GEWIRTZ 1969; ZIGLER & CHILD 1973). Allerdings muß die Annahme von Reziprozität auf dem Hintergrund einer Beziehung gesehen werden, die durch ungleiche Machtverteilung charakterisiert ist. Das Kind ist sowohl emotional wie kognitiv abhängig von den Eltern (Affekt- und Informationsabhängigkeit; nach JONES & GERARD 1967). Die Eltern ihrerseits drängen im Sozialisationsprozeß auf die Verwirklichung von Normen, Standards und Zielen, die wiederum nur in Abhängigkeit von den Bedingungen der sozio-kulturellen Lebenswelt begriffen werden können. Nur auf dem Hintergrund dieser strukturell gegebenen Ungleichheit der Beziehung zwischen Eltern und Kind kann die Reziprozität der Interaktion analysiert werden, wenn der Prozeß der Sozialisation nicht psychologisch verkürzt aufgefaßt werden soll. Nur insofern als das Kind erfährt, daß die Befriedigung eigener Bedürfnisse zugleich Ergebnis einer auf Mutualität gerichteten sozialen Beziehung ist und seine Beziehungen so zu definieren lernt, können Motivation und Fähigkeit zur RÜ überhaupt erworben werden. Folglich kann die Verwirklichung einer auf wechselseitigen Rechten und Pflichten beruhenden Beziehung – also Reziprozität – als ‚positives' Ziel der Sozialisation angesehen werden. Eine auf Reziprozität gegründete Beziehung setzt die Fähigkeit zur RÜ voraus, die sich ihrerseits jedoch erst in Beziehungen entfalten kann, in denen stets Mutualität gegeben ist. Reziprozität im normativen Sinne steht folglich nicht am Anfang der sozialisatorischen Interaktion, sondern bildet ihr jederzeit gegenwärtiges Ziel – in Beziehungsstrukturen, die durch wechselseitige Orientierung an Bedürfnissen, Rechten und Pflichten der jeweils anderen Partner in der Interaktion definiert sind (vgl. KOHLBERGS Stadium des prinzipiengeleiteten moralischen Urteils). Rechte und Pflichten sind dabei nicht als fixe Normen ein für allemal gegeben, sondern sie bestimmen sich im je individuellen und situativen Kontext der Beziehung von ego und alter auf der Basis universalistisch-prinzipiengeleiteter Auslegung. Es liegt in der Konsequenz einer kognitiv-interaktionistischen

Sozialisationstheorie, daß der Prozeß der Äquilibration von Strukturen der Kognition (wie des moralischen Urteils) den Übergang von einer naturalistischen Deskription zu einer diesen Prozeß selbst bestimmenden normativen Orientierung bildet bzw. zu einem kognitiv-strukturtheoretisch fundierten Begriff von Norm oder Normalität (vgl. dazu KOHLBERG (1971) KOHLBERG & MEYER (1972), die diese Vorstellung im Titel ihrer Arbeiten zum Ausdruck bringen: ‚Vom Sein zum Sollen' und ‚Entwicklung als Ziel der Erziehung').

9.3. Zuwendung und Mutualität als Basis frühkindlicher Entwicklung des Verstehens sozialer Erwartungen

In Übereinstimmung mit HAMLYN (1974) sehen wir die affektiven Beziehungen zwischen Eltern und Kind als die fundamentale Basis für die Genese der RÜ-Fähigkeit an. Die Erfahrung affektiver Sicherheit in der frühesten Entwicklungsphase ist offenbar der wesentlichste Faktor für eine ‚normale' Entwicklung, da hier die Grundlagen für Beziehungen gelegt werden, die zur personalen wie zur Objektumwelt eingegangen werden können. Aus psychoanalytischer Sicht verweisen insbesondere die Untersuchungen von SPITZ (1973) auf die Bedeutung der frühen emotionalen Erfahrungen für die Genese von Objektbeziehungen. Entwicklungsrückstände und -probleme, die bei einer frühen Trennung des Kindes von der Pflegeperson auftraten oder auch dann zu beobachten waren, wenn Kinder in einem Heim aufwuchsen, wurden aus psychoanalytischer Perspektive zunächst vor allem auf den Mangel an affektiver Zuwendung zurückgeführt. ERIKSON (1966) betont die Bedeutung emotionaler Sicherheit und affektiver Zuwendung in der frühen Kindheit unter dem Aspekt des Aufbaues einer generalisierten Einstellung gegenüber der sozialen Umwelt, die er als ‚Urvertrauen' bzw. ‚Mißtrauen' bezeichnet. Das Vertrauen in die Welt ermöglicht überhaupt erst die Entwicklung stabiler interpersoneller Beziehungen, denn die Erfahrung von Zuwendung weckt über die Erfahrung und Antizipation der Befriedigung eigener Bedürfnisse durch andere erst den Wunsch, sich anderen zuzuwenden und ihre Bedürfnisse und Erwartungen zu antizipieren. Die Vorenthaltung einer rückhaltslosen emotionalen Annahme durch die Pflegeperson führt in dieser frühen Entwicklungsphase nach ERIKSON zu einer ‚mißtrauischen' Haltung gegenüber der sozialen Umwelt, die mit einer Tendenz zum Rückzug aus sozialen Kontakten verbunden ist, um antizipierte Enttäuschungen zu vermeiden.

Aus dieser Perspektive könnten die frühen Erfahrungen zu einer generalisierten Haltung des Vertrauens und der Hinwendung zu anderen oder des Rückzugs aus sozialen Beziehungen führen. Da in sozialen Beziehungen ‚Gelegenheiten' zur RÜ gegeben sind, ließe sich danach vermuten, daß solche generalisierten Haltungen die Genese der Fähigkeiten zur RÜ hemmen oder fördern.

Die sozialisatorischen Bedingungen der RÜ in der frühen Entwicklung sind jedoch über die Bestimmung molarer Dimensionen wie Zuwendung oder Ablehnung hinaus zu spezifizieren. Aus kognitiv-interaktionistischer Perspektive kann emotionale Zuwendung als die Basis angesehen werden, auf der spezifische Aspekte der Beziehung zwischen Kind und Pflegeperson analysiert werden müssen. Von besonderer Wichtigkeit könnte der Aspekt der Mutualität der Beziehung sein. Damit ist zunächst eine Art der Beziehung gemeint, in der die Pflegeperson die aktuellen und individuellen Bedürfnisse des Kindes wahrnehmen und ihr Verhalten sensibel daran ausrichten kann. Eine sensible Haltung erfordert von der Pflegeperson, daß sie affektive wie kognitive Bedürfnisse des Kindes wahrnimmt und seine Wünsche nach Zuwendung ebenso befriedigt wie seine Bedürfnisse nach exploratorischer Auseinandersetzung mit der Objekt- und Personumwelt. Daher wurde auch in der neueren Deprivationsforschung auf die Bedeutung affektiver wie kognitiver Lernerfahrungen für die soziale und intellektuelle Entwicklung hingewiesen (vgl. Rutter 1972; Schaffer 1971; Schmalohr 1974).

Bereits sehr früh in der Entwicklung entstehen vorbewußte, empathische Einstimmungen zwischen Mutter und Kind als unintendierte, quasi-automatische Reaktionen (How 1955, zit. nach Winch 1962). Bereits Spitz hat die negativen Effekte der Heime darauf zurückgeführt, daß die Kinder keine Möglichkeit zu einem mutuellen Austausch emotionaler Reaktionen haben (Ainsworth 1963; Robson 1967)[1]. Fehlt die differenzierte Reaktion einer Pflegeperson, die auf die je spezifischen Bedürfnisse des Kindes ausgerichtet ist, so verhindert dies gleichzeitig die Ko-Orientierungen des Kindes an der Reaktion des Interaktionspartners. Die vorbewußten, empathischen Reaktionen des Kindes werden also zunächst nicht differenziert. Zugleich macht das Kind emotional die Erfahrungen,

---

1 Fehlende mutuelle Interaktionen sind nicht nur folgenreich für die sozio-kognitive Entwicklung, sondern auch die Entwicklung kognitiver Schemata (Hunt 1973) sowie die Entwicklung sprachlicher Fähigkeiten (vgl. Brown & Fraser 1964; Cazden 1972; McNeill 1966) werden durch differenzierte Interaktionen begünstigt. In der neueren Deprivationsforschung wurde daher auch zunehmend die Bedeutung affektiver wie kognitiver Komponenten der Interaktion für die kognitive und soziale Entwicklung berücksichtigt.

daß es mit seinen Bedürfnissen allein gelassen wird und unbefriedigt bleibt.
Siegrist analysiert die fehlende Mutualität aus der interaktionistischen Perspektive:

> „Dies hat zur Folge, daß die *an Regelmäßigkeiten der Antwort gebundene* vorsprachliche ‚Situationsdefinition', die *impuls*steuernde Vorwegnahme der Reaktion signifikanter Personen (role-taking) als Mittel der sozialen *Verhaltensinitiation* sich nicht, oder zumindest nicht ausreichend, entwickeln kann. Dadurch bleibt die *Teilnahme* an der Mitwelt von Anfang an *partiell versagt*" (1970, S. 114).

Die spielerischen Interaktionen, in denen das Kind lernt, Reaktionen zu antizipieren und gleichzeitig seine eigenen Verhaltensschemata zu erweitern, stimulieren die Motivation zur RÜ und fördern die Entwicklung von Fähigkeiten, die Reaktionen und Erwartungen anderer zu erschließen. In den mutuellen Interaktionen von Kind und Pflegeperson werden die ‚mittleren Diskrepanzerlebnisse' (vgl. Heckhausen 1972) hergestellt, die für die kognitive und motivationale Entwicklung stimulierend sind. Das Kind kann die soziale Umwelt erkunden und eine Koordinierung von Reaktionen lernen. Auf der Basis lerntheoretischer Überlegungen haben Lewis & Goldberg (1970) in Anlehnung an Gewirtz (1969) und Rotter (1954, 1966) ein Modell des Aufbaues generalisierter Erwartungen in frühen Mutter-Kind-Interaktionen entworfen. Gewirtz geht davon aus, daß Stimuli nur dann verhaltenswirksam werden, wenn sie in einer Situation für das Kind funktional sind. Erst dann können ‚reinforcement contingencies' aufgebaut werden, die das Verhalten des Kindes kontrollieren. Im Prozeß des Erwerbs spezifischer Verhaltensmuster bilden sich nach Rotter über solche Verhaltensketten generalisierte Erwartungen aus. Sie stellen ein über Situationen hinweg generalisiertes Motiv dar, welches zugleich die Basis zukünftiger Lernprozesse ist. Da die Mutter zunächst die einzige Quelle für die Verstärkungen von Reaktionen ist, bilden sich aus der Erfahrung mit ihr generalisierte Erwartungen. So lernt das Kind, daß es die Reaktionen der Mutter beeinflussen kann, wenn diese differenzierte Reaktionen auf seine eigenen Verhaltensweisen zeigt. Es kann aber auch lernen, daß es mit seinen Verhaltensweisen die Mutter nicht ‚kontrollieren' kann, wenn keine kontingenten Reaktionen der Mutter erfolgen. Die generalisierten Erwartungen führen zu Dispositionen einer aktiven Orientierung oder aber einer Hilflosigkeit gegenüber der Umwelt, wenn sie über die Interaktionen mit der Mutter hinaus auf die Umwelt generalisiert werden. In weiteren Interaktionen können solche Erwartungen zunehmend verstärkt und damit erlebens- und verhaltenswirksam werden. Die Erfahrungen des Kindes, daß es geordnete Beziehungen zwischen seinen eigenen Verhaltensweisen und den Reaktionen seiner Umwelt gibt (vgl. dazu auch Moores Konzept der reagiblen Umwelt, 1969), könnten theoretisch als motivationale Basis für die Aufnahme sozialer Beziehungen angesehen werden (vgl. Weinstein 1969). Denn nur, wenn in sozialen Interaktionen alter auf das Verhalten von ego reagiert, besteht für ego ein Anreiz, sich in die Perspektive von alter zu versetzen, um dessen Reaktionen zu antizipieren. Sofern die RÜ-Akte, die das Kind gegenüber der Mutter vornimmt, unbeantwortet und konsequenzlos bleiben, verringert sich einerseits die Motivation zur Antizipation von Verhalten, andererseits lernt das Kind keine Beziehungen, in denen sein Verhalten ebenso zum Ausgangspunkt eines anderen Verhaltens wird, wie umgekehrt das Verhalten eines anderen sein Verhalten beeinflußt (also die Reziprozität von Beziehungen).

In engerer Verwandtschaft zum kognitiv-interaktionistischen Ansatz stehen die neueren Arbeiten von Ainsworth, Bell & Stayton (1974) und Richards (1974). Die Autoren kritisieren die lerntheoretischen Annahmen, nach denen Sozialität als Ergebnis von Konditionierungsprozessen begriffen wird. Denn auch wenn in dem genannten Ansatz der sozialen Lerntheorie ein differenzierteres Modell der Kind-Umwelt-Beziehungen entworfen wird als in klassischen Lerntheorien, so bleibt doch das Konzept eines zunächst nicht sozialen Organismus erhalten, der auf die von der Umwelt angebotenen Stimuli reagiert und durch Verstärkungsketten soziale Erwartungen lernt. Demgegenüber gehen Ainsworth und Richards in Übereinstimmung mit kognitiv-interaktionistischen Theorien von der Annahme aus, daß das Kind von Beginn der Entwicklung an sozial und zur Antizipation von Erwartungen prädisponiert ist. Als aktiver Organismus ist es von Anbeginn an mit Signalsystemen ausgestattet, die den Kontakt zur sozialen Umwelt gewährleisten. Die Sensibilität der Pflegeperson, die eine differenzierte Beantwortung und Entfaltung der kindlichen Signale gewährleistet, bestimmt den weiteren Verlauf der Entwicklung des Kindes und das Ausmaß, in dem sich eine mutuelle Kooperation zwischen Kind und Pflegeperson entwickelt. Im Gegensatz zur Annahme der Reziprozität in der Mutter-Kind-Interaktion (s. S. 96), wonach das kindliche Verhalten zum Auslöser spezifischer Reaktionen der Pflegeperson wird, fanden Ainsworth et al. (1974) in ihrer Stichprobe normaler, gesunder Kinder eher Hinweise darauf, daß das Verhalten des Kindes von der Responsibilität der Mutter abhing als umgekehrt die Responsibilität der Mutter von Charakteristika des Kindes. Die Interaktionsfähigkeiten des ‚sozialisierten' Partners, seine Möglichkeiten zur Zuwendung und Empathie wären demnach eher vorrangig für die Entwicklung der Interaktionsfähigkeiten des Kindes.

Ein auf Mutualität gegründetes Beziehungssystem, in dem einerseits die Mutter (oder andere Pflegepersonen) dem Kind eine zunächst uneingeschränkte Zuwendung und Befriedigung seiner Bedürfnisse zukommen lassen – ohne dabei überprotektiv zu sein –, erweist sich als folgenreich für die soziale wie kognitive Entwicklung. So zeigten Säuglinge, deren Mütter nach Beobachtungen der Mutter-Kind-Dyade als sensibel für die Bedürfnisse des Kindes eingeschätzt worden waren, auf der Basis einer sicheren affektiven Beziehung mehr exploratorisches Interesse für ihre Umwelt. Ein weiteres Ergebnis ist für die Genese von RÜ-Fähigkeiten von direkter Bedeutung: Die Kinder, deren Mütter als sensibel, akzeptierend und kooperativ eingeschätzt worden waren, orientierten sich konsistenter an den verbalen Geboten der Mutter als Kinder, deren Mütter eher als ablehnend und unsensibel gekennzeichnet worden waren. Die sensiblen Mütter ließen dem Kind auch im allgemeinen mehr Freiheit und unterbrachen seine Aktivitäten weniger als die unsensiblen Mütter. Sensitivität und Verständnis des Kindes für die Mutter entstehen offenbar nicht durch Training, sondern sind quasi ‚natürliches' Ergebnis einer sensiblen, auf die Bedürfnisse des Kindes ausgerichteten Haltung der Mutter. Die Fähigkeit zur RÜ entwickelt sich also danach in Beziehungen, in denen das Kind als Person akzeptiert und in seinen fundamentalen Bedürfnissen nach Liebe und Zuwendung bestätigt wird.

9.4. Sozialisationsbedingungen der Identifikation als Paradigma der Genese der Fähigkeit zur Rollenübernahme

Die Ergebnisse der Studie von Ainsworth u. a. machen deutlich, daß die Wurzeln von RÜ und Empathie in der frühesten Beziehung zwischen Kind und Pflegeperson begründet sind. In dieser Entwicklungsphase werden affektive, motivationale und kognitive Dispositionen erworben, in denen ‚Randbedingungen' für den Verlauf weiterer Interaktionen und damit auch für die Genese der RÜ festgelegt werden. Nach Maccoby (1959, s. auch Sears et al. 1957) entwickelt das Kind auf der Basis positiver emotionaler Erfahrungen ein generalisiertes Motiv, das Verhalten signifikanter Personen durch Imitation oder im Akt der symbolischen RÜ (Identifikation) zu übernehmen. Pflege, Zuneigung und Bestätigung, die das Kind in der Interaktion mit den signifikanten Personen erfahren hat, führen zur Motivation, diese befriedigenden Erfahrungen im Akt der Imitation und Identifikation aufrechtzuerhalten.
In einer ähnlichen Weise nimmt Parsons (& Bales 1955) an, daß durch

die Identifikation mit der Mutter in der frühesten Entwicklung ein ‚Abhängigkeitsmotiv' entsteht, welches zur Grundlage für die Genese der Sensibilität gegenüber signifikanten Personen wird. Durch dieses soziale Abhängigkeitsmotiv entsteht eine generalisierte motivationale Disposition zur Erschließung von sozialen Erwartungen und damit zur RÜ. Die Entstehung eines generalisierten Abhängigkeits- oder besser Zuwendungsmotivs bedeutet eine Sensibilisierung für ‚signifikante andere' — sei es, um in aktuellen Interaktionssituationen Erwartungen zu erschließen, um das eigene Verhalten daran zu orientieren (wie es in der Bedeutung des Begriffs der RÜ liegt), sei es, um das eigene Verhalten längerfristig im Sinne der antizipierten Erwartungen des anderen zu gestalten (wie es in der Bedeutung des Begriffes der Idendifikation liegt). Untersuchungen zum Imitations- und Identifikationslernen (Aronfreed 1969; Bandura 1969; Mussen 1967) haben jedoch deutlich gemacht, daß Zuwendung nur eine der Bedingungen ist, die eine Person zu einem ‚signifikanten anderen' werden läßt. Weitere Bedingungen sind Macht und Kompetenz. Auch wenn das Kind geringe Zuwendung von den Eltern erfährt, wird es doch nach Identifikation streben, um an der Macht und Kompetenz der Eltern teilzuhaben. Es wird auch gezwungen, sich an den Erwartungen machtausübender Eltern zu orientieren, da diese über Sanktionsgewalt verfügen. Jedoch läßt sich vermuten, daß die Genese der RÜ-Fähigkeit in einer spezifisch anderen Art verläuft als unter den Bedingungen von Zuwendung. Wir werden dieses Problem an anderer Stelle aufnehmen (vgl. S. 112).

Eine Vielzahl von Untersuchungen zu Identifikationsprozessen in Abhängigkeit vom elterlichen Erziehungsverhalten hat allerdings die Bedeutung von affektiver Zuwendung für eine positive Eltern-Kind-Interaktion aufgewiesen (Lynn 1969; Mussen 1967; Sears et al. 1957; Winch 1962), wobei jedoch die Bedeutung zusätzlicher kognitiver Bedingungen der Eltern-Kind-Interaktion insbesondere in der neueren Forschung spezifiziert wurde (vgl. Hoffman 1969 zur moralischen Entwicklung).

Als ein entscheidender Entwicklungszeitpunkt für den Erwerb kognitiver und motivationaler Dispositionen sowie für die Fähigkeit zur RÜ kann nach Parsons (& Bales 1955) die Geschlechtsrollenidentifikation angesehen werden. Sie erfordert vom Kind die Verinnerlichung zweier divergierender, prinzipiell unvereinbarer Rollen (weibliche und männliche Rolle) und bildet als Akt der Internalisierung des sozialen Beziehungssystems das Paradigma des Erlernens sozialer Beziehungen. Die Ausbildung eines autonomen Ich hängt weitgehend davon ab, wie das Kind mit divergierenden Erwartungen umzugehen lernt. Da das Kind bei Konflikten in der Familie auf eine solidarische Haltung gegenüber beiden Eltern angewiesen ist, um sich ihre Liebe zu sichern, hängt die Genese von Ich-Identität (GOFFMAN 1973) weitgehend davon ab, wie es solche familialen Konfliktsituationen zu bewältigen lernt. Erfordern diese Problemlösungen einerseits die Fähigkeit zur RÜ, um Erwartungen wahrnehmen zu können, so verlangen sie andererseits ‚Ambivalenztoleranz' (KRAPPMANN 1972; OEVERMANN 1970) als die Fähigkeit, sich auf dem Hintergrund eines empathischen Verständnisses mit den Inkonsistenzen sozialer Situationen auseinanderzusetzen. Ambivalenztoleranz erst ermöglicht ‚Rollendistanz' (GOFFMAN 1973), also eine autonome Haltung gegenüber sozialen Ansprüchen, in der internalisierte moralische Regeln in aktuellen Situationen kritisch auf ihre Gültigkeit befragt werden können. Hier wird die Fähigkeit zur RÜ als eine Fähigkeit unter anderen gesehen, die soziales Handeln und die Genese von Autonomie ermöglichen. Voraussetzung für den Erwerb der ‚Grundqualifikationen' des Rollenhandelns ist nach OEVERMANN eine solidarische Beziehung der Eltern untereinander wie auch zum Kind. Nur in einem solidarischen Beziehungssystem ist es für das Kind möglich, flexible Koalitionen mit jeweils einem der Elternteile einzugehen, ohne dabei um die Zuwendung des anderen Elternteils fürchten zu müssen. Auf dem Hintergrund der solidarischen Einheit kann das Kind die Aufgabe der Internalisierung zweier prinzipiell divergierender Rollen lösen, die zur Voraussetzung für den Erwerb der ‚pattern variables' (PARSONS) werden, die als grundlegende Orientierungsalternativen des Rollenhandelns dem Kind erst ermöglichen, in stabile Interaktionen einzutreten. Indem das Kind divergierende Rollenmodelle internalisiert und sich mit konfligierenden Erwartungen und Ansprüchen auseinandersetzen lernt, ohne sie zu verdrängen, erwirbt es zugleich grundlegende Strategien des Sprachgebrauchs: den *analytischen Sprachgebrauch* zur Benennung, Kategorisierung und Strukturierung der Dingwelt und den *reflexiven Sprachgebrauch,* der den Beziehungsaspekt einer Kommunikation beinhaltet, also dem Interaktionspartner über den Inhalt der Mitteilung hinaus Interessen und Ansprüche übermittelt (HABERMAS 1968). Erst wenn das Kind über analytischen und reflexiven Sprachgebrauch verfügt, können Interaktions- und Kommunikationsprozesse gelingen. Die Fähigkeit zur RÜ kann als eine der Grundlagen für den analytischen wie reflexiven Gebrauch der Sprache angesehen werden, so wie umgekehrt angenommen werden kann, daß die sprachliche Explikation der Bedeutung sozialer Situationen die Genese von Fähigkeiten zur RÜ stimuliert. Zwar ist anzunehmen, daß im Vergleich zur RÜ für die Genese kommunikativer und interaktiver Kompetenz zusätzliche Sozialisationsbedingungen von

Bedeutung sind (vgl. ZEBERGS 1974), doch läßt sich vermuten, daß in einem familialen Beziehungssystem, in dem divergierende Interessen und Ansprüche auf der Basis solidarischer Beziehungen verbal expliziert und vertreten werden können, auch Bedingungen verwirklicht sind, welche die Genese der RÜ-Fähigkeit fördern. Denn einerseits sind die affektiven Beziehungen stabil und ermöglichen dem Kind eine angstfreie Hinwendung zur sozialen Umwelt. Andererseits wird das Kind in einem solchen Beziehungssystem eher zum sprachlichen Handeln aufgefordert, um den Eltern seine jeweiligen Handlungen zu begründen, so wie diese umgekehrt ihre Handlungen und Motive dem Kind zu verdeutlichen suchen.

9.5. Familiale Interaktionsmuster und Sozialisation der Rollenübernahme

9.5.1. Bernsteins Modell ‚personaler' und ‚positionaler' Beziehungssysteme

Um die sozialisatorischen Bedingungen der RÜ weitergehend zu differenzieren, bietet sich BERNSTEINS (1972a) Modell familialer Rollenbeziehungen an. BERNSTEIN hat quasi idealtypische Formen familialer Rollensysteme beschrieben, in denen eher restringierte oder eher elaborierte Formen des Sprachgebrauchs vorherrschen und erworben werden. Ohne auf die umfangreiche Literatur zur Codetheorie einzugehen[2], soll hier nur das theoretische Modell BERNSTEINS angeführt werden, welches eine Aufschlüsselung familialer Sozialisationsbedingungen erlaubt, die auch für die Genese der RÜ-Fähigkeit wichtig sein dürften.
BERNSTEIN versteht unter sprachlichen Codes die Prinzipien der Selektion und Organisation sprachlicher Ereignisse (1972a, S. 203); OEVERMANN (1971) spricht von Strategien der verbalen Planung oder sozialen Strategien des Sprachgebrauchs. Als zwei fundamentale Formen des Sprachgebrauchs werden der restringierte und der elaborierte Code unterschieden. Der restringierte Code erfordert nur eine geringe verbale Planung, der Inhalt von Kommunikationen ist eher konkret und deskriptiv als abstrakt. Da die Bedeutungen nicht sprachlich explizit gemacht werden, bleibt die Bedeutung der Kommunikation auch kontextabhängig. Demgegenüber erfordert der elaborierte Code ein höheres Niveau an verbaler Planung, was auch in der komplexeren grammatikalischen Struktur der Äußerungen zum Ausdruck kommt. Im elaborierten Code werden die

[2] Vgl. dazu BERNSTEIN 1970, 1972a; HAGER et al. 1973; OEVERMANN 1969, 1971, 1972; ORT 1975; ZEBERGS 1974.

Bedeutungen der Kommunikation relativ kontextunabhängig expliziert, denn indem der Sprecher das Verstehen des Hörers nicht als selbstverständlich voraussetzt, ist er gezwungen zu verdeutlichen, was er im Kontext einer Situation meint. Der elaborierte Code ermöglicht im Vergleich zum restringierten Code differenziertere kognitive, emotionale und soziale Lernerfahrungen und begünstigt von daher auch die Ausbildung von Ich-Identität. Die Fähigkeit, zwischen den Codes zu wechseln, hat für Bernstein entscheidenden Einfluß auf die Fähigkeit, sich in verschiedenartige Rollen zu versetzen und damit auch auf die Fähigkeit zur RÜ in verschiedenartigen Situationen. Die differenzierteren Erfahrungen, die dem Kind durch den elaborierten Sprachgebrauch möglich werden, erleichtern es ihm, sich der Ordnung von Beziehungen der Objekt- wie Personumwelt bewußt zu werden (Bernstein 1972b, S. 26). Die Verfügung über den elaborierten Code garantiert nicht, daß eine Person in einer aktuellen Situation die Perspektive eines anderen übernimmt. Da im elaborierten Sprachgebrauch jedoch über das konkret Wahrnehmbare einer Handlungssituation hinaus der Bedeutungsgehalt (also Intentionen, Motive oder auch Gefühle des Handlungspartners) sprachlich explizit gemacht werden, sind Bedingungen für Erfahrungen gegeben, die für die Genese der RÜ wichtig sind. Die idealtypisch unterschiedlichen Strategien des Sprachgebrauchs, die Bernstein an sozialstrukturell variierende Formen von Sozialbeziehungen und Rollenhandeln knüpft, lassen nach diesen Überlegungen auch Hypothesen für sozialisatorische Bedingungen der RÜ zu:
Bernsteins idealtypische Unterscheidung von positionaler und personaler Beziehungssysteme läßt sich im Kontext der vorherigen Diskussion über Mutualität in der Eltern-Kind-Beziehung deuten. Im personorientierten familialen Rollensystem wird dem Kind ein relativ großer Spielraum für die Definition der eigenen Rolle zugestanden. Da die Kommunikation verbal verläuft, verdeutlichen Eltern wie Kind im Verlauf der Interaktion wechselseitig ihre Bedürfnisse und Intentionen. Für Bernstein ist in einem personalen Rollensystem eine Reziprozität der Eltern-Kind-Beziehung gegeben, in der

> „die Kinder die Eltern ebenso sehr sozialisieren wie die Eltern die Kinder. Denn die Eltern sind für die individuellen Merkmale der Kinder sehr ‚empfänglich'. ... Von grundlegender Wichtigkeit ist, daß das Rollensystem die Kommunikation und Orientierung gegenüber Motiven und Dispositionen von anderen fördert" (1972 a, S. 215).

In einem personalen Beziehungssystem kann das Kind also Einsicht in die Gefühle, Motive und Intentionen anderer gewinnen, da diese einerseits im Prozeß der Interaktion sprachlich zugänglich gemacht werden und damit dem Kind variable und differenzierte Erfahrungen ermöglichen. Andererseits erfährt es, daß seine eigenen Bedürfnisse und Intentionen von den Eltern verstanden und berücksichtigt werden. Elterliche Autorität kann also auch im Konfliktfall positiv erfahren werden, da die Eltern-Kind-Solidarität erhalten bleibt. In einem positionalen oder statusorientierten Rollensystem findet eine solche optimale Rückkoppelung nicht statt. Der Prozeß der Beeinflussung verläuft einseitig, denn die Spielräume des Rollenhandelns sind für das Kind durch vorgegebene Rollenschemata eingeengt. Das Kind ‚übernimmt' seine Rolle eher, als daß es sie im Prozeß der Interaktion mit den Eltern regelgeleitet, aber dennoch situationsspezifisch interpretieren lernt. Die Eltern üben ihrerseits die an ihre Rolle gebundene Macht aus und drängen auf die Einhaltung von Geboten und Verboten, die nur durch Statusappelle begründet werden. So ist das Kind zwar auch in positionalen Familien auf eine gewisse Sensibilität (im Sinne von Gehorsam) für die elterlichen Anforderungen angewiesen; doch sind die Lernerfahrungen für die Genese der RÜ weitaus eingeschränkter als im personorientierten Rollensystem. Denn der Gehorsam des Kindes wird durch den Verweis auf ‚fixe' Regeln gefordert, die flexiblen, situationsadäquaten Interpretationen und Modifikationen kaum zugänglich sind.

Obwohl nach Bernstein dieser Beziehungstyp nicht notwendigerweise ‚autoritär' und auch nicht eher ‚kalt' als ‚warm' ist, läßt doch die Charakterisierung der Interaktionsformen darauf schließen, daß ‚Wärme' nur dann verwirklicht werden kann, wenn das Kind sich den vorgegebenen Rollenerwartungen entsprechend verhält. Zwar lassen sich durchaus Unterschiede im Ausmaß vorstellen, mit dem Eltern die Normenorientierung des Kindes durchsetzen – hier bietet sich Hoffmans (1969) Unterscheidung psychologischer und machtorientierter elterlicher Kontrollformen an (vgl. S. 111) –, doch erweisen sich die Erfahrungen im positionalen Rollensystem als begrenzt, wenn es darum geht, individuierte Absichten und Motive zu erarbeiten. Damit werden auch die Erfahrungen eingeschränkt, die für die Entwicklung situationsübergreifender Fähigkeit zur RÜ notwendig sind; nicht nur, weil die verbale Explikation der Begründungen von Handlungen fehlt, sondern auch, weil das Erleben von Mutualität eingeschränkt ist. Die Fähigkeit zur RÜ könnte eher auf dem Kontext von Gehorsams- und Konformitätssituationen begrenzt bleiben. Hier bietet sich die von Weinstein (1969) und Waller (1972) vorgeschlagene Unterscheidung von person- und positionsorientierten Formen der RÜ an (vgl. S. 70). Die personorientierte Form der RÜ bietet die Möglichkeit zu einer differenzierten, situationsadäquaten Erschließung der

Bedeutung einer Handlung des Interaktionspartners, während die positionsorientierte RÜ dem normativen Bezugsrahmen einer Situation verhaftet bleibt.
Die relative Stereotypie interpersoneller Erfahrungen im positionalen Rollensystem läßt vermuten, daß das Kind in diesem Sozialisationskontext zwar Sensibilität gegenüber den elterlichen Geboten, also positionale RÜ, lernen muß, daß jedoch die Vielzahl der Interpretation interpersoneller Erfahrungen, die das Kind im personorientierten Rollensystem erwirbt, eher eine über Situationen hinweg generalisierte Verfügbarkeit von Fähigkeiten zur RÜ ermöglicht.
Die von Bernstein theoretisch erarbeiteten idealtypischen Formen familialer Rollensysteme beinhalten affektive und kognitive Komponenten der Interaktion sowie implizite und explizite Lernerfahrungen des Kindes. Insofern lassen sich die in der psychologischen Forschung vorgenommenen Klassifikationen elterlichen Erziehungsverhaltens einerseits in ein solche übergreifendes Schema einordnen. Andererseits können teilweise präzisere Bestimmungen der Dimensionen elterlichen Verhaltens gewonnen werden.

9.5.2. Emotionale und kognitive Komponenten elterlichen Verhaltens

Emotionale Komponenten elterlichen Verhaltens sind in der Sozialisationsforschung vorwiegend nach zwei Dimensionen analysiert worden: einerseits nach der Dimension ‚Zuwendung‘ gegenüber ‚Feindseligkeit‘ und andererseits nach der Dimension ‚Autonomie‘ gegenüber ‚Kontrolle‘. Trotz der unterschiedlichen Benennungen, die diese beiden Dimensionen in einer Vielzahl von Untersuchungen erfahren haben (vgl. Becker 1964; Caesar 1972; Stapf et al. 1972; A. Stapf 1973) ergibt sich dennoch insbesondere für die erste Dimension der ‚Liebe‘ oder ‚Wärme‘ gegenüber ‚Feindseligkeit‘ oder ‚Ablehnung‘ eine relativ deutliche Übereinstimmung der mit diesen Benennungen verbundenen elterlichen Verhaltensweisen oder Einstellungen.
Nach Becker (1964) ist Wärme definiert durch Bedingungen wie ‚accepting, affectionate, approving, understanding, child-centered, frequent use of explanations, positive response to dependency behavior, low use of physical punishment“ (S. 174). Der entgegengesetzte Pol der Feindseligkeit oder Zurückweisung läßt sich durch entgegengesetzte Charakterisierungen kennzeichnen und meint ein eher abweisendes, relativ feindseliges Verhalten der Eltern.
Eine weitere Dimension bildet die der ‚Einschränkung‘ oder ‚Kontrolle‘

gegenüber einer mehr freiheitlichen, gewähren-lassenden Haltung der Eltern. Diese Dimension wird von verschiedenen Autoren unterschiedlich konzeptualisiert (vgl. STAPF et al. 1972). Man kann sie im weitesten Sinn als Form der elterlichen Disziplinierung oder Machtausübung kennzeichnen. Der negative Pol dieser Dimension kennzeichnet nach BECKER ein Verhalten, in dem die Eltern eher restriktiv auf die Befolgung von Geboten drängen und die Freiheitsspielräume des Kindes einschränken. Der positive Pol bezeichnet ein Verhalten, wodurch dem Kind Freiheit zur Exploration seiner Umwelt und weitgehende Eigeninitiative zugestanden wird.

Die erstgenannte Dimension elterlicher ‚Wärme' oder Zuwendung hat sich im Verlauf der Entwicklung des Kindes als relativ stabil erwiesen. In einer Vielzahl von Untersuchungen (vgl. THOMAE 1972) hat sich gezeigt, daß Kinder, die Unterstützung und Fürsorge der Eltern erfahren, eher bessere Intelligenzleistungen aufweisen (HONZIK 1967; WATSON 1957). WATSON charakterisiert Kinder aus zugewandten Familien als eher freundlich und kooperativ in ihrem Sozialverhalten im Vergleich zu Kindern, die eher ablehnende Eltern haben. Einen Hinweis auf die Entwicklung internalisierter Kontrolle in Zusammenhang mit einem warmen, beschützenden und zuwendenden Verhalten der Eltern geben Untersuchungen von KATKOVSKY et al. (1967) sowie auch MEYER & WACKER (1970; vgl. auch HECKHAUSEN 1972). Durch diese Merkmale der familialen Erziehung wird offenbar eine Umwelt gekennzeichnet, die über die Konsistenz positiver Erfahrungen und befriedigender Beziehungen mit anderen dem Kind die Chance gibt, Ich-Identität und ein positives Selbstwertgefühl auszubilden.

Feindseliges elterliches Verhalten geht eher mit kognitiven sowie auch sozialen Problemen von Kindern einher. Auf kognitive und schulische Probleme weist CONGER (1973) hin. BECKER (1964; BECKER & KRUG 1965) charakterisiert Kinder aus ablehnenden Familien als eher zurückgezogen, scheu und vorsichtig abwartend oder aber als aggressiv (vgl. die Ergebnisse zur Delinquenzforschung von GLUECK 1950).

Beide Formen sozialen Verhaltens dürften aber zu geringen positiven Verstärkungen in sozialen Situationen führen und über eine gewisse Disposition zum Rückzug aus sozialen Interaktionen auch zu einer geringeren Differenzierung von Fähigkeiten zur RÜ. Es ließe sich also vermuten, daß Zuwendung eher Bedingungen repräsentiert, die eine positive Beziehung zur sozialen Umwelt und damit auch mehr Lernerfahrungen für RÜ ermöglichen.

Die Ergebnisse zur zweiten Dimension elterlichen Verhaltens sind weniger homogen, da diese Dimension in den Untersuchungen inhaltlich unterschiedlich konzeptualisiert worden ist. Hier werden einerseits Formen der Machtausübung angesprochen, die bis zu einem autoritären, feindselig-strafenden Verhalten reichen können. Andererseits werden Formen elterlicher Kontrolle thematisiert, die eher ein Engagement der Eltern an der Erziehung ausdrücken. Die Dimensionen der Zuwendung und Kontrolle sind nicht unabhängig voneinander zu sehen, sondern stehen miteinander in Wechselbeziehung. Eltern, die ihren Kindern relativ viel Zuwendung zukommen lassen, können sich, wie bereits bei der Diskussion positionaler Rollensysteme ausgesprochen wurde, durchaus in einem gewissen Ausmaß darin unterscheiden, ob sie eher strikt auf die Befolgung von Regeln drängen oder dem Kind mehr Spielraum für die Definition seiner eigenen Rolle lassen. Umgekehrt kann auch ein abweisendes Verhalten der Eltern dem Kind gegenüber mit eher starker oder geringer Kontrollausübung verbunden sein. Die Interaktion der Dimensionen Wärme und Kontrolle wurden in der Erziehungsstilforschung in den Mustern der ‚Zuwendung', ‚Kontrolle', ‚Ablehnung' und ‚Vernachlässigung' zu fassen versucht (Becker 1964; Stapf et al. 1972). Je nachdem, welche Kombination von Wärme und Kontrolle das Kind erfährt, wird es unterschiedliche Lernerfahrungen machen. Bezieht man zusätzlich die mögliche Interaktion von väterlichem und mütterlichem Verhalten ein sowie auch die weitere sozialisatorische Umwelt, dann zeigt sich die Komplexität der für die Ergebnisse des Sozialisationsprozesses zu berücksichtigenden Bedingungen.

Zudem zeigt die vorangegangene Analyse der Reziprozität in der Eltern-Kind-Beziehung, daß die globalen Dimensionen elterlichen Verhaltens nur im Rahmen eines individuierten Beziehungssystems gesehen werden können, in dem die Interaktionspartner wechselseitig aufeinander reagieren.

Auf der Grundlage dieser Überlegungen erscheint es sinnvoll, Erziehungssituationen danach zu kennzeichnen, ob eine Balance der wechselseitigen Ansprüche von Eltern und Kind hergestellt ist. Aus dieser Sicht lassen sich die genannten vier Idealtypen des Erziehungsverhaltens nach Danziger (1971, S. 65) als Beziehung zwischen kindlichen und elterlichen Bedürfnissen rekonzeptualisieren: (a) Eltern befriedigen die Ansprüche des Kindes und stellen selbst wenige Forderungen (Zuwendung); (b) Eltern befriedigen die Bedürfnisse des Kindes und stellen selbst hohe Forderungen (Kontrolle); (c) Eltern befriedigen die Bedürfnisse des Kindes nicht, stellen aber auch keine Forderungen (Vernachlässigung); (d) Eltern befriedigen die Bedürfnisse des Kindes nicht, stellen aber ihrerseits hohe Forderungen (feindselige Restriktivität).

Die Beziehungssysteme können also mehr oder weniger gleichgewichtig in der Wechselseitigkeit der Erfahrungen sein. Die unter (a) und (b) genannten Bedingungen lassen eher positive Sozialisationserfahrungen vermuten, während (c) und (d) sich eher im Ausmaß der negativen Erfahrungen unterscheiden und danach, ob sie dem Kind überhaupt eine Beziehung ermöglichen, selbst wenn sie nur negativer Art ist. Kontrolle muß nicht negativ sein, wenn einerseits Eltern die Bedürfnisse des Kindes befriedigen und andererseits die Forderungen nicht autoritär-rigide sind, sondern an wechselseitig verpflichtenden Prinzipien und Regeln beruhen. Hier wird es auf das Ausmaß ankommen, in dem das Kind Forderungen als begründet und nachvollziehbar erlebt, selbst wenn es eigene Bedürfnisse in einer Situation nicht befriedigen kann. In diesem Sinne unterscheidet BAUMRIND (1972, 1973) ‚autoritäres' von einem auf Autorität gegründeten elterlichen Erziehungsverhalten. Während ‚autoritäre' Eltern das Kind stark kontrollieren und an fixen Standards ausgerichteten Gehorsam verlangen (‚positionales' Rollensystem), ermöglichen Eltern, deren Verhalten weder autoritär noch in einem Übermaß permissiv ist, dem Kind sowohl den Erwerb von Autonomie als auch die Orientierung an moralischen Standards. Sie verwirklichen ein personales Beziehungssystem, indem sie die Prinzipien ihres Handelns und ihrer Forderungen dem Kind kognitiv und emotional verständlich werden lassen. Die Ergebnisse einer Längsschnittuntersuchung von BAUMRIND zeigten, daß die ‚angemessensten' Entwicklungsbedingungen durch eine fordernde *und* verstehende Erziehung gegeben waren. Kinder, deren Eltern verständnisvoll waren und zugleich Grenzen festlegten, die sie dem Kind in der Kommunikation verständlich machten, waren in ihrem Verhalten eher aktiv, sozial verantwortlich und kooperativ. ‚Sozial verantwortlich' umfaßte dabei Verhaltensweisen, die Fähigkeit zur RÜ voraussetzen könnten wie z. B.:

"he does not actively disobey, or undermine the rules of the school, he can share possessions with other children; he is sympathetic when another child needs help . . ." (1972, S. 398).

Dieses Ergebnis bestätigt den Befund von AINSWORTH et al. (1974; vgl. S. 100), wonach verständnisvollere Mütter gehorsamere Kinder hatten. Versteht man Gehorsam nicht lediglich als Anpassung und Konformität mit vorgegebenen Normen, sondern auch positiv als Anerkennung von legitimen Regeln, so können die genannten Verhaltensweisen als Indikator für kompetentere interaktionale Fähigkeiten dieser Kinder angesehen werden, die wiederum zur Grundlage positiver Erfahrungen in sozialen Interaktionen werden können.

Eine Differenzierung der Formen von Machtausübung findet sich bei

Hoffman (1969), der Lernerfahrungen danach kategorisiert, inwieweit sie auf ‚Internalisierung' im Sinne einer kognitiven Verarbeitung von Erfahrungen hinwirken oder diese gerade verhindern. Da sich Internalisierung über RÜ-Akte vollzieht, können wir in den Lernerfahrungen, die sie ermöglichen, eine wichtige kognitive Bedingung für die Genese der RÜ sehen. Die Kategorisierung elterlichen Verhaltens, die Hoffman gibt, weist, ähnlich wie die Beschreibungen Bernsteins, spezielle kognitive Dimensionen elterlichen Verhaltens auf, die für die Genese der RÜ bedeutsam sind. Hoffman unterscheidet einerseits Formen direkter und indirekter Machtausübung und andererseits Formen der Kontrolle, durch die dem Kind die Konsequenzen seines Verhaltens kognitiv vermittelt werden, gegenüber Formen der Kontrolle, in denen diese Explikation nicht enthalten ist.

Als Formen der direkten oder indirekten Macht, die dem Kind keine sprachlichen und kognitiven Verarbeitungsmöglichkeiten geben, trennt er zwischen *Machtausübung* und *Liebesentzug*. Offene Machtausübung meint ein Verhalten direkter, physischer Gewalt. Sie bindet das Kind an den externalen Vorgang und bietet ihm keine Möglichkeiten der kognitiven, verinnerlichten Verarbeitung. Im Kind wird nicht nur Feindseligkeit gegen den schmerzverursachenden Aggressor hervorgerufen, sondern darüber hinaus bieten die Eltern ein Modell für das Verhalten des Kindes. Es lernt, daß man Ärger, Frustration oder Feindseligkeit offen auslebt – allerdings nur dann, wenn keine Sanktionen zu fürchten sind. So wird das Kind kaum Aggression gegen die Eltern wenden, sondern es wird dieses Verhalten gegenüber weniger mächtigen Geschwistern oder Gleichaltrigen an den Tag legen.

Eine subtilere psychologische Form der Machtausübung stellt die Bestrafung durch *Liebesentzug* dar, die häufig auch in Verbindung mit kognitiv orientierten Kontrollformen auftritt. Liebesentzug ist wie physische Gewalt eine starke Form der Disziplinierung, die insbesondere beim kleinen Kind große Ängste auslösen kann, da es nur über geringe kognitive Strukturierungsmöglichkeiten verfügt und daher hilflos von den Eltern und deren Zuwendung abhängig ist.

Mit beiden Formen der Disziplinmaßnahmen treten die Eltern dem Kind als machtvolle Sozialisationsagenten gegenüber. Liebesentzug ist jedoch nur in einem Familienklima möglich, in dem das Kind tatsächlich Liebe verlieren kann. Es ist demnach anzunehmen, daß Liebesentzug eher von Eltern verwendet wird, die sich dem Kind in anderen Situationen zuwenden und deshalb auf den Entzug von Zuwendung als Mittel der Manipulation kindlichen Verhaltens zurückgreifen können.

Umgekehrt ist jedoch physische Strafe nicht ohne weiteres ein Indikator für fehlende Zuwendung der Eltern. Hier muß man davon ausgehen, daß die Interpretation der Bedeutung physischer Strafe subkulturspezifisch variieren kann. Eltern können physische Strafe aufgrund eigener Erfahrungen oder normativer Ausrichtungen unterschiedlich interpretieren und verschiedene Vorstellungen über die Auswirkungen von Strafe auf das Kind haben. Solche ‚Deutungsmuster' müssen – insbesondere wenn man das Ausmaß der Strafe berücksichtigt – zur Interpretation von Ergebnissen herangezogen werden. So kann z. B. die Maxime ‚eine Ohrfeige hat noch niemandem geschadet', dann zutreffend sein, wenn die physische Strafe nach Art und Ausmaß mit einem in der Familie anerkannten Verhaltensmuster konsistent ist. Man kann demnach nur dann auf eine eher feindliche Haltung der Eltern gegenüber dem Kind schließen, wenn körperliche – und vor allem heftige – Strafe als einziges Mittel der Disziplinierung Verwendung findet. Physische wie psychische Disziplinierungsformen sind dahingehend vergleichbar, daß sie das Kind in eine starke Abhängigkeit gegenüber einem mächtigen Erwachsenen versetzen. Nicht gleich sind sie bezüglich der Lernerfahrungen, die sie dem Kind ermöglichen und damit in ihren Konsequenzen für die Persönlichkeitsentwicklung und wahrscheinlich auch für die Genese der RÜ. Physische Bestrafung bindet das Kind an den konkreten Akt, und damit zugleich an die Auswirkungen, die dieser Akt auf das Selbst hat. Die Wirkung auf das zukünftige Verhalten beruht auf der Nachahmung elterlichen Verhaltens als Mittel zur Problemlösung in interpersonellen Situationen.

Liebesentzug ist ein Modellverhalten für die innerliche Verarbeitung der Konsequenzen eines Verhaltens auf der Ebene von Schuldgefühlen, Gewissensangst oder Scham. Liebesentzug stimuliert, wie HOFFMAN am Beispiel der moralischen Entwicklung aufgezeigt hat, die Entwicklung innerer Prozesse, sofern das Kind eigenes Verhalten mit der Reaktion der Eltern zu verknüpfen und zu interpretieren lernt.

Das Erfahren von physischer Macht und Feindseligkeit könnte den Erwerb der Fähigkeiten zur RÜ jedoch insoweit erfordern, als es durch sein Verhalten das Ausmaß elterlicher Sanktionen steuern lernt. Wenn also das strafende Verhalten der Eltern kontingent auf die Reaktionen des Kindes erfolgt und das Kind damit auch ohne verbale Deutungen der Eltern erkennen lernt, welches Verhalten von ihm gewünscht wird, so sind durchaus gewisse eingeschränkte Gelegenheiten zur RÜ im Kontext von Gehorsamssituationen gegeben. In einer generell feindseligen familialen Situation, in der die Fähigkeit zur RÜ sich nicht mehr als funktional für die Lösung von Interaktionsproblemen erweist, wären die Lernerfahrungen für RÜ dagegen noch eingeschränkter zu sehen. Ähnlich könnte auch in einer ‚beziehungslosen' Umwelt die Genese der RÜ eingeschränkt sein, da das Kind keine starken Beziehungen zu ‚signifikanten anderen' eingehen kann. Psychische Bestrafungsformen sind dagegen von einer starken Beziehung zu ‚signifikanten anderen' abhängig. Die daraus resultierende Angst vor Liebesverlust läßt eher eine Sensibilisierung für soziale Beziehungen erwarten. Die stärkere Abhängigkeit würde die Genese der RÜ also fördern, wobei jedoch als zusätzliches Differenzierungskriterium berücksichtigt werden müßte, welche Interpretationen der Situation das Kind lernt.

Spezifischere kognitive Komponenten unterscheidet HOFFMAN in einem dritten Typ elterlichen Verhaltens: Erklärendes (induktives) Verhalten stimuliert die kognitiv-moralische Entwicklung des Kindes unmittelbar, da Bedeutung und Sinn von Handlungen verbal expliziert werden und manifestes Verhalten mit zugrunde liegenden Motivstrukturen verknüpft wird. Das erklärende Verhalten läßt sich eher dem personalen Rollensystem zuordnen, in dem die Kommunikation zwischen Eltern und Kind diesem ein Verständnis der eigenen Handlungen im sozialen Kontext ermöglicht. Als eine spezielle Form nennt HOFFMAN Erklärungen der Eltern, die dem Kind die Implikationen seines eigenen Verhaltens für andere verdeutlichen, seinen Blick auf die Bedürfnisse anderer lenken und dem Kind die Motive eigenen wie fremden Handelns zugänglich machen. Interessanterweise zeigen sich die Konsequenzen eines induktiven elterlichen Verhaltens erst nach dem sechsten Lebensjahr, also dann, wenn das Kind über Fähigkeiten zur repräsentationalen Verarbeitung der Erfahrungen verfügt und Fähigkeit zur RÜ ausgebildet hat, die ihm eine Teilhabe an den internalen Prozessen anderer ermöglichen. Indem es lernt, Motive, Intentionen und Gefühle anderer nachzuvollziehen, wird ‚Einsicht' erzeugt, die jedoch einseitig kognitiv bleibt, wenn sie nicht an affektive ‚Einfühlung' gebunden wird. HOFFMANS Analyse bleibt insofern unzureichend, als sie sich vor allem auf die expliziten Lehrstrategien der Eltern richtet und die aktuelle familiale Interaktion nicht thematisiert. So wird zwar angesprochen, daß Eltern sich darin unterscheiden können, wie sehr sie das Kind auf Erleben und Gefühle anderer hinweisen, doch wird ungenügend analysiert, in welchem Ausmaß die Eltern dem Kind Möglichkeiten geben, seine eigenen Bedürfnisse in den familialen Interaktionen zu befriedigen. Offenbar impliziert HOFFMAN, daß Eltern, die ihre Kinder für andere sensibilisieren, auch gegenüber den Gefühlen ihrer eigenen Kinder sensibel sind, daß es also keine Diskrepanzen zwischen kognitiver- und Verhaltensebene gibt. Nun könnte es aber durchaus vorkommen, daß die Eltern zwar dem Kind Einsicht in Motivstrukturen vermitteln, aber in ihrem eigenen Handeln weniger sensibel für andere sind. Dies hat ROSENHAN (1969, s. auch MIDLARSKY & BRYAN

1967) in seinen Analysen der antezedenten Bedingungen der Sympathie für andere gezeigt. Personen, die in Interviews auf Abweichungen zwischen Verhalten und ‚Ideologie' ihrer Eltern hinwiesen: „their parents told them one thing but practiced another" (S. 139), machten im Spannungsfeld expliziter und impliziter Lernprozesse konfliktreiche Erfahrungen, die für die Persönlichkeitsentwicklung folgenschwer waren.

Hier stellt sich die Frage, ob es eine Unterscheidung geben könnte zwischen RÜ, die als ‚kognitiver Akt' gelernt wird, und RÜ, die dadurch entsteht, daß das Kind die Empathie anderer gegenüber den eigenen Bedürfnissen erfährt. Kognitive Lehrstrategien der Empathie für andere wären also nur dann wirklich erfolgreich, wenn das Kind sie mit den eigenen Erfahrungen von Empathie anderer verknüpfen kann, wenn also das Kind wirkliche Mutualität erfahren kann. In einer ‚normalen' Umwelt werden wahrscheinlich beide Aspekte miteinander einhergehen, doch ist eine Abweichung kognitiver und affektiver Erfahrungen durchaus denkbar. Sie müßte sich als folgenreich gerade für die Genese von Fähigkeiten zur RÜ erweisen. Erst die Verbindung von Kognition und Affekt führt, wie die genannte Arbeit von Rosenhan gezeigt hat — zu Verhaltensweisen wie Zuwendung zu anderen, Sympathie, Altruismus oder sozialer Verantwortlichkeit.

Die Überlegungen führen zu der Vermutung, daß die Fähigkeit zur RÜ unter verschiedenartigen familialen Bedingungen gelernt werden könnte: (a) in einem ‚personalen' Familiensystem, in dem kognitive wie affektive Erfahrungen dem Kind Fähigkeit zur RÜ vermitteln; (b) in einem Familiensystem, in dem (explizite) kognitive Lehrstrategien mit (impliziten) Erfahrungen konfligieren und (c) in einem Familiensystem, in dem RÜ als ‚Abwehrmechanismus' gegenüber feindlichen Akten anderer gelernt wird. Denkbar ist schließlich eine vierte Form der RÜ als Akt affektiver Solidarität, wie sie in einem familialen Kontext erworben werden könnte, in dem Zuwendung ohne sprachliche Explikation von Situationen gegeben ist. Diese Ausprägung der RÜ dürfte am ehesten in affektiv solidarischen Familien in subkulturellen Milieus der Unterschicht erzeugt werden. Der strukturell gleiche Akt der Reversibilität, der in unterschiedlichen sozialisatorischen Kontexten erworben würde, könnte einerseits zu verschiedenen Entwicklungszeitpunkten erworben und andererseits möglicherweise in verschiedenartigen situativen Kontexten aktualisiert werden. Zu dieser Frage liegen jedoch bislang noch keine Untersuchungen vor.

9.6. Exkurs: Soziale Schicht als Sozialisationsbedingung für Rollenübernahmefähigkeit

Wir haben bisher einerseits eine Analyse des Konstrukts RÜ im Kontext sozialpsychologischer und kognitiv-entwicklungspsychologischer Theorien durchgeführt und andererseist im vorangegangenen Kapitel die Aspekte sozialisatorischer Interaktion aufgewiesen, die uns für die Genese der RÜ über die Beziehung zu signifikanten anderen theoretisch bedeutsam erscheinen. Die sozialisatorische Interaktion variiert in Abhängigkeit von sozial-strukturellen Bedingungen; doch sind die Vermittlungsprozesse bisher weitgehend ungeklärt. Daß sozial-strukturelle Bedingungen systematischen Einfluß auf die Genese der Fähigkeit zur RÜ im Individuum ausüben, wird aus kognitiv-entwicklungspsychologischer Perspektive von KOHLBERG (1974) angesprochen, wenn er ‚Gelegenheiten zur RÜ' nicht nur im Kontext familialer Interaktionssituationen, sondern zugleich auf soziologischer Ebene als Möglichkeiten zur Teilnahme an sozialen Prozessen generell begreift. Gegenüber Angehörigen der Unterschicht (US) verfügen seiner Ansicht nach Angehörige der Mittelschicht (MS) über weitergehende ‚Gelegenheiten zur RÜ' sowohl im beruflichen als auch im institutionellen Kontext. Die Varianz der individuellen Fähigkeiten zur RÜ wird also – wenn auch von KOHLBERG nur ungenügend expliziert – auf sozialstrukturelle Bedingungen zurückgeführt; KOHLBERG knüpft dabei an Thesen über sozial-strukturell erzeugte Unterschiede der Existenzbedingungen und Lebenskonzeptualisierungen an, wie sie von INKELES (1968) oder KOHN (1969) diskutiert worden sind.
Der These KOHLBERGS, für den sich Sozialstruktur psychologisch als ‚Gelegenheiten zur RÜ' darstellt, läßt sich der Ansatz BERNSTEINS gegenüberstellen, der – für unser Thema relevant – eine soziologische Verknüpfung zwischen der Sozialstruktur und den Modalitäten des Rollenhandelns herzustellen versucht.
Nimmt man an, daß im System sozialer Ungleichheit die Gelegenheiten zur RÜ und mithin die Chancen zur Genese von RÜ-Fähigkeit systematisch ungleich verteilt sind, so stellt sich die Frage, ob die Zugehörigkeit zu einer sozialen Schicht, wie sie bisher operationalisiert wird, als valide Repräsentation der Stellung eines Individuums in der sozialen Struktur gelten kann. Erfaßt die Dimension der Statusdisparität etwas von dem, was KOHLBERG mit ‚Gelegenheiten zur Rollenübernahme' oder was BERNSTEIN und in seiner Nachfolge OEVERMANN mit sozialen ‚Strategien des Symbolgebrauchs' meinen, die durch strukturell erzeugte Normen der Interaktion als ‚Codes des Rollenhandelns' definiert sind? Dieser

Frage ist in zwei Richtungen nachzugehen: Nachweislich ist die soziale Schichtzugehörigkeit eine bedeutsame Quelle der Varianz, wenn es um Folgen institutionalisierter Sozialisationsprozesse geht (z. B. schichtspezifische Selektionsprozesse). Widersprüchlicher ist die Funktion der sozialen Schicht in der Erklärung von Erziehungsprozessen und damit in der Aufklärung der Varianz psychologischer Merkmalsdimensionen in Individuen. Es ist immer deutlicher geworden, daß soziale Schichtzugehörigkeit hier nur eine unzulängliche Konzeptualisierung ist, sowohl bezüglich ihres explanativen als auch ihres deskriptiven Status (vgl. S. 174 f.). Vielversprechend für zukünftige Forschungen, die mikrosoziale Prozesse durch makrostrukturelle Bedingungen kausal erklären wollen, könnte sich das Subkulturkonzept erweisen, das OEVERMANN (1969) vorgeschlagen hat. Darin sind kulturell-homogene und nicht bloß statistische Gruppen gefaßt. Deutungsmuster und Handlungsstrategien in so definierten Gruppen dürften eine generative Matrix für die Fähigkeit zur RÜ darstellen, weil sie Regeln der Interaktion repräsentieren und erzeugen, die RÜ-Akte in ihrer Genese und situativen Aktualisierung bestimmen.
Einen weiteren Ansatz hat vor allem MARJORIBANKS (1975) vorgeschlagen. Er versucht, die ökologischen Anregungsbedingungen eines Sozialisationsmilieus zu bestimmen, um damit die Varianz psychologischer Merkmale aufzuklären. Obwohl nach dieser Strategie auf eine Konzeptualisierung sozial-strukturell erzeugter Ungleichheiten verzichtet wird, ließe sie sich operational sowohl recht gut mit KOHLBERGS Ansatz als auch mit OEVERMANNS Subkulturkonzept in Einklang bringen. Dies ist jedoch nur solange möglich, als Struktureigenschaften und Funktionsweisen des Systems sozialer Ungleichheit bezüglich der dadurch determinierten Prozesse selbst nicht ins Blickfeld geraten. Vor allem klassentheoretisch orientierte Forscher (vgl. BERGMANN et al. 1969) haben die konstitutionstheoretische Indifferenz einer nur empiristisch verfahrenden Forschung kritisiert, ohne allerdings bisher brauchbare Alternativen für empirische Forschung im Bereich der Sozialisationsforschung vorzulegen.
So wird man zu dem Schluß kommen müssen, daß die Kritik an der schichtspezifischen Sozialisationsforschung (vgl. BERTRAM 1975; KRAPPMANN, OEVERMANN & KREPPNER 1975) zwar begründet erscheint, daß der traditionelle Schichtbegriff aber im gegenwärtigen Zeitpunkt durch ein anderes Maß sozialer Ungleichheit noch nicht ersetzbar ist.
Zwar kann die Variable Schicht die sozial-strukturell verknüpften Subkulturen nur unzureichend repräsentieren. Da in Untersuchungen zur Sozialisation alternative Konzepte bisher jedoch nicht verwendet worden sind, bleibt für die Darstellung sozial-strukturell erzeugter Variationen psychologischer Merkmale keine andere Möglichkeit, als auf die Ergeb-

nisse schichtspezifischer Sozialisationsforschung zurückzugreifen. Da die sozial-strukturell bedingten Variationen von RÜ-Fähigkeiten kein zentraler Gegenstand unserer Untersuchung sind, kann es nicht das Ziel dieser Darstellung sein, die umfangreichen und widersprüchlichen Befunde der Sozialisationsforschung zu berichten, die zudem in ihren Geltungsansprüchen zunehmend kritisch befragt worden sind. Sie sind bereits hinreichend in Sammelreferaten und Übersichten teils eher affirmativ, teils kritisch zusammengefaßt worden.[3] Folglich werden wir nur paradigmatisch einige für uns relevante Untersuchungsbefunde der schichtspezifischen Sozialisationsforschung herausgreifen.

In den meisten Untersuchungen sind in einem dichotomen Vergleich US und MS gegenübergestellt worden. In Zusammenhang mit der spezifischen Lebenssituation und Arbeitswelt der US wurde dabei insbesondere auf eher restriktive Bedingungen der Arbeitssituation, den Mangel an Selbstbestimmung und die Erfahrung relativer Machtlosigkeit hingewiesen (KOHN 1959, 1969). OEVERMANN (1969) beschreibt eine Einengung von Erfahrungen durch die Beschränkung auf partikularistisch-solidarische Primärbeziehungen. Die innerfamilialen Interaktionsmuster der US sind stark an vorgegebenen Regeln orientiert und häufiger autoritär strukturiert im Vergleich zur Mittelschichtinteraktion (ELDER 1962). Paradigmatisch können die Befunde von KOHN (1969) zitiert werden, der Erziehung zur Bravheit und Konformität in der US der Erziehung zur Neugier und Spontaneität in der MS gegenüberstellt. Doch müssen solche Befunde kritisch betrachtet werden, denn einerseits können einzelne Items kaum als Indikatoren komplexer Einstellungssyndrome gelten, zum anderen sind die absoluten Differenzen zwischen den Schichtwerten oft nur gering, der Überlappungsbereich ist hingegen sehr groß (vgl. JOHNSON & LESLIE 1965).

Untersuchungen zur Autoritäts- und Kontrollstruktur der sozialisatorischen Interaktionen deuten eher auf die Einengung von Spielräumen zum Rollenhandeln in der US hin (BERNSTEIN 1972; ELDER 1962; HESS & SHIPMAN 1965). Der Sozialisationskontext der MS wurde als eher ‚kindorientiert' gekennzeichnet, während im Gegensatz dazu das Erziehungsmilieu der US als weniger kindorientiert bezeichnet wurde. Besonders hervorgehoben wurde, daß der Unterschichtvater weniger an der Erziehung des Kindes teilzunehmen scheint und dementsprechend als weniger zuwendend erlebt wird (ROSEN 1967, ORTMANN 1971). NEIDHARDT (1967) spricht von der ‚Sozialisationsschwäche' des Unterschichtvaters.

[3] ALLEN 1970; BECKER 1964; BRONFENBRENNER 1958; CAESAR 1972; DANZIGER 1970; EWERT 1966; KELLER, WEINERT & ZEBERGS 1975; KOHN 1963, 1969; MILLHOFER 1973; MOLLENHAUER 1969; OEVERMANN 1969; PEARL 1970; SROUFE 1970; ZIGLER & CHILD 1973.

Allerdings läßt sich gerade bei solchen Befunden auf das Beispiel der kritischen Reanalyse von Untersuchungen schichtspezifischer Sozialisationsprozesse verweisen, in der BRONFENBRENNER (1958) die Veränderung von Trends im Erziehungsverhalten von Unter- und Mittelschichteltern aufzeigen konnte. Die ‚Szientifizierung des Alltagswissens' macht sich gerade im Bereich der Einstellung und der spezifischen Affektbalance gegenüber Kindern deutlich bemerkbar (vgl. auch MILLER & SWANSON 1958). So gibt es auch Befunde, die darauf hindeuten, daß in der Affektstruktur sozialisatorischer Interaktion (Wärme, Zuneigung) keine schichtspezifischen Differenzen bestehen (WALTERS & CRANDALL 1964). Formen der Disziplinierung scheinen hingegen eher schichtspezifisch zu variieren, insbesondere wenn man psychologische Kontrollformen betrachtet. So fand HOFFMAN (vgl. 1969), daß Mittelschichteltern im Vergleich zu Unterschichteltern häufiger ‚Liebesentzug' gegenüber ihren Kindern ausüben. Dem entspricht eine eher innere Verarbeitung von Konflikten in der MS, die von MILLER & SWANSON (1960) als ‚konzeptueller Stil' gegenüber dem ‚motorischen Stil' (als direkter Ausdruck von Affekten) der US bezeichnet wurde.

Relativ stabilere Dimensionen schichtspezifischer Variationen im Erziehungsverhalten deuten sich in den kognitiven Aspekten elterlichen Sozialisationsverhaltens an. Hier haben neuere Befunde aufgrund direkter Beobachtung von Mutter-Kind-Interaktionen Belege dafür erbracht, daß sich Unter- und Mittelschichtmütter vor allem darin unterschieden, in welchem Ausmaß sie dem Kind die Situationen durch kognitive Anregungen strukturierten (BERNSTEIN & HENDERSON 1969; BROPHY 1970; vgl. auch HESS 1970; KELLER, WEINERT & ZEBERGS 1975). Nach Ergebnissen von HESS & SHIPMAN (1967) gaben Mittelschichtmütter ihren Kindern mehr verbale Erklärungen in der Anleitung zu Aufgaben (obwohl hier die speziell für die Unterschichtmütter ungewohnte Laborsituation beachtet werden muß), und sie schnitten Antworten auf Fragen der Kinder besser auf deren Informationsbedürfnisse zu (ROBINSON & RACKSTRAW 1967). In Zusammenhang damit lassen sich auch die Ergebnisse HOFFMANS (1969) interpretieren, daß Mittelschichteltern eher die Intentionen ihres Handelns dem Kind durch Erklärungen verständlich machen sowie die Konsequenzen seines Handelns sprachlich zu verdeutlichen suchen. Daß Unterschichtmütter in geringerem Ausmaß als Mittelschichtmütter auf Anforderungen und Bedürfnisse ihrer Kinder reagieren, zeigen Befunde von KAMII & RADIN (1967). Dem entsprechen die Beobachtungen von KLAUS & GRAY (1968), daß Unterschichtmütter ihre Kinder eher für Verhaltensweisen belohnen, die von ihnen selbst wenig Engagement erfordern, als für exploratorisches Erkundungsverhalten.

Im Kontext unserer Diskussion über die Bedeutung von Mutualität in der Eltern-Kind-Beziehung erscheinen Befunde von KAGAN (1969) und TULKIN & KAGAN (1972) interessant, die für die frühe Phase der Mutter-Kind-Interaktion nachweisen konnten, daß Unterschichtmütter weniger Zeit damit verbrachten, in spielerischen Interaktionen mit ihren Kindern auf deren Reaktionen, Lächeln oder Verbalisierungen, differenziert einzugehen.

Betrachten wir diese schematisch aufgezeigten Ergebnisse auf dem Hintergrund der Sozialisationsbedingungen für RÜ-Fähigkeit, so können wir vermuten, daß die Beziehungen zwischen sozialer Schichtzugehörigkeit und RÜ-Fähigkeit in ähnlicher Weise konzeptualisiert werden könnten, wie wir es für die Unterscheidung zwischen ‚positions-' und ‚personorientierten' familialen Rollenbeziehungen im Anschluß an BERNSTEIN diskutiert haben. Entspräche das Unterschichtmilieu in etwa dem von BERNSTEIN explizierten ‚positionsorientierten' Familientypus, so wäre anzunehmen, daß in Rollenbeziehungen dieser Art Fähigkeit zur RÜ einerseits im Kontext von Gehorsamssituationen gelernt werden, andererseits als auf den partikularistischen Kontext der Primärgruppe beschränkte Empathie.

Demgegenüber würde in den eher ‚personorientierten' Beziehungsstrukturen der MS eine flexiblere und über Situationen hinweg generalisierbare universalistische Form der RÜ erworben. Schichtspezifische Unterschiede ließen sich möglicherweise nicht lediglich im Sinne von ‚mehr' oder ‚weniger' Fähigkeit zur RÜ begreifen, sondern zugleich auch als ‚Stile' der RÜ, die in unterschiedlichen situativen Kontexten gelernt und aktualisiert würden.

9.7. Empirische Arbeiten zur Sozialisation von Rollenübernahmefähigkeit

Wir haben in der vorangegangenen Analyse sozialisatorische Interaktionen aus verschiedenartigen theoretischen Perspektiven behandelt und an verschiedenen Stellen hypothetische Beziehungen zur RÜ darzustellen versucht. Da bisher nur wenige Untersuchungen zur Sozialisation von RÜ-Fähigkeit vorliegen, bleibt diese Analyse notwendigerweise auf Plausibilitäten angewiesen.

Abschließend sollen noch die Ergebnisse der vorliegenden empirischen Untersuchungen dargestellt werden, die allerdings mehr indirekt als direkt sozialisatorische Einflüsse auf die Genese der RÜ aufweisen. NEAL (1966) fand, daß institutionalisierte, emotional gestörte Kinder in einer

Aufgabe zum Wahrnehmungsegozentrismus (vgl. S. 139 f.) egozentrischere Denkformen zeigten als ‚normale' Kinder, die in einer Familie aufgewachsen waren. Dieses Ergebnis konnte CHANDLER (1972, 1973) bestätigen, der schlechtere RÜ-Fähigkeit bei institutionalisierten (delinquenten) Jugendlichen im Vergleich zu einer ‚normalen' Gruppe fand. CHANDLERS Untersuchung gibt zugleich einen interessanten Hinweis auf spezifische Sozialisationseinflüsse der Genese von RÜ-Fähigkeit: Einige Kinder, die aus extrem gewalttätigen und brutalen Familien kamen, verfügten im Gegensatz zu seinen Erwartungen über hohe RÜ-Fähigkeit. CHANDLER deutet den Befund dahingehend, daß diese Kinder extrem sensibilisiert für die Vorgänge in der sozialen Umwelt waren. Allerdings waren sie dann am schlechtesten in den RÜ-Leistungen, wenn das thematische Material ihre eigenen Konflikte berührte. Hier deuten sich also situationsspezifische Bedingungen für die Aktualisierung von RÜ-Fähigkeiten an. Eine angstbesetzte Form der RÜ scheint als ‚Abwehrmechanismus' zur Vermeidung weiterer negativer Erfahrungen eingesetzt zu werden, während umgekehrt die Abwehr von traumatisierenden Erfahrungen die Fähigkeit zur RÜ zu verhindern scheint.

Sozialstrukturelle Variablen als Indikator für sozialisatorische Interaktionen bezogen HOLLOS & COWAN (1973) ein. In dieser Arbeit wurden drei Gruppen norwegischer Kinder (Bauerngemeinde, Kleinstadt, größere Stadt) mit Aufgaben untersucht, die ihre Fähigkeiten zum Denken in konkreten Operationen sowie verschiedene Fähigkeiten zur RÜ überprüften. Der Einfluß der unterschiedlichen sozialen Milieus erwies sich deutlicher für die RÜ-Leistungen als für die logischen Operationen. Die Farmkinder waren im konkret-operationalen Denken den beiden anderen Gruppen vergleichbar oder sogar überlegen, während sie in den RÜ-Leistungen schlechter als die beiden anderen Gruppen abschnitten.

Da der Unterschied zwischen der Bauerngemeinde und den beiden Stadtgemeinden darin bestand, daß die Kinder der Bauerngemeinde im Vergleich zu den Kindern der beiden anderen Gruppen sowohl weniger Gelegenheit zum Spiel mit Gleichaltrigen als auch geringere verbale Interaktionen in der Familie hatten, läßt dieses Ergebnis darauf schließen, daß die Genese der RÜ-Fähigkeit in einem größeren Ausmaß als die Genese kognitiver Prozesse auf RÜ-Gelegenheiten in sprachlich-sozialen Interaktionen in der Familie und in der Gruppe der Gleichaltrigen angewiesen ist. Die Genese der Fähigkeit zur RÜ erwies sich allerdings nicht als lineare Funktion der Häufigkeit sozialer Interaktionen und der Gelegenheiten zur RÜ, denn die RÜ-Leistungen der Kleinstadt- und Stadtkinder unterschieden sich nicht, obgleich letztere die meisten sozialen Kontakte hatten. Die Autoren interpretieren dies im Sinne eines Schwel-

lenwertes sozialer Interaktion, oberhalb dessen die Entwicklung der RÜ nicht mehr zusätzlich gefördert wird.
Untersuchungen zur sozialen Schicht als Sozialisationsbedingung für RÜ-Fähigkeit weisen eher widersprüchliche Ergebnisse auf: Während SULLIVAN & HUNT (1967) schichtspezifische Unterschiede nachweisen konnten, die allerdings bei Kontrolle der Intelligenz nicht mehr signifikant waren, fanden BERTRAM & BERTRAM (1974) keine schichtspezifischen Differenzen in der Fähigkeit zur RÜ. In beiden Untersuchungen wurde die Rollenübernahme-Aufgabe von FEFFER herangezogen (vgl. S. 165 f.). Die Unterschiede können durch die jeweils verglichenen Schichtgruppen bedingt sein oder auch dadurch, daß die Stichprobe von BERTRAM & BERTRAM einer Schule entstammt, die besonderes Gewicht auf soziales Lernen legt.
Schichtspezifische Unterschiede fanden sich hingegen in Kommunikationsaufgaben von KRAUSS & GLUCKSBERG (1965), in denen offenbar neben der Fähigkeit zur RÜ Strategien des Symbolgebrauchs eine wichtige Rolle spielen (vgl. S. 143 f.).

10

Rollenübernahme als Determinante sozialer Interaktionsfähigkeit

Wir haben in dieser Arbeit die Fundierung des Konzepts der RÜ im Kontext der kognitiven Entwicklungstheorie PIAGETs und im Kontext der interaktionistischen Sozialpsychologie begründet. In beiden Theorien gewinnt dieses Konstrukt zentrale Bedeutung. Beide Theorien bleiben indessen relativ unbestimmt bezüglich der spezifischen Bedeutung des Konstrukts. Nach der kognitiven Theorie ist sie auf die Fähigkeit zur Dezentrierung beschränkt, d. h. auf die Möglichkeit, mehrere Aspekte und Perspektiven einer (sozialen) Erfahrungssituation gleichzeitig zu berücksichtigen und so ein Gleichgewicht in einem System von Beziehungen herzustellen. Die Fähigkeit zur Dezentrierung bildet die Grundlage des operatorischen Denkens und damit die Basis der abstrakt-kognitiven Verarbeitung überhaupt. Das Konzept der RÜ geht folglich in der Theorie PIAGETs im Begriff der Dezentrierung auf; die Erklärungsprinzipien für die kognitive Verarbeitung der sozialen Personumwelt wie auch der instrumentellen Objektumwelt sind identisch. Dabei gerät allerdings die Fähigkeit zur sozialen Interaktion – wie wir diskutiert haben – tendenziell in die Position eines Epiphänomens der allgemeinen kognitiven Entwicklung. In der interaktionistischen Theorie hingegen bildet die Fähigkeit zur RÜ eine Grundqualifikation zum sozialen Handeln; denn die Verständigung von *ego* und *alter* erfordert notwendigerweise die wechselseitige Bezugnahme, welche die Fähigkeit zur RÜ voraussetzt, deren spezifische Performanz sich in sozialen Erfahrungssituationen entfaltet.

Trotz der unterschiedlichen theoretischen Fundierung des Konstrukts lassen sich aus der Sicht beider Theorien einerseits Beziehungen zwischen sozio-kognitiver und intellektueller Entwicklung postulieren und andererseits ein Zusammenhang zwischen RÜ und sozialer Handlungsfähigkeit. Während die Untersuchungen zum erstgenannten Fall relativ eindeutige Ergebnisse erbringen, erweist sich die Frage nach der Beziehung zwischen sozio-kognitiver Entwicklung und sozialem Verhalten auch aus theoretischen Gründen als schwieriges Problem.

Wir wollen zunächst Untersuchungsergebnisse zur ersten und daran anschließend zur zweiten Frage darstellen, um davon ausgehend den eigenen Untersuchungsansatz zu begründen.

Während die Untersuchungen zur Beziehung zwischen RÜ und manifestem Verhalten keine eindeutigen Ergebnisse erbringen, (vgl. S. 125 f.) zeigt sich in beinahe allen Arbeiten ein deutlicher Zusammenhang zwischen RÜ und anderen symbolischen Prozessen. Insbesondere ist die Beziehung zur psychometrischen Testintelligenz Gegenstand von Untersuchungen gewesen. In allen Untersuchungen mit Kindern ergaben sich signifikante Korrelationen zwischen unterschiedlich operationalisierten Fähigkeiten der RÜ und verschiedenen Tests zur Messung der allgemeinen Intelligenz (DeVries 1970; Rothenberg 1970; Sullivan & Hunt 1967; Wolfe 1963). In anderen Arbeiten wurden Verfahren zur Messung der verbalen Intelligenz herangezogen (Feffer 1970b; Feffer & Gourevitch 1960; Rubin 1973; Selman 1971a; Turnure 1975). Die positiv signifikanten Beziehungen lagen für die verbale Intelligenz höher (.40—.77) als für die allgemeine Intelligenz (.20—.40), Doch auch sog. ‚sprachfreie' Intelligenz, gemessen mit dem Raven-Test, wies eine mittlere Beziehung zur RÜ auf (.39 bzw. .55; Coie & Dorvall 1973). Dieses Ergebnis ist insofern nicht überraschend, als die im Raven-Test geforderten Klassifikationsleistungen als ein Indikator für abstrakte, symbolische Verarbeitungsprozesse gelten (Guthke 1972). Die Fähigkeit zur RÜ steht also in einem teilweise engen Zusammenhang mit traditionellen Intelligenzmaßen, wobei sich spezifische Bedingungen wie Alter und Geschlecht der Probanden sowie die Art der RÜ-Aufgaben und der Intelligenztests modifizierend auf die Höhe der Korrelationen auswirken.

Eine Erklärung für den positiven Zusammenhang zwischen RÜ und psychometrischer Intelligenz scheint darin zu bestehen, daß RÜ und allgemeine kognitive Entwicklung nach der Theorie Piagets durch das Konstrukt der Dezentrierung miteinander verbunden sind. Die logische Operation der Reversibilität der Denkprozesse ist ebenso Voraussetzung der abstrakten Verarbeitung physikalisch-mathematischer wie sozialer Erfahrungen. Ein Zusammenhang zwischen RÜ und Intelligenztestaufgaben nach Piaget wurde im Bereich der konkreten Operationen von Feffer & Gourevitch (1960) und von Rubin (1963) an Invarianz- und Klassifikationsaufgaben aufgewiesen. Für Aufgaben zum formal-logischen Denken bestätigte sich die positive Beziehung zur RÜ bei Turnure (1975). In gewissem Widerspruch dazu stehen die Ergebnisse von Hollos & Cowan (1973), die bei norwegischen Kindern nur niedrige Korrelationen zwischen RÜ und Aufgaben zur Invarianz und Klassifikation fanden. Eine Erklärung für diese Unterschiede könnte Differenzen in der Stichprobe liefern. In der norwegischen Stichprobe waren drei unterschiedliche ökologische Gruppen repräsentiert, die nach Hypothesen der Autoren unterschiedliche Anregungsbedingungen für die Genese kognitiver und sozial-kognitiver Entwicklungsverläufe bieten sollten. Die Frage nach einer verzögerten oder beschleunigten Entwicklung in Abhängigkeit von der Struktur der Objektwelt und der sozialen Umwelt richtet sich also auf die Erfassung von Bedingungen, welche die (normalerweise) anzunehmende enge Beziehung zwischen beiden aufhebt.

Die immer wieder aufgefundenen Beziehungen zwischen Intelligenz und RÜ stützen insgesamt die theoretisch angenommene Beziehung zwischen kognitiven und RÜ-Fähigkeiten, denn auch psychometrische Intelligenztests weisen ihrerseits eine relativ enge Beziehung zu Aufgaben der kognitiven Entwicklung nach PIAGET auf, die nach ELKIND (1969) so zu erklären sind, daß durch beide Maße die Fähigkeit zu einer abstrakten Informationsverarbeitung erfaßt wird.

Neben kognitiven Fähigkeiten wies auch eine andere Art von symbolischen Prozessen Beziehungen zur RÜ-Fähigkeit auf: die Fähigkeit zur sprachlichen Kommunikation. RUBIN (1973) hat die Beziehung zwischen Kommunikationsfähigkeit (nach KRAUSS & GLUCKSBERG 1967; s. S. 145) und einem eher kognitiven Maß der RÜ (rekursives Denken nach MILLER et al. 1970; s. S. 142) untersucht. Die beiden Aufgaben korrelierten sehr hoch miteinander (.72); eine signifikant positive Beziehung blieb auch bei Kontrolle von Alter und Intelligenzalter (mental age) durch partielle Korrelation erhalten. Die überraschend hohe Korrelation ist möglicherweise dadurch mitbedingt, daß die von MILLER et al. entworfene RÜ-Aufgabe deutlich sprachabhängig erscheint. Doch weisen auch die Beziehungen zwischen RÜ-Verfahren und sprachlicher Intelligenz, wie sie in Intelligenztests über Wortschatz oder Wortflüssigkeit gemessen werden, auf die Bedeutung sprachlicher Fähigkeiten für RÜ hin.

In anderen Untersuchungen wurde Kommunikationsfähigkeit selbst als Indikator für RÜ herangezogen (FLAVELL et al. 1968), da der Prozeß der Verständigung eine über RÜ hergestellte, intersubjektiv gültige Situationsdefinition der beteiligten Kommunikationspartner erfordert. Doch ist durch diese Gleichsetzung nicht geklärt, in welcher Weise sprachliche Performanz und RÜ zusammenhängen oder auch unter bestimmten Bedingungen voneinander abweichen können. Denn die Fähigkeit zur RÜ kann eher als notwendige, aber ihrerseits nicht hinreichende Bedingung für den Kommunikationsprozeß angesehen werden, indem sie als grundlegende kognitive Strukturierungsmöglichkeit der sprachlichen Performanz zugrunde liegt, ohne direkt aus dieser ablesbar zu sein (vgl. ZEBERGS 1974).

10.2. Beziehung der Rollenübernahme zu prosozialem Verhalten und sozialer Beliebtheit

Bisher wurde erst in wenigen Arbeiten überprüft, welche Beziehungen zwischen sozialer Kognition und sozialem Verhalten bestehen. Das Konstrukt der RÜ blieb in dieser Hinsicht weitgehend unexploriert; doch auch in den weit intensiver beschriebenen Forschungen zum moralischen Urteil wurde in der kognitiv-strukturtheoretischen Tradition die verhaltensteuernde Relevanz gegenüber dem rein kognitiven Urteilsaspekt vernachlässigt. Für RÜ wie für moralisches Urteil besteht das prinzipielle Problem, inwieweit Kognitionen unmittelbar am Verhalten des Individuums validiert werden können, denn die kognitiven Strukturierungsmöglichkeiten bilden nur einen Aspekt der sozialen Handlungsfähigkeit. Daneben müssen Bedürfnisse und Motive des handelnden Individuums berücksichtigt werden, die entweder als überdauernde Dispositionen verhaltenswirksam oder aber situationsspezifisch generiert werden. Der Analyse der Situation kommt danach für das Verständnis der Selbstdarstellung im Rollenhandeln eine besondere Bedeutung zu, die den Rückschluß vom Verhalten auf den Akt der sozialen Kognition bzw. umgekehrt die Vorhersage von der Kognition auf Verhalten erschwert.
Der theoretischen Annahme, daß die Fähigkeit zur RÜ eine wesentliche Bedingung für Handeln in sozialen Gruppen darstellt (s. HARTUP 1970) zur Bedeutung von RÜ für die Interaktion in der Gruppe der Gleichaltrigen), stehen nur wenige Versuche der empirischen Überprüfung dieser Beziehung gegenüber.
Die bisher vorliegenden Arbeiten versuchen, die Beziehungen zwischen RÜ und sozialem Verhalten vor allem auf zwei Wegen zu bestimmen: Sie erfassen einerseits die Zusammenhänge zwischen RÜ und prosozialen Verhaltensweisen wie Altruismus, Kooperativität und Hilfsbereitschaft, und sie versuchen andererseits eine Validierung des Konstrukts der RÜ an der Einschätzung der Popularität und anderer verhaltensnaher Dimensionen durch die Gruppe der Gleichaltrigen. Während nach der ersten Option das Verhalten direkt beobachtet wird, bildet im zweiten Fall die Beurteilung des Verhaltens durch andere das Validierungskriterium.
Die Hypothese, daß zwischen prosozialem Verhalten und der Fähigkeit zur RÜ eine Beziehung besteht, geht direkt auf PIAGETS Arbeiten zur Struktur kindlicher Kommunikations- und Interaktionsprozesse zurück. Seine Analysen zeigen, daß jüngere Kinder ihr Verhalten im Spiel sowie in kooperativen Tätigkeiten noch nicht aufeinander abstimmen können. Obwohl der Egozentrismus im kindlichen Kommunikationsverhalten als

Indikator für mangelhafte soziale Orientierungsfähigkeit des Kindes häufig kritisiert wurde, sei es theoretisch (WYGOTSKI 1969, vgl. S. 61) sei es anhand empirischer Beobachtungen kindlicher Interaktion (GARVEY & HOGAN 1973), so dürfte dennoch zu vermuten sein, daß die Fähigkeit zur Verarbeitung komplexer Interaktionssituationen, wie sie durch RÜ gegeben ist, dem Kind die Interaktion und Kommunikation in der Gruppe der Gleichaltrigen erleichtern könnte. Aus dieser Überlegung wurde die Hypothese abgeleitet, daß Kinder mit hohen RÜ-Fähigkeiten mehr Kooperativität sowie auch andere prosoziale Verhaltensweisen zeigen sollten als Kinder mit niedrigen RÜ-Fähigkeiten.

Seit kurzem liegt eine empirische Untersuchung zu Beziehungen zwischen RÜ und Kooperativität vor (CERESNIE 1974, zit. nach SHANTZ 1975). Allerdings ließ sich nach den Ergebnissen dieser Untersuchung keine Vorhersage vom Grad des Egozentrismus der Kinder auf ihre Kooperation treffen. Altruismus und die Fähigkeit zur RÜ in einer Kommunikations-Aufgabe (vgl. S. 143 f.) waren nach den Ergebnissen von RUBIN & SCHNEIDER (1973) bei siebenjährigen Jungen signifikant positiv miteinander korreliert. Dagegen ergaben sich in einer Untersuchung von FESHBACH & FESHBACH (1969) überraschenderweise bei vier- und fünfjährigen Jungen positive Beziehungen zwischen Empathie und aggressivem Verhalten, während bei älteren Jungen die erwartete negative Beziehung bestand. Für Mädchen ließen sich keine Zusammenhänge zwischen Empathie und aggressiven Verhaltensweisen finden.

In einer Untersuchung von CHANDLER (1973) wurde Delinquenz von Präadoleszenten als Kriterium für soziale Interaktionsfähigkeit herangezogen. Delinquente Jungen zwischen 11 und 13 Jahren erwiesen sich wesentlich weniger fähig zur RÜ als die zum Vergleich herangezogene nicht delinquente Gruppe.

Theoretisch erscheint die postulierte Beziehung zwischen dem kognitiven Akt der RÜ und altruistischen bzw. unaggressiven Verhaltensweisen nicht unmittelbar stringent. Die hypostasierte Beziehung zwischen RÜ als grundlegender sozial-kognitiver Kompetenz und Verhalten in sozialen Situationen impliziert zunächst keine eindeutig prosoziale Richtung der Verhaltensäußerung. Ob das Verhalten prosozial oder möglicherweise sogar aggressiv ausgerichtet ist, dürfte, wie bereits diskutiert, durch eine Vielzahl von Bedingungen determiniert sein. Die Fähigkeit zur RÜ stellt neben persönlichkeits- und situationsspezifischen Aspekten allenfalls eine Bedingung prosozialen Verhaltens dar. Das kognitive Verstehen des anderen impliziert nicht notwendigerweise einen solidarischen Akt des Handelns.

Auch aggressivem Verhalten kann ein Akt der RÜ zugrunde liegen, nämlich die Übernahme der Perspektive eines anderen in einer feindselig wahrgenommenen Situation, mit feindseliger Absicht. Die Einschränkung von RÜ auf prosoziale Kognitionen scheint daher theoretisch nicht gerechtfertigt zu sein. Einerseits ist – wie die Einstellungsforschung zur Genüge nachgewiesen hat – Kognition nur eine Determinante des Verhaltens. Andererseits wird – wie wir im Kontext des Interaktionismus gezeigt haben – durch RÜ die Konstitution von Intersubjektivität und damit Sozialität erst ermöglicht. ‚Prosoziale' Interaktion ist nur eine – wenn auch wichtige – Möglichkeit unter mehreren.

Widersprüchlich fallen auch die Ergebnisse von Untersuchungen aus, in denen die von den Gleichaltrigen beurteilte Popularität in der Gruppe als Indikator für die Fähigkeit zur RÜ verwendet wurde.

In einer Arbeit von Rubin (1973) ließen sich positive Zusammenhänge zwischen Beliebtheit und Kommunikationsfähigkeit (als Indikator für RÜ-Fähigkeit) nur bei jüngeren Kindern nachweisen. Dieses Ergebnis wurde von Chaplin & Keller (1974) bestätigt; doch während sich ein signifikanter Zusammenhang zwischen Beliebtheit und RÜ-Fähigkeit bei Kindern der dritten Klasse ergab, traf dies für die Kinder der sechsten Klasse nicht mehr zu. In ihrer Interpretation der Ergebnisse vermuten Chaplin & Keller, daß der Test durch die explizite Aufforderung zum Dezentrieren eher die verfügbare Kompetenz zur RÜ mißt, der eine spezifische Performanz der RÜ in einer sozialen Interaktionssituation zur Seite gestellt werden müßte. Kinder, die im Test über die Fähigkeit zur RÜ verfügen, müssen also von dieser Fähigkeit in sozialen Interaktionen nicht notwendigerweise Gebrauch machen. Bedenkt man allerdings, durch welche unterschiedlichen Faktoren soziale Beliebtheit in Kindergruppen bedingt ist, wird man RÜ allenfalls als eine Determinante der Beliebtheit unter mehreren ansehen.

Auch Rothenberg (1970) fand bei älteren Kindern keine Beziehungen zwischen sozialer Beliebtheit und RÜ-Fähigkeit. In dieser Untersuchung wurden jedoch auch spezifischere Dimensionen sozialer Interaktion beurteilt. Kinder mit höherer RÜ-Fähigkeit wurden von Gleichaltrigen eher als Führer und positiver auf den Dimensionen ‚Freundlichkeit' und ‚Geselligkeit' eingeschätzt. Das Ergebnis erinnert an sozialpsychologische Experimente zum Problem der Führerschaft. Danach verfügen Führer im Vergleich zu den übrigen Gruppenmitgliedern über höhere interpersonelle Fähigkeiten. Freundlichkeit und vor allem soziale Zuwendung gilt allerdings eher als ein relevanter Aspekt im Verhalten des sozio-emotionalen Führers, während dem leistungsorientierten Führer die Koordinierung der Gruppenaktivitäten zukommt – eine Aufgabe, die zwar auch Sensibilität gegenüber den Mitgliedern der Gruppe erfordert, nicht aber unbedingt Freundlichkeit und Geselligkeit. Die Unterscheidung dieser ‚Führertypen', die vermutlich beide eher über hohe RÜ-Fähigkeit verfügen, läßt annehmen, daß bei gleicher Fähigkeit soziale Verhaltensweisen in spezifischer Weise differieren und so auch verschieden beurteilt werden könnten.

Sowohl die Bestimmung der Verhaltensrelevanz des Konstrukts der RÜ über seine Beziehungen zu prosozialen Verhaltensweisen als auch zur Beliebtheit in sozialen Gruppen weisen also auf ein prinzipielles Problem hin, das sich überall dort zeigen läßt, wo theoretische Konstrukte (‚Eigenschaften' oder ‚soziale Kognitionen') am Verhalten validiert werden sollen: im Bereich der Persönlichkeitsforschung (vgl. GRAUMANN 1972; MISCHEL 1973) ebenso wie in den Forschungen zum moralischen Urteil (vgl. KOHLBERG 1974; HOFFMAN 1970) und hier zur RÜ. Zwar fluktuieren nach MISCHEL (1973) die traditionell als ‚Eigenschaften' gefaßten Dispositionen über Situationen hinweg mehr als die kognitiven Merkmale, doch können die kognitiven Strukturierungsmöglichkeiten nur als *eine* Determinante sozialer Handlungsfähigkeit unter mehreren gesehen werden. Schon deshalb erscheint die Gleichsetzung von RÜ und prosozialem Verhalten problematisch ebenso wie die entsprechende Annahme, daß die Fähigkeit zur RÜ mit sozialer Beliebtheit gekoppelt ist. Die Fähigkeit zur RÜ könnte – wie bereits angedeutet zumindest theoretisch – als instrumenteller Akt strategisch auch ‚antisozial' eingesetzt werden, um die Vorteile eigenen Handelns in einer Situation zu maximieren. Die Annahme, daß Kinder mit hoher RÜ-Fähigkeit eher beliebt sind, läßt sich nach den Ergebnissen der Untersuchungen wie aufgrund theoretischer Überlegungen in Frage stellen; denn es erscheint durchaus möglich, daß auch unbeliebte Kinder die Fähigkeit zur RÜ benötigen, um zumindest durch die Einhaltung der Normen der Gruppe, d. h. durch die Entschlüsselung der Erwartungen anderer, ihre fortdauernde Gruppenzugehörigkeit zu sichern.

Insofern kann es als eine wichtige zukünftige Forschungsaufgabe gelten, die Beziehung zwischen dem kognitiven Akt der RÜ und manifestem Verhalten unter je spezifischen motivationalen und situativen Bedingungen weitergehend aufzuklären.

10.3. Bedeutung der Rollenübernahme im Kontext schulischer Interaktion

In der vorliegenden Arbeit wurde ein von den dargestellten unterschiedener Ansatz gewählt, um die Relevanz des Konstrukts der RÜ für

soziale Interaktionsprozesse nachzuweisen. Im Rahmen der theoretischen Diskussion wurde deutlich, daß die Fähigkeit zur RÜ zugleich als *Voraussetzung* und als *Ergebnis* sozialer Interaktionen begriffen werden muß. Die im primären Sozialisationskontext der Familie erworbene Fähigkeit zur RÜ bildet zugleich die Basis für die Fähigkeit zur RÜ in Situationen außerhalb der Familie – zunächst in der Gruppe der Gleichaltrigen, die nach PIAGET und MEAD ja ebenfalls Lernsituationen für RÜ-Fähigkeit bietet, später in sozialen Interaktionssituationen generell.
Eine solche Interaktionssituation mit spezifischen leistungsthematischen Inhalten stellt die Schulsituation dar. In ihr interagiert das Kind mit den gleichaltrigen Mitschülern und mit dem Lehrer. Beide Aspekte wurden in der Literatur im Rahmen einer Sozialpsychologie der Erziehung diskutiert (vgl. BACKMAN & SECORD 1972; BIDWELL 1973; GETZELS & THELEN 1960).
Die Unterrichtssituation stellt eine normativ geregelte Interaktionssituation dar, in der spezifische Erwartungen an den Schüler gestellt werden, die er erkennen und mit denen er sich auseinandersetzen muß, um die an ihn gestellten Anforderungen zu bewältigen. In der Schulsituation finden einerseits kognitive Lernprozesse statt, die der Vermittlung von Leistungsqualifikationen dienen sollen. Andererseits vollziehen sich soziale Lernprozesse in interpersonellen Beziehungen mit Lehrern und Mitschülern. Sowohl die Kommunikation mit dem Lehrer als auch die Kommunikation mit den Mitschülern erfordert die Fähigkeit zur RÜ, nämlich die Fähigkeit, Erwartungen adäquat zu entschlüsseln sowie Denken, Gefühle und Intentionen anderer zu verstehen. Während in der formal definierten Rollenbeziehung mit dem Lehrer die Fähigkeit zur RÜ primär als eine ‚strategische' Fähigkeit der adäquaten Entschlüsselung von formellen und informellen Erwartungen im leistungsthematischen Zusammenhang dient, dürfte die Bedeutung der RÜ für die Interaktion in der Gruppe der Gleichaltrigen primär unter dem Aspekt der sozio-emotionalen Inhalte der interpersonellen Beziehungen zu betrachten sein. Obwohl die Interaktionen in der Schulklasse im Vergleich zur Familie in der Vielzahl der Verhaltensmöglichkeiten aufgrund der institutionell geregelten spezifischen Rollenbeziehungen eingeengter und strukturierter sind, wird man annehmen können, daß die in der primären Sozialisation erworbenen Fähigkeiten zur Entschlüsselung von Intentionen und Erwartungen anderer Verhalten und Leistungen der Individuen auch in den schulischen Interaktionen (mit-)bestimmen. Für die Annahme, daß familial erworbene Grundqualifikationen zum Rollenhandeln eine wesentliche Bedingung für den Schulerfolg des Kindes bilden könnten, spricht das Ergebnis einer Untersuchung von STEINKAMP (1971), wonach Lehrer bereits zu

einem sehr frühen Zeitpunkt der schulischen Biographie des Kindes das weitere Schulschicksal vorhersagen können, insbesondere ob das Kind für den Besuch des Gymnasiums geeignet ist. Auch Brophy & Good (1974) gehen in ihrem Modell der Umsetzung von Lehrererwartungen in Schülerleistungen davon aus, daß differentielle Erwartungshaltungen der Lehrer gegenüber Schülern bereits nach kurzer Zeit des Unterrichtens entstehen. Die Grundlage dieser Erwartungen bilden neben Leistungsmerkmalen die im Unterricht durch Beobachtung erschlossenen Charakteristika des sozialen Verhaltens. Beide Befunde legen nahe, daß die vom Lehrer perzipierte Interaktionsfähigkeit des Schülers eine Grundlage der Leistungsbeurteilungen bildet. Der Fähigkeit zur RÜ könnte in diesem Zusammenhang eine wichtige Bedeutung zukommen, da sie dem Schüler die Einstellung auf die Unterrichtssituation ermöglicht.

Die Ergebnisse einer Untersuchung von Rothenberg (1970) deuten in diese Richtung: Lehrer schätzten Schüler mit hoher sozialer Sensibilität (gemessen als die Fähigkeit, Verhalten, Motive und Gefühle anderer zu verstehen) positiver auf Dimensionen der sozialen Anpassung ein als Schüler mit geringen interpersonellen Fähigkeiten. Offenbar kann der Schüler mittels seiner sozialen Sensibilität vor allem die informellen Erwartungen erschließen, die im Unterricht vom Lehrer an ihn gerichtet werden. Die Fähigkeit zur RÜ kann den Prozeß der Verständigung zwischen Lehrer und Schüler erleichtern, und zwar in gewisser Unabhängigkeit davon, ob Schüler und Lehrer gleiche Ziele und Interessen haben. Liegen gleichartige Orientierungen vor, dann könnten hohe Fähigkeiten des Schülers zur RÜ die Grundlage einer gelungenen Lehrer-Schüler-Interaktion darstellen. Bei verschiedenartigen normativen Orientierungen wären hingegen auch bei hoher RÜ-Fähigkeit des Schülers konfliktreiche Interaktionen mit dem Lehrer zu erwarten; doch bildet die Fähigkeit zur RÜ eine Bedingung dafür, daß die Divergenz von Erwartungen überhaupt wahrgenommen und verarbeitet werden kann.

Im folgenden soll aufgezeigt werden, daß die Beurteilung der Leistungsqualifikation des Schülers durch den Lehrer auf der Beurteilung sozialer Interaktionsfähigkeiten, also auf der Beurteilung von Fähigkeiten zum Rollenhandeln aufbaut. Schulische Leistungsbeurteilung und die daraus resultierenden Selektionsprozesse sind als ein komplexer Prozeß der Urteilsbildung anzusehen. Der Lehrer schlußfolgert aus der Interaktion des Schülers mit dem Lehrer und aus der Interaktion des Schülers mit den Mitschülern kognitive und interpersonelle Fähigkeiten, motivationale Dispositionen sowie normative Orientierungen und bildet so ein Urteil über die Persönlichkeit des Schülers, das zur Grundlage seiner schulrelevanten Einschätzung des Schülers wird. Wir wollen hier nicht die Rolle der Fähigkeit zur RÜ im Kontext kognitiver und motivationaler Determinanten des schulischen Lernens aufschlüsseln. Ebenfalls ist es nicht die Absicht dieser Ausführungen, Schulerfolg oder auch die Lehrer-Schüler-Beziehung auf die Fähigkeit zur RÜ zu reduzieren. Vielmehr sollte verdeutlicht werden, daß in einer Theorie schulischer Lern- und Interaktionsprozesse dieser Fähigkeit eine weitreichende Bedeutung zukommen könnte, da sie soziologische und pädagogische Theorien über Bildungsprozesse aus entwicklungs- und sozialisationstheoretischer Perspektive zu rekonstruieren ermöglicht.

Die Bedeutung der Fähigkeit zur RÜ im Kontext schulischer Interaktion soll im folgenden aus zwei Perspektiven betrachtet werden: Einerseits wird zunächst aus der Perspektive schulkritischer Forschungen gefragt, welche Bedeutung der Fähigkeit zur RÜ als mögliche Grundlage schulischer Anpassungsleistung zukommen könnte. Andererseits wird im Kontext der interaktionistischen Theorie aufgezeigt, daß die Fähigkeit zur RÜ zugleich eine der Bedingungen für autonomes Handeln bildet. In diesen Ausführungen soll zugleich verdeutlicht werden, daß die Fähigkeit zur RÜ als komplexer symbolischer Prozeß der Verarbeitung interpersoneller Situationen auf der Verhaltensebene weder mit Anpassung noch mit Autonomie gleichzusetzen ist, sondern daß sie eine Bedingung dafür ist, daß Verständigung erfolgen kann. Insofern bildet sie eine notwendige, aber nicht hinreichende Bedingung für die Selbstdarstellung im Handeln.

10.3.1. Rollenübernahme und schulische Anpassung

Begreift man die Veränderung kognitiver, motivationaler und affektiver Dispositionen des Lernenden sowohl als das Ziel als auch Ergebnis schulischer Sozialisationsprozesse, so wird bereits in einer so unspezifischen Charakterisierung deutlich, daß der Unterricht nicht nur dem Erwerb von Leistungsqualifikationen, sondern auch dem Erwerb normativer Orientierungen dient (Durkheim 1961; Parsons 1968). Dementsprechend kann Unterricht nicht nur als Prozeß kognitiver sondern auch moralischer Sozialisation definiert werden (Bidwell 1973; Morrison & McIntyre 1971). Im Zeugnis drückt sich die moralische Bewertung besonders deutlich in den sog. Führungsnoten ‚Betragen', ‚Fleiß', ‚Aufmerksamkeit' und ‚Ordnung' aus. Negativ ist die Integrationsfunktion des Schulsystems als Zwang zur Anpassung charakterisiert und kritisiert worden (Jackson 1968; Waller 1965). Dem Lehrer kommt dabei die Aufgabe zu, die Schüler zu überzeugen, sich in einer bestimmten Art und Weise zu verhalten. Diese müssen sich umgekehrt an den Erwartungen des Lehrers orientieren, wenn sie die Institution Schule erfolgreich durchlaufen wollen. Die Funktion des Lehrers als ‚signifikanter anderer' wird durch zentrale Rollensegmente gewährleistet, nämlich durch seine Möglichkeiten zur positiven und negativen Sanktion, die ihm aufgrund der ungleichen Machtverteilung zur Verfügung stehen. Die Sanktionsmöglichkeiten des Lehrers umfassen die Dimensionen der Evaluation und damit zugleich der Selektion. Beide Dimensionen besitzen eine zentrale Bedeutung für den Schüler, dessen Schulschicksal von der Evaluation abhängt.

Der Schüler muß sich im Unterricht auf den Lehrer ‚einstellen', er muß also die Perspektive des Lehrers einnehmen und sein eigenes Verhalten an den von ihm wahrgenommenen Erwartungen und Anforderungen des Lehrers wenigstens teilweise ausrichten, um den gewünschten Erfolg der positiven Evaluation zu erzielen (vgl. auch die genannten Kritiker des Schulsystems). Bourdieu & Passeron (1971) haben im vergangenen Jahrzehnt den Zwang zur Anpassung und die Sozialisierung zur Konformität aufgezeigt, die zur Grundlage des Schulerfolgs werden: Nur wer sich anpaßt und sich kongruent zu den normativen Erwartungen der Schule verhält, wird durch positive Evaluation belohnt und erreicht den gewünschten Schulerfolg. Die Beurteilung der Leistungsqualifikation des Schülers erfolgt, wie diese Kritik deutlich macht, gerade nicht nach ausschließlich leistungsfunktionalen Kriterien, sondern zu einem erheblichen Ausmaß nach der weithin informellen und sogar unbewußten Beurteilung des sozialen Verhaltens der Schüler durch den Lehrer. Die latenten sozialen und kognitiven Normen des Interaktionssystems Schule (vgl. Bourdieu & Passeron 1971) sind als der ‚geheime Lehrplan' analysiert und kritisiert worden (Jackson 1968, 1973). Das ‚hidden curriculum' verdeutlicht einerseits die latenten, unexplizierten Lernziele, deren Erreichen erst Schulerfolg gewährleistet. Andererseits stellt die Beurteilung der Leistungsfähigkeit des Schülers durch den Lehrer zugleich eine moralische Beurteilung der Persönlichkeit des Schülers dar. Diese Urteile, die meist vorbewußt und unexpliziert bleiben, sind die Grundlagen der Leistungsbeurteilung. Sonst wären die vielfach nachgewiesenen unterschiedlichen Beurteilungen identischer Leistungen derselben Schüler durch verschiedene Beurteiler und verschiedener Schüler durch dieselben Beurteiler nicht zu verstehen. Auf der Leistungsbeurteilung baut die Selektion für weiterführende Bildungsgänge auf, die wiederum aufgrund der statusdistribuierenden Funktion des Bildungssystems das soziale Schicksal des Schülers bestimmt.

Soziale Normen, Werte und Interpretationsmuster werden also im Unterricht als ‚Nebenprodukte' der Qualifikationsprozesse gelernt, ohne daß

sie explizit zum Unterrichtsgegenstand werden. Die extrafunktionalen Qualifikationen, die nach dem ‚heimlichen Lehrplan' gelernt werden, umfassen u. a. Verläßlichkeit, Pünktlichkeit, Sorgfalt, Ordentlichkeit, Betragen und die Anerkennung von Autorität (FEND 1974, S. 175).
In einer Studie von STEINKAMP (1971) wurde deutlich, daß Volksschullehrer neben der fachlichen Leistung solche sozialen Beurteilungen des Schülers als Auslesekriterium einbezogen. Sie berücksichtigten insbesondere Faktoren der Arbeitshaltung der Schüler wie Ausdauer, Fleiß, Interesse, Gewissenhaftigkeit und Ordnung sowie auch Beurteilungen der Persönlichkeit des Schülers wie Aufrichtigkeit, Höflichkeit, Disziplin und Gehorsam. Werden nach dem amtlichen Lehrplan die fachlichen Qualifikationen vermittelt, wie sie durch die einzelnen Unterrichtsfächer bestimmt sind, so werden nach dem ‚heimlichen Lehrplan' die grundlegenden sozialen Regeln und Routinen gelehrt. Die Belohnungen und Bestrafungen, die aufgrund der fachlichen Leistungen erteilt werden, hängen nach JACKSON (1973) sehr viel enger mit den Leistungen im ‚heimlichen Lehrplan' zusammen als mit den fachlichen Leistungen, da er — mehr oder weniger uneingestanden — dem Erfolg im ‚offenen Lehrplan' vorgeordnet ist. Sehr drastisch schildert JACKSON die Strategien der ‚gelehrigen' Schüler:

„Die Klassenetikette verlangt, interessiert zum Lehrer zu blicken und bei passender Gelegenheit die Stirn gedankenvoll in Falten zu legen. Man antwortet auf Lehrerfragen möglichst zweideutig und baut in die Antwort dezent Komplimente an die Adresse der Lehrer ein, so daß sie diese nicht zu erkennen vermögen und sich möglichst nicht darum kümmern, ob ein Schüler Bescheid weiß oder nicht. Der ‚berufsmäßige Schulschwindler' beherrscht die Kunst, den Lehrer einzutaxieren und ihn dann zufrieden zu stellen" (1973, S. 21).

Versucht man unter Berücksichtigung dieser Ausführungen die Bedeutung der Fähigkeit zur RÜ zu analysieren, so bietet sich zunächst die Hypothese an, daß in die Beurteilung der Leistungsfähigkeit des Schülers weit mehr als die Beurteilung von Kenntnissen und intellektuellen Fähigkeiten eingeht. Vielmehr beeinflußt offensichtlich die Beobachtung sozialer Verhaltenscharakteristika des Schülers das Lehrerurteil. Der Lehrer perzipiert Fähigkeiten der Schüler zum Rollenhandeln, die teilweise explizit und weitgehend implizit zur Grundlage seines Urteils über den Schüler werden. Wie aus der Perspektive schulkritischer Forschung deutlich wird, ist dieses Rollenhandeln weitgehend synonym mit *Anpassung* zu begreifen: Nur wer sich konform zu den Normen des Interaktionssystems Schule verhält, wird durch Schulerfolg belohnt. Der Fähigkeit zur RÜ kommt im Kontext dieser Analysen die Funktion zu, den Prozeß der Anpassung zu erleichtern. Verfügt der Schüler über die Fähigkeit, die informellen

Erwartungen des Lehrers zu erschließen, so erleichtert ihm dies die Interaktion mit ihm. RÜ wird damit zur notwendigen, wenn auch nicht hinreichenden Bedingung für die Erfüllung der Erwartungen im Handeln.
Führt man diesen Gedankengang weiter, knüpfen die Überlegungen nahtlos an die Debatte über schichtspezifische Selektionsprozesse an: Erwartungen können dann leichter erfaßt werden, wenn sie den bisherigen Erfahrungen entsprechen oder zumindest ähnlich sind. Bezogen auf die Anforderungen der Schule, ist immer wieder aufgezeigt worden, daß die schulische Lernsituation eher der Sozialisation des Mittelschichtkindes entspricht, denn die in der Schule erwarteten Verhaltensmuster sind kongruent mit den in der MS sozialisierten Dispositionen. Dieser ‚Mittelschichtorientierung' der Schule (LÜTKENS 1968; STRODTBECK, 1958)[1] entspricht auf der anderen Seite eine affektive und kognitive Distanz der Unterschichteltern gegenüber der Schule (GRIMM 1966; HESS et al. 1966; POPITZ 1965). Wenn also die in der primären Sozialisation erworbenen Handlungsqualifikationen und normativen Orientierungen den in der Schule geforderten entprechen, dann wird unmittelbar evident, daß einerseits dem Schüler die adäquate Wahrnehmung der Lehrererwartungen leichter fallen sowie andererseits der Lehrer die Entsprechung des Schülerverhaltens zu den eigenen Erwartungen als leistungsgerechte Orientierungen positiv evaluieren wird. Umgekehrt sind bei Inkongruenz der gegenseitigen Erwartungen konfliktreiche Interaktionen und negative Leistungsbewertungen zu erwarten (MOLLENHAUER 1969; ORTMANN 1971; ROLFF 1974).

10.3.2. Rollenübernahme: Anpassung und Autonomie

Die bisherigen Ausführungen haben das Konstrukt der RÜ im Kontext der schulkritischen Forschung im Zusammenhang mit konformitätsorientierten Tugenden analysiert. Gleichwohl darf RÜ nicht mit Anpassung gleichgesetzt werden, sondern sie bildet – wie wir im folgenden aufzeigen wollen – zugleich die Grundlage autonomen Handelns.
Die Charakterisierung schulischer Sozialisationsprozesse, die WELLENDORF (1973, 1974) aus interaktionistischer und psychodynamischer Perspektive gibt, verdeutlicht die Beziehungsdynamik in der Interaktionssituation Schule.

„Schüler und auch Lehrer bringen ihre eigene Lebensgeschichte, ihre individuellen Gefühle, Bedürfnisse, Fähigkeiten, Motive und Erfahrungen in die Schule mit...

[1] Vgl. auch FEND 1973; MOLLENHAUER 1969; ROLFF 1974; WEINERT 1972.

Bei der Beschäftigung mit den Aufgaben, die die Schule als Organisation ihren verschiedenen Mitgliedern stellt, und im Umgang miteinander sind Lehrer und Schüler ununterbrochen damit beschäftigt, sich gegenseitig Identitäten und die mit ihnen verknüpften Erwartungen und Attribute zuzuschreiben ... Es handelt sich um eine im Grunde unentwirrbare Mischung verschiedenster berechtigter und unberechtigter Unterstellungen" (1974, S. 460).

Erwartungen und Identitäten werden allerdings nicht nur als Resultat eigener lebensgeschichtlicher Erfahrungen zugeschrieben, sondern auch anhand der situationsspezifischen Hinweise schlußgefolgert und entschlüsselt. Je nachdem, welche Spielräume zum Rollenhandeln im Interaktionsfeld Schule gegeben sind, desto mehr können die Handlungspartner sich selbst darstellen und desto mehr Fähigkeiten brauchen sie, um ihr Handeln wechselseitig zu verstehen und situationsadäquat miteinander zu interagieren.

Es ist daher notwendig, eher ‚ritualisierte' von eher ‚individuierten' Beziehungen zu unterscheiden und die in beiden Situationen geforderten Fähigkeiten zur RÜ zu charakterisieren. Diese Diskussion schließt an die Ausführungen Bernsteins (1972) an, die wir im Sozialisationsteil behandelt haben (S. 104 f.). Schulische Interaktionssituationen lassen sich wie die sozialisatorischen Interaktionen danach unterscheiden, welche Spielräume zum Rollenhandeln sie zulassen. Während in ritualisierten Beziehungen stereotype Erwartungen vorherrschen, in denen nur minimale Spielräume für die Interpretation der eigenen Rolle gegeben sind, zeichnen sich individuierte Beziehungen gerade dadurch aus, daß die Interaktionspartner im Prozeß des Handelns die Situation und damit die eigene Rolle definieren. Individuierte Beziehungen erfordern also eine Fähigkeit zur RÜ, die situationsspezifisch an den individuellen Bedürfnissen der Handlungspartner ausgerichtet ist. Hier bietet sich wiederum die Unterscheidung einer positionalen, normativen Form der RÜ gegenüber einer eher individuierten und personorientierten Form (vgl. S. 70). an. Je nachdem also, ob der Lehrer in der Interaktion mit dem Schüler diesem einen gewissen Raum zur Situationsdefinition offen läßt oder nicht, muß der Schüler sich im Prozeß der RÜ entweder an eher stereotypen, normativen Erwartungen oder an den individuellen Beziehungsaspekten in einer Interaktionssituation orientieren.

Die Ausführungen Jacksons über Taktiken und Strategien des interpersonellen Handelns, die Schüler einsetzen, um ein gewünschtes Lehrerurteil zu erzielen, lassen vermuten, daß auch im Rahmen ritualisierter Beziehungen ein gewisses Maß an Fähigkeit zur situationsspezifischen RÜ dort notwendig ist, wo diese Taktiken situationsadäquat und flexibel eingesetzt und modifiziert werden müssen. Denn nur dann, wenn der Lehrer die Strategien nicht durchschaut, erlangt der Schüler die erstrebte Qualifikationsbeurteilung.

Das Erlernen stereotyper Erwartungen dürfte jedoch leichter sein als die situationsadäquate und Erschließung von Erwartungen des anderen. Deshalb könnte ein Schüler in einer ritualisierten Rollenbeziehung, die wenig Handlungsspielräume läßt, auch mit weniger guten Fähigkeiten zur RÜ noch erfolgreich mit dem Lehrer interagieren. Wenige Hinweise genügen dann, um die Erwartungen zu verstehen. Indessen sind dann die Möglichkeiten der Selbstdarstellung eingeschränkt. Eine weniger ritualisierte Beziehung ermöglicht dem Schüler hingegen mehr Freiheiten in der Kommunikation und erfordert zugleich mehr Fähigkeit zur RÜ, da er sich an den situationsspezifisch verschiedenen Hinweisreizen einer Beziehung orientieren muß, um im Unterricht erfolgreich zu interagieren.

Die Fähigkeit zur RÜ als das Vermögen, die Perspektive eines oder mehrerer Interaktionspartner zugleich einzunehmen und damit die Situation und die Erwartungen zu erfassen, die im Verlauf der Interaktion an das handelnde Subjekt gerichtet werden, ermöglicht erst eine reflexive und kritische Auseinandersetzung mit diesen Erwartungen. Insofern ist RÜ die Bedingung der Möglichkeit zur Rollendistanz, als Verfügbarkeit von Erwartungen, die nicht nur zur Übernahme, sondern auch zur Ablehnung der Erwartungen des anderen führen kann. Im Akt der Selbstdarstellung muß das handelnde Subjekt stets eine Balance zwischen perzipierten Erwartungen und eigenen Erwartungen und Handlungsdispositionen herstellen. Diese Aufrechterhaltung einer Einheit von sozialer und personaler Identität (GOFFMAN 1959; KRAPPMANN 1971a), als die Fähigkeit, sich mit divergierenden Interaktionsverpflichtungen bei gleichzeitiger Wahrung der individuellen biographischen Identität produktiv auseinanderzusetzen, kennzeichnet in der interaktionistischen Rollentheorie das „autonom handlungsfähige mit sich identische Subjekt“ (OEVERMANN 1974).

Die Fähigkeit zur RÜ, als eine der Grundqualifikationen zum Rollenhandeln, meint zunächst den symbolischen Prozeß der Herstellung von Intersubjektivität als die Koordinierung der eigenen Perspektive mit der Perspektive anderer, ohne daß jedoch Reziprozität im faktischen Verhalten das Kriterium für den kognitiven Prozeß der RÜ darstellt. Konformität mit den Erwartungen eines anderen ist also nur *eine* Möglichkeit der Verhaltensdarstellung. Sie impliziert, daß die eigenen Handlungsintentionen zugunsten anderer Motive zurückgestellt werden (dieser Prozeß kann bewußt oder auch unbewußt verlaufen). Autonomie ist eine weitere Möglichkeit. Dabei weist das handelnde Subjekt die Erwartungen des anderen dort zurück, wo die Aufrechterhaltung seiner personalen Identität über soziale Situationen hinweg gefährdet ist. Die soziale Interaktion in der Schule kann als eine Situation der Selbstdarstellung des Subjekts gelten, in der die eigenen Ansprüche, Intentionen und Zielsetzungen mit denen der Interaktionspartner mit mehr oder weniger großen Spielräumen ausgehandelt werden müssen. Autonomes Handeln hat auf der Ebene der kognitiven Fähigkeiten zur Voraussetzung, daß unterschiedliche Perspektiven und damit auch konfligierende Erwartungen, Gefühle oder Intentionen in einer Handlungssituation überhaupt entschlüsselt werden können; es verlangt folglich die Fähigkeit zur RÜ. Auf der Ebene des Handelns muß das Subjekt unter Abwägung situativer Bedingungen dazu in der Lage sein, sich mit widersprüchlichen und konfligierenden Erwartungen auseinanderzusetzen und sein eigenes Handeln mit den sozialen Ansprüchen und den Konsistenzerfordernissen der individuellen Biographie abzustimmen.

In der Gruppe der Gleichaltrigen stellen sich ständig widersprüchliche, potentiell konfligierende Ansprüche, mit denen sich das Kind auseinandersetzen muß. Doch im Unterschied zur Interaktion mit dem Lehrer läßt die prinzipielle Gleichstellung unter Gleichaltrigen mehr Freiheitsgrade des Verhaltens zu. Die normativen Regelungen des Interaktionssystems Schule, die daraus resultierende, ungleiche Machtverteilung zwischen Lehrer und Schüler sowie die Abhängigkeit des Schülers von der Evaluation des Lehrers ermöglichen dem Schüler eine Zurückweisung der Ansprüche des Lehrers in der Regel nur insoweit, als seine Erfolgserwartungen bezüglich der Leistungsevaluation dadurch nicht stark gefährdet werden. Wieviel Autonomie Schülern im Unterricht zugestanden wird, variiert sicher nach den Erziehungszielen der Lehrer; doch erscheint es wahrscheinlich, daß die soziale Sensibilität des Schülers ihm die Interaktion mit dem Lehrer erleichtert, auch wenn in Konfliktsituationen seine normativen Orientierungen inhaltlich von denen des Lehrers abweichen. Es ist zu vermuten, daß er die Spielräume zum autonomen Handeln besser nutzen und seine Ansprüche besser vertreten kann als der Schüler, dem diese Fähigkeiten nicht zur Verfügung stehen.

Hier zeigt sich ein in der gegenwärtigen Schulkritik häufig übersehener Sachverhalt: daß als repressiv verworfen wird, was zugleich eine der Grundlagen für Kritikfähigkeit und Autonomie darstellt. Die Kritik der Norm und autonomes Handeln setzen stets die reflexive Verarbeitung der Ansprüche in einer Situation und das Verstehen der Norm voraus. Paradigmatisch läßt sich dies in der Diskussion um die kompensatorische Erziehung verfolgen, in der das Ziel der Vermittlung abstrakt-kognitiver Fähigkeiten sowie des analytischen und reflexiven Sprachgebrauchs als

Anpassung der Unterschicht an die herrschende Norm der Mittelschicht verworfen wurde (z. B. EHLICH et al. 1971). Es unterbleibt die Reflexion darauf, daß damit zugleich die sozialisatorische Basis für eine autonome Urteilsfähigkeit pädagogisch eliminiert würde (vgl. dazu die Kritik von OEVERMANN 1974).

Die Fähigkeit zur RÜ ist eine Bedingung für ein situationsadäquates, angepaßtes Verhalten. Sie kann jedoch weder mit ‚Bravheit' und ‚Konformität' noch andererseits mit Autonomie gleichgesetzt werden. Es ist anzunehmen, daß hohe RÜ-Fähigkeit die Interaktion mit dem Lehrer wie auch mit den Mitschülern erleichtert. Konfliktreiche Lehrer-Schüler-Interaktion wird jedoch auch dann stattfinden, wenn der Schüler über hohe RÜ-Fähigkeit verfügt; nur kann sie dann reflexiv verarbeitet werden. Die Fähigkeit zur RÜ ermöglicht das wechselseitige Verstehen; ob jedoch eine ‚konfliktreiche' oder eine ‚konfliktfreie' Interaktion stattfindet, ob die Partner sich ‚mögen' oder ‚ablehnen', hängt von anderen Aspekten der Beziehung, der Situation wie auch der Persönlichkeit ab. Im Kontext schulischer Interaktion ist jedoch zu vermuten, daß die Fähigkeit zur RÜ eine der Bedingungen für eine erfolgreiche Interaktion mit dem Lehrer darstellt. Ein Kind, das bereits zum Schuleintritt über Qualifikationen zum Rollenhandeln verfügt, wird vermutlich sowohl die neue Situation in der Gruppe der Gleichaltrigen besser bewältigen als auch die Anforderungen des Lehrers besser verstehen können. Zugleich würde es damit mehr Interesse am Unterricht und eine größere Lernmotivation erwerben, denn die Erfahrung einer eher positiven Interaktionssituation fördert den Lernprozeß und den Erwerb kognitiver und sozialer Qualifikationen.

11 Weitere empirische Arbeiten zur Rollenübernahme

11.1. Arbeiten zum räumlichen Egozentrismus und zur Personenwahrnehmung

Sozial-kognitive Fähigkeiten sind in unterschiedlicher Weise operationalisiert worden. Einerseits wurde in enger Anlehnung an die Theorie PIAGETS das Konstrukt der RÜ als Reversibilität im Bereich der Wahrnehmung, d. h. als Überwindung des räumlichen Egozentrismus gefaßt. PIAGET & INHELDER (1972) hatten die Unfähigkeit eines Kindes, die räumliche Perspektive in der Vorstellung zu wechseln, in dem berühmt gewordenen ‚Berge-Experiment' aufgezeigt.

In dieser Aufgabe müssen Kinder aus einer Serie von Bildern eines Bergpanoramas dasjenige auswählen, welches ein Betrachter von seinem Standort aus sieht. Das Kind sitzt vor drei Pappmaché-Bergen, die verschieden gefärbt, verschieden groß und hinter- und nebeneinander angeordnet sind. Eine Puppe wird seitlich vom Kind oder ihm gegenüber postiert, und das Kind soll in einer Reihe von Versuchen aus Bildern das herausfinden, welches der jeweiligen Perspektive der Puppe entspricht.

PIAGET beschreibt die Fixierung an die eigene Perspektive bis zum Alter von etwa sechs bis acht Jahren als egozentrische Wahrnehmung.

Das Konstrukt des perzeptiven Egozentrismus ist Gegenstand mehrerer Untersuchungen geworden (AEBLI 1968; FLAVELL 1968; HUTTENLOCHER & PRESSON 1973; KIELGAST 1971; RUBIN 1973; SELMAN 1971a; SHANTZ & WATSON 1971; SULLIVAN & HUNT 1967).

Im Rahmen der konstruktivistischen Auffassungen, die PIAGET von der Entwicklung kognitiver Prozesse durch fortschreitende assimilatorisch-akkommodatorische Äquilibration der Wahrnehmungsschemata vertritt, kommt der Überwindung des räumlichen Egozentrismus eine große Bedeutung zu. Sie gilt folglich als eine prototypische Form der Rollenübernahme, die im Kontext der konkreten Operationen im Alter von etwa 6–8 Jahren entsteht.

Wir gehen aus mehreren Gründen auf diese Arbeiten nicht weiter ein. Einmal sind wir in dieser Arbeit weniger am räumlichen Egozentrismus und seiner Überwindung als an der sozial-kognitiven RÜ interessiert. Zum anderen ist neuerdings der Beweis erbracht worden, daß die Fähigkeit des Kindes, die räumliche Perspektive eines Beobachters einzunehmen, je nach der Art der herangezogenen Aufgabe auch erheblich früher zur Verfügung steht. BORKE (1974; vgl. S. 67) ist es in einer Versuchs-

anordnung gelungen, die Fähigkeit zum räumlichen Perspektivenwechsel bei weitaus jüngeren Kindern nachzuweisen, als dies in den Experimenten der PIAGET-Tradition möglich war. Bedingung für die Aktualisierung der Fähigkeit war eine affektive Beziehung der Kinder zu der Puppe, deren Perspektive eingenommen werden sollte. BORKE benutzte, wie bereits beschrieben, eine den Kindern vertraute Figur der Fernsehserie ‚Sesam-Straße'. Das Experiment von BORKE belegt mithin für räumlichen Perspektivenwechsel und folglich für kognitive Prozesse überhaupt die Bedeutung affektiver Prozesse als Medium sozialer Interaktion und Identifikation. Es legt somit nahe, die soziale Interaktion als generative Matrix für Prozesse der Dezentrierung und RÜ zu betrachten und ihre Anfänge bereits in frühen Entwicklungsabschnitten des Kindes zu suchen, in denen es als ‚kompetenter' Partner in symbolisch (sprachlich) vermittelte Interaktion mit signifikanten anderen tritt.
Dem Gegenstand – wenn auch nicht der Intention nach – wird die soziale Interaktion in sozialpsychologischen Arbeiten zur Personwahrnehmung berücksichtigt, die mehr oder weniger stark den Prozeß der RÜ einbeziehen.
Die frühesten Arbeiten, die bei FLAVELL (1968) und FLAPAN (1968) referiert werden, stammen aus den Jahren 1914 (WINCH), 1923 (GATES) und 1936 (WALTON). Alle drei Untersuchungen machen das Alter zum Bezugspunkt der Entwicklung interpersoneller Wahrnehmung.

GATES wie WALTON fanden, daß die Fähigkeit von Kindern, aus einer Serie von Bildern den Gefühlszustand der dargestellten Personen zu schließen, mit dem Alter zunahm. WINCH konnte aufzeigen, daß die Fähigkeit zu beobachten und zu berichten im Alter von 3 bis 7 Jahren rapide zunahm, im Alter von 8 bis 13 Jahren dagegen eher zurückging. Nach FLAPAN nimmt WINCH an, daß dieser Rückgang dadurch zustande gekommen sein könnte, daß die älteren Kinder die Aufgaben schriftlich zu lösen hatten.
DYMOND et al. (1952) untersuchten zwei Gruppen von Kindern im Alter von 7 und 13 Jahren bezüglich ihrer Fähigkeit zur Empathie, als 'the imaginative and accurate transposing of oneself into the thinking, feeling, and acting of another' (S. 202). Der Akt des Perspektivenwechsels wurde daran gemessen, wie gut die Kinder Denken oder Gefühle von Kindern erschließen können, die auf mehr oder weniger strukturierten Photos oder Zeichnungen mit oder ohne Erwachsene(n) dargestellt werden. Zu diesen Bildern wurden den Kindern zusätzliche Geschichten erzählt.

Bei Kontrolle der verbalen Produktion (nach Anzahl der Worte) fanden die Autoren qualitative Unterschiede zwischen den Antworten der jüngeren und älteren Kinder: Die jüngeren Kinder gaben eher Beschreibungen äußerer Details, während die älteren eher Gedanken und Gefühle der dargestellten Personen interpretierten.

YARROW & CAMPBELL (1963) untersuchten in einer groß angelegten Studie 267 Jungen und Mädchen im Alter von 8 bis 13 Jahren. Die verschiedenen Untersuchungsgruppen wurden nach Alter und Geschlecht homogen besetzt. Die Untersuchung fand unter den natürlichen Bedingungen eines Sommerlagers statt, dessen Teilnehmer die Kinder waren. Sie wurden am Anfang und am Ende des Aufenthaltes über ein Kind interviewt, welches sie selbst auswählen konnten: 'Tell about him, as if you were telling a friend back home' (S. 59).

Die Beschreibungen wurden nach der ‚Komplexität der Organisation' eingestuft, und zwar nach dem Ausmaß der Generalisierung und der Komplexität der Analyse, die in den Berichten über ein Verhalten und dessen Gründe zum Ausdruck kommt. Die Komplexität der Beschreibungen korrelierte positiv in beiden Interviews und nahm mit dem Alter zu. Es fanden sich keine konsistenten Geschlechtseinflüsse.

Ein interessanter Befund weist auf differentielle Unterschiede hin: Die Kinder wurden nach Verhaltensbeobachtungen vier Kategorien zugeordnet und jeweils in zwei Gruppen miteinander verglichen. Danach zeigte sich, daß ‚aktive' und ‚freundliche' Kinder komplexere und mehr schlußfolgernde Beschreibungen anderer gaben als Kinder, die als ‚zurückgezogen' oder ‚feindselig' eingestuft worden waren.

GOLLIN (1958) untersuchte bei 700 Jungen und Mädchen verschiedener Schichtzugehörigkeit im Alter von 10, 13 und 16 Jahren die Fähigkeit, soziale Urteile über ein Kind zu geben, das in zwei Filmepisoden widersprüchliche Verhaltensweisen zeigt.

Die Fähigkeit, Inferenzschlüsse zu ziehen, die über das beobachtete Verhalten hinaus die Motiv- und Gefühlsstruktur berücksichtigen (inference), sowie die Fähigkeit, das widersprüchliche Verhalten in das Urteil einzubeziehen (concept), nahm mit dem Alter zu.
GOLLINS Arbeit ist die einzige, in der Geschlechtsunterschiede auftreten, die auf eine bessere Leistung der Mädchen hinweisen. Der Einfluß der Schichtzugehörigkeit war hingegen nicht einheitlich und insgesamt in der Kategorie ‚concept' etwas deutlicher.

Die qualitativen Unterschiede in der Personwahrnehmung und -beschreibung wurden neuerdings differenzierter und unter Berücksichtigung einer möglichen Entwicklungslogik in der Stadienabfolge untersucht (SECORD & PEEVERS 1974). Damit deuten sich differenziertere Möglichkeiten der Verknüpfung von Personkonzepten mit einer situativ aktualisierten Fähigkeit zur RÜ an.

Als rekursives Denken wird die Fähigkeit bezeichnet, nicht nur Verhalten und Denken eines Interaktionspartners zu antizipieren, sondern zugleich – auf einer höheren Stufe – einzubeziehen, daß alter das Verhalten und Denken von ego antizipiert. Sehr anschaulich sind solche Denkformen bei LAING (1973) dargestellt. Sie repräsentieren den Typus: ‚Ich denke, daß du denkst, daß ich denke, daß du denkst ...'
Die Fähigkeit zum rekursiven Denken wurde von FLAVELL (et al. 1968) in einem Strategiespiel untersucht, in dem Kinder verschiedenen Alters (6 bis 12 Jahre) das Verhalten des Versuchsleiters vorhersagen und eine Begründung für die Vorhersage geben sollten. Der Prozeß der RÜ wurde nach der Komplexität der strategischen Überlegungen analysiert.

In einem Spiel mußten die Kinder eine Münze (z. B. ein 10-Cent-Stück) unter einem von zwei Bechern verstecken, von denen einer mit einem 5-Cent-Stück, der andere mit einem 10-Cent-Stück gekennzeichnet war. Aufgabe des Kindes war es, die Münze so unter einen der Becher zu verstecken, daß sein Mitspieler den Becher greift, unter dem die Münze nicht liegt. Dabei muß der Spieler die Strategie seines Mitspielers antizipieren. Die Fähigkeit zur RÜ wird aus den Begründungen erschlossen, die das Kind für seine Wahl des Bechers angibt. Die Komplexität rekursiver Denkprozesse nahm mit dem Alter der Kinder zu. Sie entwarfen differenziertere Strategien unter Einbeziehung von ‚Schleifen' (loops).

Die Struktur rekursiven Denkens untersuchten auch MILLER, KESSEL & FLAVELL (1970), die Kindern der ersten bis sechsten Klasse Bilder eines Jungen vorlegten, der über Gedanken und Aussagen anderer Personen nachdenkt. Denken und Sprechen wurden nach Art vom comic strips durch zunehmend ineinander verschachtelte Blasen und Wolken repräsentiert.

Die Ergebnisse zeigten eine Entwicklungssequenz: Auf der ersten Stufe wurde eine Person im Denken repräsentiert („Der Junge denkt an das Mädchen, an sich selbst und an den Vater"). Auf der zweiten Stufe wurde eine interpersonale Aktion im Denken repräsentiert („Der Junge denkt, daß das Mädchen mit dem Vater spricht"). Auf der dritten Stufe war rekursives Denken erster Ordnung möglich (eine Schleife) („Der Junge denkt, daß das Mädchen an den Vater denkt"; "thinking about thinking"). Auf der vierten Stufe erscheint rekursives Denken zweiter Ordnung (zwei Schleifen) („Der Junge denkt, daß das Mädchen an den Vater denkt, der an die Mutter denkt"; "thinking about thinking about thinking").

Das Verständnis des schwierigsten rekursiven Denkprozesses war in der sechsten Klasse noch nicht erreicht. Wie bei der Komplexität der Vorher-

sage von Spielstrategien nimmt FLAVELL an, daß diese Denkprozesse erst in der Adoleszenz, also im Stadium des formal-logischen Denkens, vollständig ausdifferenziert werden. Dann setzt auch ein starkes Interesse an Gedanken und Gefühlen anderer ein, die zugleich auf das eigene Selbst bezogen werden (ELKIND 1972; LOOFT 1971). Da dieses rekursive Denken eine stark formalisierte intellektuelle Leistung darstellt, ist anzunehmen, daß Unterschiede in der Intelligenz mit unterschiedlichen rekursiven Denkleistungen in engem Zusammenhang stehen. Vermutlich gibt es auch im Erwachsenenalter interindividuelle Unterschiede in der Fähigkeit, rekursiv zu denken, bzw. vor allem in der Fähigkeit, solche komplexen Strategien in sozialen Interaktionen einzusetzen.
Einen Hinweis auf die Intelligenzabhängigkeit dieser RÜ-Fähigkeit liefert die Arbeit von DE VRIES (1970).

Ähnlich wie FLAVELL und seine Mitarbeiter entwickelte sie eine strategische RÜ-Aufgabe, mit der sie Kinder im Alter von 3–6 Jahren im unteren, mittleren und oberen Intelligenzbereich untersuchte. Die RÜ-Leistungen wurden danach bewertet, inwieweit sie differenzierte Strategien sowohl beim Verstecken wie beim Erraten einer Münze verwandten. Die Aufgabe bestand in einer einfachen binären Wahlsituation (rechte oder linke Hand). Die Komplexität der Strategien nahm mit dem Alter zu, wobei die Strategien des Verbergens von den Kindern früher erworben wurden als die Strategien des Erratens. Sie verstanden zunächst beim Verstecken, daß der Spielpartner das Verhalten von ego antizipiert, beim Erraten entstand diese Einsicht erst später.
Sowohl Intelligenz wie Alter trugen zur Verbesserung der Spielleistung bei. Jedoch zeigt sich hier ein differentieller Effekt: in der untersten Intelligenzgruppe war die Intelligenzleistung ausschlaggebender für die RÜ als das Alter, während in der mittleren oder oberen Intelligenzgruppe Alter bedeutsamer als Intelligenz war. Offenbar sind hier Schwellenwerte wirksam.

DE VRIES folgert aus den Ergebnissen eine Entwicklungssequenz der RÜ, wonach zunächst kein Verständnis für das Spiel besteht und im folgenden Stadium der Versuchsleiter imitiert und die Regel beachtet wird. Im dritten Stadium besteht Einsicht in die Wettbewerbssituation, und einfache Strategien der Alternierung werden eingesetzt. Erst im vierten Stadium werden gleichermaßen Strategien beim Erraten wie beim Verstecken eingesetzt. In diesem Stadium werden auch die Strategien variabler und komplexer.

11.3. Arbeiten zur Entwicklung der Kommunikationsfähigkeit

Ein weiterer Typus der Operationalisierung zielt auf die Fähigkeit zur RÜ als Kommunikationsfähigkeit ab. Als Ausgangspunkt kann eine Prozedur PIAGETS (1972a) betrachtet werden, der Kindern eine Geschichte vorlas und sie bat, diese einer anderen Person wiederzuerzählen. FLAVELL et al. (1968) modifizierten diese Aufgabe zunächst dergestalt, daß Kinder eine Geschichte zu sieben Bildern erzählten, die sie anschließend nach Entfernung zweier oder dreier wesentlicher Bilder einer weiteren Person erzählen sollten. In einer anderen Version wurde den Kindern eine Geschichte vorgelesen. Danach wurden sie aufgefordert, die Geschichte entweder einem Erwachsenen oder einem Kind zu erzählen. Kriterium für den Akt der RÜ war in beiden Fällen die Anpassung der Nacherzählung an den Informationsstand bzw. die antizipierten Informationsbedürfnisse oder -defizite des Zuhörers. Während Kinder der dritten und siebten Klasse sich darin unterschieden, in welchem Ausmaß sie die Informationen je nach dem Alter des vorgestellten Zuhörers modifizierten, ergab sich kein Unterschied mehr zwischen den Kindern der siebten und elften Klasse. Ein Schwellenwert für die Entwicklung scheint also zwischen der dritten und siebten Klasse zu liegen.

Deutliche Unterschiede gab es in der Art, wie die Kinder die Aufgabe in Angriff nahmen. Einige der jüngsten versuchten eine vollständige und korrekte Wiedergabe, zeigten jedoch, obwohl sie keine Schwierigkeiten beim Verständnis der Geschichte hatten, keinerlei Anpassung ihrer Erzählung an das jüngere Kind, d. h. also: keine RÜ.
Andere Kinder dieser Gruppe hatten beim Verständnis der Geschichte Schwierigkeiten, versuchten aber dennoch sehr intensiv, ihre Erzählung dem Niveau des jüngeren Kindes anzupassen. Kommunikationsdefizite jüngerer im Vergleich zu älteren Kindern sind nach Ansicht der Autoren nicht als bloße Folge geringerer sprachlicher Fähigkeiten zu interpretieren. Vielmehr scheint eine Unfähigkeit vorzuliegen, sich in die Perspektive des jüngeren Kindes zu versetzen und dessen geringere Fähigkeit zum Verständnis der Geschichte zu antizipieren.

Der Kommunikationsfähigkeit liegt demnach die Fähigkeit zur RÜ zugrunde (vgl. ZEBERGS 1974). Die Güte der RÜ-Leistung hängt bei dieser Art Aufgabe nicht nur von der Fähigkeit ab, die unterschiedliche Perspektive des anderen zu antizipieren, sondern auch davon, zugleich die Worte zu finden, die dieser Einsicht angemessen sind. Man muß folglich unterscheiden zwischen dem *Versuch*, die sprachlichen Äußerungen dem Verständnis des Partners anzupassen, der bereits auf RÜ hindeutet, und der *Fähigkeit*, die erforderlichen Leistungen zu erbringen.
Dieses Problem ergibt sich bei vielen Arbeiten, in denen die Fähigkeit zur RÜ mit der sprachlichen Produktion gleichgesetzt wird. Besonders jüngere Kinder sind dann in ihren Leistungsmöglichkeiten benachteiligt, denn es ist möglich, daß die RÜ als kognitiver Akt bereits vollzogen werden kann, also Kompetenz vorliegt, die Performanz indessen sprachlich noch nicht gelingt (vgl. FLAVELL 1974). Auf dieses Problem macht auch

Borke (1971) aufmerksam, wenn sie darauf hinweist, daß viele RÜ-Aufgaben den kognitiven (und auch sprachlichen) Fähigkeiten der Kinder nicht angemessen sind.
Die Identifizierung von unregelmäßigen geometrischen Figuren aufgrund von Beschreibungen dient einigen Forschern als Operationalisierung von RÜ. In diesen Experimenten wird Kommunikationsfähigkeit weitgehend gleichgesetzt mit RÜ (Alvy 1968; Baldwin et al. 1971; Krauss & Glucksberg 1965; Krauss & Rotter 1968).

Krauss & Glucksberg (1965) bildeten Paare von Kindergartenkindern sowie Schülern der ersten, dritten und fünften Klasse. Aus jedem Paar mußte ein Kind als Sprecher ein Objekt oder eine Serie von Objekten, die nicht eindeutig zu benennen waren, beschreiben (enkodieren), während der Partner die nicht sichtbaren Figuren nach den Beschreibungen identifizieren sollte (dekodieren). Die Richtigkeit der Wahl eines Objekts aufgrund der Beschreibung zeigt zugleich die Genauigkeit der Kommunikation an. Um ein von der Enkodierungs- und Dekodierungsgenauigkeit unabhängigeres Maß zu bestimmen, werden die Enkodierungen auf Band genommen und mehreren Pbn zum Dekodieren vorgelegt, oder die Enkodierungen mehrerer Pbn werden einem Einzelnen zum Dekodieren vorgelegt.

Mit zunehmendem Alter reduzierten sich die Fehler der Zuordnung. Besonders deutliche Unterschiede zeigten sich, wenn die Leistungen über mehrere Versuche hinweg betrachtet wurden. Die Kindergartenkinder lernten aus den Erfahrungen noch gar nicht, während die Kinder der dritten und fünften Klasse bereits beim achten Versuch kaum noch mehr als einen Fehler im Durchschnitt machten. Mittelschichtkinder erzielten nach den Ergebnissen einer nachfolgenden Untersuchung von Krauss & Rotter (1968) im Vergleich zu Unterschichtkindern sowohl als Sprecher wie als Zuhörer bessere Leistungen. Dies Ergebnis wurde auch von Baldwin et al. (1971) bestätigt. Im Unterschied zu anderen Experimenten der RÜ oder Personwahrnehmung lassen sich im hier beschriebenen Versuch schichtspezifische Leistungsunterschiede nachweisen. Dabei stellt sich die Frage, was diese Operationalisierung von anderen unterscheidet, von denen keine schichtspezifische Ergebnisse zeigt. Vielleicht liegt eine Besonderheit des Versuchs von Krauss & Glucksberg darin, daß Beherrschung relativ komplexer Strategien des Sprachgebrauchs Voraussetzung für den Erfolg im Experiment bildet. Insofern wird man geneigt sein, auf codetheoretische Annahmen im Sinne Bernsteins zur Erklärung zurückzugreifen, wie es auch Oevermann et al. in einem noch unveröffentlichten Experiment getan haben, das, dem von Krauss & Glucksberg in der Anlage verwandt, unternommen wurde, um die Theorie der sozialen Strategie des Sprachgebrauchs empirisch zu überprüfen.
Eine Variation der Versuchsanordnung, die eher soziale RÜ zu erfassen

geeignet scheint, nahm ALVY (1968) vor, der seinen Pbn Gesichter mit verschiedenem Gefühlsausdruck vorgab. Auch hier bestand die Aufgabe darin, daß der Sprecher dem Zuhörer vermittelte, welches Bild er aussuchen sollte. Die Mitteilungen bezogen sich auf die Gefühle der auf dem Bild dargestellten Jungen. Im Gegensatz zu den experimentellen Anordnungen von KRAUSS & GLUCKSBERG waren die Kommunikationsmöglichkeiten weniger eingeschränkt. Auch hier bestätigten sich die Ergebnisse, daß Kinder mit zunehmendem Alter die Beschreibungen je nach dem Gesichtsausdruck differenzierten und ihre Beschreibungen modifizierten, wenn dem Zuhörer im ersten Versuch die Identifikation des Bildes nicht gelang.
Alle beschriebenen Versuche zeigen, daß ältere Kinder besser in der Lage sind, sich in ihren verbalen Äußerungen auf die Erfordernisse der Aufgabe und zugleich auf die Informationsbedürfnisse der Zuhörer einzustellen. Freilich stellen die Autoren fest, daß auch die Kinder im Alter von 10 Jahren noch wesentlich schlechtere Leistungen in dieser Aufgabe zeigen als Erwachsene. Sie folgern aus ihren Befunden, daß der linguistischen Kompetenz, die bereits im Alter von vier Jahren vorhanden ist (MCNEILL 1966) eine kommunikative Kompetenz gegenübergestellt werden muß (HYMES 1967), die sich erst zu einem späteren Zeitpunkt differenziert. Nach unserer Argumentation müssen wir annehmen, daß der kommunikativen Kompetenz die Fähigkeit zur RÜ zugrunde liegt.

11.4. Arbeiten zum sozialen Perspektivenwechsel

Eine der frühesten Operationalisierungen der RÜ-Fähigkeit als Antizipation sozialer Erwartungen entwarf FEFFER (1959; FEFFER & GOUREVITCH 1960). Da wir FEFFERS Aufgabe in dieser Arbeit verwendet haben, verweisen wir an dieser Stelle auf die genauere Darstellung (S. 165 ff.).

FLAPAN (1968) führte in der Art des Vorgehens von GOLLIN (1958) Kindern im Alter von sechs, neun und zwölf Jahren zwei Filmepisoden vor, in denen ein Kind in einer Konfliktsituation dargestellt wurde. Die Intention der Arbeit bestand darin, 'to investigate children's ability to describe and make inferences about feelings, thoughts and intentions that occur in interpersonal relationships and their ability to account for the sequences of behavior that occur' (S. 61).

FLAPAN fand Entwicklungsmuster, die auf eine sequentielle Abfolge des Erwerbs von RÜ-Fähigkeiten hinweisen. Zunächst gaben Kinder Beschreibungen der ‚objektiven' Situationen und Handlungen, erst mit zunehmendem Alter wurden Erklärungen für Verhaltensweisen gegeben.

Eine deutliche Zunahme in der Fähigkeit, Schlußfolgerungen aus Handlungen zu ziehen, ergab sich in der Gruppe der Neun- und Zwölfjährigen. Gründe, die für Verhaltenssequenzen gegeben werden, ändern sich also mit zunehmendem Alter in Richtung auf psychologische Argumente hin. Schlußfolgerungen über Gedanken oder Intentionen treten zu einem früheren Zeitpunkt auf als Schlußfolgerungen über Gefühle, diese wiederum früher als rekursive Denkprozesse (vgl. FEFFER 1970; MILLER et al. 1970; SELMAN 1971), in denen eine Person Inferenzschlüsse über eine andere zieht.

Die größte Differenzierung der RÜ-Fähigkeiten liegt nach diesen Ergebnissen zwischen 6 und 9 Jahren. Der Befund scheint jedoch mit der Struktur der Aufgabe und ihrem Schwierigkeitsniveau in Zusammenhang zu stehen. Die Arbeiten von GOLLIN (1958) sowie auch von FLAVELL (et al. 1968) weisen, wie bereits angedeutet, darauf hin, daß kognitiv anspruchsvollere Prozesse der RÜ – z. B. die Fähigkeit zum rekursiven Denken – erst in der Adoleszenz einen deutlichen Entwicklungszuwachs erfahren.

Sehr sorgfältige kognitiv-strukturtheoretische Analysen der Fähigkeit zum sozialen Perspektivenwechsel hat SELMAN (1971), SELMAN & BYRNE (1974) durchgeführt.

Kindern im Alter von vier, sechs, acht und zehn Jahren wurden analog den moralischen Dilemma-Geschichten KOHLBERGS (1974) Konfliktsituationen vorgegeben. Die kognitive Repräsentation des Konflikts aus den unterschiedlichen Perspektiven der beteiligten Personen wurde durch Fragen zur Situation und zu den Personen erschlossen und diente zugleich als Kriterium für Stadien der RÜ.

Die Art der Verarbeitung der Konfliktsituation ist der Ausgangspunkt für das theoretische Modell der Abfolge von Strukturniveaus der RÜ, die wir bereits dargestellt haben (s. S. 71). Dieses Verfahren kann unserer Ansicht nach als eines der vielversprechendsten zur Untersuchung sozialkognitiver Fähigkeiten gelten, da es ermöglicht, die Struktur der RÜ-Fähigkeit des Kindes in quasi-klinischen Interviewsituationen zu erfassen. Freilich fehlen bisher standardisierte Verfahren der Befragung. Auch erfordert die Auswertung der Geschichten ein sorgfältiges Training, wie alle wenig formalisierten Aufgaben, die auf die hermeneutische Auslegung des von den Subjekten intendierten Sinns angewiesen sind. Doch entspricht dies einer Situation, in welcher der Forscher mit dem von ihm beobachteten, sozialisierten Subjekt die fundamentale Kompetenz zur Beteiligung an sinnvermittelnden sozialen Interaktionen teilt (CICOUREL 1974, KREPPNER, 1975), die – wenn er über RÜ forscht – zugleich seinen Forschungsgegenstand bilden.

11.5. Gibt es ein einheitliches Konstrukt der Rollenübernahme?

Die vielfältigen Operationalisierungen, die in den verschiedenen von uns referierten Arbeiten vorgenommen wurden, legen den Schluß nahe, daß es eine globale Fähigkeit zur RÜ nicht gibt. Vielmehr scheint jeweils eine spezifische, durch die Art der Operationalisierung definierte Fähigkeit vorzuliegen. Da es nicht nur *eine* mögliche Operationalisierung gibt, entsteht das Problem, ob dieser Vielzahl von operational bestimmten ‚Teilfähigkeiten' eine ‚allgemeine' Fähigkeit zugrunde liegt, in der Art eines ‚general factor', wie er in der Intelligenztheorie Spearmans angenommen wird. Dieser ‚allgemeine Faktor' wäre dann als ein Faktor der Dezentrierung oder der Reversibilität zu interpretieren, der den jeweils spezifischen Testleistungen zugrunde liegt.
Bisher gibt es kaum Untersuchungen, die sich etwa faktorenanalytisch der Klärung dieser Frage zugewandt hätten. Looft (1968) zitiert eine unveröffentliche Arbeit von Shantz (1968), in der diese drei Operationalisierungen miteinander vergleicht: die Bestimmung des Egozentrismus in der Wahrnehmung, des sprachlichen Egozentrismus und der Fähigkeit zur RÜ (es wird nicht mitgeteilt, wie RÜ definiert wurde). Die Interkorrelationen der Maße liegen zwischen -.03 und .18. Dies weist darauf hin, daß verschiedene Fähigkeiten erfaßt werden, die kaum auf einen gemeinsamen Faktor der Dezentrierung schließen lassen. Sullivan & Hunt (1967) fanden bei der Untersuchung von Kindern im Alter von sieben, neun und elf Jahren signifikante Zusammenhänge zwischen einer Aufgabe der räumlichen und der kognitiv-sozialen RÜ im RTT von Feffer nur bei den Elfjährigen. Von Rubin (1973) liegt eine differenzierte Studie vor.

Er präsentierte jeweils 20 Pbn im Kindergartenalter, in der zweiten, vierten und sechsten Klasse verschiedene Aufgaben: sprachlicher Egozentrismus (nach Kohlberg et al. 1968), räumlicher Egozentrismus (Flavell 1968), Kommunikationsfähigkeit (Krauss & Glucksberg 1967), rekursive RÜ (Miller et al. 1970) sowie eine Aufgabe zur Invarianz. Zusätzlich wurden Intelligenztestdaten und soziale Beliebtheit erhoben.
Drei der RÜ-Aufgaben (räumliche und kommunikative RÜ, rekursives Denken) korrelierten hoch miteinander. Die Korrelationen wurden bei statistischer Kontrolle des Alters niedriger, blieben aber signifikant. Eine Faktorenanalyse mit anschließender Rotation nach dem Varimax-Kriterium egab einen Hauptfaktor, der 57 % der Varianz auf sich zog. Dieser Faktor war durch alle RÜ-Maße außer dem sprachlichen Egozentrismus (Kohlberg) und der Invarianzaufgabe definiert. Der zweite Faktor war ausschließlich durch die soziale Beliebtheit definiert.

Die unterschiedlichen Befunde weisen auf einen Mangel in dem Forschungsbereich hin: Bisher liegen keine Angaben über Schwierigkeitsgrade verschiedener Aufgaben vor. Wenn die in verschiedenartigen Operationalisierungen geforderten Fähigkeiten zu unterschiedlichen Entwicklungszeitpunkten auftreten, korrelieren die Maße nicht, obwohl theoretisch beide Aufgabenarten als Indikatoren für die Fähigkeit zur RÜ gelten können. Hier entstehen die gleichen Fragen nach der ‚structure d'ensemble', wie sie im Bereich der Entwicklung kognitiver Prozesse am Beispiel der Genese von Invarianzstrukturen diskutiert worden sind. Solche Analysen der hierarchischen Genese von Strukturen fehlen bisher im Bereich der RÜ-Fähigkeit. Andeutungsweise sind sie bei Selman (1971b) impliziert, der feststellte, daß die Bewältigung eines Stadiums der räumlichen Dezentrierung notwendige, nicht aber hinreichende Bedingung für die Bewältigung einer ‚konzeptuellen' RÜ-Aufgabe in dem entsprechenden Stadium war. Konzeptuelle RÜ war als die Fähigkeit definiert, wie gut das Kind die Reaktion eines Gleichaltrigen vorhersagen konnte, wenn es in der Situation über mehr Informationen als dieser verfügte. Das Kind mußte sich also von seinem eigenen Standpunkt lösen, um das Verhalten des anderen adäquat vorherzusagen. Aus diesem Ergebnis läßt sich folgern, daß perzeptuelle Strukturierungsmöglichkeiten die Voraussetzung für sozio-kognitive Prozesse bilden. Die Aufgaben stehen in einer entwicklungslogischen Hierarchie aufeinander aufbauender Fähigkeiten. Solche sequentiellen Analysen erscheinen zudem entwicklungspsychologisch fruchtbarer als die Methode der Korrelation verschiedener RÜ-Testleistungen.

An dem Ergebnis Selmans läßt sich auch die im theoretischen Teil geführte Diskussion über die Beziehung zwischen instrumenteller und soziokognitiver Intelligenz wiederaufnehmen. Dies soll im Zusammenhang mit den Ergebnissen der bereits dargestellten Untersuchung von Borke geschehen.

11.6. Egozentrische vs. soziale Orientierung kleiner Kinder

Das Ergebnis Selmans steht in einem impliziten Widerspruch zu unseren theoretischen Überlegungen, nach denen in der Perspektive Meads das soziale Objekt Vorrang vor dem instrumentellen beansprucht. Indem es Selman unterläßt, die Frage nach den sozialen Konstitutionsbedingungen perzeptueller wie ‚konzeptueller' RÜ zu stellen, legt er bereits eine Deutung des Ergebnisses im Sinne der Theorie Piagets nahe, welche der instrumentellen Intelligenz den Vorrang vor der sozialen einräumt. Nun zeigt aber das bereits an anderer Stelle diskutierte Ergebnis der Untersuchung von BORKE (1974), daß auch die Fähigkeit zur räumlichen Dezentrierung sozial konstituiert wird: Die Empathie für Figuren, die mit positivem Affekt besetzt sind, ermöglicht zu einem entwicklungspsychologisch frühen Zeitpunkt den räumlichen Perspektivenwechsel, der ohne diesen Affekt als abstrakte Aufgabe erst sehr viel später gelöst wird. Die von SELMAN aufgewiesene Abfolge von perzeptueller und sozio-kognitiver RÜ (sowie auch die von ihm postulierte Abfolge von kognitiven, sozio-kognitiven und moralischen Entwicklungsstadien; vgl. S. 71) läßt mithin allenfalls die Schlußfolgerung zu, daß die abstrakt-formale Performanz in einer entwicklungspsychologischen Abfolge steht, in der sie vom instrumentell-kognitiven zum sozio-kognitiven Bereich fortschreitet. Es ist folglich zwischen der sozialen Konstitution und der Konzeptualisierung von Denkprozessen zu unterscheiden. Einerseits sind die Fähigkeiten in beiden Bereichen sozial konstituiert; andererseits sind die sozialen Prozesse möglicherweise schwieriger zu konzeptualisieren als die Gegebenheiten der Objektumwelt.

Während die KOHLBERG-Schule immer wieder den Vorrang der kognitiven vor der sozial-kognitiven bzw. moralischen Entwicklung angenommen und auch empirisch bestätigt hat – wenngleich methodisch bisher nicht zweifelsfrei –, konnte BELL (1970a) für die Phase der sensu-motorischen Intelligenz aufzeigen, daß die Genese des sozialen Objekts (Personpermanenz) der Genese des instrumentellen Objekts (Objektpermanenz) vorangehen kann, und zwar in Abhängigkeit von der Qualität der Mutter-Kind-Interaktion. Dies entspricht im übrigen den Erwartungen psychoanalytischer Entwicklungstheorien.

Das Ergebnis läßt vermuten, daß nicht zu allen Zeitpunkten der Entwicklung die Abfolge von instrumenteller zu sozialer Denkentwicklung Geltung besitzt. Jedoch ist auch hier genauer zu klären, inwieweit die Strukturen kognitiver und sozio-kognitiver Prozesse, wie sie in den Untersuchungen von BELL und SELMAN u. a. erfaßt wurden, miteinander vergleichbar sind. Immerhin deuten sich Möglichkeiten der Rekonzeptualisierung an.

In diesem Zusammenhang ist auch eine Arbeit von GARVEY & HOGAN (1973) interessant, die – ebenso wie BORKE – eine ‚Reanalyse' des Egozentrismusbegriffs vorschlagen. Die Autoren gehen von der Hypothese aus, daß das kleine Kind vom Beginn seiner Entwicklung an ‚soziozentrisch' und nicht ‚egozentrisch' ist. Hier wird der Blick darauf gelenkt, über welche Fähigkeiten der Aufnahme sozialer Kommunikation auch sehr junge Kinder bereits verfügen. Die Verfasser betonen, daß ihre

Arbeiten nicht im Widerspruch zu Befunden PIAGETs oder anderer Autoren stehen, die den ‚privaten' (egozentrischen) Status der Sprache des kleinen Kindes belegen: Kinder im Alter von dreieinhalb bis fünf Jahren verbringen eine gewisse Zeit damit, in Monologen oder kollektiven Monologen zu sprechen, Äußerungen zu wiederholen, ihre Fragen selbst zu beantworten oder sich selbst durch Sprechen anzuleiten. GARVEY & HOGAN zeigen indessen, daß die Kinder von sich aus soziale Kontakte aufnehmen und ihr sprachliches und nicht-sprachliches Verhalten an den Interaktionspartnern orientieren. Nach den Ergebnissen dieser Arbeit sind die Kinder deutlich sozialer ausgerichtet, als dies in anderen Untersuchungen zum Ausdruck kommt. Die Autoren betonen in Übereinstimmung mit WYGOTSKI die Bedeutung der Sprache als Mittel der Aufrechterhaltung und Herstellung interpersoneller Kontakte, also in ihrer fundamental sozialen Natur. Sie formulieren die Hypothese, daß sprachliche Kommunikation das Erlernen der Konzepte vermittelt, die den sozialen Interaktionen zugrunde liegen, wie Reziprozität, Verpflichtung und Komplementarität. (Wir haben im theoretischen Teil die mögliche soziale Vermittlung der Konzepte des logischen Denkens angesprochen.) Allerdings diskutieren die Autoren diese Frage nicht weitergehend.
Eine ursprünglich soziale Orientierung des kleinen Kindes nimmt auch BORKE (1972) an, wenn sie in provokativer Auseinandersetzung mit der von PIAGET-orientierten Forschern aufgestellten These des frühkindlichen Egozentrismus kleine Kinder als sozial sensibel beschreibt:

"... preschool youngsters are not only aware that other people have feelings, but actively try to understand the feelings they observe" (1972, S. 263).

Sie führt die Ergebnisse PIAGETs und anderer Autoren, nach denen Fähigkeiten zum Perspektivenwechsel beim präoperationalen Kind nicht festzustellen waren, darauf zurück, daß die Operationalisierungen für kleine Kinder zu ‚schwierig' seien. BORKE hat in der bereits genannten Arbeit zum räumlichen Egozentrismus die Versuchsanordnung dem Erfahrungsbereich der Kinder entnommen und so eine motivational hoch besetzte Situation in ihrem Experiment hergestellt. Damit hat sie zugleich die affektive Basis der sozio-kognitiven Fähigkeit nachgewiesen. Bereits in einer früheren Arbeit (1972) hatte sie die Kognition von Gefühlszuständen bei kleinen Kindern untersucht.

Die Aufgabe bestand darin, Zeichnungen von Gesichtern mit unterschiedlichem Gesichtsausdruck (froh, traurig, ängstlich, ärgerlich) Geschichten zuzuordnen. Bereits im Alter von drei Jahren konnten Kinder die Emotion ‚froh' richtig zuordnen.
Diese Emotion ist den Kindern offenbar am leichtesten zugänglich, doch auch

Traurigkeit und Ärger wurden von einigen Kindern bereits richtig zugeordnet. Die Emotion ‚ängstlich' wurde hingegen erst im Alter von dreieinhalb bis vier Jahren überzufällig richtig zugeordnet. Empathische Reaktionen zu den Gefühlen von Traurigkeit und Ärger waren für alle Kinder schwieriger und zeigten weniger konsistente Beziehungen zum Alter.

Borke folgert aus den Ergebnissen, daß sich bereits sehr früh globale Differenzierungen der Erfahrungen nach ‚lustvoll' und ‚unlustvoll' herausbilden, die sich später differenzieren. Die Schwierigkeit des Erkennens von Furcht führt sie – vielleicht nicht allzu plausibel – darauf zurück, daß diese von sehr jungen Kindern noch nicht erfahren wird.
Borkes Interpretation der Wahrnehmung von Gefühlen bei sehr kleinen Kindern als RÜ kritisieren Chandler & Greenspan (1972). Die Autoren bestimmen nicht-egozentrisches Denken als die Fähigkeit zur Antizipation von Gedanken und Gefühlen eines anderen, wenn diese von den eigenen verschieden sind. Erst diese Fähigkeit erfordert eine Lösung aus dem eigenen Bezugssystem. Das kleine Kind hingegen kann Gefühle den Situationen zuordnen, in denen es selbst solche Gefühle erlebt hat. Ein Wechsel des Standpunktes ist für diese Zuordnung nicht notwendig. Um dies aufzuzeigen, führten Chandler & Greenspan in Anlehnung an Borke eine Untersuchung durch, in der sie Kindern der ersten bis siebten Klasse zunächst dieselbe Aufgabe vorlegten, wie sie Borke vorgegeben hatte. Sie konnten in diesem Teil die Befunde Borkes bestätigen.

Eine zweite Aufgabe verlangte von den Kindern einen Perspektivenwechsel, um die Aufgabe adäquat zu lösen. Wie im ersten Teil wurde zunächst eine Bildgeschichte vorgelegt, in der eine bestimmte Emotion hervorgerufen wurde. Die Bildgeschichte wurde dann weitergeführt, indem ein anderes Kind zu dem ersten hinzutritt und über dessen Gefühl erstaunt ist. Dieses Kind kennt nicht die ‚Vorgeschichte', die das Gefühl hervorgerufen hat. Die Aufgabe bestand nun darin, sich in die Perspektive des hinzugekommenen Kindes zu versetzen und die Situation aus dessen Perspektive zu deuten.
In dieser Aufgabe zeigt sich, daß mit zunehmendem Alter die Konfundierung der eigenen Perspektive (und des eigenen Wissens) mit der des anderen (der über dieses Wissen nicht verfügt) abnimmt.

In einer Antwort auf Chandler & Greenspan kritisiert Borke (1972), daß man nach der Operationalisierung der Autoren keine andere Wahl habe, als Kinder bis zum 13. Lebensjahr als egozentrisch zu betrachten; denn erst zu diesem Zeitpunkt seien nur noch 4 % der Kinder egozentrisch. Selbst bei den sechsjährigen seien nach dieser Operationalisierung noch 85 % der Kinder egozentrisch. Dies Ergebnis ist jedoch konsistent mit den Ergebnissen der vorher berichteten Untersuchungen.
Offenbar werden in all diesen bisherigen Operationalisierungen der RÜ abstrakt-formale Denkprozesse verlangt, die dem Erfahrungsbereich des

Kindes insofern fremd sind, als Beziehungen oder auch Identifikation mit den handelnden Personen nicht gegeben sind und daher vom Kind eine Generalisierungsleistung über Situationen hinweg gefordert wird. RÜ würde demnach in einer partikularen Erfahrungssituation mit stark motivationalem Gehalt erworben und zunächst in ebensolchen Situationen als ‚sozial-kognitive Leistung' erbracht werden können. Erst später würde diese Fähigkeit durch generalisierende Abstraktion vom Kontext der Genese abgelöst und über Situationen hinweg verfügbar. Da bisher keine Untersuchungen vorliegen, die in Entsprechung zu BORKEs Experiment zum Wahrnehmungsegozentrismus eine für das Kind erfahrungsadäquate Situation der sozialen RÜ erfordert hätte, sind bislang nur Spekulationen darüber möglich, ob die von CHANDLER & GREENSPAN (u. a.) abstrakt geforderte Leistung unter den genannten Bedingungen auch früher erbracht werden könnten (etwa im Kontext intrafamilialer Interaktionssituationen mit hohem Motivationsgehalt). Die Operationalisierung von RÜ als abstrakt-formaler Fähigkeit könnte die sozialen Bedingungen der Genese von RÜ-Fähigkeit in Beziehungen mit signifikanten anderen gerade verdecken. Die Charakterisierung des kleinen Kindes als ‚egozentrisch' und die in der PIAGET-Tradition entworfenen Operationalisierungen zur Bestätigung dieser These lassen nicht zu, die Genese des sozialen Verstehens im Kontext sozialer Interaktionssituationen zu begreifen, in denen das Kind als Interaktionspartner bereits sozial kompetent handelt.

III

Rollenübernahme, Erziehungsverhalten und Schulerfolg: Eine empirische Untersuchung

12
Fragestellung der Arbeit

Die Fragestellungen dieser Arbeit lassen sich in drei Richtungen differenzieren:

(1) Kognitiv-entwicklungspsychologisch wird die Frage nach der Genese, Struktur und Aktualisierung der Fähigkeit zur RÜ in unterschiedlichen Situationen gestellt.

(2) Sozialisationstheoretisch wird der Versuch unternommen, antezedente Bedingungen der RÜ aufzuklären.

(3) Im Kontext von Überlegungen zur sozialen Wirkung von sozio-kognitiven Fähigkeiten wird der Einfluß unterschiedlicher RÜ-Leistungen und Fähigkeitsniveaus auf Schulerfolg untersucht.

12.1. Entwicklungspsychologische Fragestellung

Im Unterschied zu den meisten bisherigen Untersuchungen, in denen RÜ-Aufgaben als affektiv-neutrales ‚Stimulusmaterial' präsentiert wurden, legten wir Schülern der siebten Klasse einer Gesamtschule Repräsentationen zweier fundamentaler Interaktionssituationen vor: Einmal eine Familiensituation, in der Frau, Mann und Kind dargestellt sind; zum anderen eine Schulsituation, in der ein Lehrer und zwei Schüler abgebildet sind (vgl. Anhang, S. 299—303). Beide Situationen stellen Handlungskontexte dar, die dem Kind vertraut sind und in der Interaktion mit anderen die Fähigkeit zur RÜ erfordern. Insofern können wir annehmen, daß beide Bildsituationen für die Kinder affektiv besetzt sind. Die Auswahl der beiden Situationen erfolgte aus mehreren theoretischen Überlegungen: Die Auswahl zweier Situationen, in denen die ‚gleiche' Fähigkeit zur RÜ in unterschiedlichen Kontexten gefordert ist, soll zugleich einen Vergleich der Fähigkeiten in verschiedenen Situationen ermöglichen. Damit kann die Frage untersucht werden, ob die Fähigkeit zur RÜ ein ‚einheitliches' Konstrukt ist; d. h. ob die einmal entwickelte Fähigkeit zur RÜ in unterschiedlichen Situationen gleichermaßen verfügbar ist. Hat man es dagegen in den beiden Situationen Familie und Schule mit unterschiedlichen Fähigkeitsniveaus zu tun, können einerseits die Implikationen eines solchen Befundes für eine mögliche entwicklungslogische Abfolge der Genese von RÜ-Fähigkeit über Situationen hinweg diskutiert werden (décalages), andererseits können sie unter dem Aspekt situationsspezifischer

Aktualisierungsbedingungen der RÜ in unterschiedlichen situativen Kontexten analysiert werden. Ferner dürfte die Interaktion situationsspezifischer Performanzbedingungen und entwicklungslogischer décalages einen Beitrag zur Aufhellung sozial erzeugter Mechanismen der Entwicklung leisten.

Bedenkt man die erstgenannte Alternative, so führen die sozialisationstheoretischen Überlegungen zu der Hypothese, daß bessere RÜ-Leistungen in der Familiensituation zu erwarten sind, weil die Fähigkeit zur RÜ zunächst in familialen Interaktionssituationen erworben und erst allmählich auf andere Situationen generalisiert wird. Die Hypothese steht überdies in Übereinstimmung mit der MEADschen Konzeptualisierung der Genese von RÜ, nach der sie in früheren Interaktionen mit signifikanten anderen (Eltern) erworben wird. Geht man jedoch von der sozial-konstruktivistischen Annahme PIAGETS aus, daß der Gruppe der Gleichaltrigen die wesentliche Bedeutung für die Überwindung des Egozentrismus zukommt, so läßt sich umgekehrt die Hypothese begründen, daß RÜ-Fähigkeit zunächst in der Gruppe der Gleichaltrigen zur Verfügung stehen muß, weil in ihr Autonomie, Kooperation und Handlungsfähigkeit zuerst gefordert sind. Die Schulsituation repräsentiert eine solche Interaktionssituation mit Gleichaltrigen. Daher lassen sich aus dieser Perspektive bessere RÜ-Leistungen in der Schulsituation erwerben. Geht man dagegen davon aus, daß die Fähigkeit zur RÜ bei den Schülern unserer Stichprobe (7. Klasse) bereits allgemein verfügbar ist und nur durch den differentiellen motivationalen Gehalt von Situationen unterschiedlich aktualisiert wird, so wäre nach dem unterschiedlichen Bedeutungsgehalt (‚Sinn‘) der beiden Situationen für die Pbn zu fragen.

Zu diesem Thema liegt lediglich ein Ergebnis von LOWENHERZ & FEFFER (1969; vgl. S. 169) vor, welches als Hinweis auf performanzsteuernde Aktualisierungsbedingungen der RÜ-Fähigkeit gelten kann: Die Perspektive von positiv besetzten Personen konnte besser übernommen werden als die anderer. Wir haben versucht, den affektiven Gehalt der beiden Bildsituationen möglichst neutral zu halten. Daher könnten – unter der Annahme genereller Verfügbarkeit der Fähigkeit zur RÜ in beiden Situationen – die RÜ-Leistungen eines Kindes davon abhängen, welche positiven oder negativen Erwartungen mit den Bildsituationen verknüpft werden. Da sowohl zur Frage einer entwicklungslogischen Abfolge als auch zur Frage situationsspezifischer Aktualisierungsbedingungen der RÜ weder theoretische noch empirische Untersuchungen vorliegen, lassen sich gerichtete Hypothesen über situationsspezifische RÜ-Fähigkeiten nicht aufstellen. Vielmehr müssen erste Explorationen zur Struktur und Situationsspezifität der RÜ das Feld erst besser erschließen.

Wir haben in Kapitel 9 die sozialisatorischen Bedingungen der Genese der RÜ bereits ausführlich abgehandelt. Deshalb können wir uns bei der Begründung der sozialisationstheoretischen Fragestellung unserer Untersuchung relativ kurz fassen.

Wie im theoretischen Teil ausgeführt, begreifen wir die familiale Interaktionssituation als fundamentale Lernumwelten für RÜ-Fähigkeit. Die Analyse des komplexen theoretischen Bedingungsgefüges der sozialisatorischen Antezdentien der RÜ-Fähigkeit hat deutlich gemacht, daß wir die sozio-affektiven Bedingungen familialer Interaktion als grundlegend für die Genese sowie für die Motivation zur RÜ betrachten. In der vorliegenden Untersuchung soll die Beziehung zwischen zwei fundamentalen affektiven Dimensionen familialer Interaktion und der Fähigkeit zur RÜ überprüft werden, und zwar die Auswirkungen von erlebter Unterstützung und Strenge (Herrmann 1969; Stapf et al. 1968). Im folgenden wird begründet, warum wir a) erlebtes Erziehungsverhalten für einen adäquaten Indikator familialer Interaktionsprozesse und damit für antezedente sozialisatorische Bedingungen der Genese der RÜ ansehen und b) inwiefern Unterstützung und Strenge als Indikatoren zentraler sozioaffektiver Dimensionen familialer Interaktion betrachtet werden können, die für die Genese der RÜ bedeutungsvoll sind.

Mehrere Argumente sprechen dafür, daß das von Kindern perzipierte Erziehungsverhalten als ein valider Indikator der Struktur der sozialisatorischen Interaktion in der Familie gelten kann, das gegenüber der Befragung der Eltern Vorteile aufweist:

(1) Ein Problem der direkten Befragung der Eltern über ihr Erziehungsverhalten ist die Verzerrung ihrer Antworten durch soziale Erwünschtheit, die u. a. darauf zurückzuführen ist, daß die kognitiven Interpretationen des eigenen Handelns an den öffentlichen Erziehungsnormen orientiert sind, was bei einem schnellen Fortschritt der Szientifizierung des Alltagswissens in dieser Untersuchung ein methodisches Problem darstellen würde. Gerade weil Kinder ihre Wahrnehmung elterlichen Verhaltens nicht an öffentlichen Normen oder szientifizierten Standards messen, kann ihr Erleben im Zusammenhang unserer Fragestellung als validerer Indikator des elterlichen Erziehungsstils gelten als das von Eltern berichtete Verhalten.

Verzerrungen in der Berichterstattung der Kinder dürften aus zwei Quellen stammen: Einerseits könnten unbewußte Abwehrprozesse dazu führen, daß das Verhalten der Eltern positiver eingeschätzt wird, als es real ist. Zum anderen könnte eine Diskrepanz zwischen ‚Idealbild‘ der Eltern und realer Erfahrung – z. B. von Strenge – dazu führen, daß Eltern negativer eingeschätzt werden, als sie tatsächlich sind. Diese möglichen Verzerrungen – sofern sie sich belegen ließen

– können in dieser Untersuchung inkauf genommen werden. Denn in beiden Fällen würden sie gegen unsere Hypothesen wirken, nach denen zwischen erlebter Unterstützung und RÜ eine positive und zwischen erlebter Strenge und RÜ eine negative Beziehung zu erwarten ist.

(2) Selbst wenn man annimmt, daß Eltern ihr Verhalten adäquat berichten, so läßt sich doch argumentieren, daß das subjektive Erleben des Kindes mehr als das von den Eltern berichtete Verhalten die psychologische Umwelt des Kindes zu repräsentieren geeignet ist, insofern erlebtes Erziehungsverhalten von besonderer Bedeutung für die beim Kind erhobenen Dispositionen ist (Ausubel 1957; Tausch 1955). Nach den Ergebnissen einer Untersuchung von A. Stapf (1973) besteht zwischen dem konkreten Erziehungsverhalten der Mutter und der vom Kind perzipierten Unterstützung und Strenge eine substantielle Übereinstimmung.

Solange also nicht durch Beobachtung oder Teilnahme an der familialen Interaktion die Regeln des Erziehungsgeschehens selbst erfaßt werden können – und auch dieses Vorgehen wirft erhebliche methodische und interpretatorische Probleme auf – muß die Erfassung der psychologischen Umwelt des Kindes im perzipierten Erziehungsverhalten als valider Indikator familialer Interaktionsprozesse angesehen werden. Die aktuelle Wahrnehmung elterlichen Unterstützungs- und Strengeverhaltens dürfte darüber hinaus den kumulativen Effekt vorangegangener Erfahrungen und damit antezedenter Sozialisationsbedingungen der RÜ repräsentieren.

(3) Stapf et al. (1968) haben aufgezeigt, daß erlebte Unterstützung von Mutter und Vater von grundlegender Bedeutung für die Genese von Persönlichkeitsmerkmalen sind Unabhängig von den lerntheoretischen Grundannahmen der Autoren (vgl. S. 170 f.) lassen sich Unterstützung und Strenge als globale Indikatoren für affektive und kommunikative Aspekte familialer Sozialisationserfahrungen des Kindes interpretieren. Durch hohe (im Unterschied zu niedriger) Unterstützung wird ein familiales Klima charakterisiert, welches durch affektive Zuwendung und Mutualität der Bedürfnisbefriedigung gekennzeichnet ist. Die Ergebnisse von Schaefer & Bayley (1960) zeigen, daß insbesondere diese Dimension familialer Interaktion im Entwicklungsverlauf als stabil gelten kann. Die Erfahrung von Zuwendung vermittelt dem Kind Vertrauen in die soziale Umwelt und stellt einen Anreiz dar, sich seinerseits anderen zuzuwenden und so in sozialen Interaktionssituationen sowohl die Motivation als auch die Fähigkeit zur RÜ zu differenzieren.

Umgekehrt kann hohe (im Vergleich zu niedriger) Strenge als ein Indikator für familiale Beziehungen gelten, in dem affektive Sicherheit weniger gegeben ist und die Spielräume des Kindes zum Rollenhandeln durch die Eltern eingeengt werden. Die Erfahrung hoher Strenge würde also eher zu einem Rückzug aus sozialen Interaktionen führen und damit langfristig die Genese der Fähigkeit zur RÜ hemmen. Hier läßt sich indessen die zusätzliche Hypothese aufstellen, daß die Fähigkeit zur RÜ auch als instrumenteller Akt der Abwehr punitiven Verhaltens der Eltern gelernt werden kann. Das Kind lernt dann, das Verhalten der Eltern durch sein Verhalten zu steuern. Der Befund von Chandler (vgl. S. 120) weist darauf hin, daß auch in einer extrem feindseligen Umwelt Fähigkeiten zur RÜ erworben werden können. Da wir jedoch eine Familiensituation zur RÜ vorlegen, die für Kinder, die Ablehnung erfahren, sehr stark affektiv

belastend sein dürfte, wäre auch nach den Ergebnissen CHANDLERS eher zu erwarten, daß diese Kinder niedrige RÜ-Leistungen in der Familiensituation erbringen.
Die Kombination der Dimensionen von Unterstützung und Strenge läßt die Bildung von Erziehungsmustern der Zuwendung, Kontrolle, Vernachlässigung und Ablehnung zu (vgl. S. 204 f.), deren Bedeutung für die Genese der RÜ-Fähigkeit wir im theoretischen Teil diskutiert haben. Während erlebte Zuwendung und Ablehnung mit hoher bzw. niedriger RÜ-Fähigkeit einhergehen sollten, wären für das Erleben von Kontrolle und Vernachlässigung keine solchen eindeutigen Beziehungen zu postulieren. Hier sind jeweils spezifische Bedingungen zu berücksichtigen. Kontrolle muß nicht negativ sein sofern dem Kind gewisse Möglichkeiten der Eigeninitiative zugestanden werden und affektive Sicherheit gegeben ist. Vernachlässigungen schränkt die Möglichkeiten zur RÜ zwar ein, da das Kind in einer beziehungslosen Umwelt lebt. Sofern jedoch kompensatorische Beziehungen zu anderen eingegangen werden könnten, dürften die negativen Konsequenzen für die Genese der RÜ-Fähigkeit jedoch gemildert sein.

Die Beziehungen zwischen erlebtem Erziehungsverhalten und RÜ-Fähigkeit sollen auch dahingehend exploriert werden, welche Bedeutung der Intelligenz in diesem Kontext zukommt. Einerseits kann überprüft werden, ob die Intelligenz in einer analogen Relation zum erlebten Erziehungsverhalten steht wie RÜ, ob also die Genese von Intelligenz und RÜ gleichermaßen mit den sozio-affektiven Dimensionen familialer Interaktion in Beziehung steht. Aus den theoretischen Überlegungen kann man die Hypothese begründen, daß kommunikative und insbesondere affektive Aspekte familialer Interaktion noch folgenreicher für die Genese der sozio-kognitiven als der instrumentellen Intelligenz sind. Andererseits kann der Einfluß der Intelligenz in der Beziehung zwischen erlebtem Erziehungsverhalten und RÜ kontrolliert werden, um zu überprüfen, inwieweit erlebtes Erziehungsverhalten unabhängig von der — in zahlreichen Untersuchungen als Prädikator für RÜ bestätigten — Intelligenz die Fähigkeit zur RÜ vorhersagt. Schließlich sollen die Beziehungen zwischen sozialer Schichtzugehörigkeit und RÜ überprüft werden. Da in den wenigen bisherigen Untersuchungen zu dieser Frage lediglich dann schichtspezifische Beziehungen nachgewiesen wurden, wenn RÜ als Kommunikationsfähigkeit operationalisiert wurde, sind schichtspezifische Unterschiede in der RÜ-Fähigkeit kaum zu erwarten. Eine andere Frage gilt indessen möglichen Variationen zwischen RÜ und erlebtem Erziehungsverhalten in den verschiedenen sozialen Schichten. Hier könnten durchaus unterschiedliche Beziehungen bestehen, über die wir jedoch keine Vorhersagen treffen, sondern eventuelle Muster auf ihre Systematik lediglich explorieren können.

Unsere Fragestellung geht hier in zwei Richtungen: einerseits fragen wir nach der Bedeutung der Fähigkeit zur RÜ für schulische Selektionsprozesse; andererseits untersuchen wir die Beziehung zwischen RÜ und den Bewertungen der Schulleistungen durch den Lehrer (Schulnoten). Die Beziehung zwischen RÜ und Schulerfolg wird am Besuch einer weiterführenden Schule gegenüber dem Besuch der Hauptschule gemessen. Wie in der theoretischen Analyse (Kapitel 10, S. 128 f.) dargestellt, kann die Fähigkeit zur RÜ als eine zentrale Fähigkeit für schulische Interaktions- und Lernprozesse betrachtet werden. Vieles spricht dafür, daß die vom Lehrer perzipierte Fähigkeit des Kindes zum Rollenhandeln eine der Grundlagen für die Beurteilung der schulischen Leistungsfähigkeit des Schülers durch den Lehrer ist. Wir begreifen die Fähigkeit zur RÜ nicht lediglich als konformitätsorientierte, extrafunktionale Tugend im Sinne der schulkritischen Theorie des ‚geheimen Lehrplans', sondern — wie bereits die relativ hohe positive Beziehung zur Intelligenz andeutet — zugleich in ihrer funktionalen Bedeutung für schulische Lernprozesse. Die Fähigkeit zur RÜ dürfte einerseits die Interaktion in der sozialen Gruppe der Schulklasse erleichtern und damit eine wichtige motivationale Bedingung für den Lernerfolg darstellen. Andererseits ist anzunehmen, daß die Fähigkeit zur RÜ die Einstellung auf den Unterricht ermöglicht. Sie dürfte dann vom Lehrer symbolisch vermittelt als Aufmerksamkeit, Interesse, soziale Responsibilität, Fähigkeit zur Kontaktaufnahme auf sprachlicher wie nicht-sprachlicher Ebene sowie als Bereitschaft zur Auseinandersetzung mit den Sachproblemen des Unterrichts wahrgenommen werden. Die Fähigkeit des Schülers zur RÜ wird ferner die Verständigung mit den Lehrern auch bei Konflikten über Normen erleichtern.

Während die Bedeutung der Intelligenz für Schulerfolg in zahlreichen Untersuchungen immer wieder bestätigt worden ist, liegt bisher keine Arbeit über Beziehungen zwischen RÜ und Schulerfolg vor. Von besonderem Interesse ist daher der Vergleich von Intelligenz und RÜ als Prädiktoren des Schulerfolgs sowie die Frage, ob die RÜ-Leistung unabhängig von Intelligenz und Schichtzugehörigkeit einen eigenen Beitrag zur Vorhersage des Schulerfolgs leistet. Umgekehrt fragen wir, ob die traditionelle Beziehung zwischen Schichtzugehörigkeit und Schulerfolg, die auch bei Kontrolle der Intelligenz noch erhalten bleibt, durch die Kontrolle der RÜ-Fähigkeit weiter aufgeklärt werden kann bzw. ob RÜ in diesem Kontext analog zur Intelligenz funktioniert.

Die Fähigkeit zur RÜ kann ferner zu den Leistungen (oder zumindest zu

den Wahrnehmungen und Beurteilungen der Leistungen durch den Lehrer) in bestimmten Schulfächern beitragen, die neben intellektuellen Fähigkeiten, wie sie etwa in psychometrischen Intelligenztests gemessen werden, die Fähigkeit zum Dekodieren sozialer Situation erfordern.
So läßt sich die Hypothese formulieren, daß in den sog. ‚Kopf-' oder ‚Führungsnoten' Betragen, Ordnung, Fleiß und Aufmerksamkeit neben (oder mit) der Beurteilung überdauernder motivationaler Dispositionen zugleich auf die Schule bezogene soziale Interaktionsfähigkeiten bewertet werden. Der Lehrer evaluiert dann, inwieweit der Schüler bereit ist, sich auf die sozialen Anforderungen des Unterrichts einzustellen.
Andererseits erfordern hermeneutisch-interpretative und kommunikationsintensive Fächer wie Deutsch und auch Geschichte oder Sozialkunde, sofern diese nicht Institutionenlehre und bloßer Lerngegenstand sind, *inhaltlich* die Fähigkeit zur RÜ. In diesen Fächern werden nicht nur Wissen und Fertigkeiten vermittelt, sondern kulturelle Traditionen und Weltbilder weitergegeben, deren Deutung und Verstehen die Übernahme fremder Perspektiven erforderlich macht; indem sie vom Subjekt verlangen, die fremde Perspektive mit der eigenen in Beziehung zu setzen, fordern sie Reflexion der Sinndimension sozialer Situationen. Folglich kann man die Hypothese begründen, daß die Fähigkeit zur RÜ im Vergleich zur Intelligenz, die mit allen Schulleistungen korreliert ist, differentielle Beziehungen zu den eher sprachlich-hermeneutischen Fächern einerseits und zur Evaluation des Schülerverhaltens in den ‚Kopfnoten' andererseits aufweisen sollte. Auch hier ist die Frage zu stellen, welchen Beitrag RÜ unabhängig von (bzw. zusätzlich zur) Intelligenz zur Erklärung der Varianz in den Schulleistungen leistet.

13 Planung und Durchführung der Untersuchung

13.1. Stichprobe

Die Untersuchung wurde in der Gesamtschule einer Großstadt an Schülern der siebten Klasse durchgeführt, die zuvor gemeinsam die Orientierungsstufe besucht hatten. Lediglich zwölf Schüler waren nach der Orientierungsstufe in ein Gymnasium übergewechselt, da an der untersuchten Schule nur Haupt- und Realschulzweige geführt werden. Die schulrelevanten Unterscheidungen beziehen sich folglich auf ein eher homogeneres schulisches Milieu.

Drei Gründe vor allem haben die Wahl der Stichprobe bestimmt: (a) Das durchschnittliche Alter der Kinder in der Stichprobe läßt erwarten, daß eine hinreichende Zahl der Schüler den höchsten RÜ-Wert in der FEFFER-Aufgabe erreicht. Damit scheint hinreichende Varianz gesichert zu sein, denn in diesem Alter findet in der Regel der Übergang vom konkret-anschaulichen zum formal-operationalen Denken statt. (b) Die Stichprobe sollte ermöglichen, die Hypothese zu prüfen, daß die Fähigkeit zur RÜ den Schulerfolg vorhersagt. Dieser wurde zunächst operational durch die Schulzweigzugehörigkeit der Schüler definiert. (c) Die Wahl einer einzelnen Gesamtschule für die Untersuchung sollte mögliche Schuleffekte auf die Entwicklung der RÜ-Fähigkeit unter Kontrolle halten.

Die Gesamtschule liegt in einem Vorort der Stadt, in dem vor allem Angehörige der unteren Mittelschicht und der Unterschicht leben. Da die umliegenden Dörfer ebenfalls zum Einzugsgebiet der Schule gehören, gibt es sowohl Kinder aus bäuerlichem wie auch Handwerkermilieu unter den Schülern.

Bei der Datenerhebung wurden 109 Schüler untersucht, von denen 62 den Hauptschulzweig (HS), 47 den Realschulzweig (RS) besuchten. 18 entfielen aus der Stichprobe, da sie an den Tagen fehlten, in denen das Familien- oder Schulbild des Rollenübernahme-Tests vorgelegt wurde, so daß von diesen Kindern keine vollständigen Rollenübernahme-Testdaten zur Verfügung standen. 4 Kinder konnten nicht in die Verrechnung der Daten aufgenommen werden, da ihre Rollenübernahme-Testleistungen nicht auswertbar waren. Damit ergab sich eine endgültige Stichprobe von $N = 97$, die sich nach Schulzweig- und Geschlechtszugehörigkeit mit annähernd gleicher Pbn-Zahl darstellte. Diese Pbn-Zahl mußte allerdings auf $N = 67$ verringert werden, da von 30 Schülern keine PSB-Daten sowie keine Daten zum erlebten Erziehungsverhalten vorlagen. Sowohl PSB- wie Erziehungsdaten wurden aus einer Untersuchung von ZEBERGS (1974) übernommen, die gemeinsam mit der vorliegenden Untersuchung geplant worden war. Die Untersuchung von ZEBERGS war noch in der Orientierungsstufe an zwei Gesamtschulen der Stadt vorgenommen worden. In beiden Schulen wurde das Ein-

verständnis der Eltern eingeholt. Da der Rektor der einen Schule einer erneuten Untersuchung nicht zustimmte, mußt leider auf diejenige der beiden Schulen zurückgegriffen werden, in der relativ viele Ausfälle aus unterschiedlichsten Gründen erfolgt waren.
Fast alle Schüler, die damals nicht teilgenommen hatten, nahmen jedoch an der vorliegenden Untersuchung teil, so daß ein Vergleich der 30 nicht in die Untersuchung von ZEBERGS aufgenommenen Schüler mit den 67 Schülern der endgültigen Stichprobe anhand der Daten vorgenommen werden konnte, die von allen 97 vorlagen. Unterschiede in den beiden Gruppen ergaben sich weder bei den Rollenübernahme-Leistungen noch bei einem Vergleich der Intelligenzleistungen nach dem RAVEN-Test. Ein Vergleich der sozialen Schichtzugehörigkeit beider Gruppen, die bei den 30 Kindern nach dem Beruf des Vaters eingeschätzt wurde, ergab ebenfalls keine Hinweise auf Unterschiede.
Eine zusätzliche Überprüfung bestimmter Fragestellungen (RTT-Auswertungen, Beziehung RTT – Schulzweigwahl) ergab beim Vergleich der Ergebnisse von N = 67 mit N = 97 Pbn keine Abweichungen.
Da eine Möglichkeit der Generalisierung der Untersuchungsbefunde von vornherein in einer explorativen Erkundungsstudie nicht gegeben schien, haben wir uns entschlossen, aus Gründen der Vereinheitlichung bei allen Fragestellungen mit der Stichprobe von N = 67 zu arbeiten.

Die endgültige Stichprobe gliedert sich nach den unabhängigen Variablen Schulzweigzugehörigkeit, Geschlecht, Schicht und Alter folgendermaßen:

Schule:	33 Hauptschüler (HS) – 34 Realschüler (RS)
Geschlecht:	37 Jungen – 30 Mädchen
Schicht:	untere Unterschicht: 21
	obere Unterschicht: 25
	untere Mittelschicht
	obere Mittelschicht
	zusammengefaßt: 21
Alter:	12,5 – 15,0 – Median: 12,5

13.1.1. Endgültige Stichprobe[1]

	HS männlich	HS weiblich	RS männlich	RS weiblich	N
UUS	6	10	4	1	21
OUS	7	4	8	6	25
MS	4	2	8	7	21
N	17	16	20	14	67

[1] Wir werden im folgenden die Abkürzungen verwenden: HS = Hauptschulzweig; RS = Realschulzweig; UUS = untere Unterschicht; OUS = obere Unterschicht; MS = Mittelschicht.

13.2.1. Rollenübernahmefähigkeit

13.2.1.1. Begründung der Auswahl der Rollenübernahme-Aufgabe (RTT) von FEFFER

Der RTT wurde 1959 von FEFFER entwickelt und in verschiedenen weiteren Untersuchungen erprobt (1967, 1970a, 1970b; FEFFER & GOUREVITCH 1960; FEFFER & JAHELKA 1968; FEFFER & SUCHOTLIFF 1966; SCHNALL & FEFFER 1966; LOWENHERZ & FEFFER 1969).

Die Aufgabe des Tests bestand zunächst darin, anhand von Bildern des SHNEIDMAN-MAP-Test (eine Art Thematischer Apperzeptions-Test) Szenen zusammenzustellen, in denen drei Personen interagieren. Zu dieser Szene erzählen die Pbn eine Geschichte, in der alle drei Prsonen vorkommen. In späteren Untersuchungen wurden den Pbn Bilder vorgelegt, auf denen drei Personen in einer Interaktionssituation dargestellt waren. Anschließend wurden die Pbn in einem zweiten Schritt aufgefordert, die Geschichte nacheinander aus der Perspektive aller drei Personen zu erzählen (vgl. Instruktion, S. 176). Das Testmaterial für die Ausgangsgeschichte ist prinzipiell inhaltlich beliebig zu variieren und dient nur als Basis für die Rollenübernahme (RÜ) in den folgenden Geschichten.

Die drei RÜ-Geschichten werden für die Bestimmung der RÜ-Leistungen herangezogen. Zusätzlich wird ein Konsistenzmaß bestimmt, in dem die Übereinstimmung zwischen der Ursprungsgeschichte und den Geschichten mit Perspektivenwechsel festgestellt wird. Die Auswertung des RTT erfolgt danach, wie gut der Pb sich von der unmittelbar gegebenen Wahrnehmungssituation lösen kann und Inferenzschlüsse vornimmt. Diese Inferenzschlüsse werden einerseits im RT-Wert danach erfaßt, wie gut die psychischen Prozesse als Gedanken, Gefühle, Motive und Intentionen der handelnden Personen charakterisiert werden.
Der zweite Testwert bezieht sich auf die Koordinierung der verschiedenen Perspektiven miteinander (El = Elaboration). Er zeigt an, inwieweit mehrere Aspekte einer Situation (also mindestens zwei Perspektiven) simultan einbezogen und miteinander in Beziehung gesetzt werden können. Der zweite Wert stellt eine kognitiv anspruchsvollere Leistung dar, wie sie dem PIAGETschen Konzept der Dezentrierung zugrunde liegt: Das kleine Kind bezieht nur einen Aspekt einer Wahrnehmungssituation ein und kann komplementäre und reziproke Beziehungen deshalb nicht verarbeiten. Erst wenn eine simultane Koordinierung zweier perzeptiver Momente in einem kognitiven Verarbeitungsprozeß gelingt, wird das Denken des Kindes als dezentriert bezeichnet. Analog zu die-

sem im Bereich der kognitiven Strukturen entwickelten Konzept bestimmt FEFFER (1970) die Struktur der Beziehungen zwischen dem Individuum und seinen sozialen Interaktionspartnern. Die kognitive Entwicklung der interpersonellen Beziehungen verläuft danach analog von einer egozentrischen, nicht-koordinierten Beziehungsstruktur zu einer zunehmenden Äquilibration der Koordination sozialer Perspektiven. Die allmähliche Dezentrierung der RÜ-Fähigkeit wird in den Auswertungskategorien als sequentielle Abfolge aufeinander aufbauender kognitiver Prozesse dargestellt (vgl. S. 179 f.).

Wir haben uns aus verschiedenen Gründen entschlossen, für unsere Arbeit den RTT heranzuziehen. Gegenüber den Instrumenten, die zum Zeitpunkt der Untersuchung vorlagen, wies er mehrere Vorteile auf: Er stellt ein Verfahren dar, welches eng an die Theorie der kognitiven Entwicklung von PIAGET angelehnt ist, da die Genese der Rollenübernahme von FEFFER theoretisch im Rahmen des Äquilibrationsmodells konzipiert wird. Der RTT erfordert eine Koordinierung sozialer Perspektiven analog zur Koordinierung von räumlich-visuellen Perspektiven, indem eine Umstrukturierung einer sozialen Situation aus den verschiedenen Perspektiven der handelnden Personen vorzunehmen ist. Er mißt somit die Dezentrierung des Denkens auf einem relativ hohen kognitiven Niveau, erlaubt aber von der Aufgabenstellung her zugleich das Herangehen an die Aufgaben auf einem niedrigeren Niveau.

Neben der expliziten Theorieorientierung der Aufgabe liegt ein weiterer Vorteil vor allem darin, daß das Bildmaterial soziale Interaktionssituationen darstellt. RÜ wird also zugleich als eine spezifisch soziale Kompetenz erfaßt, nämlich als die Rekonstruktion einer sozialen Situation vom Standpunkt eines anderen her. Die Fähigkeit zur Umstrukturierung liegt auch dem MEADschen Begriff des ‚role-taking' zugrunde, wenn er darunter versteht, daß ego auf sich selbst oder alter vom Standpunkt des Anderen her reagiert (vgl. S. 34 f.). Insofern kann der Test durchaus auch als eine Operationalisierung des role-taking-Konzepts im Sinne MEADS verstanden werden. Die RÜ-Aufgabe von FEFFER schien uns auch aus einem weiteren Grunde sinnvoll. Da wir die RÜ-Fähigkeiten in Abhängigkeit von motivationalen und affektiven Bedingungen erlebter familialer Beziehungen untersuchen wollten, sollten auch die RÜ-Fähigkeiten in einem explizit sozialen Kontext erhoben werden. Die Vorgabe von Bildsituationen, die relevante soziale Interaktionssituationen repräsentieren (Familie, Schule), erschien für eine solche Art der Fragestellung notwendig – gerade wenn man davon ausgeht, daß die Bedeutung solcher motivationaler und affektiver Bedingungen für die Genese und Aktualisierung der RÜ-Fähigkeiten in bisherigen Untersuchungen kaum thematisiert worden ist. Hierfür scheint eine RÜ-Aufgabe, in der soziale Interaktionssituationen vorgegeben werden, geeigneter als Aufgaben, in denen soziale Aspekte nur als Randbedingungen wichtig sind (wie z. B. in der FLAVELLschen Aufgabe des Umerzählens von Geschichten oder bei Strategiespielen.

Neben diesen Vorteilen weist das Verfahren jedoch auch Nachteile auf: Die Aufgabe ist relativ statisch, indem die Umstrukturierung derselben Situation von jeweils verschiedenen Standpunkten her gefordert wird. Dies kann sich einerseits auf die Motivation der Pbn auswirken, wenn sie das Gefühl haben, ‚dasselbe' noch einmal erzählen zu müssen – insbesondere dann, wenn drei Perspektiven zu übernehmen sind. Während also die Aufgabe die Fähigkeit der wechselseitigen Koordinierung sozialer Perspektiven durchaus abzubilden ermöglicht, legt sie durch die Konstruktion in Analogie zur Koordinierung räumlich-visueller Perspektiven ein zu starkes Gewicht auf die immer erneute Umstrukturierung desselben Geschehens.

Ein weiterer möglicher Nachteil des Instruments besteht darin, daß das Konstrukt der RÜ sehr stark über sprachliche Prozesse erfaßt wird. Wir glauben, daß diese Bedingungen performanzerschwerend sind, zumal wenn der Test schriftlich vorgegeben wird. Wir schließen uns jedoch der Ansicht FLAVELLS (1966) an, daß der Prozeß der RÜ sich nicht nur durch Sprachbeherrschung erklären läßt (vgl. auch KRAUSS & GLUCKSBERG, 1965). Die Verfügung über Sprache als Möglichkeit der Differenzierung und Kategorisierung von Erfahrungen erleichtert es, sich in fremde Perspektiven zu versetzen, stellt jedoch keine kausale Erklärung für die RÜ dar. Dies gilt insbesondere dann, wenn man eine Stichprobe von Kindern heranzieht, die über die sprachlichen Fähigkeiten zur Bewältigung der Aufgabe verfügen. Auf die Notwendigkeit einer Trennung von sprachlichen Fähigkeiten und RÜ-Fähigkeiten hat ZEBERGS (1974) hingewiesen; danach ist aufgrund der Ergebnisse von Forschungen zur Sprachentwicklung anzunehmen, daß bei Schülern im Alter von 12–14 Jahren Unterschiede in der Sprachbeherrschung nicht die Ursache für unterschiedliche RÜ-Leistungen darstellen. Vielmehr scheinen sowohl die Fähigkeit des Sprachgebrauchs als auch die Fähigkeit zur RÜ in Abhängigkeit von Bedingungen der familialen Sozialisation sowie von aktuellen Situationsbedingungen zu stehen (vgl. BERNSTEIN, 1972 a, b; ZEBERGS, 1974).

13.2.1.2. Untersuchungen zum RTT

Der RTT war zum Zeitpunkt der Untersuchung das einzige Verfahren, das bereits in mehreren Studien herangezogen worden war, während andere Verfahren eher als vorläufige Konzeptualisierungen Geltung hatten. Für den RTT lag ein gut ausgearbeitetes Auswertungsschema vor (SCHNALL & FEFFER, 1966), das in einer neueren Arbeit revidiert wurde (FEFFER, 1970b). Die Reliabilität der Auswertungskategorien wurde als Interrater-Reliabilität in verschiedenen Studien bestimmt und liegt zwischen .71 und .90 (FEFFER, 1959; FEFFER, 1970b; FEFFER & JAHELKA, 1969; LOWENHERZ & FEFFER, 1969).

Eine Konstruktvalidierung des Instruments steht bisher noch aus. Allerdings gilt dies auch für alle anderen Verfahren, die bis zum jetzigen Zeitpunkt zur Bestimmung von RÜ-Fähigkeiten entworfen worden sind. Einige Arbeiten liegen jedoch vor, in denen differentielle Beziehungen zwischen RTT und verschiedenen anderen Variablen untersucht wurden.

Wolfe (1963) konnte bei Schülern der 6.–12. Klasse aufzeigen, daß diejenigen, welche über die differenziertesten konzeptuellen Systeme verfügten (Harvey, Hunt & Schroder, 1961), signifikant bessere RTT-Leistungen gegenüber allen anderen Gruppen erbrachten. Die ‚conceptual systems' sind nach den Ergebnissen verschiedenster Untersuchungen (vgl. auch Seiler u. a., 1973) als ein Maß des kognitiven Entwicklungsstandes anzusehen. Die Beziehungen zwischen RTT und psychometrischer Intelligenz erwiesen sich bei Kindern und Erwachsenen unterschiedlich bedeutsam. Während bei Erwachsenen (allerdings handelt es sich in der Untersuchung um Alkoholiker und psychisch Gestörte) keine positive Beziehung zur verbalen Intelligenz (gemessen nach Wechsler) bestand, ergaben sich in den Untersuchungen mit Kindern signifikant positive Beziehungen zwischen Intelligenz und RTT-Leistungen (Feffer & Gourevitch, 1960; Sullivan & Hunt, 1967).
Die theoretisch postulierte Beziehung zwischen RTT und Piaget-Aufgaben wurde von Feffer & Gourevitch (1960) überprüft. In dieser Arbeit blieben signifikant positive Beziehungen zwischen RTT-Leistungen und Lösungen von konkret-operationalen Aufgaben (Invarianz, Klassifikation) auch bei Kontrolle des Alters bestehen. Allerdings ergibt sich, worauf Wohlwill (1974) hingewiesen hat, bei der statistischen Kontrolle des Alters in der Beziehung zweier Dimensionen, die beide altersabhängig sind, das Problem der Interpretation der ‚altersunabhängigen Restbeziehung'. Dieses Problem taucht nicht auf, wenn die Beziehungen zwischen kognitiven Operationen und RTT-Leistungen innerhalb altershomogener Gruppen vorgenommen werden. Danach ergaben sich in einer Untersuchung von Sullivan & Hunt (1967) nur bei 11jährigen Kindern positive Beziehungen zwischen RTT-Leistung und einem Maß des räumlichen Egozentrismus, die bei Kontrolle der Intelligenz signifikant blieben. Differentielle Zusammenhänge für verschiedene Altersgruppen zwischen RTT und Aufgaben im Bereich des formallogischen Denkens fand auch Turnure (1974).

Zwei Arbeiten untersuchten RTT-Leistungen als Prädiktor für Kommunikationseffizienz (Feffer & Suchotliff, 1966; Suchotliff, 1969) In beiden Untersuchungen waren Pbn-Paare mit hohen RTT-Leistungen besser in der Lage, in einer Kommunikationsaufgabe Worte aufgrund von Wortassoziationen des Partners zu erraten Diese besseren Leistungen gingen nicht auf die Intelligenz zurück, denn in der Untersuchung von Feffer & Suchotliff ergab sich keine Beziehung zwischen RTT-Leistung und verbaler Intelligenz.

Eine Arbeit von Feffer & Jahelka (1968) mit erwachsenen Pbn überprüfte die Beziehung zwischen der Differenziertheit der ersten TAT-Geschichte und der Qualität der Dezentrierungsleistungen. Für die Ursprungsgeschichte, die sonst nicht zur Auswertung herangezogen wird, wurde die Differenziertheit der Charakterisierung der verschiedenen Rollen analysiert. Zwischen dem Ausmaß der Differenzierung und der eigentlichen Dezentrierungsleistung ergaben sich signifikante Beziehungen. Von der ersten Geschichte her lassen sich also bereits Schlußfolgerungen über die RÜ-Fähigkeiten ziehen. Dies ist nicht weiter er-

staunlich, da ja die RÜ-Werte auf der Umstrukturierung dieser Geschichte beruhen. Die in den folgenden Geschichten geforderten Perspektivenkoordinierungen bauen auf der Differenziertheit der Ausgangsgeschichte auf. Es ist also anzunehmen, daß die Pbn, die soziale Situationen bereits in der Anfangsgeschichte differenzierter konzeptualisieren, auch diejenigen sind, die über bessere RÜ-Leistungen verfügen Dies bestätigt sich in einer zweiten Studie, in der die Autoren aufzeigen konnten, daß die erste Geschichte und die folgenden Geschichten des Perspcktivenwechsels in einer systematischen Beziehung stehen, die gemeinsam durch die RÜ-Fähigkeiten des Pb bestimmt sind. Wenn man Pbn, die eine undifferenzierte Anfangsgeschichte geschrieben hatten, eine differenzierte Geschichte vorlegte, auf deren Basis der Perspektivenwechsel vollzogen werden sollte, dann erreichten sie auch unter diesen Bedingungen keine besseren RÜ-Leistungen. Ebenso wenig verschlechterten sich die RÜ-Leistungen der Pbn, die eine differenzierte Anfangsgeschichte geschrieben hatten, dann, wenn man ihnen ein wenig differenzierte Geschichte vorlegte. Der Perspektivenwechsel wird also in jedem Fall entsprechend den eigenen Fähigkeiten vorgenommen. An diesem Ergebnis zeigt sich, daß eine differenzierte syntaktische Struktur zugleich als Indikator einer operativen Denkstruktur gesehen werden kann (vgl. SINCLAIR DE ZWART, 1967).
Verfügt der Pb über diese Strukturen nicht, dann führt die Vorgabe einer sprachlich differenzierten Geschichte auch nicht zu einer Verbesserung der RÜ-Leistungen, so wie umgekehrt bei Verfügbarkeit der operationalen Struktur die sprachliche Differenziertheit der Ausgangsgeschichte für den Perspektivenwechsel keine notwendige Bedingung ist. Eine entsprechende Beziehung zwischen sprachlicher Differenziertheit und der kognitiven Komplexität ergab sich auch in der Untersuchung von WOLFE (1963). WOLFE fand – im Gegensatz zu FEFFER & GOUREVITCH (1960) – positive Zusammenhänge zwischen verbaler Produktivität (Anzahl der Worte) und RTT-Leistung sowie kognitiver Komplexität. Offenbar kann zumindest bei Kindern die Länge der Äußerungen zugleich ein Indikator für eine konzeptuelle Verarbeitung von Information sein, wie sie auch in sprachlicher Komplexität zum Ausdruck kommt. Zur Beziehung von syntaktischer Komplexität und RÜ liegen bisher noch keine Befunde vor. Es ist jedoch zu erwarten, daß höhere RÜ-Fähigkeiten mit größerer syntaktischer Komplexität einher gehen, obwohl hier wiederum davon auszugehen ist, daß nicht sprachliche Differenziertheit die RÜ determiniert, sondern eher beide als ein Indikator für komplexe Denkprozesse zu sehen sind. Abschließend soll noch auf eine Arbeit verwiesen werden, die als einzige bisher motivational-affektive Bedingungen der RÜ untersucht hat.

LOWENHERZ & FEFFER (1969) ermittelten anhand von TAT-Inhalten und Eigenschaftslisten Attribute, die von Pbn positiv oder negativ eingeschätzt wurden. Entweder positive oder negative Attribute mußten in einer späteren Untersuchung den Personen in einer Geschichte zugeordnet werden, und anschließend wurde die Fähigkeit zum Perspektivenwechsel zwischen diesen positiv und negativ besetzten Personen erhoben. Die Ergebnisse zeigten, daß die RÜ-Leistungen dann besser waren, wenn die Perspektive von Personen übernommen wurde, die mit den positiv bewerteten Attributen ausgestattet waren. Dieser Befund weist darauf hin, daß Ablehnung oder Abwehr des Anderen in einer sozialen Situation RÜ-Leistungen verhindern oder zumindest erschweren können, während das Erleben positiver Bedingungen die Motivation zur RÜ zu fördern scheint. Das

Ergebnis ist für uns insofern interessant, als man annehmen könnte, daß positiv oder negativ erlebtes familiales Erziehungsverhalten eine solche psychodynamische Bedingung der Aktualisierung von RÜ-Fähigkeiten darstellt.

13.2.2. Erziehungsverhalten

13.2.2.1. Die Marburger Erziehungsskalen (MEF)[2]

Die Marburger Skalen stellen den Versuch dar, ein Zwei-Komponenten-Modell der perzipierten Erziehung zu entwickeln (Herrmann u. a., 1968; Herrmann u. a., 1971; Stapf u. a., 1972). Das Modell beruht auf relativ wenigen theoretischen Voraussetzungen, die empirisch überprüfbare Vorhersagen über elterliches Erziehungsverhalten und über dessen Auswirkung beim Kind ermöglichen (vgl. A. Stapf, 1973). Im Unterschied zu den meisten anderen Untersuchungen zum elterlichen Erziehungsverhalten werden keine ex-post-Dimensionen anhand von Faktorenanalysen interpretiert. Vielmehr werden auf der Basis elementarer lerntheoretischer Annahmen a priori zwei Hauptdimensionen elterlichen Erziehungsverhaltens angenommen: *Strenge* (als negative Bekräftigung) und *Unterstützung* (als positive Bekräftigung) (vgl. Mowrer, 1960). Das Modell erhebt nicht den Anspruch, elterliches Verhalten in seiner Gesamtheit zu erfassen, sondern beschränkt sich auf die genannten Komponenten der elterlichen Bekräftigung: Negative Bekräftigung repräsentiert das Ausmaß an Strenge, Druck, Tadel und Bestrafung, während positive Bekräftigung das Ausmaß an Unterstützung, Zuwendung, Lob und Förderung umfaßt (Stapf u. a . 1972, S. 33).

Abbildung 1: System der elterlichen Unterstützung
(nach STAPF u. a., 1972, S. 38)

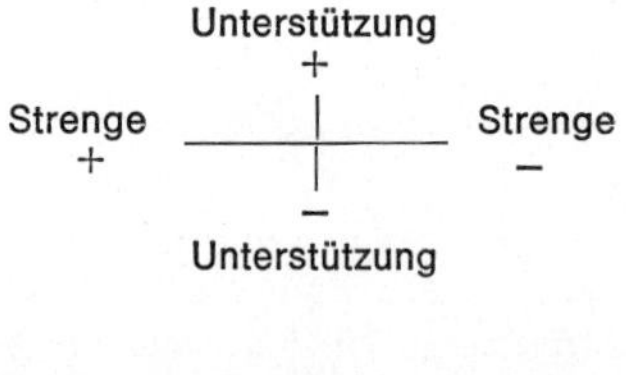

Aus den lerntheoretischen Grundannahmen ergeben sich Differenzierungsmöglichkeiten für elterliches Verhalten und seine Auswirkungen auf das Verhalten des Kindes. Das elterliche Erziehungssystem wird als Kombination aus Unterstützung und Strenge gedacht, die als Komponenten der

[2] Die MEF-Skalen sind abgedruckt in Stapf u. a. 1972, S. 173–176.

Erziehung unabhängig voneinander variieren können. Das Maß für Unterstützung ist die relative Häufigkeit von Belohnungen bei erwünschtem Verhalten, während das Maß für Strenge die relative Häufigkeit von Bestrafungen bei unerwünschtem Verhalten ist (a.a.O., S. 58). Die Erziehungsintensität ergibt sich aus der Kombination beider Dimensionen. Ebenso kann das kindliche Verhalten nach dem Ausmaß der Gebots- oder Verbotsorientierung in ein System eingeordnet werden. Diese beiden Dimensionen werden wiederum unabhängig voneinander variierend aufgefaßt.

STAPF u. a. (a.a.O., S. 40) leiten aus den lerntheoretischen Grundannahmen in Anlehnung an MOWRER (1960 a, b), GAGNÉ (1965) und FOPPA (1965) Verhaltenskonsequenzen ab, die a priori Hypothesen der Auswirkung eines elterlichen Erziehungsverhaltens beim Erzogenen darstellen.
Negative Bekräftigung (Strenge) führt danach zu einer generellen Aktivitätsminderung. Eine Form der Strenge, die kontingent auf wenige Verhaltensweisen erfolgt, führt nicht zu diesen Konsequenzen, wird aber nicht als charakteristisch für ein ‚strenges' Verhalten der Eltern angesehen. Die Aktivitätsminderung des verbotsorientierten Individuums bezieht sich vor allem auf Situationen, die der primären Sozialisationssituation ähnlich sind. Der soziale Verhaltensstil der streng Erzogenen wird allgemein als eher zurückhaltend angenommen.
Positive Bekräftigung (Unterstützung) geht demgegenüber mit einer allgemeinen Erhöhung der Aktivität einher, die beim Gebotsorientierten dazu führt, sich aktiv an Situationen anzunähern, und zwar wiederum eher in Sozialisationskontexten, die der Familiensituation ähnlich sind.
Diesen Folgerungen liegen lerntheoretische Annahmen zugrunde, wie wir sie im theoretischen Teil in Anlehnung an ROTTER (1954, 1966) diskutiert haben. Die Verstärkungsgeschichte eines Individuums wird zur Grundlage generalisierter Erwartungen, die das Annäherungs- oder Vermeidungsverhalten in sozialen Situationen beeinflussen.

13.2.2.2. Konstruktion der Skalen

Die Marburger Erziehungsskalen wurden nach dem Meßmodell von RASCH (1960; 1966a, b; vgl. STAPF u. a., 1972, S. 66) konstruiert, welches prinzipiell populationsunabhängige Messungen ermöglicht. Die Konstruktionsprinzipien sind im einzelnen bei STAPF u. a. (1972) dargestellt.
Bei der Skalenkonstruktion wurde von Items ausgegangen, die auch in bisherigen Verfahren verwendet wurden (Parent-Behavior-Questionnaire von BRONFENBRENNER); zusätzlich wurden Items konstruiert, die dem Zwei-Komponenten-Modell der Erziehung nach ‚face validity' entsprachen. Alle Items wurden für Väter und Mütter getrennt formuliert.
Aus der unausgelesenen Datenmenge wurde anhand des RASCH-Modells ermittelt, welche Items die Modellkriterien erfüllen und welche nicht. Die ausgewählten Items sind populationsunabhängige, homogene Items mit monotonen Item-Charakteristica (a.a.O., S. 90).

Die Konstruktion erfolgte in zwei Schritten: Durch die Voruntersuchung konnte die Itemmenge reduziert werden, so daß in der Hauptuntersuchung je 34 Items für Vater-Unterstützung und Vater-Strenge vorgegeben wurden sowie 37 Items für Mutter-Unterstützung und 30 für Mutter-Strenge.
In der Hauptuntersuchung wurden 403 Jungen aus Volks- und Realschule sowie Gymnasium im Alter von 10–14 Jahren befragt (die vollständige Beschreibung der Stichprobe befindet sich in HERRMANN & STAPF, 1971).
Die endgültige Version der Skalen umfaßt 30 Fragen für Unterstützung und 30 Fragen für Strenge, von denen sich jeweils 15 auf Mutter und Vater beziehen.
Eine Faktorenanalyse für die Unterstützungs- und Strenge-Items getrennt ergab im wesentlichen zwei Faktoren, auf denen die Strenge- oder Unterstützungs-Items lagen. Testhalbierungsreliabilitäten liegen zwischen rho = .80 – .90.
Die Interkorrelationen der Skalen fielen für die Unterstützungsskalen und für die Strengeskalen jeweils miteinander erwartungsgemäß hoch aus, während die Interkorrelationen zwischen Strenge und Unterstützung gering waren (vgl. S. 201).
Zur Frage der Unabhängigkeit der beiden Skalen, die ja zunächst eine theoretisch gesetzte interne Modellrelation darstellt, wurden verschiedene empirische Überprüfungen vorgenommen (STAPF u. a., 1972). Diese zeigten, daß mit zunehmendem Alter ein Schematisierungsvorgang im Sinne ‚entweder' unterstützender ‚oder' strenger Erziehung einsetzt. Der Geltungsbereich der Unabhängigkeit beider Skalen ist also auf das *aktuelle* Erleben konkreten elterlichen Erziehungsverhaltens beschränkt.

Die Nachteile der MES bestehen unserer Ansicht nach darin, daß sie das Erziehungsgeschehen auf zwei Grunddimensionen reduzieren. In diesem Modell sind die verschiedenen Dimensionen elterlichen Verhaltens, wie sie z. B. von BECKER (1964) in einem theoretischen Modell spezifiziert worden sind, unter ein lerntheoretisches Grundmodell gefaßt, welches der Komplexität elterlichen Verhaltens nur ungenügend gerecht wird. Für die Untersuchung der Genese kognitiver und sozialkognitiver Fähigkeiten erweist sich insbesonderes der Verzicht auf die Erfassung kognitiver Komponenten elterlichen Verhaltens restriktiv.
Daß wir den Fragebogen dennoch in dieser Untersuchung heranziehen, geschieht wegen mehrerer Vorteile, die er aufweist: Einerseits war das Verfahren zum Zeitpunkt der Untersuchung von der theoretischen Konstruktion wie der empirischen Überprüfung in verschiedensten Studien anderen Verfahren vorzuziehen. Sowohl Reliabilitäts- wie Validitätsuntersuchungen lagen vor (vgl. STAPF u. a., 1972). Zum anderen können Unterstützung und Strenge als Grunddimensionen elterlichen Verhaltens zugleich als bedeutsame Indikatoren familialer Interaktionsprozesse interpretiert werden, wobei der Fragebogen auf die Klärung sozio-affektiver Bedingungen familialer Interaktion gerichtet ist, die – wie wir ausgeführt haben – als zentrale Bedingungen der Genese und Motivation zur RÜ angesehen werden können.

13.2.3. Intelligenz

13.2.3.1. PSB-Horn

Zur Erfassung der verbalen Intelligenzleistungen der Kinder wurde das Begabungsprüfsystem (PSB) von AURIN (1966) herangezogen. Der PSB ist eine leicht modifizierte Form des Leistungsprüfsystems (LPS) von HORN (1962; vgl. auch TENT 1965).

(1) Der LPS ist inhaltlich sehr breit angelegt und erfaßt neben unterschiedlichen Intelligenzaspekten auch die Konzentrationsfähigkeit, also möglicherweise motivationale Bedingungen.
(2) Seine Konstruktion erfolgte nach Kriterien der modernen Testtheorie. Bereits von der Altersgruppe der Zehnjährigen an liegen relativ gut differenzierende Normen vor.
(3) Die Gültigkeit des Tests ist relativ gut gesichert.
(4) Der LPS ist ökonomisch hinsichtlich Kosten, Zeitaufwand und Anwendung (dies gilt noch mehr für die reduzierte Form).

Aus den zehn Untertests wird ein Gesamtwert der Intelligenz bestimmt. Bei einer Zusammenfassung von jeweils zwei Untertests ergaben sich in einer Faktorenanalyse folgende Faktoren (s. AURIN et al. 1968, 36): Verbalität (Untertests 1 und 2; 5 und 6) – Denkfähigkeit (Untertests 3 und 4) – Raumauffassung (Untertests 7 und 8) – Wahrnehmungsgeschwindigkeit und Gestaltauffassung (Untertests 9 und 10).

Eine Überprüfung von Intelligenz und sozialer Schichtzugehörigkeit (nach dem Beruf des Vaters) bei 907 Schülern des vierten Schuljahres, die als eine repräsentative Stichprobe angesehen werden können, ergab relativ niedrige positive Korrelationen zwischen PSB-Gesamtwert und sozialer Schichtzugehörigkeit (.23), die für sprachgebundene Testleistungen etwas höher lag (.29). Der PSB scheint also im Vergleich zu anderen Intelligenztests weniger schichtabhängig zu sein.

13.2.3.2. Raven

Der RAVEN ‚Progressive Matrices' ist ein Verfahren, welches gegenüber dem PSB eher nicht-sprachliche Aspekte der Intelligenz mißt. Die relative Schichtneutralität des Verfahrens wurde von mehreren Autoren hervorgehoben (vgl. KARP & SIGEL 1965).
In der vorliegenden Untersuchung wurden die ‚Standard Progressive Matrices' herangezogen, da sie im Bereich der durchschnittlichen Intelligenz am besten differenzieren sollen (RAVEN 1956).

Die Auffassung davon, was der RAVEN-Test mißt, wurde von verschiedenen Autoren in etwa dahingehend zusammengefaßt, daß allgemeine Denkfähigkeit (i. S. des SPEARMANschen g-Faktors der Intelligenz) gemessen wird (GUTHKE 1972) sowie die Fähigkeit zum Schlußfolgern und induktiven Verstehen (RAVEN 1956;

Burke 1966). Die Art der Aufgaben kann in Analogie zu den Klassifikationsaufgaben im Sinne der Theorie Piagets gesehen werden. Von daher könnte der Test die Beherrschung konkret-operationaler oder – bei den schwierigen Aufgaben – auch formaler Operationen erfordern.

13.2.4. Soziale Schichtzugehörigkeit

Wir haben das Problem, das die Verwendung des Begriffs der sozialen Schicht in Sozialisationsuntersuchungen aufwirft, bereits diskutiert (s. S. 215 f.). Wenn wir in dieser Arbeit die soziale Schichtzugehörigkeit unabhängige Klassifikationsvariable gleichwohl einbeziehen, so deshalb, weil sie beim gegenwärtigen Stand der Forschung zur Verschränkung makrosozialer Strukturen und mikrosozialpsychologischer Prozesse noch immer als ein grobes Maß für die Bestimmung von ‚Lernumwelten' (Ewert 1966) angesehen werden kann. Dies zeigt sich u. a. darin, daß die soziale Schichtzugehörigkeit als einer der wesentlichsten Prädiktoren für Schulerfolg gelten kann (z. B. Halsey, Floud & Anderson 1967; Rolff 1974; Weinert 1972), während der Status dieser Variablen in der Sozialisationsforschung eher problematisch – wenn auch nicht bedeutungslos – ist.

Offenbar sind mit der Schichtzugehörigkeit zwar relevante Bedingungen für die Genese kognitiver und motivationaler Dispositionen indiziert (wie auch die umfangreiche Literatur zur schichtspezifischen Intelligenzentwicklung belegt), jedoch wird das Erklärungspotential eines Begriffes sozialer Ungleichheit zur theoretischen Erklärung sozialer Entstehungsbedingungen von Variationen auf solchen Merkmalsdimensionen damit eher beschnitten. Dies ist nach Oevermann darauf zurückzuführen, daß durch den Schichtbegriff eher „statistische Gruppierungen als sozio-kulturell-homogene ‚subkulturelle Milieus' ... als konkrete-empirisch operative Kommunikationszusammenhänge" definiert sind (1969, S. 303). Zwischen den sozio-ökonomischen Gruppierungen, wie sie traditionell in empirischen Unterschungen durch einen Schichtindex operationalisiert werden, und subkulturellen Milieus, die sich durch gemeinsame Deutungsmuster, Handlungs- und Kommunikationsstile sowie Wertorientierungen auszeichnen, besteht nur eine unvollständige Deckung. Auf die Erfassung tendenziell homogener kultureller Milieus als Lebenswelten, die Interaktions- und Kommunikationsmuster bestimmen, wäre unsere Untersuchung – wie andere Arbeiten zur Sozialisation auch – eigentlich angewiesen. Bis heute besteht jedoch zwischen theoretischen Ansätzen zur Analyse sozialer Ungleichheit (wie dem genannten Ansatz Oevermanns oder z. B. dem marxistischen Ansatz von Bergmann et al. 1968) und Operationalisierungen des Schichtbegriffs eine große Diskrepanz (Dahrendorf 1967). Die explanative Adäquatheit muß den gebräuchlichen Schichtbegriffen jedoch solange abgehen, als sie nicht über kausale Verknüpfungen von makrosozialer Struktur und mikrosozialen und psychologischen Prozessen einen anderen logischen und empirischen Status erhalten als bisher.
Trotz des Ungenügens der deskriptiven Schichtungsmodelle lassen sich also bisher dafür keine praktikablen Alternativen für die Bestimmung sozialer Ungleich-

heitsrelationen im Kontext der Erforschung mikrosozialer Prozesse angeben. Folglich werden die an Statusdimensionen wie Beruf, Einkommen und Bildung orientierten traditionellen Indikatoren der Schichtzugehörigkeit immer wieder herangezogen (vgl. BOLTE 1961; HOLLINGSHEAD & REDLICH 1958; MOORE & KLEINING 1960; SCHEUCH 1961), obwohl auch die deskriptive Adäquatheit der Abbildung sozialer Ungleichheit durch diese Indikatoren nicht zweifelsfrei ist. Denn sie beziehen sich vor allem auf den modalen Typ sozialer Gruppierungen in industriell entwickelten Gesellschaften. Marginale oder ‚vormoderne' Gruppen werden durch sie kaum adäquat erfaßt.

Nach der dargestellten Sachlage sind wir indessen auf ein deskriptives Verfahren zur Messung sozialer Schichtzugehörigkeit verwiesen. Dies impliziert, daß wir im Kontext unserer Untersuchung – wie auch andere Studien im Sozialisationsbereich – kausal-genetische Aussagen über die Entstehung sozial-strukturell bedingter Merkmale von Individuen nicht treffen können.
Soziale Schicht wird demnach als Klassifikationsvariable eingeführt, deren Geltungsanspruch an der Qualität der Abbildung grober Dimensionen sozialer Statusungleichheit hängt. Dies ist nur sinnvoll, wenn unterstellt wird, daß die den Indikatoren zugrunde liegenden Dimensionen von Ungleichheit für den Forschungsgegenstand relevant sind. Da dies für die Darstellung von Erziehungsprozessen (insbesondere schulischer Selektionsprozesse) und – wenn auch weniger eindeutig – für bestimmte Aspekte von Sozialisationsprozessen der Fall ist, scheinen die Bedingungen für die Verwendung von Schichtvariablen in unserer Untersuchung erfüllt zu sein.

Für unsere Untersuchung haben wir einen Schichtindex verwendet, der von BAUER (1971) für den ‚Hessischen Schulversuch zur Früheinschulung' entworfen und in verschiedenen hessischen Schulen überprüft wurde.
Das Instrument wurde auf der Basis von sieben unterschiedlichen Verfahren zur Erfassung des sozialen Status entwickelt (darunter die von SCHEUCH (1961); MOORE & KLEINING (1960); PEISERT & DAHRENDORF (1967)). In allen Verfahren waren einbezogen (1) die berufliche Position des Haushaltsvorstands, (2) seine Schulbildung sowie (3) die Schulbildung der Mutter. Die Punktwerte für Schulbildung und Beruf im SCHEUCH-Index wurden „unter dem Aspekt der ‚Relevanz für Bildungsverhalten und -aspiration' neu ... vergeben" (BAUER 1971, 55). Die Schulbildung von Vater und Mutter wurden gleich bewertet, da der Mutter im Rahmen der bildungsrelevanten Sozialisationsaufgaben ein Gewicht zukommt, welches mit dem des Mannes vergleichbar ist.
Jedem Elternhaus wurden sieben verschiedene Maße des Sozialstatus zugeordnet Die so gewonnenen Maße wurden miteinander korreliert. Eine Faktorenanalyse nach der Hauptachsenmethode ergab, daß alle Maße auf einer Dimension lagen und demnach das Gleiche messen (ebda., S. 58 f.).
Der in Anlehnung an den SCHEUCH-Index gewonnene ‚Index für bildungsrelevante Sozialstatus' errechnet sich aus der Summe der Punktwerte für Beruf des Vaters + Schulbildung der Mutter (dividiert durch die Anzahl der Variablen

im Zähler, also durch 3; bei unverheirateten Frauen durch 2). Die Zuordnung der Punktwerte zu Strata erfolgte in Anlehnung an Scheuch (1961). Dabei ergab sich folgende Schichten: untere Unterschicht (UUS), obere Unterschicht (OUS), untere Mittelschicht (UMS), mittlere Mittelschicht (MMS), obere Mittelschicht (OMS) und Oberschicht (OS).

In Informationen über die soziale Schichtzugehörigkeit der Pbn unserer Stichprobe konnten zusätzlich durch eine innerschulische Übersicht über die soziale Zusammensetzung der Schüler ergänzt werden. Danach gehören die Herkunftsfamilien der Schüler prozentual folgenden – nicht weitergehend aufgeschlüsselten – Berufsgruppen an: Arbeiter (50 %); Angestellte und Beamte des einfachen oder gehobenen Dienstes (25 %); landwirtschaftlich und freiberuflich Tätige (20 %); ‚Sonstige' (5 %). Im Einzugsgebiet der Schule leben demnach vorwiegend Angehörige der US und der UMS. Unsere Stichprobe erweist sich folglich als relativ homogen, sie besteht fast nur aus drei Schichten des Bauer-Index: UUS, OUS und UMS.

13.3. Durchführung und Auswertung

Die Untersuchung wurde im Februar 1972 durchgeführt, und zwar an drei Vormittagen im Abstand von jeweils drei bis vier Tagen. Die einzelnen Untersuchungen dauerten jeweils zwei Schulstunden.
Die fünf Klassen wurden parallel untersucht. Fünf weibliche Versuchsleiter führten jeweils alle Untersuchungen in derselben Klasse durch, um den Fremdheitseffekt zu vermeiden, der sich sonst in jeder Situation neu eingestellt hätte. Als Ziel der Untersuchung gaben sie an, daß wir die Phantasie von Kindern und die Art, wie sie die Welt erleben, untersuchen möchten.
Den Kindern wurde als erstes das ‚Familienbild' des RÜ-Tests von Feffer vorgegeben (s. Anhang). Nachdem jedes Kind ein Bild erhalten hatte, las die Versuchsleiterin (Vl) folgende Instruktion vor:

„Dies ist eine Aufgabe, in der Ihr Eure Phantasie zeigen könnt. Ihr habt jetzt ein Bild vor Euch liegen und sollt zu diesem Bild eine Geschichte erzählen. Dabei sollt Ihr nicht das Bild beschreiben, sondern eine möglichst ausführliche Geschichte dazu erzählen, in der alle drei Personen vorkommen, die Ihr auf dem Bild seht. Schreibt auf, was auf dem Bild gerade passiert, was die Personen denken und fühlen, wie es dazu kam und wie die Geschichte ausgeht. Es kommt nicht darauf an, daß Ihr schön schreibt und daß Ihr keine Fehler macht. Man muß es nur lesen können!"

Die Instruktion wurde noch einmal wiederholt, und nachdem alle Fragen beantwortet waren, fügte die Vl noch hinzu: ‚Überlegt nicht so lange, sondern schreibt alles hin, was Euch einfällt!' Außerdem wurde den Kindern mitgeteilt, daß die Lehrer diese Geschichten nicht lesen und daß die Geschichten auch nicht benotet werden. Nachdem die Kinder die erste Geschichte geschrieben hatten, bestand die zweite Aufgabe darin, nacheinander die Perspektiven der in der Zeichnung dargestellten Personen übernehmen und die Geschichte aus der Perspektive dieser Personen erzählen. Die Reihenfolge, in der die Perspektiven übernommen werden sollten, wurde in den Klassen permutiert, um systematische Effekte der Reihenfolge zu verhindern. Allerdings wurde in allen Klassen zuerst das Familien- und dann das Schulbild vorgegeben.
Folgende Instruktion wurde gegeben:

„Jetzt möchte ich gern, daß Ihr Euch vorstellt, daß Ihr der Mann in der Tür (bzw. die Frau mit dem Besen bzw. das Kind) in dieser Geschichte seid und daß Ihr jetzt gerade in dieser Sitution seid. Ihr sollt also keine neuen Geschichte erfinden, sondern die Geschichte so erzählen, als ob Ihr der Mann (die Frau, das Kind) seid. Versetzt Euch in seine (ihre) Lage, wie er (sie, es) diese Situation erlebt und wie es dazu kam. Wenn Ihr noch irgendwelche Fragen habt, dann könnt Ihr Euch jetzt melden."

Nachdem alle Kinder die Instruktion verstanden hatten, schrieben sie die zweite Geschichte. Danach wurde dieselbe Instruktion noch einmal mitgeteilt mit der Aufforderung, jetzt eine zweite Rolle zu übernehmen, die wiederum durch die Permutation festgelegt war. Dasselbe geschah dann für die dritte Rolle.

Die Zeit für die erste Geschichte sollte etwa eine Viertelstunde betragen; die gleiche Zeit wurde für die folgenden Geschichten zur Verfügung gestellt. Es zeigte sich allerdings – entgegen der Erfahrung in einer Voruntersuchung –, daß die Kinder bei der dritten Rollenübernahme nur noch wenig Interesse für das Schreiben der Geschichte aufbrachten. Dies wurde auch an der Kürze der dritten Geschichte deutlich. Da eine lange Geschichte theoretisch nicht Voraussetzung für die Erlangung eines hohen RÜ-Wertes ist, scheint dieser Faktor nicht so bedeutsam. Allerdings entschlossen wir uns, bei dem zweiten Bild, der Schulsituation, aufgrund der Erfahrung mit dem Familienbild nur noch zwei Perspektiven übernehmen zu lassen. (Die Daten wurden später sowohl mit als auch ohne Berücksichtigung der dritten Perspektivenübernahme beim Familienbild ausgewertet.)

In einer zweiten Testsitzung schrieben die Schüler eine Geschichte zu der Schulsituation und übernahmen anschließend zwei der drei Perspektiven der dargestellten Personen. Gegenüber der Mitarbeit bei der ersten Sitzung schien ein geringeres Interesse zu bestehen. Die Schüler brauchten weniger Zeit zum Schreiben der Geschichten, was einerseits vermutlich daran lag, daß die Art der Aufgabe bereits bekannt war. Andererseits schrieben sie jedoch auch kürzere Geschichten als zum Familienbild.

Die Vorgabe des Marburger Erziehungsfragebogens (MEF) zum erlebten Erziehungsverhalten erfolgte nach dem Vorgehen von STAPF et al. (1972).

Auch die Intelligenztestdaten (PSB, RAVEN) wurden nach dem standardisierten Vorgehen erhoben.

Daten zur sozialen Schichtzugehörigkeit wurden der Beantwortung des BAUERschen Fragebogens durch die Eltern entnommen.

Die erhobenen Daten wurden mit zwei unterschiedlichen Programmpaketen berechnet. Die deskriptive Statistik, Chi-Quadrat-Tests, Mittelwertvergleiche, verschiedene Korrelationsstatistiken und multiple Regressionsanalysen wurden nach dem SPSS (Statistical Package for the Social Sciences; NIE et al. 1974) berechnet, die Varianzanalysen mit Hilfe des ‚Multivariance' Programms von FINN (1972).

14 Ergebnisse zur Rollenübernahme

14.1. Darstellung des Kategoriensystems

Die Bestimmung der Fähigkeit zum Perspektivenwechsel erfolgt nach einem von FEFFER & SCHNALL (1966) entworfenen Auswertungsverfahren (vgl. auch FEFFER 1970b). Jede RÜ-Geschichte wird in zweierlei Hinsicht ausgewertet: Erstens werden Werte für die *Fähigkeit zur einfachen Perspektivenübernahme vergeben.* Diese Fähigkeit zur RÜ wird nach FEFFER in den sog. ‚self-entry'-Kategorien erfaßt, in denen sich ausdrückt, inwieweit der Pb Einsicht in die Relativität von Perspektiven und Standpunkten hat. Indikator dafür ist ein Wechsel in der Beschreibung und Charakterisierung der Personen, deren Perspektive übernommen wird, im Vergleich zur Ursprungsgeschichte. Ein adäquater Perspektivenwechsel zeigt sich in einer ‚Innen-Orientierung' bei der Beschreibung, d. h. daß Denken und Gefühle, Absichten und Motive der Person charakterisiert werden, deren Rolle übernommen wird. Dies kann in mehr oder weniger differenzierter und auch qualitativ unterschiedlicher Weise geschehen. Im revidierten Auswertungsschema (FEFFER 1970b) unterscheidet FEFFER drei Kategorien der self-entry-Werte:

NR (no-role taking = keine Rollenübernahme). Die Kategorie wird vergeben, wenn die Charakterisierung der Person, deren Perspektive eingenommen wird, anzeigt, daß der Pb kein Verständnis für die Relativität von Perspektiven hat.
SR (simple-role taking = einfache Rollenübernahme). In dieser Kategorie werden bereits rudimentäre Formen der adäquaten Perspektivenübernahme deutlich. Einerseits verfügt der Pb bereits über ein Verständnis der Verschiedenartigkeit von Perspektiven; andererseits drückt sich dieses Verständnis in der Charakterisierung der Rolle nur bruchstückhaft aus, da die Innen-Orientierung noch nicht adäquat gelingt (vgl. Anhang S. 299–303):
RT (role taking = Rollenübernahme). Diese Kategorie wird vergeben, wenn sich im Inhalt der Perspektivenübernahme im Vergleich zur ursprünglichen Charakterisierung ein klarer Wechsel zu einer inneren Orientierung zeigt, indem Gedanken, Gefühle und Motive aus der Perspektive der übernommenen Rolle charakterisiert werden. Erst in dieser Kategorie ist eine Dezentrierung verwirklicht, die auf der Ebene des konkret-anschaulichen Denkens als Reziprozität und damit als eine Form der operationalen Reversibilität gekennzeichnet werden kann (vgl. PIAGET 1972c, S. 415). Der Wechsel vom ‚Außen' zum ‚Innen' drückt eine soziale Dezentrierungsfähigkeit aus, der auf der Ebene des logisch-mathematischen Denkens die simultane Koordination von Perspektiven im konkret-anschaulichen Denken entspricht.

Alle auf dem Bild dargestellten Personen werden in sukzessiver Abfolge der Geschichten als ‚selbst' und ‚andere' charakterisiert. Die Koordinierung aller dieser Perspektiven spiegelt sich in der Klasse der ‚elaboration entries' (El-Kategorien) wider. In dieser Kategorie wird die simultane und mutuelle Koordination der Perspektiven von ‚selbst' und ‚anderen' (Rolle – Gegenrolle) erfaßt, wie sie sich in rekursiven Denkprozessen vollzieht (SELMAN 1973; MILLER et al. 1970). In der Dimension der Perspektivenkoordinierung drückt sich die Fähigkeit aus, eine Beziehung aus der Perspektive von selbst und anderen gleichzeitig zu verarbeiten und miteinander zu koordinieren. Die vollständige Einsicht in die wechselseitige Verknüpfung sozialer Perspektiven (zugleich als ein Verständnis der Relativität von Perspektiven) dürfte im logisch-mathematischen Denken der Verfügbarkeit über die volle Operativität analog sein, die im Stadium der formalen Operationen erreicht ist.
Die Fähigkeit zur Perspektivenkoordinierung wird am Grad der Übereinstimmung zwischen ‚self entry' und ‚elaboration entry' gemessen, also an der Übereinstimmung der Charakterisierung der Gefühle, Motive und Intentionen einer Person aus der Geschichte, wenn ihre Perspektive gerade übernommen wird, und der Charakterisierung eben dieser Person, wenn sie aus einer anderen Perspektive als Gegenrolle auftritt.
FEFFER unterscheidet drei Ausprägungsgrade (vgl. Anhang, S. 299–303):

Die *Kategorie CE (character elaboration = Personelaboration)* wird vergeben, wenn keine klare Differenzierung zwischen Außen-Orientierung (als Gegenrolle) und Innen-Orientierung (als selbst) erfolgt.
PE (perspective elaboration = Perspektivenelaboration): In dieser Kategorie zeigt sich ein Verständnis für die Wechselseitigkeit der Perspektiven an, indem die Differenzierungen von Innen und Außen erfolgreich vorgenommen werden können. Die Kategorie PE wird nur dann vergeben, wenn bei der Charakterisierung einer Rollenbeziehung aus der Perspektive beider Rollen eine Innen-Orientierung im ‚self entry', also in der Charakterisierung dieser Rollen als selbst, vorliegt und wenn sie zugleich im ‚elaboration entry' als Gegenrolle charakterisiert wird, deren psychologische Befindlichkeit erschlossen wird.

Nach FEFFERS Auswertungsverfahren sind zur Vergabe der Kategorie PE also drei Kriterien notwendig: (a) Beide Partner einer Rollenbeziehung (z. B. Frau – Kind) müssen im ‚self entry' eine Innen-Orientierung (RT) aufweisen, d. h. wenn die Geschichte aus der Perspektive des Kindes erzählt wird, müssen Gedanken, Gefühle und Motive des Kindes beschrieben werden; dasselbe gilt für die Frau, wenn ihre Perspektive übernommen wird. Erst wenn für die Beschreibung beider Rollen die höchste Kategorie RT erzielt wurde, kann die Kategorie PE vergeben werden, wenn zusätzlich (b) im ‚elaboration entry' eine adäquate Elaboration der Gegenrolle vorliegt. Aus der Perspektive z. B. des Kindes müssen also Schlußfolgerungen über psychologische Befindlichkeiten der Frau gezogen werden, die zuvor als ‚selbst' innenorientiert beschrieben worden war.

Die anspruchsvollsten Koordinationen erfordert die *Kategorie CP (change of perspective = Wechsel der Perspektive).* Sie wird vergeben, wenn es dem Pb gelingt, nicht nur eine Rollenbeziehung in der für PE dargestellten Weise zu beschreiben, sondern wenn er zugleich die Mutualität dieser Beziehungen für jeweils eine oder mehrere Rollenbeziehungen aufrecht erhalten kann. Erst wenn der Wechsel zwischen Innen-Orientierungen als ‚selbst' und psychologischer Charakterisierung der Gegenrolle aus der Perspektive beider Rollen deutlich wird, kann die Kategorie CP vergeben werden. Wenn alle Perspektiven miteinander koordiniert werden können, ist die vollständige Reziprozität und Mutualität sozialer Perspektiven erreicht.

Innerhalb der genannten Kategorien nimmt FEFFER noch feinere Differenzierungen vor, die den Grad der Konsistenz der einzelnen RÜ-Geschichten zur ursprünglichen Geschichte einbeziehen. Wegen der Problematik dieser Feinabstufungen haben wir allerdings in dieser Arbeit nur die groben Kategorien zur Verrechnung herangezogen.

Eine Revision des Auswertungsverfahrens wurde notwendig, da wir uns entschlossen hatten, wegen der abnehmenden Mitarbeit der Kinder bei der dritten RÜ-Geschichte zum Familienbild nur noch zwei Rollen beim Schulbild übernehmen zu lassen.[1] Daher kam es in dieser Untersuchung vor, daß bestimmte ‚self-entry'-Beschreibungen instruktionsbedingt nicht vorlagen, da beim Schulbild nur zwei der drei Perspektiven übernommen wurden. Andererseits war manchmal trotz Instruktion eine Figur im ‚self-entry' nicht oder nur sehr mager beschrieben und zugleich eine Gegenrolle differenziert charakterisiert worden. In beiden Fällen ergab sich das Problem, ob die Kategorie PE vergeben werden konnte, wenn nur einmal und nicht zweimal im ‚self-entry' die Kategorie RT erreicht worden war.
Das Auswertungsverfahren wurde deshalb so verändert (vgl. BRÄUNINGER & KRANZ 1973, 53 f.)[2], daß die Kategorie PE auch dann signiert wurde, wenn nur das ‚self-entry' der zugehörigen Rolle die geforderte Innen-Orientierung aufwies. PE wurde also dann vergeben, wenn der Pb z. B. aus der Sicht des Schülers in der Bank psychische Befindlichkeiten des Lehrers schlußfolgerte und aus der Perspektive des Lehrers diesen ebenfalls in der geforderten Innen-Orientierung charakterisierte. PE wurde in diesem Fall auch dann vergeben, wenn aus der Perspektive des Schülers in der Bank im ‚self-entry' keine Innen-Orientierung vorlag.

---

[1] Zwar hat auch FEFFER selbst das Problem der Überanstrengung seiner Pbn durch die Vielzahl der notwendigen Rollenübernahmen erkannt und aus diesem Grund nur noch zwei Rollen übernehmen lassen (persönliche Mitteilung); doch hat er das Auswertungsverfahren nicht dementsprechend modifiziert.

[2] Das Auswertungsschema wurde im Rahmen einer Diplomarbeit von Dipl.-Psych. Christine BRÄUNINGER und Dipl.-Psych. Annette KRANZ (1973), die unter Betreuung der Autorin durchgeführt wurde, überarbeitet und modifiziert.

Die für PE erforderliche Dezentrierungsleistung schien uns bereits gegeben, wenn die Koordination der Selbstcharakterisierung (z. B. Lehrer als selbst) und schlußgefolgerter Perspektive (Lehrer aus der Sicht des Schülers) gelang. Die zusätzliche Innen-Orientierung des Schülers (als selbst) stellt unserer Ansicht nach eine nach den kognitiv-strukturtheoretischen Überlegungen nicht notwendige Forderung dar, da sich die Reversibilität des Denkens schon in der Koordinierung der Perspektiven zweier Rollen zeigt. Damit kann das Vorhandensein der Struktur der Reversibilität auf der Kompetenzebene angenommen werden.
Die Kategorie CP soll das reversible Beziehungssystem repräsentieren, in dem A als Selbst die Perspektive von B einnehmen kann so wie B als selbst die Perspektive von A. Diese Kategorie konnte kaum vergeben werden, da häufig eines der notwendigen vier Elemente (2 RT, 2 PE) fehlte. Wir haben deshalb diese Kategorie nicht gesondert betrachtet. Sie kommt jedoch indirekt in der Anzahl der PE zum Ausdruck, denn mit wachsender Häufigkeit des Erreichens der Kategorie PE vergrößert sich auch die Chance, daß die Kategorie CP einmal erlangt worden wäre.
Als weitere Veränderung wurde noch die Kategorie NE (no elaboration) vergeben, wenn die Gegenrolle gar nicht oder nur bruchstückhaft charakterisiert worden war.
Die Signierung der groben Kategorien erwies sich als gut möglich. Die Interrater-Reliabilität zweier trainierter Auswerter betrug für die qualitativen Kategorien bei zehn Pbn rho = .94 (Bräuninger & Kranz 1973).

14.2. Interpretation der Auswertungskategorien im Rahmen eines Strukturmodells der kognitiven Entwicklung

Nach dem kognitiven Strukturmodell begreifen wir die Entwicklung der Fähigkeit zum Perspektivenwechsel in sozialen Situationen als eine Abfolge hierarchisch und kumulativ aufeinander aufbauender Prozesse. Sowohl die Fähigkeit zum einfachen Perspektivenwechsel wie auch die Fähigkeit zur Koordinierung von Perspektiven unterliegen im Prozeß der Entwicklung qualitativen und quantitativen Veränderungen. In dem Auswertungsverfahren des RTT sind beide Arten der Veränderung erfaßt: einerseits qualitativ unterschiedliche Denkweisen und andererseits Differenzierungen innerhalb gleicher qualitativer Stadien, die man eher als quantitative Veränderungen bezeichnen könnte. Wir haben im theoretischen Teil anhand der verschiedenen Untersuchungen kognitiv-strukturelle Abfolgen der Fähigkeit zur RÜ dargestellt. In allen Arbeiten trat die Abfolge von egozentrischen Denkformen zu einfachen Formen der RÜ auf und, darauf aufbauend, die Fähigkeit zur simultanen Koordinierung von Perspektiven. Je nach dem Schwierigkeitsgrad der Aufgabe zeigten sich diese Fähigkeiten bei jüngeren oder erst bei älteren Kindern.
Die Abfolge der Fähigkeiten ist im RTT in beiden Auswertungskatego-

rien repräsentiert: In der Kategorie RT drückt sich gegenüber der Kategorie SR eine qualitative Veränderung des Denkens aus, die im Fehlen oder Vorhandensein der Reversibilität liegt. Dezentrierung zeigt sich in der Fähigkeit an, alter als ein mit psychischen Prozessen ausgestattetes Wesen zu beschreiben.

Die Kategorie PE stellt gegenüber der Kategorie RT eine qualitativ unterschiedliche Art des Denkens dar, in der eine weitergehende Dezentrierung der Denkprozesse zum Ausdruck kommt: die Einsicht in die Wechselseitigkeit der Perspektivenübernahme von *ego* und *alter*.

Nach dem Auswertungsverfahren des Tests ist die Kategorie RT als Innen-Orientierung der übernommenen Rolle notwendige, aber nicht hinreichende Bedingung für die PE-Kategorie. PE wird erst vergeben, wenn, als hinreichende Bedingung, die Perspektiven miteinander koordiniert werden, also eine Wechselseitigkeit in der Übernahme der Perspektiven vorliegt.

In einer Untersuchung FEFFERS (1970), in der er – anders als in den sonstigen Untersuchungen – die Kategorien RT und El getrennt aufschlüsselt, zeigt sich, daß die Koordinierung von Perspektiven die kognitiv anspruchsvollere Leistung darstellt. Da es sich um eine Untersuchung mit geistig retardierten Kindern handelt, wird neben dem chronologischen Alter der Kinder auch das Intelligenzalter herangezogen.

In allen Alterskategorien verfügt ein größerer Prozentsatz der Kinder über die Fähigkeit zur einfachen RÜ (RT) als über die Fähigkeit zur reflexiven RÜ (PE). In der jüngsten Altersgruppe mit einem chronologischen Alter von 7,9 Jahren verfügen 45 % der Kinder über die Kategorie RT, aber noch keines über PE. In der nächsten Altersgruppe (chronologisches Alter = 10.2, IA = 6.0 – 6.9 Jahre) erreichen 25 % der Kinder bereits die Kategorie PE, 55 % die Kategorie RT. Diese Prozentzahlen nehmen mit wachsendem chronologischem und Intelligenzalter zu (mit Ausnahme von zwei Altersstufen, bei denen im Vergleich zur vorherigen Gruppe eine Regression der Leistungen auftritt), so daß bei den 16-jährigen mit dem IA 11.0 – 14.2 Jahren 74 % die Kategorie PE erlangen.

Die Fähigkeit zur Koordination von Perspektiven entwickelt sich auf einem einfachen Niveau bereits relativ frühzeitig, wenn auch zeitlich verzögert gegenüber der Fähigkeit zur einfachen RÜ. Analog dem kognitiv-strukturtheoretischen Modell von FLAVELL & WOHLWILL (1969) kann man also die folgende kognitiv-strukturelle Abfolge der RÜ-Leistungen aufstellen:

(1) Ein Pb zeigt die operative Struktur des Perspektivenwechsels unter keiner Bedingung; d. h. die Kategorie RT als kognitiv weniger anspruchsvoller Indikator dieser Dezentrierung kann bei keiner RÜ-Geschichte vergeben werden.

(2) Ein Pb verfügt über die operative Struktur der RÜ, indem er mindestens einmal die Kategorie RT erreicht.
(3) Ein Pb verfügt über die operative Struktur der Koordinierung von Perspektiven, indem er mindestens einmal die Kategorie PE erreicht.
(4) Hier wäre ein Zwischenstadium anzunehmen, in dem sowohl RT wie auch PE in einigen Fällen erreicht, in anderen nicht erreicht werden.
(5) Ein Pb verfügt unabhängig von den Bedingungen über die vollen operativen Strukturen der RÜ, da er in allen Fällen die RT- und PE-Kategorien erzielt.

Nur im ersten Fall hätten wir davon auszugehen, daß der Pb in der sozial-kognitiven Entwicklung auf der Kompetenzebene noch nicht über operative Denkstrukturen verfügt.

Im dritten Fall zeigt sich im Auftreten einer neuen Regel eine qualitative Veränderung im Denken an. Ein Pb, der die höchste Kategorie PE bereits aufweist, dürfte daher in der sozial-kognitiven Entwicklung als weiter fortgeschritten anzusehen sein als ein Pb., welcher in keinem Fall die Kategorie PE erlangt.

Allerdings besteht hier, wie in allen Untersuchungen, die das Konstrukt der Kompetenz einer beobachteten Performanz zugrunde legen, die Schwierigkeit, daß zwar von einer beobachteten Performanz auf die Kompetenz geschlossen werden kann, aber umgekehrt von einem Performanzdefizit auf das Nichtvorhandensein der Kompetenz nur unter den gegebenen situativen und motivationalen Bedingungen der Versuchssituation. Erst wenn man diese Bedingungen variieren würde, könnte man mit genügender Sicherheit Aussagen über die Kompetenz machen. Da wir die Bedingungen nicht variieren, gilt diese Aussage *nur* für die jeweiligen Versuchsbedingungen.

In den weiteren Fällen, die wir aufgestellt haben, gilt nach der kompetenztheoretischen Argumentation die Aussage, daß die Regelkompetenz als erwiesen gelten muß, wenn die Performanz der Regel oder der operativen Struktur nur ein einziges Mal nachgewiesen wurde. Leistungsunterschiede repräsentieren dann Stabilisierungsgrade der operativen Strukturen auf der Performanzebene.

14.3. Verrechnung der Auswertungskategorien des RTT

Die kognitiv-strukturtheoretische Analyse, die wir im vorhergehenden Kapitel versucht haben, befindet sich in Übereinstimmung mit FEFFERS theoretischen Überlegungen zur Genese der RÜ-Fähigkeit. Doch hat FEFFER in seiner Vorgehensweise der Verrechnung der RÜ-Kategorien diesen strukturtheoretischen Aspekt teilweise unberücksichtigt gelassen.

In seinen frühen Arbeiten hat er eine hierarchische Abfolge des Erwerbs der RÜ-Fähigkeit aufgestellt in welcher die beiden Klassen der RÜ (self-entry) und der Perspektivenkoordinierung (elaboration entry) in einer Rangreihe miteinander kombiniert sind (Feffer & Gourevitch, 1960).

(1) simple refocusing (SR – CE)
(2) consistent elaboration (RT – CE)
(3) perspective elaboration (PE)
(4) change of perspective (CP)

Nach diesem Vorgehen wurden nur die *qualitativen* Aspekte der RÜ bewertet; d. h. der Pb wurde der höchsten Kategorie zugeordnet, die er erreichte. Gegenüber diesem kompetenz-theoretischen Vorgehen nahm Feffer in den späteren Arbeiten eine andere Art der Bewertung vor, in der auch die *quantitativen* Aspekte berücksichtigt wurden. In dieser Vorgehensweise wurden die Kategorien innerhalb der beiden Klassen mit unterschiedlichen Punkten bewertet.
Folgende Punktwerte wurden vergeben:

NR	(keine RÜ)	= 0	CE (Personelaboration)	= 0
SR	(einfache RÜ)	= 1		
RT	(RÜ)	= 2	PE (Perspektivenelaboration)	= 2

Die einzelnen Werte, die ein Pb erreichte, wurden zu einem ‚composite index' addiert, dem aber nicht mehr zu entnehmen war, durch welche Art der Leistungen er gebildet wurde. Qualitativ unterschiedliche Leistungen können sich in demselben Gesamtwert ausdrücken: So können z. B. zwei SR-Werte der Kombination von einem RT- und einem NR-Wert entsprechen. Diese Verrechnung kann besonders dann zu Verzerrungen der Ergebnisse führen, wenn – wie in unserer Stichprobe – einige Pbn Auslassungen aufweisen, oder auch wenn ein Pb zugleich niedrigere Kategorien in einigen Rollen und die höchste Auswertungskategorie in anderen Rollen erreicht. Vor allem aber verstößt diese Verrechnung gegen die Annahmen des kognitiv-strukturtheoretischen Modells. Denn einem Pb, der – sei es auch nur ein einziges Mal – auf der Performanzebene eine qualitativ höhere kognitive Leistung erbringt, sollte nicht derselbe Zahlenwert zugeordnet werden wie einem Pb, der diese Leistung nicht zeigt. Die Zuordnung und die Verrechnung von Zahlen sollten dem Modell entsprechen, welches den Beobachtungen zugrunde liegt.
Wenn also ein Pb einmal die Kategorie RT oder PE erreicht, dann muß, nach den vorangegangenen Ausführungen, angenommen werden, daß ihm auf der Kompetenzebene andere Möglichkeiten der Verarbeitung von Erfahrungen, andere Regeln zur Verfügung stehen als dem Pb, der diese Kategorien auf der Performanzebene nicht erreicht.

Feffer ist in seinen früheren Arbeiten kompetenztheoretisch vorgegangen, wenn er den höchsten erreichten Wert für die Verrechnung heranzog. Er konnte dann jedoch die Unterschiede auf der Performanzebene nicht mehr berücksichtigen. Der Widerspruch, der sich in Feffers Auswertungssystem für die Bewertung von Kompetenz- und Performanzunterschieden ergab, stellte uns die Aufgabe, eine Verrechnungsweise für die Testdaten zu finden, die den oben beschriebenen Widerspruch zwischen den Ebenen auflöst, den theoretischen Modellvorstellungen entspricht und zugleich möglichst wenig Information verschenkt [3].

14.4. Skalierung der Kategorien

Um dem dargestellten Widerspruch zwischen Kompetenz- und Performanzgesichtspunkten bei der Skalierung der RÜ-Daten zu entgehen, wurde eine Art des Vorgehens gewählt, in der sowohl qualitative als auch quantitative Aspekte der Testleistung berücksichtigt wurden. Wir haben dabei zunächst die Klasse der ‚self-entry'- und die der ‚elaboration entry'-Werte getrennt skaliert, da die Integration von qualitativen und quantitativen Aspekten in einer integrierten Rangreihe Probleme der Kombination der Kategorien aufwarf. Wir haben uns allerdings später dennoch zur Bildung einer integrierten Rangreihe beider Klassen entschlossen, da jede der beiden getrennten Rangreihen leicht unterschiedliche Beziehungen zu den in der Untersuchung herangezogenen anderen Variablen ergab. Dieses Problem werden wir an anderer Stelle diskutieren (s. S. 191 f.).

An der Darstellung der theoretischen und empirischen Rangreihen der ‚self-entry' (RT-)Kategorie lassen sich einige Aspekte der Entwicklung und Stabilisierung von RÜ-Fähigkeit im Rahmen eines kognitiv-strukturtheoretischen Entwicklungsmodells verdeutlichen.

Bevor die Rangreihe der Pbn dargestellt wird, die sich ergab, wenn man beide Bildsituationen zugrunde legte, soll noch einmal verdeutlicht werden, welche RTT-Daten für jeden Pb zur Verfügung standen:

Zum Familienbild lagen aus der Sicht von Kind, Mann und Frau drei RÜ-Geschichten vor. Aus diesen Geschichten ließen sich neun Kategorien bewerten (vgl. Anhang, S. 299–303), jeweils drei Kategorien für die ‚self-entry'-Beschreibungen (NR – SR – RT) sowie sechs für die elaboration entry-Charakterisierungen (NE – CE – PE). Zum Schulbild konnten nur sechs Kategorien vergeben werden: Da nur zwei Perspektiven übernommen wurden, standen zwei ‚self-entry'-Aussagen zur Verfügung sowie vier Charakterisierungen der Gegenrolle.

Ein Pb konnte demnach im RÜ-Gesamtwert maximal fünfmal die höchste Kategorie RT der ‚self-entry' Klasse und maximal zehnmal die höchste Kategorie der ‚elaboration entry' Klasse erreichen.

---

[3] Ein solches hierarchisches Skalierungsverfahren wurde von Dipl.-Psych. Dr. D. Zebergs entwickelt. Feffer selbst hat die Vorteile dieser Vorgehensweise bestätigt (persönliche Mitteilung).

14.4.1. Skalierung der Kategorie der Rollenübernahme (RT)

Die folgende Tabelle 1 veranschaulicht die theoretische Rangreihe für die RT-Werte. Ihr wurden die empirischen Werte zugeordnet, die sich ergeben, wenn man – über beide Situationen hinweg – die fünf möglichen Werte der einfachen RÜ zugrunde legt.

Tabelle 1: Theoretische RT-Rangreihe mit der Zuordnung der Pbn über beide Situationen hinweg

Theoretische Rangreihe			Zuordnung der Pbn zu den Kategorien
RT	SR	NR	Zahl der Pbn
5	–	–	8
4	1	–	13
4	–	1	3
3	2	–	12
3	1	1	1
3	–	2	1
2	3	–	8
2	2	1	4
2	1	2	–
2	–	3	–
1	4	–	8
1	3	2	2
1	2	3	2
1	1	4	–
1	4	–	–
0	5	–	3
	4	1	–
	3	2	2
	2	3	–
	1	4	–

Die Rangreihe ließe sich theoretisch in absteigender Richtung fortsetzen bis nur noch NR auftreten.

Der empirischen Verteilung läßt sich jedoch entnehmen, daß bis auf 5 Pbn alle übrigen mindestens einmal die höchste Kategorie RT erreichen. Würden wir eine Stichprobe jüngerer Kinder heranziehen, so wäre zu erwarten, daß der untere Teil der Rangreihe dichter besetzt wäre und daß vielleicht viele Kinder noch nicht die Kategorie RT erreichen würden.

Nach der kompetenztheoretischen Diskussion müssen wir den Nachweis der Kompetenz bei 1 RT als erbracht betrachten, denn diese Kategorie stellt einen Schwellenwert im hierarchischen Strukturmodell dar. Die weiteren Unterschiede, die sich zwischen den Pbn ergeben, stellen Unterschiede auf der Performanzebene dar. Diese Leistungsdifferenzen können als zunehmende Stabilisierung der Performanz begriffen werden (vgl. WOHLWILL & FLAVELL 1972). Die Leistungen von 1—5 RT stellen zunehmend bessere Leistungen auf einem Kontinuum innerhalb eines qualitativen Stadiums dar. Ein Kind, das sich bereits in mehrere oder alle Rollen hineinversetzen kann, verfügt über stabilere Fähigkeit zum Perspektivenwechsel, die weniger situations- bzw. personabhängig und damit weniger störbar in der Performanz sind.

Im Rahmen der kognitiv-strukturtheoretischen Argumentation sind die Häufungen der Pbn wichtig, die sich in den durch die Anzahl der RT-definierten Zeilen ergeben. Die oberste RT-Zeile ist jeweils am stärksten besetzt.
Die systematische Abnahme der Häufigkeiten über die Unterklassen legt den Schluß nahe, daß die Pbn in ihrem Leistungsniveau eher nur um eine als um zwei Klassen zurückfallen. Dies entspricht auch Befunden zur Entwicklung des moralischen Urteils (KOHLBERG 1974), wonach die Leistungen eines Pb sich um ein modales, seinen Entwicklungsstand repräsentierendes, Stadium gruppieren.

14.4.2. Skalierung der Kategorie der Perspektivenkoordinierung (EL)

Das Konstruktionsprinzip der theoretischen Rangreihe ist dasselbe wie in der ‚self-entry' Klasse. Allerdings ergeben sich hier wesentlich mehr Möglichkeiten der Kombinationen, da der Elaborationswert zehnmal vergeben wurde. Wir wählen für die Veranschaulichung des Prinzips wiederum die Rangreihe, die sich ergibt, wenn man alle Werte der EL-Kategorie (10) zugrunde legt. Die empirischen Häufigkeiten sind der theoretischen Rangreihe zugeordnet (vgl. Tab. 2).

Bei der Zuordnung der Pbn zur theoretischen Rangreihe gingen wir von der höchsten Kategorie aus, die der Pb zeigte, also entweder von PE oder von CE. Ein Pb wird zunächst danach eingeordnet, wieviel PE er erreicht; innerhalb dieser Kategorie wird die Zuordnung nach der Anzahl der erreichten CE vorgenommen. Die Differenz, die sich nach Addition beider Kategorien zur Gesamtzahl von EL-Werten ergibt, setzt sich bei der empirischen Rangreihe aus NE und Auslassungen zusammen. Die Kategorie der Auslassungen trat bei der Perspektivenkoordinierung häufiger auf, während sie bei der Kategorie RT kaum vorkommt.

Tabelle 2: Theoretische Rangreihe der Elaborationskategorie mit Zuordnung der Pbn über beide Situationen hinweg

Theoretische Rangreihe				Zuordnung der Pbn zu den Kategorien	
PE	CE	NE (+ Auslassungen)		Zahl der Pbn	Häufigkeit der Auslassungen
10	–	–			
9	1	–			
9	–	1			
8	2	–			
8	1	1			
8	–	2			
7	3	–			
7	2	1			
.	.	.			
6	4	–			
6	3	1			
.	.	.			
5	4	1		1	1
5	3	2		1	1
.	.	.			
4	6	–		2	
4	–	–			
4	3	3		1	2
.	.	.			
3	6	1		3	2
3	5	2		1	1
.	.	.			
2	8	0		5	
2	7	1		4	3
2	6	2		3	4
2	5	3		1	3
2	4	4		1	3
.	.	.			
1	9	–		6	
1	8	1		4	3
1	7	2		1	2
1	6	3		1	2
1	5	4	N = 36	1	3
.	.	.			
0	10	–		6	
0	9	1		2	1
	8	2		7	8
	7	3		3	6
	6	4		4	12
	5	5		1	4
	4	6		6	17
	3	7		1	5
	2	8		–	6
	1	9	N = 31	1	7

Nach unseren Annahmen setzen wir den Nachweis einer qualitativ höheren Leistung der sozialen Kognition bei 1 PE an. Die Kinder, die ein einziges Mal die Kategorie PE erzielen, zeigen auf der Performanzebene ein qualitativ verschiedenes Denken im Vergleich zu den Kindern an, die nur CE-Werte erlangen.

Wie bei der Besetzung der RÜ-Rangreihe läßt sich auch hier eine Häufung in der oberen (oder eher den oberen) Zeile(n) einer durch PE definierten Klasse feststellen. Auch hier sind die ersten CE-Zeilen dichter besetzt als die folgenden. Das Bild ist nicht ganz so deutlich wie für die RT-Rangreihe. Einerseits sind mehr Rangplätze vorhanden, denen die Pbn zuzuordnen sind, und andererseits treten mehr Auslassungen auf als bei RT. Beides erhöht zugleich die Wahrscheinlichkeit von irrtümlichen Einstufungen einiger Fälle, so daß die Systematik nicht so deutlich wird.
Bei den Pbn in den untersten Leistungskategorien häufen sich die *Auslassungen.* Gleichzeitig tritt auch die Kategorie NE auf, die bei den Kindern mit höheren Leistungen fast gar nicht in Erscheinung tritt. Letztere haben eher Auslassungen als NE-Werte: wenn sie die Geschichte in Angriff genommen haben, dann erreichen sie eher CE und nicht NE. Die Kinder in unteren Leistungsbereichen hingegen nehmen eine Geschichte in Angriff, erlangen indessen nur NE. Auch dieses Ergebnis könnte man als einen Indikator für die Verteilung der Leistungen um ein modales Entwicklungsniveau interpretieren (vgl. Kohlberg, 1974).

14.4.3. Überprüfung der Beziehungen zwischen der RT- und der EL-Kategorie

Aus kognitiv-strukturtheoretischer Perspektive ist es interessant zu überprüfen, ob die Verfügung über die Kategorie RT, wie sie sich in der *quantitativen* Häufigkeit von RT ausdrückt, eine Vorhersage darüber ermöglicht, ob die *qualitativ* höchste Kategorie, PE, erreicht wird.
Zur Überprüfung dieser Frage wurden Kontingenztafeln erstellt, in denen die Häufigkeit des Vorkommens der Kategorie RT mit der Häufigkeit des Auftretens der Kategorie PE in Beziehung gesetzt wurde. Danach zeigt sich, daß beim Familienbild eine beinahe vollständige Vorhersage von der niedrigeren Kategorie RT auf die qualitativ höhere Kategorie PE dann fast immer möglich ist, wenn der Pb dreimal die Kategorie RT erlangt, d. h. wenn er für jede übernommene Perspektive die höchste Kategorie RT erreicht. Offenbar kann die Verfügbarkeit von RT über die drei verschiedenen Rollen hinweg als ein Indikator für ein höheres Strukturniveau der Koordinierung von Perspektiven gelten; oder umgekehrt ist die Verfügung über PE ein Indikator dafür, daß die leichtere Aufgabe der einfachen RÜ für alle drei Rollen optimal gemeistert werden kann. Hier stehen quantitative Aspekte in enger Verbindung mit dem qualitativen Niveau der sozial-kognitiven Fähigkeiten.

Diese strukturtheoretisch sehr interessante Beziehung von Quantität und Qualität läßt sich für RT und PE in der Schulsituation nicht nachweisen. Allerdings konnten hier auch nur maximal zwei RT vergeben werden, da nur zwei Perspektiven zu übernehmen waren. Die Kategorie PE wurde ebensooft bei einem wie bei zwei RT erreicht. Hier bestehen folglich keine systematischen Beziehungen zwischen Quantität und Qualität der RÜ-Leistung.

14.4.4. Bildung einer kombinierten Rangreihe aus den RT- und EL-Kategorien

Wir haben zunächst auf der Basis der beiden dargestellten Rangreihen alle im Rahmen der Fragestellung notwendigen statistischen Berechnungen vorgenommen. Dabei ergab sich jedoch das Problem, daß die RT- und die EL-Rangreihe unterschiedliche, wenn auch nicht wesentlich voneinander abweichende Beziehungen zu den Sozialisations- oder Schulvariablen aufwiesen. Während in den meisten Fällen die EL-Rangreihe deutlichere Beziehungen zu anderen Variablen aufwies, ließen sich in bestimmten Fällen deutlichere Zusammenhänge zwischen der RT-Rangreihe und anderen Variablen feststellen.

Die Unterschiede in den Beziehungen ergaben sich einerseits deshalb, weil mit der RT-Rangreihe nicht alle in den Daten vorhandenen Leistungsdifferenzierungen ausgeschöpft wurden. Dies lag daran, daß die höchste Kategorie PE nicht in die RT-Rangreihe einbezogen war, sondern nur indirekt über die Häufigkeit des Vorkommens von RT zum Ausdruck kam. Andererseits wurden in der EL-Rangreihe die Pbn, die nur über CE verfügten, nicht danach aufgeschlüsselt, ob sie nur die Kategorie SR oder die qualitativ höhere Kategorie RT erreicht hatten. Wenn also, wie beim RÜ-Gesamtwert oder auch beim Familienbild, die Kategorie PE relativ häufig erlangt wurde, dann erwies sich offensichtlich die EL-Kategorie als besserer Indikator der RÜ-Fähigkeit. Wurde jedoch – wie beim Schulbild – die Kategorie PE nur weniger erreicht und dementsprechend die Differenzierungen im SR-RT-Bereich bedeutsamer, dann ergaben sich deutlichere Zusammenhänge für die RT-Rangreihe im Vergleich zur EL-Rangreihe.
Um nicht mit zwei mehr oder weniger deckungsgleichen Indikatoren der RÜ-Fähigkeit arbeiten zu müssen, wurde eine kombinierte Rangreihe aus beiden Kategorien gebildet.Ausgehend von Feffers theoretischer Abfolge der RÜ-Fähigkeit (vgl. S. 179 f.), wurde zunächst als Ausgangskriterium davon ausgegangen, ob ein Pb über die Kategorie SR oder RT verfügte. Innerhalb dieser beiden qualitativen Kategorien wurde dann jeweils eine Rangfolge der Pbn nach der Häufigkeit des Vorkommens der Kategorie CE gebildet. Pbn, welche die Kategorie PE erreichten, wurden nach der Häufigkeit des Vorkommens dieser Kategorie in eine Rangreihe gebracht.
Wir haben in den folgenden Kapiteln lediglich diese Rangreihe als Indikator für die RÜ-Fähigkeit herangezogen, da nach diesem Vorgehen sowohl die Infor-

mationen im ‚unteren' (SR – RT) wie auch im oberen Bereich (PE) genutzt wurden. Die Beziehungen zu den Außenvariablen, die sich für den RÜ-Gesamtwert ergeben, entsprechen also entweder eher den mit der PE- oder mit der RT-Rangreihe gewonnenen Werten. Insgesamt sind die Unterschiede nicht erheblich. Es soll jedoch an dieser Stelle dennoch darauf hingewiesen werden, daß wegen der ungeklärten Beziehung zwischen SR – CE – RT die Bildung eines kombinierten Wertes bei Berücksichtigung qualitativer und quantitativer Aspekte gewisse Probleme aufwirft. Denn während für die Vergabe der Kategorie PE die Kategorie RT Voraussetzung ist, kann die Kategorie CE sowohl mit SR als auch mit RT einhergehen, was zur Folge hat, daß, je nachdem, ob man die Kategorie CE als primäres Kriterium für die Bildung einer Rangreihe heranzieht oder SR – RT, eine andere Rangfolge entsteht. Es fragt sich, ob das Auswertungsverfahren nicht dahingehend verändert werden sollte, die Kategorie CE weitergehend zu differenzieren, um so einheitliche strukturelle Gesichtspunkte für die Zuordnung zu einem Stadium der Koordination von Perspektiven auch im unteren Bereich zu finden.

15

Analyse der RTT-Leistungen in der Gesamtstichprobe

Eine Betrachtung der Testleistungen der Pbn über beide Situationen Familie und Schule hinweg (vgl. auch Tabelle 3) zeigt folgendes Bild:

Nur die Kategorie SR erlangten 5 Pbn,
nur die Kategorie RT erreichten 31 Pbn,
die Kategorie PE erzielten 31 Pbn.

Annähernd die Hälfte der Pbn verfügt also in keiner der beiden Situationen über die qualitativ höchste Form der Koordinierung von Perspektiven. Weiter zeigte sich, daß 38 Pbn die Kategorie RT in beiden Situationen erlangte, während nur 9 Pbn die Kategorie PE in beiden Situationen erreichten. Die Kategorie RT erweist sich also, wie erwartet, als einfachere Leistung, die bei Kindern dieses Alters allgemein verfügbar ist. Sie ist offenbar bereits relativ stabil gegenüber performanzerschwerenden Bedingungen, wie sie der schriftliche Test darstellen könnte. Zwischen der Differenzierung der Perspektiven, wie sie die RT-Kategorie fordert, und der Fähigkeit zur mutuellen Koordinierung zweier Perspektiven, wie sie für die PE-Kategorie notwendig ist, tritt also eine Verschiebung auf. Die Perspektivenkoordinierung stellt offensichtlich eine schwierigere kognitive Leistung dar, die für diesen Test zum gewählten Zeitpunkt der Entwicklung noch nicht allgemein verfügbar ist. Es wäre interessant zu überprüfen, ob sich der kognitiv-strukturtheoretische Leistungsunterschied bei gleichen Testbedingungen der schriftlichen Erfassung der RÜ in einer älteren Untersuchungsgruppe nivellieren und Leistungsunterschiede nur noch auf quantitativen Dimensionen auftreten würden. Eine weitere Frage würde darin bestehen, ob sich der kognitiv-strukturtheoretische Entwicklungsstand bei mündlicher Befragung anders darstellen würde. Hierzu wäre ein Vergleich mündlicher und schriftlicher Testbedingungen notwendig, der bisher noch nicht vorliegt.

Wir halten jedoch fehlende oder geringe Motivation nicht für eine hinreichende Erklärung der kognitiv-strukturtheoretischen Unterschiede in der RÜ, sondern nehmen an, daß Motivation ihrerseits – zumindest teilweise – aus der Fähigkeit resultiert, eine Aufgabe zu lösen. Der Aufforderungscharakter einer Aufgabe hängt auch von den Fähigkeiten ab, die zur Lösung der Aufgabe zur Verfügung stehen. Damit befinden wir uns in Übereinstimmung mit PIAGETS Motivationskonzept, das gelungene Leistungen als Antrieb für erneute Assimilations- und Akkommodationsprozesse und damit für weitere kognitive Leistungen betrachtet. Vielleicht wäre es günstiger, den Begriff Motivation durch Perseveranz oder Ausdauer zu ersetzen, da die Bereitschaft der Kinder gefordert ist, sich über eine gewisse Zeit hinweg mit einer Aufgabe auseinanderzusetzen. Daß Motivation oder Perseveranz nicht als hinreichende Erklärung für unterschiedliche RÜ-Fähigkeiten gelten kann, wird auch daraus deutlich, daß einige Kinder häufiger keine oder wenige Auslassungen aufweisen und dennoch die Kategorie PE nie erreichen, während andere Kinder Auslassungen haben und trotzdem die Kategorie PE erreichen. Wir neigen daher zu der Annahme, daß Fähigkeit (Kompetenz) und Motivation (Perseveranz) in Interaktion die kognitiven Leistungen bestimmen, die für die RÜ-Leistungen nötig sind.

15.1 Diskussion der situationsspezifischen Rollenübernahme-Leistungen

Die folgende Tabelle 3 zeigt die RTT-Leistungen der Pbn nach den qualitativ unterschiedlichen Leistungsniveaus SR – RT – PE, getrennt für die beiden Situationen Familie und Schule.

Tabelle 3: Aufschlüsselung der Pbn für die Situationen Familie und Schule nach der Häufigkeit des Vorkommens der qualitativen Kategorien

	Familie			
Schule	SR	RT	PE	εN
SR	5	12	6	23
RT	5	10	13	28
PE	1	6	9	16
εN	11	28	28	67

Aus der Tabelle wird ersichtlich, daß das Familienbild die ‚leichtere' Situation der RÜ repräsentiert. Nur 11 gegenüber 23 Pbn in der Schulsituation erreichen die Kategorie SR, hingegen erlangen beim Familienbild 28 Pbn gegenüber 16 Pbn beim Schulbild die höchste Kategorie PE. Neben der Analyse der qualitativen Leistungsunterschiede in den beiden Bildsituationen wurde unter Einbezug der quantitativen Aspekte der Leistungsunterschiede die Enge der Beziehung korrelationsstatistisch berechnet. Die PEARSON-Korrelation zwischen RÜ in der Familiensituation und RÜ in der Schulsituation beträgt für die kombinierte Rangreihe $r = .28$ ($p < .02$). Auch dieses Ergebnis weist darauf hin, daß eine deutliche Situationsspezifität der Aktualisierung oder Verfügbarkeit der RÜ-Fähigkeit vorliegt. Diese situationsspezifischen Unterschiede in der RÜ-Leistung sollen im folgenden Kapitel diskutiert werden.

Zunächst soll die Frage diskutiert werden, ob sich die situationsspezifischen RÜ-Leistungen lediglich als Auswirkung in der Reihenfolge der Vorgabe erklären lassen. Da wir die Reihenfolge nicht permutiert haben, können wir diese Frage ‚letztlich' nicht entscheiden, sondern stützen unsere Argumente auf theoretische Überlegungen. Einerseits könnte man aus kognitiv – entwicklungstheoretischer Perspektive daran denken, daß es sich um Verschiebungen (décalages) handelt, wie sie im Bereich der kognitiven Entwicklung sowohl für den Erwerb von konkreten Operationen wie der formal-logischen Denkprozesse nachgewiesen worden sind (vgl. FLAVELL & WOHLWILL 1969). Die Gründe für den zeitlich verzögerten Erwerb strukturell identischer Operationen (oder auch der Struktur selbst) werden in der Art der zu lösenden Aufgabe und den speziellen Umweltangeboten und Lernerfahrungen gesucht. Daher entstammt auch die Forderung, operative Aufgaben unterschiedlichen sozio-kulturellen Kontexten anzupassen (GREEN, FORD & FLAMER, 1971).

Im Rahmen unserer Untersuchung ergibt sich die Frage, ob décalages zwischen beiden, durch die unterschiedlichen bildlichen Darstellungen repräsentierten Situationen dadurch bedingt sein könnten, daß die Familie den universellen Erfahrungshintergrund für Kinder darstellt und damit die Fähigkeit zur RÜ primär im Kontext familialer Interaktion erworben und stabilisiert wird. Wir haben im theoretischen Teil die Bedeutung von Mutter und Vater als früheste ‚signifikante andere' analysiert. Diese Bedeutsamkeit impliziert zugleich, daß Erleben, Gefühle, Motive und Denken von Mutter und Vater frühzeitig der Erfahrung des Kindes zugänglich werden, so daß ihre Perspektive leichter übernommen werden kann. Das Kind in der Familiensituation ist über die Projektion *eigener* Erfahrungen im Kontext der Familie unmittelbar dem Erleben zugänglich. Dies zeigt sich auch daran, daß in der dritten Familiengeschichte (bei der eine allgemeine Abnahme der Mitarbeit zu beobachten war) die Perspektive des Kindes dennoch stärker elaboriert wurde als die der Mutter oder vor allem die des Vaters. Dies läßt vermuten, daß affektive Nähe und die daraus resultierende ‚Bekanntheit' und Vertrautheit eine erleichternde Bedingung für RÜ darstellt. Im Entwicklungsverlauf erscheint es wahrscheinlich, daß das Kind über die Projektion seiner Erfahrungen zunächst die Perspektive des Kindes als die eigene übernehmen kann, denn die eigene Erfahrung ist bekannter und unmittelbarer zugänglich.

Eine inhaltliche Analyse der von den Kindern erzählten Geschichten zeigte ferner, daß die Mutter differenzierter dargestellt wird als der Vater. Dies steht tendenziell mit besserer RÜ-Leistung in Beziehung. Auch dieses – allerdings nicht formal überprüfte – Ergebnis ließe sich unter dem Aspekt der Zugänglichkeit der Erfahrung (und möglicherweise auch der affektiven Nähe) interpretieren. Das Leben der Mutter ist dem Kind unmittelbarer zugänglich als das des Vaters, denn dieser verbringt einen großen Teil seiner Zeit außerhalb der Familie. Diese Nähe könnte wieder eine direktere Zugängsmöglichkeit zu inneren Prozessen der anderen Person zur Folge haben.

Die Vertrautheit der Erfahrungen könnte auch ein Grund dafür sein, daß die Differenzierung der RÜ-Fähigkeit in der Familiensituation weiter fortgeschritten erscheint.

Eine Ausnahme von dieser ‚Regel', daß die Familiensituation aufgrund größerer Erlebnisnähe eine ‚leichtere' Bedingung für die RÜ bietet, stellen sechs Pbn dar. In der Familiensituation erreichen diese Pbn nur die Kategorie SR, während sie in der Schulsituation die qualitativ besseren Leistungen RT oder – in einem Fall – sogar PE erlangen. Diese Umkehrung muß als eher ungewöhnlich gelten, denn eine bessere Leistung in der Familiensituation im Vergleich zur Schulsituation ist die Regel: von 23 Kindern mit der niedrigsten Kategorie SR in der Schulsituation erreichen 18 die Kategorien RT oder PE in der Familiensituation. Als spekulative Hypothese bietet sich die Frage an, ob affektive familiale Probleme dieses Ergebnis bedingen. Wegen der geringen Anzahl der Pbn kann jedoch diese Frage statistisch nicht überprüft werden.

Die schlechteren RÜ-Leistungen in der Schulsituation wären nach diesen Überlegungen so zu interpretieren, daß geringere Erlebnisnähe zu dieser Situation vorliegt. Dies überrascht um so mehr, als wir bei der Auswahl der Schulsituation danach vorgegangen waren, daß sie eine für Schüler relevante Situation institutionalisierter sozialer Interaktion in der Gruppe der Gleichaltrigen darstellt, die erfahrungsnah für das Kind ist. Aus den Ergebnissen läßt sich eher folgern, daß die Schulsituation eine ‚schwierigere' Situation der RÜ repräsentiert. Offenbar fällt es den Schülern schwerer, sich in die Perspektive der Mitschüler oder des Lehrers zu versetzen – dies obwohl anzunehmen ist, daß die Gefühle, welche die Situation auslöst, vom Kind in der Schulsituation unmittelbar erfahren werden, da Erfolg und Mißerfolg im Unterricht als zentrale, affektiv besetzte Kategorien für Schüler anzusehen sind.

Schulkritisch ließe sich die Hypothese formulieren, daß Gefühle in den Leistungssituationen der Schule nur implizit präsent sind, während sie explizit nicht thematisiert werden. Hier stellt sich die Frage, ob ein sozialwissenschaftlicher Unterricht, der auf das Erleben und Verstehen sozialer Situationen ausgerichtet ist (vgl. Lippitt et al. 1972; Callies et al. 1974) die Fähigkeit zur RÜ in einer Leistungssituation erleichtern würde.

Eine weitere Interpretationsmöglichkeit der Leistungsunterschiede in den beiden Situationen könnte darin bestehen, daß die dargestellte Schulsituation für die Pbn konflikt- und angstauslösend sein könnte. Es ist denkbar, daß die Darstellung der leistungsthematisch getönten Situation, die inhaltlich ein Versagen andeuten könnte, Mißerfolgsängste wecken und so die Aktualisierung der RÜ-Fähigkeit behindern könnte. Es wäre daher eine interessante Frage, ob sich ängstliche gegenüber nichtängstlichen oder erfolgs- gegenüber mißerfolgsorientierten Kindern in ihren Fähigkeiten zur RÜ bei diesem Bild unterscheiden. Weiter wäre der Frage nachzugehen, ob eine nicht-leistungsthematische Bildsituation einer Gruppe von drei Gleichaltrigen ebenfalls so deutlich unterschiedliche RÜ-Leistungen im Vergleich zur Familiensituation erbringen würde [1].

15.1.1. Zusammenfassung

Die Ergebnisse zeigen, daß die qualitativ niedrigere Kategorie RT bei den Schülern allgemein verfügbar ist, während die qualitativ höhere Kategorie PE nur von der Hälfte der Schüler erreicht wird.
Die RÜ-Fähigkeit scheint in der Familiensituation weiter entwickelt bzw. besser verfügbar zu sein als in der Schulsituation. Der Entwicklungsabstand zwischen beiden Situationen wird auf dem Hintergrund unterschiedlicher Erfahrungs- und Motivationsgehalte der beiden RÜ-Situationen diskutiert.

15.2. Beziehungen zwischen Rollenübernahme und den Klassifikationsvariablen Alter, Geschlecht und Schicht

15.2.1. Alter

Weder in der Gesamtstichprobe noch in den nach Geschlechts- oder Schichtzugehörigkeit aufgeschlüsselten Teilstichproben ergeben sich statistisch bedeutsame Beziehungen zwischen RÜ und Alter. Meist liegen die Korrelationen sogar um Null. Eine einzige Ausnahme bildet das Ergebnis einer positiven Korrelation von $r = .58$ ($p < .006$) zwischen RÜ in der Schulsituation und Alter bei den Pbn der MS. Diese besseren Leistungen könnten in Übereinstimmung mit der vorherigen Diskussion der Bedin-

1 Ergebnisse von unveröffentlichten Untersuchungen am Psychologischen Institut der Universität Heidelberg C. P. Heekerens & B. Plehn; R. Breckwoldt, M. Ort & J. Reichelt; M. George & U. Henn) scheinen diese Überlegungen zu bestätigen.

gungen der situationsspezifischen RTT-Leistungen im Sinne eines Entwicklungsvorsprungs in der Genese der RÜ gedeutet werden, der eine stärker situationsunabhängige Verfügbarkeit der RÜ-Fähigkeit bei den älteren Pbn der MS ermöglicht.

Das Ergebnis der Altersunabhängigkeit der RÜ-Leistungen könnte als ein Hinweis darauf gesehen werden, daß die Fähigkeit zum Perspektivenwechsel nicht gleichsam ‚entwicklungsgebunden' mit dem Alter zunimmt, wie es sich in den Arbeiten mit jüngeren Kindern gezeigt hat. Wir müssen also nach den *speziellen* kognitiven Bedingungen und Lernerfahrungen der Kinder fragen, um die Leistungsdifferenzen der Pbn aufzuklären.

Eine andere Interpretation dieses Ergebnisses könnte sich aus der Tatsache ergeben, daß die Schüler trotz der Altersvarianz eine homogene Gruppe darstellen. Sie sind relativ homogen in bezug auf ihre schulischen Lernerfahrungen, da sie innerhalb eines Klassenverbandes zusammengefaßt sind. Ein adäquater Test der Variable Alter vs. Lernerfahrung müßte also darin bestehen, Kinder gleichen Alters aber unterschiedlicher Schulklassenzugehörigkeit miteinander zu vergleichen. Dies kann nur in einer Untersuchung geschehen, in der mehrere Jahrgänge miteinander verglichen werden.

15.2.2. Geschlecht

Die Ergebnisse einer 2 x 3 faktoriellen Varianzanalyse erbrachten weder in den Haupteffekten Geschlecht und Schicht noch in der Testung der Interaktionen signifikante Ergebnisse. Wir werden dieses Resultat im folgenden diskutieren.

Der Befund geschlechtsunspezifischer RÜ-Leistungen steht in Übereinstimmung mit den Ergebnissen anderer Untersuchungen, in denen nur sehr selten Unterschiede in den RÜ-Fähigkeit bei Jungen und Mädchen aufgezeigt werden konnten. Sofern Unterschiede überhaupt auftraten, erwiesen sich die RÜ-Fähigkeiten der Mädchen besser als die der Jungen (Gollin 1958; De Vries 1970). Die geringen geschlechtsspezifischen Unterschiede sind insofern überraschend, als eine größere Orientierung auf soziales Geschehen hin bei Mädchen als Folge geschlechtsspezifischer Sozialisationsprozesse angenommen wird (vgl. z. B. Maccoby 1967). Eine intensivere Interaktion der Mädchen mit der Mutter wird häufig als Grundlage einer stärkeren Sozialisierung der interpersonellen Fähigkeiten gesehen gegenüber einer stärkeren Differenzierung der instrumentellen Intelligenz bei Jungen, die als Folge intensiverer Auseinandersetzung mit Sachproblemen gilt (LYNN 1969). Doch fanden auch SHANLEY et al. (1971) bei einem Vergleich von sechs verschiedenen Maßen der sozialen Intelligenz die Mädchen nur in zwei Maßen den Jungen überlegen. Eine neuere Arbeit von TURNURE (1975) erbrachte in differenzierteren Analysen geschlechtsspezifischer RÜ-Fähigkeit bei 7—12jährigen Kindern ebenfalls keine Unterschiede in den RTT-Leistungen. Damit muß angenommen werden, daß RÜ-Fähigkeit – zumindest bei etwas älteren Kindern – nicht geschlechtsspezifisch verteilt ist.

15.2.3. Schicht

Entgegen unseren Erwartungen ergaben sich in der Varianzanalyse keine schichtspezifischen Differenzen in der RÜ-Fähigkeit von Kindern der UUS, OUS und MS. Die Erwartungen hatten wir aus den theoretischen Analysen von BERNSTEIN (1972) und HOFFMAN (1970) abgeleitet. Jedoch steht das Ergebnis nicht im Widerspruch zu den bisherigen empirischen Befunden, in denen überwiegend keine schichtspezifischen Differenzen in der RÜ aufgefunden worden waren.
Für das Ergebnis bieten sich mindestens zwei Interpretationen an: Die erste Erklärungsmöglichkeit besteht darin, daß – wie an anderer Stelle diskutiert – die Klassifikation der sozialen Schicht nach den verfügbaren Instrumenten keine homogenen subkulturellen Gruppen erfaßt, die sich durch unterschiedliche Kommunikationsstrukturen auszeichnen. Vielmehr besteht ein weiter Überlappungsbereich, und milieuspezifischen Interaktionen steht eine Vielzahl von schichtgleichen Kommunikationsmustern gegenüber. Nur dann, wenn sozio-kulturell sehr verschiedene Gruppen miteinander verglichen würden (z. B. UUS im Vergleich zur OMS) können unter diesen Umständen schichtspezifische RÜ-Fähigkeiten erwartet werden. In unserer Stichprobe ist hingegen ein eher homogenes soziales Milieu repräsentiert. Dennoch ergibt sich die erwartungsgemäße Beziehung zwischen Schulzweigwahl (als Indikator institutionalisierter Sozialisationsprozesse) und Schichtzugehörigkeit. Die Fähigkeit zur RÜ erweist sich als äußerst relevanter Prädiktor der Schulzweigzugehörigkeit (S. 242) ohne indessen schichtspezifisch verteilt zu sein. Von daher bietet sich die zweite Erklärungsmöglichkeit an: danach wären bei gleichen kognitiv-strukturellen Niveaus der RÜ unterschiedliche Formen der RÜ vorhanden, die im Test nicht differenziert werden. Die Formen ‚positionaler' und ‚personaler' RÜ, wie sie von WEINSTEIN (1969) und WALLER (1973) expliziert wurden (vgl. S. 70), könnten solche verschiedenen Ausrichtungen darstellen. Dabei wäre das Individuum idealtypisch im Akt der positio-

nalen RÜ an den normativen Erwartungen und Geboten der sozialen Umwelt orientiert, während es in der personalen RÜ situationsspezifisch flexible Interpretationen der Erwartungen der sozialen Umwelt vornimmt. Dieser Aspekt könnte als interpretatives ‚role-making' dem bloß erschließenden ‚role-taking' zugeordnet werden. Während im Akt der ‚personalen' RÜ ‚role-making' stets impliziert ist, herrscht in der ‚positionalen' RÜ das role-taking vor.

Positionale und personale RÜ würden gleichermaßen RÜ erfordern, wie sie im Test formal als Perspektivenkoordinierung gefordert wird. Der Aspekt des ‚role-making', der erst ein situationsspezifisch flexibleres Handeln ermöglicht, wird im Test hingegen nicht erfaßt. Entsprechend könnten die schichtspezifische Selektionsprozesse darin eine Erklärung finden, daß Kinder der verschiedenen sozialen Schichten zwar die Fähigkeit zur RÜ gleichermaßen kompetent beherrschen, über die Fähigkeit zum ‚role-making' jedoch evtl. in systematisch unterschiedlichem Ausmaß verfügen.

16

Ergebnisse zum erlebten Erziehungsverhalten

16.1. Analyse der Einzeldimensionen erlebter Unterstützung und Strenge

Zunächst wurden die Interkorrelationen der einzelnen Skalen überprüft, inwieweit die geforderten Modellannahmen der Unabhängigkeit von erlebter Unterstützung und Strenge auch in unserer Stichprobe gegeben sind.
In der rechten oberen Hälfte der Tabelle 4 finden sich die SPEARMANschen Rangkorrelationskoeffizienten, die STAPF et al. (1972, S. 100)in der Validierungsstichprobe von 454 Jungen im Alter von 10–14 Jahren (Med. = 12.5) fanden. In der linken unteren Hälfte sind die Interkorrelationen der vorliegenden Stichprobe von N = 67 Jungen und Mädchen angegeben, die hier der Vergleichbarkeit wegen ebenfalls als Rangkorrelationen berechnet wurden.

Tabelle 4: Interkorrelationen der erlebten Unterstützung und Strenge von Mutter und Vater

	Vater/Mutter Strenge VS	MS	Vater/Mutter Unterstützung VU	MU
VS	–	.66	–.24*	–.09*
MS	.55	–	–.19*	–.12*
VU	–.03	–.08	–	–.61
MU	–.11	–.21	.49	–

VS = Vater Strenge; MS = Mutter Strenge; VU = Vater Unterstützung; MU = Mutter Unterstützung; * Korrelationen und Dimensionen nach STAPF et al. (1972).

Die Interkorrelationsmuster weichen nur gering voneinander ab. Die Interkorrelationen der beiden Unterstützungswerte und auch der beiden Strengewerte liegen bei STAPF et al. etwas höher; und während in ihrer Stichprobe VS und VU etwas höher miteinander korrelieren, stehen in unserer Stichprobe MU und MS in einer – allerdings statistisch nicht signifikanten – Beziehung miteinander.
Ein Vergleich der Mittelwerte der Unterstützung- sowie der Strenge-Dimension von Mutter und Vater ergab nach dem t-Test keine statistisch bedeutsamen Unterschiede. Mutter und Vater werden gleich unterstützend und gleich streng erlebt.

16.1.1. Geschlecht

Eine Überprüfung der Mittelwerte erlebter Unterstützung bzw. Strenge im Vergleich von Mutter und Vater erbrachte in der Teilstichprobe der Jungen keine Unterschiede. Mädchen hingegen erlebten die Mutter im Vergleich zum Vater unterstützender ($z = -4.06$; $p < .00$), während sie die Strenge beider Eltern gleich erleben.

Geschlechtsspezifische Unterschiede im Erleben von Unterstützung bzw. Strenge ließen sich nur für das Erleben des Vaters nachweisen. Nach der t-Test-Überprüfung der Mittelwertunterschiede erwies sich, daß Jungen den Vater unterstützender erleben als Mädchen ($z = 1.90$; $p < .06$). Zugleich erleben Jungen jedoch den Vater strenger im Vergleich zu den Mädchen ($z = 2.24$; $p < .03$).

Offenbar erleben Jungen eine größere Intensität bzw. ein größeres Engagement des Vaters an der Erziehung, während Mädchen den Vater eher desinteressiert wahrnehmen. Diese geschlechtsspezifischen Perzeptionen können als Indikator geschlechtsspezifischer Identifikationen angesehen werden. Sie gehen auf geschlechtsspezifische Interaktionsweisen zwischen Eltern und Kind zurück und weisen zugleich auf unterschiedliche Bedeutung und Funktion des gleich- und gegengeschlechtlichen Elternteils im Verlauf der Entwicklung hin.

Die spezifische Bedeutung des Vaters für Jungen (vielleicht auch umgekehrt als Bedeutung des Jungen für den Vater) könnte mit dem Alter der Pbn in Beziehung stehen. Einerseits könnte das Verhalten von Jungen zum Beginn der Pubertät stärker als bei Mädchen eine Kontrolle der Erziehungsautorität des Vaters hervorrufen. Andererseits könnte zu diesem Entwicklungszeitpunkt eine Identifikation des Jungen mit der Berufsrolle des Vaters einsetzen, die möglicherweise in diesem Alter überhaupt erst kognitiv verarbeitet und im Hinblick auf die eigene Berufsrolle interpretiert wird. Der Befund ließe sich dann in Hinblick auf die Differenzierung von PARSONS & BALES (1955; vgl. auch S. 216) in ‚instrumentelle' Rolle des Vaters gegenüber der ‚expressiven' Rolle der Mutter im familialen Beziehungssystem interpretieren. Während die familiale Rolle der Mutter von beiden Geschlechtern verarbeitet worden ist, besteht eine größere Distanz in der Erfahrung der instrumentellen Rolle des Vaters (vgl. LYNN 1969). Die Auseinandersetzung mit der instrumentellen Rolle des Vaters könnte dann für Jungen in unserem Kulturraum gerade besonders wichtig werden, wenn er die eigene kulturelle Rolle zu begreifen beginnt.

16.1.2. Schicht

Der Vergleich der Mittelwerte erlebter Unterstützung bzw. Strenge von Vater und Mutter erbrachte nach dem t-Test nur in der UUS einen statistisch bedeutsamen Unterschied im Erleben von Mutter und Vater: Die Pbn der UUS erleben die Mutter im Vergleich zum Vater tendenziell unterstützender ($z = -1.82$; $p < .08$).
Schichtspezifische Unterschiede im Erleben von Unterstützung bzw. Strenge von Mutter und Vater zeigten sich nach dem Ergebnis einer Varianzanalyse nur im Erleben der Mutter ($F = 5.77$; 2df, $p < .01$). Während die Unterstützung der Mutter von den Pbn der UUS und MS gleich erfahren wird, zeigt der Mittelwert der Pbn der OUS an, daß sie die Mutter im Vergleich zu den beiden anderen Schichten weniger unterstützend erleben.
Im Unterschied zu den zahlreichen Ergebnissen schichtspezifischer Sozialisation (vgl. z. B. ZIGLER & CHILD 1973; MOLLENHAUER 1969; CAESAR 1972; MILLHOFFER 1973; u. a.) ergeben sich also nur für eine Dimension –, nämlich die der mütterlichen Unterstützung – schichtspezifische Unterschiede. Überraschenderweise sind auch in dieser Dimension die Pbn der UUS und MS gleich und unterscheiden sich gemeinsam von der OUS. Die OUS erlebt ein tendenziell restriktiveres Sozialisationsklima im Vergleich zu den beiden anderen Schichten. Wir werden die spezielle Stellung dieser sozialen Schichtgruppe auch an anderer Stelle diskutieren.
Sehr interessant erscheint der Befund, daß der Vater in der UUS weniger unterstützend als die Mutter erlebt wird. Die oft beschriebene ‚Sozialisationsschwäche' des US-Vaters (vgl. NEIDHARDT 1968) bestätigt sich in diesem Ergebnis. Da gerade die (erlebte) Unterstützung des Vaters von besonderer Bedeutung für die intellektuelle und schulische Entwicklung des Kindes ist (s. S. 235), scheint dieser Mangel an Zuwendung besonders folgenreich für die Entwicklung zu sein.
Inwiefern sich die von HOFFMAN (1970) beschriebene Form der Mittelschichterziehung als Manipulation von Liebesentzug in dem von uns gewählten Verfahren abbilden läßt, ist fraglich. Die Dimension der Strenge ist vorwiegend durch Fragen zur physischen Bestrafung repräsentiert und erfaßt damit gerade nicht jenes auf Verinnerlichung und Schuldgefühle gerichtete elterliche Verhalten, welches für die Sozialisation durch Liebesentzug kennzeichnend ist.
Es ist jedoch interessant, daß trotz der geringen schichtspezifischen Unterschiede im erlebten Erziehungsverhalten die Rolle der Schichtzugehörigkeit als Indikator für die intellektuelle Entwicklung (vgl. S. 246) und für die Schullaufbahn (vgl. S. 245) des Kindes erwartungsgemäß bestehen

bleibt. Dies bestätigt, daß im soziologischen Indikator der Schichtzugehörigkeit Dimensionen der Lebensumwelt repräsentiert sind, die für schulische Selektionsprozesse von entscheidender Bedeutung sind. Diese Dimensionen werden durch den hier vorgegebenen Erziehungsfragebogen offenbar nicht erfaßt (zur weiteren Diskussion der schichtspezifischen Erziehungsmuster s. S. 220 f.).

16.2. Analyse von Erziehungsmustern

Da wir bei der Analyse der Beziehungen von erlebtem Erziehungsverhalten und RÜ-Leistungen auch die gemeinsame Auswirkung von erlebter Unterstützung und Strenge auf das Strukturniveau der RÜ (Erreichen oder Nichterreichen der qualitativ höchsten Kategorie PE) überprüfen wollen, soll im folgenden die Bildung von Erziehungsmustern diskutiert und die Verteilung der Erziehungsmuster aufgezeigt werden, wie sie sich in der Gesamtstichprobe und in den Teilstichproben darstellt.
Analog der Analyse von Stapf et al. (1972) wird Erziehung als ein komplexes Zusammenwirken beider Variablen angesehen. Nimmt man an, daß Strenge und Unterstützung unabhängig voneinander variieren, so kann man das System elterlicher Erziehung in folgender Weise darstellen:

Abbildung 2: System der elterlichen Erziehung (nach STAPF u. a., 1972, S. 38)

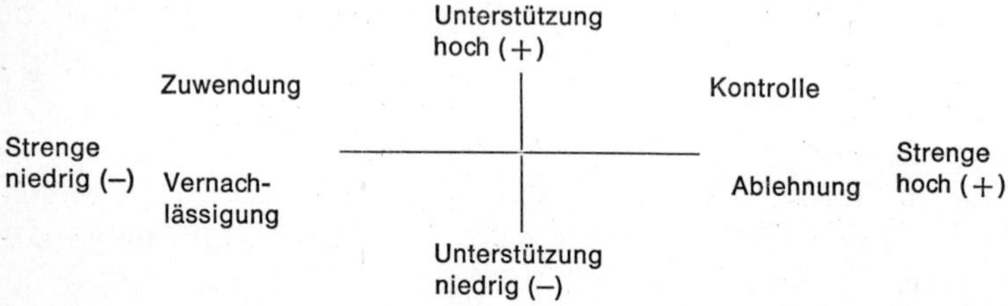

Die Kombinationen, die sich daraus ergeben, lassen sich – wie Herrmann (1972, S. 47) schreibt – mit einigen Bedenken, dennoch plausibel – den in der Literatur zur Erziehungsstilforschung diskutierten Dimensionen elterlichen Verhaltens, nämlich Zuwendung, Ablehnung, Kontrolle und Vernachlässigung (von Herrmann als Liberalität bezeichnet) zuordnen.

Demnach würde *zuwendendes* Erziehungsverhalten dadurch gekennzeichnet sein, daß relativ hohe Unterstützung mit eher geringer Strenge einher geht. *Ablehnung* stellt eine Kombination aus niedriger Unterstützung und hoher Strenge dar; *Kontrolle* bedeutet hohe Unterstützung, die mit relativ hoher Strenge einher geht; *Vernachlässigung* schließlich ist durch niedrige Unterstützung in Verbindung mit eher niedriger Strenge gekennzeichnet.
Wegen der relativ geringen Anzahl der Pbn haben wir – entsprechend dem Vorgehen von A. Stapf (1974) – zur Bildung von Erziehungsmustern das Verfahren gewählt, die Pbn-Gruppe am Median der jeweiligen Dimension zu teilen. Dieses Verfahren hat den Nachteil, daß die Pbn-Gruppe (zumindest bei annähernder Normalverteilung) dort getrennt wird, wo die Werte der meisten Pbn liegen. Dadurch können Pbn verschiedenen Gruppen zugeordnet werden, die hinsichtlich der gemessenen Variable ähnlich sind. Zudem werden möglicherweise Beziehungen zwischen Erziehungsverhalten und den Kriteriumsvariablen verdeckt, die sich nicht im mittleren Bereich, sondern in den Extremgruppen bemerkbar machen. So könnte mittlere Strenge andere Auswirkungen für die Entwicklung haben als sehr hohe Strenge; ähnliches könnte für sehr niedrige Unterstützung im Vergleich zu mittlerer Unterstützung gelten. Die Zusammenfassung von Pbn mit mittleren und extremen Werten in einer Gruppe könnte dann dazu führen, daß die Ergebnisse nicht deutlich genug hervortreten.

Eine weitere Möglichkeit der Klassifikation des elterlichen Erziehungsverhaltens ergibt sich durch die Kombination des erlebten Unterstützungs- bzw. Strengeverhaltens von Mutter und Vater. Die Trennung der Variablen Strenge und Unterstützung am Median führt zu den Mustern hoher, niedriger sowie inkonsistent erlebter Unterstützung bzw. Strenge von Mutter und Vater. In dieser Kombination können die Auswirkungen elterlichen Erziehungsverhaltens auf die RÜ-Fähigkeit für jeweils eine der beiden Dimensionen (Unterstützung oder Strenge) überprüft werden, während in der zuvor genannten Kombination die gemeinsamen Effekte von Unterstützung und Strenge bei jeweils einem Elternteil erfaßt werden. Die Verteilung der erlebten Erziehungsmuster in der Gesamtstichprobe ist in Tabelle 5 dargestellt.

Tabelle 5: Häufigkeit der Erziehungsmuster

		Mutter	Vater
A) Zuwendung (Unterstützung hoch/Strenge niedrig		20	15
Kontrolle (Unterstützung hoch/Strenge hoch)		14	20
Vernachlässigung (Unterstützung niedrig/Strenge niedrig)		15	18
Ablehnung (Unterstützung niedrig/Strenge hoch)		18	14
B) Unterstützung von Mutter und Vater	hoch	24	
	niedrig	22	
	inkonsistent	21	
Strenge von Mutter und Vater	hoch	25	
	niedrig	26	
	inkonsistent	16	

Die vier Erziehungsmuster, die sich aus der Kombination von erlebter Unterstützung und Strenge ergeben, sind für Mutter und Vater ziemlich gleichmäßig in der Stichprobe verteilt. Dasselbe gilt für das kombinierte Unterstützungs- bzw. Strengeverhalten. Nur das Muster inkonsistenter Strenge beider Eltern tritt im Vergleich zum konsistenten Erleben niedriger oder hoher Strenge seltener auf.

16.3. Zusammenfassung

Die Ergebnisse in der Gesamtstichprobe bestätigen die empirische Unabhängigkeit der Dimensionen erlebter Unterstützung und Strenge. Geschlechtsspezifische Unterschiede deuten darauf hin, daß Jungen eine größere Erziehungsintensität seitens des Vaters im Vergleich zur Mutter erleben. Schichtspezifische Unterschiede bestehen in der mütterlichen Unterstützung: Schüler der OUS erleben ihre Mutter weniger unterstützend im Vergleich zu den beiden anderen Schichten. Auch die Kombination der Dimensionen zu Erziehungsmustern läßt gewisse Tendenzen geschlechts- und schichtspezifischer Erlebnisunterschiede offenbar werden. So scheinen MS-Schüler tendenziell eher Zuwendung, OUS-Schüler eher Punitivität und Schüler der UUS Vernachlässigung (vor allem seitens des Vaters) zu erleben.

17 Beziehungen zwischen erlebtem Erziehungsverhalten und Rollenübernahme

17.1. Allgemeine Vorbemerkungen

Wir haben für die statistischen Auswertungen der Beziehung zwischen RÜ und erlebtem Erziehungsverhalten bisher die Vorgehensweise gewählt, sowohl die beiden Situationen Familie und Schule getrennt zu behandeln als auch einen Gesamtwert über beide Situationen hinweg zu bilden. Dieser Gesamtwert rechtfertigt sich als Repräsentation eines allgemeinen Niveaus im Verstehen interpersonaler Beziehungen, also einer ‚allgemeinen' Fähigkeit zur RÜ über verschiedene Erfahrungssituationen hinweg. Entsprechend wurde in bisherigen Untersuchungen zum RTT stets ein Gesamtwert über verschiedene Situationen als Indikator der RÜ-Fähigkeit herangezogen. Das Problem situationsspezifischer RÜ-Leistungen, wie wir es unter dem Aspekt einer Theorie der ‚décalages' diskutiert haben fand dabei bisher keine Berücksichtigung.

Gerade für eine entwicklungspsychologische Untersuchung der sozialen Konstitution von RÜ-Fähigkeiten stellt sich jedoch die Frage nach einer (entwicklungslogisch bestimmten) Abfolge des Erwerbs dieser Fähigkeiten und damit zugleich nach möglicherweise entwicklungsspezifischen Beziehungen zwischen RÜ-Fähigkeiten und Erziehungsverhalten.

Wir haben in der vorangehenden Diskussion die situationsspezifischen RÜ-Leistungen vor allem im Rahmen einer Theorie der ‚décalages' zu interpretieren versucht. Nach unserer theoretischen Konzeption bietet die Familie die frühesten Lernmöglichkeiten für Interaktion, die zur Genese der RÜ-Fähigkeit führen. Diese theoretische Überlegung stützt die Annahme, daß RÜ-Fähigkeiten auch im Kontext einer Familiensituation zunächst leichter verfügbar sind als in anderen Situationen. Die generell besseren RÜ-Leistungen der Pbn in der Familiensituation könnten also auf einer entwicklungspsychologisch-sozialisatorischen Stadienfolge im Erwerb der RÜ beruhen.

Die generell schlechteren RÜ-Leistungen in der Schulsituation ließen sich dann, wie wir bereits angedeutet haben, damit erklären, daß einerseits die Fähigkeiten zur RÜ in diesem Kontext zum gegebenen Zeitpunkt der sozial-kognitiven Entwicklung noch in einem geringeren Maße ausgebildet und verfügbar sind; es handelt sich dann um *décalages* zwischen bereichsspezifisch unterschiedlich entfalteten sozial-kognitiven Fähigkeiten. Über die Gründe für décalages in diesem Bereich können wir jedoch beim gegenwärtigen Stand der Forschung nur spekulative Hypothesen formulieren, wie dies oben (S. 194 f.) geschehen ist. Andererseits können neben diesen generellen Gründen für niedrigere RÜ-Leistungen in der Schulsituation auch situationsspezifische bzw. differentielle Gründe ihre Wirkung entfalten: so können affektive Blockierungen als Folge angstbesetzter Erfahrungen in der schulischen Leistungssituation die Leistungsfähigkeit zusätzlich hemmen.

Die Ergebnisse der sozialisationstheoretischen Fragestellung, die wir im folgenden darstellen, verweisen folglich auf die Problematik der Verwendung des Gesamtwertes. Zwischen den RÜ-Leistungen in den beiden Situationen – die ja zugleich Unterschiede im Strukturniveau der RÜ-Fähigkeiten beinhalten – und den Dimensionen des erlebten Erziehungsverhaltens ergeben sich unterschiedliche Beziehungen. Im RÜ-Gesamtwert, der das Leistungsniveau über beide Situationen hinweg angibt, werden die unterschiedlichen Beziehungen verdeckt. Die Verwendung des Gesamtwertes kann insofern aus einer entwicklungstheoretischen Perspektive, in der Stadien der strukturellen Integration einer Fähigkeit und die konstitutionstheoretische Analyse solcher Stadien wichtig sind, als problematisch gelten.

Wir haben uns dennoch entschlossen, den Gesamtwert neben den Einzelsituationen in die Auswertung aufzunehmen. Da der Gesamtwert die RÜ-Leistungen über beide Situationen hinweg addiert, kann er als ein allgemeines, situations-übergreifendes Maß der RÜ-Fähigkeit angesehen werden. Es erscheint folglich aus einer anderen Perspektive durchaus zulässig, die Frage zu stellen, mit welchen Erziehungsbedingungen dieses allgemeine Niveau der RÜ kovariiert. Dies ist insbesondere dann der Fall, wenn das Fähigkeitsniveau eines Individuums von einem externen Beobachter evaluiert wird und angenommen werden kann, daß eine „mittlere Leistung" die Bewertung der Fähigkeit beeinflußt, wie es etwa beim Urteil des Lehrers über die Eignung eines Schülers für den Besuch eines weiterführenden Schulzweiges wahrscheinlich ist. Bei der Analyse von Zusammenhängen, die zwischen RÜ-Leistungen und Indikatoren des Schulerfolgs auftreten, werden wir folglich vor allem den RÜ-Gesamtwert heranziehen. Nach wie vor sind konstitutionstheoretisch jedoch stets die Ergebnisse aus den Einzelsituationen relevant; denn eine Theorie der Genese sozial-kognitiver Fähigkeiten hat im einzelnen zu klären, über welche Erfahrungs- und Lernsituationen und über welche familialen Bedingungen sich die Fähigkeit zur RÜ entfaltet und stabilisiert. Für eine solche differentielle Theorie allerdings lassen sich aus dieser Untersuchung nur erste Ansätze ableiten.

Wir werden also in den folgenden Kapiteln, wenn wir den Zusammenhang zwischen RÜ und erlebtem Erziehungsverhalten analysieren, jeweils den Gesamtwert wie die Werte aus den beiden Einzelsituationen in die Argumentation einbeziehen. Aus den oben diskutierten Gründen scheint indessen eine stärkere Berücksichtigung der Beziehungen in den Einzelsituationen für die Interpretation angemessen.

17.1.1. Korrelationen

Entsprechend den theoretisch begründeten Hypothesen erwarten wir positive Beziehungen zwischen erlebter Unterstützung und den RÜ-Leistungen und negative Beziehungen zwischen erlebter Strenge und RÜ. Tabelle 6 gibt zunächst die Korrelationen für den RÜ-Gesamtwert und die beiden RÜ-Situationen an.

Tabelle 6: Produkt-Moment-Korrelationen zwischen erlebtem Erziehungsverhalten und RTT-Leistung[1]

	Mutter Unterstützung (MU)	Mutter Strenge (MS)	Unterstützung Vater (VU)	Vater Strenge (VS)
RÜ-Gesamt	.33 **	–.34 **	.34 **	–.33 *
RÜ-Familie	.08	–.34 **	.40 ***	–.28 *
RÜ-Schule	.36 **	–.09	.14	–.18

* $p < .05$; ** $p < .01$; *** $p < .001$

Die theoretischen Überlegungen bestätigen sich also für den RÜ-Gesamtwert, während sich für die beiden Situationen Familie und Schule einerseits differentielle Beziehungen zwischen erlebter Unterstützung oder Strenge und den RÜ-Leistungen ergeben sowie andererseits eine differentielle Bedeutung von Mutter und Vater für die Leistungen. Erstaunlicherweise ist die erlebte Unterstützung der Mutter kein Prädikator für den RÜ-Wert in der Familiensituation, während umgekehrt in der Schulsituation allein die erlebte Unterstützung der Mutter die RÜ-Leistung vorhersagt.

Da zwischen erlebter Unterstützung des Vaters und Intelligenz (PSB) eine signifikant positive Korrelation von $r = 0.33$ ($p < .01$) besteht und PSB-Intelligenz und RÜ ebenfalls relativ hoch miteinander korrelieren (vgl. S. 234), wurde durch die Berechnung von Partialkorrelationen

[1] Je größer der Strengewert, desto höhere Strenge; je größer der Unterstützungswert, desto höhere Unterstützung.

der Einfluß der Intelligenz auf die Beziehung zwischen RÜ und erlebter Unterstützung des Vaters eliminiert.
Die Korrelationen verringern sich dann wie folgt:

Vater-Unterstützung korreliert mit	RÜ-Gesamt:	.24 ($p < .03$)
	RÜ-Familie:	.29 ($p < .01$)
	RÜ-Schule:	.01

Die Vorgehensweise der Partialisierung geht von der theoretischen Annahme aus, daß die Beziehung zwischen RÜ und erlebter Unterstützung des Vaters über Intelligenz vermittelt ist, das heißt, daß erlebte Unterstützung die Genese der Intelligenz beeinflußt und diese wiederum die Fähigkeit zur RÜ. Diese Beziehungskette ist freilich nicht zwingend, denn theoretisch könnte die Beziehung auch so verlaufen, daß umgekehrt die intellektuelle Entwicklung über die Fähigkeit zur RÜ vermittelt wird. Es wäre dann anzunehmen, daß die erlebte Unterstützung des Vaters Fähigkeiten zur RÜ stimuliert. Dies wiederum würde mit einer größeren Bereitschaft zur Kontaktaufnahme mit der sozialen Umwelt einhergehen und über eine generelle Erweiterung der Handlungsspielräume und Stimulierung exploratorischen Verhaltens die Genese intellektueller Fähigkeiten anregen. Wahrscheinlich erwiese es sich jedoch fruchtbarer, statt von der Annahme kausaler Beziehungen theoretisch von einem komplexeren Wechselwirkungsmodell auszugehen. Unbeschadet dieser theoretischen Überlegungen zur genetischen Priorität von Intelligenz oder RÜ-Fähigkeiten läßt sich aus dem Ergebnis folgern, daß auch unabhängig von der Intelligenz des Schülers eine signifikant positive Beziehung zwischen der RÜ in der Familiensituation und erlebter Unterstützung des Vaters besteht. Diese Beziehung nimmt jedoch zu, wenn die Schüler intelligenter sind. Ein zuwendend erlebtes Verhalten des Vaters scheint mit positiven Effekten der Entwicklung in Zusammenhang zu stehen, denn die drei Variablen erlebte Unterstützung des Vaters, RÜ sowie Intelligenz sind Indikatoren für Realschulzugehörigkeit (vgl. S. 239 ff.): Schüler, die den Vater unterstützend erleben, erlangen bessere RÜ-Werte (vor allem in der Familiensituation), sie sind ferner intelligenter und sind eher in der Realschule.
Als nächstes wurde die Hypothese überprüft, ob nichtlineare Beziehungen zwischen den RÜ-Leistungen und den Variablen des elterlichen Erziehungsverhaltens bestehen. Nach der theoretischen Diskussion war die Möglichkeit nicht auszuschließen, daß erlebte Unterstützung und RÜ in einer kurvilinearen Beziehung miteinander stehen könnten. Dabei gingen wir von der Vermutung aus, daß erlebte Unterstützung im mittleren Bereich der Verteilung Nähe und Distanz zugleich beinhaltet und daher die

günstigste Bedingung für die Genese der RÜ-Fähigkeiten darstellt, während hoch erlebte Unterstützung die Entwicklung der RÜ eher behindern könnte.

Auch für die erlebte Strenge wurde zur Überprüfung der Befunde CHANDLERS (vgl. S. 120) die Hypothese aufgestellt, daß hoch erlebte Strenge gegenüber Strenge im mittleren Verteilungsbereich mit besseren RÜ-Leistungen einhergehen könnte, da die Fähigkeit zur RÜ in einer sehr punitiven Umwelt besonders lebensnotwendig sein könnte.

Um diese Annahmen zu überprüfen wurden die beiden Unterstützungs- sowie die beiden Strengevariablen nach der empirischen Verteilung der Werte zu drei Gruppen zusammengefaßt: Zu einer relativ großen Mittelgruppe und zwei Extremgruppen niedriger und hoher Werte. Die RÜ-Leistungen der Pbn dieser drei Gruppen wurden anhand der Mittelwerte miteinander verglichen. Für alle Variablen des Erziehungsverhaltens ergab sich annähernd das gleiche Bild: Sofern eine signifikante Korrelation bestand, nahmen die Mittelwerte im Vergleich der Gruppen niedriger, mittlerer oder hoher Unterstützung stetig zu, im Vergleich der Strengegruppen hingegen nahmen sie stetig ab.

Nach den Ergebnissen von t-Tests erbrachten die Pbn, die hohe Unterstützung oder niedrige Strenge erlebten, hoch signifikant bessere RÜ-Leistungen in der Familiensituation als die Pbn, die niedrige Unterstützung bzw. hohe Strenge erlebten:

Mutter Strenge	hoch/niedrig:	$z = 2.93$ $p < .01$
Vater Unterstützung	hoch/niedrig:	$z = 4.03$ $p < .00$
Vater Strenge	hoch/niedrig:	$z = 3.19$ $p < .00$

Nur zwischen dem Erleben der mütterlichen Unterstützung und RÜ in der Familiensituation besteht kein Unterschied. In der Schulsituation hingegen erweist sich nach dem t-Test nur ein signifikanter Mittelwertunterschied der RÜ-Leistungen, wenn die Gruppen hohe vs. niedrig erlebte Unterstützung der Mutter verglichen werden. Auch hier erbringen die Pbn bessere RÜ-Leistungen, die hohe Unterstützung erleben ($z = 2{,}93$, $p < .07$).

Weder für erlebte Unterstützung noch für Strenge bestätigen sich danach die Hypothesen nicht-linearer Beziehungen, obwohl die Bildung von Extremgruppen in einer für die Hypothese eher günstigen Weise der Bildung von Extremgruppen anhand der Verteilung erfolgte. Erlebte Unterstützung wirkt sich dann, wenn eine positive Beziehung zur RÜ besteht, auch im Bereich hoher Unterstützung fördernd aus, während umgekehrt erlebte Strenge, wenn sie eine Beziehung zur RÜ aufweist, auch im Bereich hoher Strenge hemmend wirkt.

Neben den Mittelwertvergleichen wurde die Linearität der Beziehungen durch die Berechnung von Polynomen überprüft (vgl. KERLINGER und PEDHAZUR, 1973, S. 208 ff.).
Nur die Korrelationen zwischen erlebter Unterstützung des Vaters, dem RÜ-Gesamtwert und dem RÜ-Wert in der Familiensituation (sowie auch Schulzweigzugehörigkeit und Intelligenz) wiesen bei dieser Überprüfung nicht-lineare Anteile in der Beziehung auf.
Die Prädikation der RÜ-Werte verbessert sich signifikant, wenn die quadrierten Unterstützungswerte zusätzlich in die Regressionsgleichung aufgenommen werden. R^2 steigt für den RÜ-Gesamt auf $r = .41$ an, für RÜ-Familie auf $r = .46$. Beide Differenzen sind nach der Berechnung des F-Wertes (KERLINGER und PEDHAZUR, 1973, S. 208) signifikant auf dem 1 % Niveau.[2]
Die Inspektion der Scattergramme zeigte, daß eine positive Korrelation vor allem im Bereich von hoch erlebter Unterstützung (> Median) vorlag, während im Bereich niedrig erlebter Unterstützung keine so deutliche Beziehung zwischen RÜ und erlebter Unterstützung bestand.
Die Berechnung von Korrelationen innerhalb der Teilgruppen erlebter hoher (> Median) und niedriger (< Median) Unterstützung bestätigte, daß in der Gruppe der Pbn, die hohe Unterstützung vom Vater erlebten, signifikant positive Korrelationen zwischen dem Unterstützungswert und dem RÜ-Gesamtwert ($r = .48$; $p < .01$) bestanden. Hingegen bestanden in der Gruppe der Pbn, die niedrige Unterstützung erlebten, keine Beziehungen. Der Einfluß des erlebten Erziehungsverhaltens des Vaters wird demnach für die RÜ-Leistung eher dann bedeutsamer, wenn er zuwendender erlebt wird.

17.1.2. Multiple Regressionen

Neben der Analyse der Beziehung zwischen den RÜ-Werten und den einzelnen Dimensionen des elterlichen Erziehungsverhaltens wurde in multiplen Regressionsanalysen die Auswirkung mehrerer Variablen gleichzeitig auf die RÜ überprüft. Dadurch können die Auswirkungen aller vier Variablen des Erziehungsverhaltens in ihrer Bedeutung für die RÜ-Leistungen gemeinsam abgeschätzt werden; außerdem können andere – ebenfalls als unabhängig definierte Variablen wie Geschlecht, Schicht und Intelligenz – in die Analyse einbezogen werden.

---

[2] In der multiplen Regression bei Einbezug aller vier Erziehungsdimensionen als Prädiktoren veränderte sich der Beitrag der Dimension erlebter Unterstützung des Vaters kaum, wenn die quadrierten Werte zusätzlich einbezogen wurden.

Nach Kerlinger und Pedhazur (1973) sollte die Anzahl der Pbn für eine multiple Regression zwar bei etwa 100 liegen, um die Aussagen über die Regressionsgewichte verläßlich zu machen, doch lassen sich für exploratorische Zwecke durchaus auch bei einer geringeren Probandenzahl Hypothesen für weiterführende Untersuchungen eruieren. Gaensslen und Schuboe (1973) stellen lediglich die Forderung auf, daß die Anzahl der in der Regressionsgleichung aufgenommenen Variablen nicht die Anzahl der Probanden übersteigen darf. Allerdings erschien es uns wegen der genannten Bedenken nicht sinnvoll, neben den Regressionen in der Gesamtgruppe noch weitere Analysen in Teilgruppen durchzuführen.
Um den Einfluß des erlebten Erziehungsverhaltens auf die RÜ-Leistungen zu bestimmen, wurde die Variable Intelligenz als Kontrollvariable zuerst in die Regressionsgleichung einbezogen, um dann zu bestimmen, welchen zusätzlichen Beitrag die Variablen des Erziehungsverhaltens zur Erklärung der RÜ-Leistung erbringen. Zusätzlich wurden jedoch zum Vergleich auch Regressionen berechnet, in denen die Variablen des Erziehungsverhaltens zuerst einbezogen wurden. Dadurch sollte der relative Beitrag der Variablen des Erziehungsverhaltens bei veränderter Abfolge in der Eingabe der Variablen bestimmt werden. Einerseits erscheint die Frage theoretisch sinnvoll, welchen Beitrag die Intelligenz zusätzlich zum Erziehungsverhalten zur Erklärung der Varianz in den RÜ-Leistungen erbringt, denn theoretisch sind ja sowohl RÜ als auch Intelligenz in Abhängigkeit vom elterlichen Erziehungsverhalten zu sehen, wenn auch die Beziehung der affektiven Dimensionen elterlichen Verhaltens zur RÜ enger als zur Intelligenz sein dürfte.
Andererseits stellt es eines der schwierigsten Probleme der multiplen Regression dar, daß bei Korrelation der Prädiktoren untereinander der Beitrag der Einzelvariablen sich in Abhängigkeit danach verändert, an welcher Stelle die Variablen in die Regressionsgleichung aufgenommen wird. Die Umkehrung der Reihenfolge der Prädiktoren erscheint also sowohl aus theoretischen Gründen sinnvoll, als auch um die Veränderungen des Beitrages abzuschätzen, den die jeweiligen Variablen bei veränderter Abfolge für die Prädiktion leisten.
Als ein weiteres Problem stellte sich die hohe Interkorrelation der Prädiktoren erlebte Unterstützung bzw. erlebte Strenge von Mutter und Vater dar. Die Unterstützungs- bzw. Strengevariable, welche aufgrund der Höhe der Einzelkorrelation als erste in die Regressionsgleichung aufgenommen wird, zieht zugleich den Anteil der Varianz auf sich, den die zweite (Unterstützungs- oder Strenge-)-Variable mit dem Kriterium gemeinsam hat, so daß die an zweiter Stelle aufgenommene Unterstützungs- oder Strengevariable, sofern sie als Einzelkorrelation ebenfalls eine signifikante Beziehung zur RÜ aufweist, nur noch einen äußerst geringen Beitrag zur Prädiktion leistet. Hier handelt es sich wieder um das oben genannte Problem der Regressionsanalyse, daß der Anteil, den eine Variable zur Prädiktion leistet, bei korrelierenden Prädiktoren danach variiert, an welcher Stelle die Variable in die Gleichung aufgenommen wird. Der Unterschied des Beitrages wird um so größer sein, je höher die Interkorrelationen sind. So leistet z. B. die erlebte Strenge der Mutter einen signifikanten Beitrag zur Prädiktion der RÜ-Gesamtleistung, während die erlebte Strenge des Vaters keinen Zuwachs des multiplen Korrelationskoeffizienten R mehr bedingt – obwohl die erlebte Strenge des Vaters als Einzelkorrelation eine signifikante Beziehung zur RÜ-Gesamtleistung aufweist.

Da theoretische a-priori-Entscheidungen über die Gewichtigkeit (und damit zugleich die Reihenfolge) der einzelnen Erziehungsdimensionen nicht möglich erscheinen, wurde innerhalb der Gesamtgruppe der vier Variablen zum Erziehungsverhalten keine Bestimmung der Abfolge vorgenommen. Die Selektion der Variablen erfolgte durch das Programm automatisch nach der Größe des Beitrages, den die Variable zur Prädiktion leistet. Durch diese Vorgehensweise entsteht dann allerdings der genannte Effekt, daß von zwei hoch miteinander und zugleich mit dem Kriterium korrelierten Variablen nur die an erster Stelle einbezogene Variable einen signifikanten Beitrag zur Prädiktion leistet.

Die Variablen Geschlecht und Schicht wurden hier nicht mehr aufgeführt, da sie, unabhängig von der Position ihrer Aufnahme in die Regressionsgleichung, keinen Beitrag für die Prädiktion der RÜ leisten (vgl. auch die Ergebnisse der Varianzanalyse S. 198 f.).

Wie bereits oben ausgeführt können wir die Ergebnisse dieser Regressionen lediglich als hypothesengenerierend, nicht aber als hypothesenprüfend interpretieren. Die relativ geringe Anzahl der Pbn bedingt, daß der Standardfehler der β-Gewichte relativ groß ist und damit die Regressionsgewichte unzuverlässig sind. Eine Kreuzvalidierung dieser Ergebnisse ist also unbedingt notwendig.

Die verschiedenen Analysen zeigen jedoch, daß das Erziehungsverhalten signifikant zur Erklärung der RÜ-Leistung beiträgt und zwar auch dann, wenn der Einfluß der Intelligenz in dieser Beziehung kontrolliert wird. Allerdings erhöhen fast immer nur zwei der Erziehungsvariablen die Prädiktion in einem signifikanten Ausmaß.

Die unterschiedliche Reihenfolge der Einbeziehung der Erziehungsvariablen in die Regression in Abhängigkeit davon, ob Intelligenz an erster oder letzter Stelle aufgenommen wurde, ist vor allem durch die signifikant positive Beziehung zwischen erlebter Unterstützung des Vaters und dem Intelligenztestwert bedingt: Wird Intelligenz an erster Stelle aufgenommen, dann wird die Beziehung zwischen erlebter Unterstützung des Vaters und RÜ um den mit der Intelligenz gemeinsamen Varianzanteil gemindert. Die Variable leistet dann einen geringeren Anteil an der Prädiktion als andere Variablen und wird dementsprechend erst später in die Gleichung aufgenommen als dann, wenn Intelligenz erst an letzter Stelle eingegeben wird. Entsprechend ändert sich dann der relative Beitrag der Intelligenz.

In den Ergebnissen der multiplen Regression (vgl. Tab. 7) bestätigen sich die situationsspezifischen Beziehungen zwischen den Dimensionen des erlebten Erziehungsverhaltens und den RÜ-Leistungen sowie die unterschiedliche Bedeutung von Mutter und Vater für die Erklärung der Varianz in den RÜ-Leistungen in den Situationen Familie und Schule.

Tabelle 7: Schrittweise multiple Regression mit vorgegebener Abfolge der Prädiktoren PSB-Intelligenz und erlebtes Erziehungsverhalten

1. Kriterium: RÜ in der Familiensituation

	Intelligenz	Mutter Unterstützung	Mutter Strenge	Vater Unterstützung	Vater Strenge
ß-Gewichte der Prädiktoren	.21	.26	.31	.46	.09

Beitrag der Variablen zur multiplen Korrelation	R	R^2		R	R^2
Intelligenz (1) *	.36	.13			
Erlebtes Erziehungsverhalten (2)			Erlebtes Erziehungsverhalten (1)		
Mutter Strenge	.49	.24	Vater Unterstützung	.40	.16
Vater Unterstützung	.57	.32	Mutter Strenge	.52	.27
Mutter Unterstützung	.61	.38	Mutter Unterstützung	.57	.32
Vater Strenge	.62	.38	Vater Strenge	.58	,33
			Intelligenz (2)	.62	.38

2. Kriterium: RÜ in der Schulsituation

	Intelligenz	Mutter Unterstützung	Mutter Strenge	Vater Unterstützung	Vater Strenge
ß-Gewichte der Prädiktoren	.32	.42	.09	.17	.18

Beitrag der Variablen zur multiplen Korrelation	R	R^2		R	R^2
Intelligenz (1)	.35	.12			
Erlebtes Erziehungsverhalten (2)			Erlebtes Erziehungsverhalten (1)		
Mutter Unterstützung	.46	.22	Mutter Unterstützung	.36	.13
Vater Unterstützung	.49	.24	Vater Strenge	.40	.16
Vater Strenge	.51	.26	Mutter Strenge	.42	.18
Mutter Strenge	.51	.26	Vater Unterstützung	.42	.18
			Intelligenz (2)	.51	.26

* Die Zahlen in den Klammern geben an, in welchem Schritt die Variable (bzw. erlebtes Erziehungsverhalten als Variablengruppe) in die Gleichung aufgenommen wurde.

Für diese differentiellen situationsspezifischen Beziehungen lassen sich vorderhand nur spekulative Erklärungen finden, die in weiteren Untersuchungen geklärt werden müßten. Wahrscheinlich müssen bei der Interpretation mehrere Faktoren berücksichtigt werden. Einerseits könnte die unterschiedliche Bedeutung von Mutter und Vater in den beiden Situationen durch die unterschiedlichen Funktionen bedingt sein, die ihnen als Kommunikationspartner des Kindes zukommen. So könnte die Kommunikation des Kindes mit dem Vater die RÜ-Fähigkeiten vor allem deshalb fördern, weil der Vater wegen seiner Berufstätigkeit einen wesentlichen Teil seiner Zeit außerhalb der Familie verbringt und deshalb an den Aktivitäten des Kindes oder der Familie weder in gleichem Maße noch in gleicher Weise teilnimmt wie die Mutter. Die Kommunikation mit ihm fordert folglich vom Kind einen Akt des Perspektivenwechsels, wenn es dem Vater familiales Geschehen vermitteln will. Das Engagement des Vaters an der Erziehung des Kindes und seine Zuwendung zum Kind müßten sich daher in besonderem Maße positiv auf die Fähigkeit zur RÜ in der Familiensituation auswirken. Die erlebte Zuwendung der Mutter könnte hingegen für die RÜ in der Schulsituation deshalb von besonderer Bedeutung sein, weil die interpersonellen Aspekte des schulischen Lebens vor allem in der Kommunikation mit der Mutter bearbeitet werden dürften. So ist anzunehmen, daß das Kind zunächst mit der Mutter bespricht, was im Schulalltag geschieht. Die Kommunikation mit ihr würde dann für die Schulsituation dieselbe Bedeutung haben, wie die Kommunikation mit dem Vater für die Familiensituation: demnach ist jeweils der Elternteil wichtig, der einerseits Kommunikationspartner ist und der andererseits eine gewisse Distanz zur Situation hat, über die das Kind kommunizieren will. Diese Distanz kann geradezu als eine Voraussetzung für die Kommunikation aufgefaßt werden, insofern sie den Anlaß dafür bietet bzw. das Bedürfnis nach ihr auslöst. Die Bedeutung der Mutter für die Erfahrungssituation Schule bezieht sich jedoch vor allem auf die interpersonellen Aspekte dieser Situation. Denn die Beziehung zwischen der erlebten Unterstützung des Vaters und der Schulzweigzugehörigkeit zeigt, daß die Leistungsaspekte der Schulsituation vorwiegend über den Vater vermittelt werden (vgl. S. 235). Dieses Ergebnis entspricht recht genau der Unterscheidung von expressiver Rolle der Mutter und instrumenteller Rolle des Vaters, wie sie Parsons (und Bales, 1955) in seinem funktionalistischen Rollenmodell entwickelt hat.

Neben der Interpretation dieser differentiellen Funktion von Mutter und Vater könnte möglicherweise auch der jeweilige Entwicklungsstand der RÜ-Fähigkeiten von Bedeutung für das Ergebnis sein. Die Hypothese erscheint nicht unwahrscheinlich, daß bei einer Stichprobe von jüngeren

Kindern die erlebte Unterstützung der Mutter in der Familiensituation ebenso bedeutsam sein könnte wie in der Schulsituation.
Hier wäre also daran zu denken, daß die erlebte Unterstützung der Mutter während bestimmter Phasen der Entwicklung der RÜ oder spezifischer RÜ-Fähigkeiten von besonderer Bedeutung sein könnte, während diese Dimension zu einem späteren Zeitpunkt der Entwicklung nicht mehr differenziert.
Zugleich weist die Bedeutung, welche die erlebte Strenge der Mutter für die RÜ in der Familiensituation besitzt, darauf hin, daß Strenge nicht einfach niedrige Unterstützung meint. Beide Dimensionen haben unterschiedliche Bedeutung für die Genese und Aktualisierung der RÜ-Fähigkeiten. Dabei wirkt erlebte Strenge – zumindest für die Familiensituation – allgemein inhibitorisch, während für die Unterstützungsdimension vermutlich zusätzliche differenzierende Bedingungen berücksichtigt werden müssen. Über die Bestimmung der affektiven Dimensionen hinaus ist hier insbesondere an die Erfassung spezifischer kognitiver und kommunikativer Bedingungen familialer Interaktion zu denken.

17.1.3. Zusammenfassung

Die Interkorrelationen zwischen RÜ und den Dimensionen des erlebten Erziehungsverhaltens zeigen, daß erlebte Unterstützung und Strenge beider Eltern unterschiedlich bedeutsam sind, und zwar auch in Abhängigkeit von der RÜ-Situation.
Während sich in der Familiensituation das erlebte Erziehungsverhalten des Vaters als bedeutsamer für die RÜ-Leistung erweist, ist die RÜ-Leistung in der Schulsituation vorwiegend durch die erlebte Unterstützung der Mutter determiniert. Die Beziehung zwischen RÜ und erlebter Unterstützung durch den Vater ist deutlicher einerseits bei intelligenten Kindern sowie andererseits in der Gruppe der Kinder, die ihn hoch unterstützend erleben. Kurvilineare Beziehungen lassen sich nicht nachweisen. Die multiplen Regressionen bestätigen die Relevanz elterlichen Erziehungsverhaltens für die Prädiktion der RÜ-Leistung auch bei Kontrolle der Intelligenz.

17.2. Analyse der Beziehungen zwischen erlebtem Erziehungsverhalten und RÜ in Teilstichproben

17.2.1. Geschlecht

Bevor die Beziehung von RÜ und erlebtem Erziehungsverhalten bei Jungen und Mädchen aufgezeigt wird, soll eine Inspektion der Interkorrelationen der einzelnen Erziehungsdimensionen in den beiden Gruppen erfolgen. Dabei ergibt sich, daß bei den Mädchen die von dem Meßinstrument vorausgesetzte Unabhängigkeit der Konstrukte Unterstützung und Strenge im Erleben der Mutter nicht gewahrt ist. Mädchen erleben die Mutter dann zugleich strenger, wenn sie sie weniger unterstützend erleben ($r = .40$, $p < .05$). Strenge und Unterstützung stellen hier folglich nicht zwei unabhängige Dimensionen dar, wie in der Gesamtstichprobe oder bei den Jungen. Dies muß bei der Interpretation der Beziehungen zwischen RÜ und erlebtem Erziehungsverhalten der Mutter berücksichtigt werden.
Die folgende Tabelle 8 zeigt die Korrelationen für Jungen und Mädchen.

Tabelle 8: Produkt-Moment-Korrelationen zwischen RTT-Leistung und erlebtem Erziehungsverhalten bei Jungen und Mädchen

Jungen

	Mutter Unterstützung	Mutter Strenge	Vater Unterstützung	Vater Strenge
RÜ-Gesamt	.20	–.48 **	.32 *	–.44 **
RÜ-Familie	.04	–.44 **	.42 *	–.38 *
RÜ-Schule	.20	–.11	.04	-.14

Mädchen

	Mutter Unterstützung	Mutter Strenge	Vater Unterstützung	Vater Strenge
RÜ-Gesamt	.46 **	–.01	.51 **	–.07
RÜ-Familie	.21	–.17	.39 *	–.14
RÜ-Schule	.49 **	–.02	.48 **	–.13

* p < .05; ** p < .01

In den beiden Gruppen ergeben sich differentielle Muster der Beziehung zwischen RÜ und den Dimensionen des erlebten Erziehungsverhaltens. Obwohl die Interpretation dieser Unterschiede weitgehend spekulativ bleiben muß – und damit die Notwendigkeit weitergehender Untersuchungen der geschlechtsspezifischen Differenzierungen und Sozialisation der RÜ offenkundig wird – sollen einige auffällige Ergebnisse aufgezeigt werden. So fällt beim Gesamtwert ins Auge, daß sich bei den Jungen in etwa das Muster der Gesamtstichprobe wiederholt, während sich bei den Mädchen eine Beziehung nur zwischen der Dimension erlebter Unterstützung und RÜ ergibt – und dies sowohl bei der Mutter wie beim Vater. Unterstützung und Strenge der Mutter bedeuten demnach bei Mädchen für die Fähigkeit der RÜ doch verschiedenes, obwohl zwischen ihnen im Erleben ein durch die Korrelation aufgewiesener Zusammenhang besteht.

In diesem Ergebnis könnte sich eine geschlechtsspezifisch unterschiedliche Bedeutung von Unterstützung und Strenge ausdrücken: Für Jungen (die ja ihren Vater strenger erleben als Mädchen) könnte Strenge ein besserer Indikator für RÜ sein, insofern Jungen eher mit den Mitteln der Strenge erzogen werden. Wenn Mädchen hingegen eher mit Mitteln der Unterstützung erzogen werden, dürfte sich die Variation in dieser Dimension als besonders bedeutsam für RÜ erweisen.

Die erlebte Unterstützung des Vaters ist in beiden Gruppen bedeutsam. Dies wiederum könnte durch seine spezielle, teilweise externe, teilweise interne Rolle in der Familie bedingt sein, die ihm als Kommunikationspartner des Kindes eine besondere Bedeutung verleiht.

Im Vergleich der beiden RÜ-Situationen zeigt sich, daß die Beziehungen von RÜ und erlebtem Erziehungsverhalten bei Jungen nur für das Familienbild gelten, während sich beim Schulbild die RÜ-Leistung als unabhängig vom erlebten Erziehungsverhalten erweist. Bei den Mädchen hingegen ist beim Familienbild nur die Unterstützung des Vaters und beim Schulbild Unterstützung von Mutter *und* Vater relevant. Die Unterstützungsdimension ist also in beiden Situationen für Mädchen relevant. Es ist hierbei zu beachten, daß Mädchen tendenziell bessere RÜ-Leistungen beim Schulbild aufweisen, die möglicherweise über eine geschlechtsspezifische Bedeutung der Schule im Erleben des Kindes sowie auch eine geschlechtsspezifische Perzeption elterlicher Unterstützung mitbedingt sein könnte. Das Ergebnis zeigt, daß die Erarbeitung einer Theorie der geschlechtsspezifischen Sozialisation sozial-kognitiver Fähigkeiten notwendig ist, denn obwohl die meisten Untersuchungen sozial-kognitiver Fähigkeiten keine geschlechtsspezifischen Differenzen aufweisen, so gibt es doch offenbar unterschiedliche familiale Bedingungen der Differenzierung dieser Fähigkeiten. Die Interpretationen verweisen auf die Komplexität der Beziehungen zwischen erlebtem Erziehungsverhalten und RÜ. Nicht Geschlecht allein, sondern auch soziale Schichtzugehörigkeit ist eine Bedingung, die für die Interpretation der Beziehungen berücksichtigt werden muß. Wegen der geringen Probandenanzahl zeigen wir die Korrelationsmuster getrennt nach Geschlecht- und Schichtzugehörigkeit auf. Wünschenswert wäre jedoch eine gleichzeitige Berücksichtigung beider Faktoren.

17.2.2. Schicht

Die Inspektion der *MEF-Interkorrelationen* ergibt für die UUS und für die MS Abweichungen von den erwarteten Beziehungen: In der UUS gibt es überraschenderweise keine positive Beziehungen zwischen erlebter Unterstützung von Mutter und Vater. Der Korrelationskoeffizient von $r = .09$ zeigt an, daß Mutter und Vater bezüglich der Unterstützung voneinander unabhängig erlebt werden; der Vergleich der Mittelwerte ergab, daß die Mutter tendenziell unterstützender erlebt wird als der Vater. Im Erleben der Strenge beider Eltern ergibt sich hingegen erwartungsgemäß eine hohe positive Beziehung. Wir müssen bei der Interpretation dieses Ergebnisses – wie auch bei der Interpretation der Beziehungen zwischen RÜ und erlebtem Erziehungsverhalten – wegen der geringen Zahl der Pbn sehr vorsichtig sein. Es ist jedoch wahrscheinlich, daß das Erleben solcher Inkonsistenz auch gewisse Probleme für die Entwicklung aufwirft (zumal die Unterstützung des Vaters (auch in dieser Schicht) ein Prädiktor für die Schulzweigwahl und auch für die Schulnoten ist.
In der MS ergibt sich noch deutlicher als in der Stichprobe der Mädchen eine Beziehung zwischen erlebter Unterstützung und erlebter Strenge der Mutter ($r = .57$, $p < .01$). Auch bei den MS-Pbn kommt es also zu einer Schematisierung in der Beurteilung des Erziehungsverhaltens, die wiederum nur bei der Mutter zutrifft.
Tabelle 9 zeigt die Beziehungsmuster innerhalb der drei sozialen Schichtgruppen.

Die geringe Anzahl der Probanden in den Gruppen macht hier die Notwendigkeit einer Replikation besonders deutlich. Es soll daher lediglich auf einige zentrale Tendenzen aufmerksam gemacht werden: Im Vergleich der UUS und OUS miteinander zeigt sich, daß in der UUS das Erziehungsverhalten des Vaters, in der OUS hingegen das der Mutter Prä-

Tabelle 9: Produkt-Moment Korrelationen zwischen RTT-Leistung und Erziehungsverhalten in der unteren Unterschicht (UUS), ober Unterschicht (OUS) und Mittelschicht (MS) *

UUS	Mutter Unterstützung	Mutter Strenge	Vater Unterstützung	Vater Strenge
RÜ-Gesamt	.11	–.19	.36	–.33
RÜ-Familie	.36	–.15	.60 **	–.15
RÜ-Schule	.05	–.11	.01	–.42 (p < .06)
OUS				
RÜ-Gesamt	.29	–.40 *	.17	–.30
RÜ-Familie	.08	–.43 *	.18	–.27
RÜ-Schule	.47 *	–.08	.09	–.02
MS				
RÜ-Gesamt	.61 **	–.38	.56 *	.37
RÜ-Familie	.32	–.43 *	.47 *	–.31
RÜ-Schule	.55 *	–.35	.33	–.18

* p < .05; ** p < .01;

diktor für die Fähigkeit zur RÜ ist. Interessanterweise sind Unterstützung und Strenge in ihrer Relevanz für die beiden Situationen genau spiegelverkehrt: während für die RÜ in der Familiensituation in der UUS der erlebten Unterstützung des Vaters eine besondere Bedeutung zukommt, so erfüllt in der OUS die erlebte Strenge der Mutter diese Funktion. In der Schulsituation hingegen ist es umgekehrt: hier erweist sich in der UUS die Strenge des Vaters für RÜ als wichtig, während in der OUS die erlebte Unterstützung der Mutter relevant ist.
Diese schichtspezifisch unterschiedliche Bedeutung von Vater und Mutter zeigt sich auch in anderen Ergebnissen. So deutet sich im Erleben des elterlichen Erziehungsverhaltens an, daß die Kinder der OUS ihre Mutter eher wenig unterstützend erleben (vgl. S. 203). Wird sie hingegen positiv

erlebt, so erweist sich dies sogar als relevant für den Schulerfolg, wie er in der Schulzweigwahl zum Ausdruck kommt.
Das besondere Sozialisationsmilieu der OUS als soziale Aufsteigerschicht mit speziellem, offenbar negativ gefärbtem Sozialisationsdruck wird auch hier offenbar. Das Engagement der Mutter, welches das Kind erlebt, ist in dieser Schicht offenbar besonders wichtig. Diese zentrale Rolle kommt in der UUS offensichtlich dem Vater zu, der in dieser Schicht häufiger als vernachlässigend bzw. abwesend erlebt wird, während die Mutter in dieser Schicht ebenso zuwendend erlebt wird, wie in der MS (vgl. S. 203). Nur das Engagement des Vaters an der Erziehung scheint dem UUS-Kind die Chance zu geben, die Schichtbarrieren zu überwinden, die dem Schulerfolg entgegenstehen. Zugleich fördert seine Zuwendung offenbar die interpersonellen Fähigkeiten des Kindes. Daß der Schulerfolg über diese interpersonellen Fähigkeiten vermittelt ist, soll in einem eigenen Abschnitt dieser Untersuchung (vgl. S. 239 ff.) plausibel gemacht werden.
In der MS erweist sich das erlebte Erziehungsverhalten am deutlichsten als Indikator für die RÜ, was sich im Gesamtwert, wie in den beiden Einzelsituationen ausdrückt. Im Gesamtwert wiederholt sich interessanterweise das Muster der Mädchen, was darauf hinweisen könnte, daß in dieser Schicht vorzugsweise Variationen im Unterstützungsverhalten als Mittel der Erziehung eingesetzt werden. Dies steht in Übereinstimmung mit Befunden zur schichtspezifischen Sozialisation, wonach Liebesentzug (hier interpretiert als Vorenthaltung von Unterstützung) die bevorzugte Disziplinierungstechnik der Mittelschicht ist. Als Konsequenz wäre wiederum die Variation im Erleben dieser Dimension von besonderer Bedeutung für RÜ.
Betrachtet man die beiden Situationen getrennt, zeigt sich, daß sich in der MS die signifikanten Korrelationen von UUS und OUS wiederholen: die Bedeutung der erlebten Unterstützung des Vaters für die RÜ in der Familiensituation entspricht dem Muster der UUS. Die Bedeutung der erlebten Strenge der Mutter für die RÜ in der Familiensituation sowie die Bedeutung ihrer Unterstützung für RÜ in der Schulsituation ist dem Muster der OUS vergleichbar. Man könnte dieses Ergebnis im Sinne partikularistischer Orientierung der UUS und OUS interpretieren, die in der MS in einer universalistischen Orientierung vereint werden. In der MS müßte also eine größere Sensibilität für elterliches Verhalten angenommen werden und zugleich eine unterschiedliche Interpretation dieses Verhaltens im Sinne unterschiedlicher Deutungsmuster.
Auch könnten im Unterstützungsverhalten in dieser Schicht stärker kognitive Faktoren repräsentiert sein. Als Indikator für reflexive Kommunikationsmuster würde der Unterstützungsdimension damit eine besondere

Bedeutung für die Genese der RÜ-Fähigkeiten zukommen. Eine solche Interpretation würde ebenfalls auf die Notwendigkeit weitergehender Untersuchung des Konstruktes der RÜ verweisen, vor allem für die Klärung von strukturellen und inhaltlichen Aspekten des Konstruktes. Wir haben bereits bei der Diskussion der Beziehung von RÜ und Schichtzugehörigkeit auf die Frage verwiesen, ob nicht, trotz gleicher RÜ-Leistungen und gleichem Strukturniveau der RÜ in den drei Schichten, unterschiedliche Formen des role-taking bestehen könnten: eine eher reflexive Form des role-taking, die wir als personorientiertes role-taking der MS einer eher positionsorientierten, mehr stereotypisierten Form des role-taking gegenübergestellt haben. Allerdings erlaubt das Meßinstrument — zumindest in der bisherigen Form der Auswertung nach strukturellen Aspekten der Äquilibration — keine Unterscheidung solcher Formen der RÜ. Wir werden dieses Problem bei der Diskussion der Beziehung zwischen RÜ und Schulerfolg wieder aufnehmen.
In den Ergebnissen zeigen sich Elemente schicht- oder subkulturspezifischer Sozialisationsmilieus, die intensiver erforscht werden müßten, um zu einer Theorie der differentiellen Sozialisation kognitiver und sozialkognitiver Fähigkeiten zu gelangen.

17.2.3. Zusammenfassung

Die unterschiedlichen Beziehungen zwischen RÜ und erlebtem Erziehungsverhalten weisen für Jungen und Mädchen sowie innerhalb der sozialen Schichten auf die differentielle Bedeutsamkeit von Mutter und Vater sowie auf die differentielle Bedeutung von Unterstützung und Strenge für die RÜ-Leistungen in den beiden Bildsituationen hin. Während die RÜ-Leistungen in der Familiensituation bei den Jungen — wie in der Gesamtstichprobe — durch erlebte Strenge von Mutter und Vater sowie durch die erlebte Unterstützung des Vaters determiniert sind, erweist sich bei den Mädchen nur die Unterstützung des Vaters als bedeutsamer Prädiktor. Umgekehrt werden die RÜ-Leistungen in der Schulsituation nur bei Mädchen vorhergesagt, und zwar durch die erlebte Unterstützung von Mutter wie von Vater. Die schichtspezifische Analyse zeigt, daß RÜ in der Familiensituation in der UUS mit erlebter Unterstützung des Vaters, in der OUS mit erlebter Strenge der Mutter, in der MS hingegen mit beiden Dimensionen korreliert. RÜ in der Schulsituation weist nur in der OUS und MS die erwarteten positiven Beziehungen zur Unterstützung der Mutter auf, während in der UUS eine tendenziell

negative Beziehnug zur erlebten Strenge des Vaters besteht.
Die Ergebnisse deuten auf die Notwendigkeit einer Theorie geschlechts- bzw. schichtspezifischer Sozialisation von RÜ-Fähigkeit hin.

17.3. Beziehungen zwischen Erziehungsmustern und Strukturniveau der Rollenübernahme

Zur Überprüfung der Auswirkung der Erziehungsmuster (vgl. S. 204 f.) auf das Strukturniveau der RÜ in den beiden Situationen sind wir in der folgenden Weise vorgegangen:
Für die Familiensituation wurden kompetenztheoretisch jeweils die Erziehungsmuster der Pbn, welche die höchste Kategorie des Verständnisses der Mutualität von Perspektiven (PE) erreicht haben, mit jenen verglichen, die diese Kategorie nicht erreichten (SR – RT). Für die Schulsituation wählten wir eine andere Vorgehensweise: Da nur 16 Pbn in dieser Situation über die Kategorie PE verfügten und die Kategorie NR noch bei 23 Pbn auftrat, wurden die Auswirkungen der Erziehungsmuster im Vergleich der beiden Gruppen überprüft, die entweder *nur* SR oder aber RT bzw. RT und PE erreicht hatten. Bei der Interpretation der Ergebnisse wird die Gruppe der 16 Kinder, die über PE verfügen, auch gesondert betrachtet.

Wir haben bereits angesprochen (vgl. S. 205), welche Probleme die Bildung der Erziehungsmuster durch die Trennung der Gruppen am Median der Erziehungsdimensionen aufwerfen. Da jedoch andere Kombinationen wegen der geringen Zahl der Pbn nicht möglich waren, haben wir durch Inspektion nachgeprüft, welche Veränderungen sich in den Ergebnissen zeigten, wenn eine andere Gruppenbildung vorgenommen wurde. Die Bildung von jeweils zwei Extremgruppen und einer Mittelgruppe anhand der empirischen Verteilung der Werte ergab dabei deutlichere negative oder positive Beziehungen zum Niveau der RÜ in den Extremgruppen im Vergleich zur Mittelgruppe.
Wir nähern uns hier also in verhältnismäßig undifferenzierter Weise einem Feld, in dem die von uns erfaßten Dimensionen elterlichen Verhaltens in komplexer Weise in Beziehung treten und gemeinsame Wirkungen erzeugen, die nach dem Wechselverhältnis der Erziehungsvariablen untereinander zu unterschiedlichen Auswirkungen auf die RÜ-Leistungen führen. Nicht nur die Interaktion der beiden Erziehungsdimensionen miteinander, sondern auch die Interaktion von Mutter und Vater müßte in dieses Geflecht von Wechselwirkungen einbezogen werden. Wir wählen zunächst ein weniger differenziertes Vorgehen, in dem wir erlebtes mütterliches und väterliches Erziehungsverhalten getrennt analysieren. Dabei ist freilich daran zu denken, daß die Interkorrelationen der Skalenwerte relativ hohe Gemeinsamkeiten im Erleben von Mutter und Vater anzeigen.
Differenzen im Erleben beider Rollen können sich allerdings als theoretisch be-

deutungsvoll erweisen, wenn eine gewisse Abweichung des mütterlichen vom väterlichen Verhalten einen Anreiz für den Erwerb der RÜ darstellt. Durch wechselseitige Übernahme der Perspektive von Mutter und Vater könnten Inkonsistenzen, die in der Wahrnehmung beider Eltern auftreten, produktiv verarbeitet werden. Dies wäre indessen nur dann der Fall, wenn die erlebten Widersprüche nicht so weitgehend wären, daß sie Angst und Unsicherheit erzeugen und zu einem Rückzug aus der sozialen Interaktion führen. Hier ergeben sich Anknüpfungspunkte für die weitergehende Untersuchung differenzierter Sozialisationseffekte, die wir hier nicht verfolgen können.

Die folgende Tabelle 10 a) zeigt die Verteilungen der RÜ-Strukturniveaus, die sich bei der Kombination von erlebter Unterstützung und Strenge für Mutter und Vater *getrennt* ergeben (Zuwendung, Kontrolle, Vernachlässigung, Ablehnung). In Tabelle 10 b) werden die RÜ-Leistungen jener Pbn miteinander verglichen, die entweder hohe, niedrige oder inkonsistente Unterstützung bzw. Strenge *beider* Eltern erleben. Alle diese Verteilungen wurden zunächst im Gesamtvergleich mittels Chi²-Tests überprüft. Tabelle 10 c) gibt die Ergebnisse der Chi²-Tests für die Beziehung zwischen RÜ-Niveau und Erziehungsmuster beim Vergleich von jeweils zwei Mustern miteinander an. Dabei wurden die Verteilungen der RÜ-Fähigkeit bei erlebter Zuwendung mit den Verteilungen bei erlebter Ablehnung, Kontrolle und Vernachlässigung verglichen sowie die Verteilungen bei hoher vs. niedriger Unterstützung bzw. Strenge.

17.3.1. Erziehungsmuster der kombinierten Unterstützung und Strenge

Die Verteilungen der RÜ-Fähigkeiten in der Familiensituation zeigen, daß nur das Erleben des Vaters, nicht aber das Erleben der Mutter über alle vier Muster hinweg signifikante Auswirkungen auf das Niveau der RÜ hat.

Die Vergleiche von jeweils zwei Erziehungsmustern miteinander (Tab. 10 c) ergeben jedoch für die erlebten Erziehungsmuster der Zuwendung und Ablehnung eine gleichsinnige Beziehung bei Mutter und Vater: erlebte Zuwendung geht mit hohen, erlebte Ablehnung mit niedrigen RÜ-Fähigkeiten einher.

Eine differentielle Beziehung zwischen erlebtem Erziehungsverhalten und RÜ-Fähigkeiten zeigt sich für Mutter und Vater hingegen im Vergleich von Zuwendung und Vernachlässigung: Während von der Mutter erlebte Vernachlässigung nicht mit einer unterschiedlichen Verteilung im Niveau der RÜ-Fähigkeiten einhergeht, steht Vernachlässigung, wenn sie vom Vater erfahren wird, noch eindeutiger mit niedrigen RÜ-Fähigkeiten in Beziehung als erlebte Ablehnung. Auch erlebte Kontrolle geht im Ver-

Tabelle 10: Beziehung zwischen erlebten Erziehungsmustern und Strukturniveau der RÜ in den beiden RÜ-Situationen

a) Kombinierte Unterstützung und Strenge bei Mutter oder Vater

	Mutter					Vater				
	Zuwendung	Kontrolle	Vernachlässigung	Ablehnung	Chi^2 (3df)	Zuwendung	Kontrolle	Vernachlässigung	Ablehnung	Chi^2 (3df)
RÜ-Familie SR–RT	7	10	9	13	6.92	3	12	15	9	13.92
PE	13	4	6	5	n. s.	12	8	3	5	$p < 01$
RÜ-Schule SR	2	4	7	10	10.07	4	7	5	7	2,27
RT-PE	18	10	8	8	$p < .02$	11	13	13	7	n. s.

b) Kombiniertes Erziehungsverhalten beider Eltern

	Unterstützung Mutter/Vater				Strenge Mutter/Vater			
	hoch	niedrig	inkonsistent	Chi^2 (2df)	niedrig	hoch	inkonsistent	Chi^2 (2df)
RÜ-Familie SR–RT	9	16	14	6.75	13	18	8	3.12
PE	15	6	7	$p < .03$	13	7	8	n. s.
RÜ-Schule SR	5	11	7	4.34	7	12	4	3.32
RT-PE	19	11	14	n. s.	19	13	12	n. s.

c) Chi^2-Tests der Verteilung der Strukturniveaus der RÜ beim Vergleich von erlebter Zuwendung mit erlebter Ablehnung, Kontrolle und Vernachlässigung sowie hoch vs. niedrig erlebter Unterstützung bzw. Strenge

	Zuwendung vs. Ablehnung Chi^2 (1df)		Zuwendung vs. Kontrolle Chi^2 (1df)		Zuwendung vs. Vernachlässigung Chi^2 (1df)		Unterstützung hoch vs. niedrig Chi^2 (1df)	Strenge hoch vs. niedrig Chi^2 (1df)
	Mutter	Vater	Mutter	Vater	Mutter	Vater	Mutter/Vater	Mutter/Vater
Familie SR–RT	13.88	4.17	3.04	4.08		10.86	4.41	
PE	$p < .05$	$p < .04$	$p < .08$	$p < .04$		$p < .001$	$p < .03$	
Schule SR	7.11						3.11	
RT-PE	$p < .01$						$p < .08$	

gleich zur Unterstützung beim Vater mit niedrigen RÜ-Fähigkeiten einher. Allerdings gilt diese Beziehung tendenziell auch für die Mutter.
Die unterschiedliche Bedeutung kombinierter Unterstützung und Strenge im erlebten Erziehungsverhalten von Mutter und Vater zeigt sich also vor allem darin, daß vom Vater erlebte Vernachlässigung mit niedrigen RÜ-Fähigkeiten in der Familiensituation einhergeht, während dies für die Mutter nicht gilt. Erlebte Zuwendung sowie auch erlebte Ablehnung stehen bei beiden Eltern in gleichsinniger Beziehung zur RÜ-Fähigkeit.
Vergleicht man die Bedeutung des erlebten Erziehungsverhaltens von Mutter und Vater für das Niveau der RÜ in der *Schulsituation*, so bestätigt sich das Ergebnis der Korrelationen (vgl. S. 209). Nur zwischen den Erziehungsmustern der Mutter und RÜ zeigt sich eine Beziehung. Pbn, die das Muster Unterstützung oder auch Kontrolle erleben, erreichen ein höheres Niveau der RÜ im Vergleich zu den Pbn, die Vernachlässigung oder Ablehnung erleben. Allerdings weichen die Verteilungen nur beim Vergleich von Zuwendung und Ablehnung signifikant voneinander ab.
Da wir in Tabelle 10 die RÜ-Niveaus in der Schulsituation nur in zwei Gruppen aufgeteilt haben (SR vs. RT – PE), werden in der folgenden Tabelle die Verteilungen dargestellt, die sich dann ergeben, wenn die Kategorien RT und PE getrennt aufgeschlüsselt werden.

Tabelle 11: Erlebtes Erziehungsmuster der Mutter und Strukturniveau der RÜ in der Schulsituation

RÜ-Niveau	Zuwendung	Kontrolle	Vernachlässigung	Ablehnung	N
SR	2	4	7	10	23
RT	8	8	4	8	28
PE	10	2	4	0	16
N	20	14	15	18	**67**

Erlebte Zuwendung der Mutter erweist sich also auch in der Schulsituation für das Erreichen der Kategorien PE wichtig; denn von den 16 Pbn, die bereits über PE verfügen, erleben 10 Zuwendung, keiner hingegen Ablehnung seitens der Mutter. Umgekehrt ergibt sich für die niedrigste Kategorie SR, daß von 23 Pbn nur 2 Zuwendung erleben, während 10 Ablehnung und 7 Vernachlässigung empfinden. Im Erreichen der Kategorie RT ergeben sich keine Ungleichverteilungen. Aus dem Ergebnis folgt, daß sowohl ein sehr niedriges wie ein vergleichsweise sehr hohes Niveau der RÜ in der Schulsituation eine Beziehung zum erlebten Erziehungsmuster der Mutter aufweist. Für das erlebte Erziehungsverhalten des Vaters gilt diese Beziehung nicht.

17.3.2. Unterstützungs- bzw. Strengeverhalten beider Eltern gemeinsam

Die Betrachtung der Verteilungen der RÜ-Fähigkeiten zeigt nur eine Beziehung zwischen erlebter Unterstützung und Niveau der RÜ in der Familiensituation, und zwar sowohl beim Vergleich aller dreier Muster wie beim Vergleich der RÜ-Fähigkeit bei hoch oder niedrig erlebter Unterstützung. Eine Tendenz in der erwarteten Richtung deutet sich im Vergleich des RÜ-Niveaus in der Schulsituation und beim Vergleich von hoch gegenüber niedrig erlebter Unterstützung beider Eltern an (wobei allerdings die Verteilungen der RÜ-Fähigkeiten bei hoch vs. niedrig erlebter Strenge fast identisch sind). Wir haben auch hier für die Schulsituation die Verteilungen noch einmal danach aufgeschlüsselt, unter welchen Erziehungsbedingungen die Kategorie PE erreicht wurde. Dabei erweist sich eher die Dimension erlebter Strenge beider Eltern als bedeutungsvoll für das Niveau der RÜ: Von 26 Pbn, die niedrige Strenge erleben, erbringen 7 die Kategorie PE, von 25 Kindern, die hohe Strenge erleben, hingegen nur eines.

17.3.2.1. Inkonsistent erlebtes Verhalten

Inkonsistent erlebte Unterstützung geht, wie niedrige Unterstützung, eher mit niedriger RÜ-Fähigkeit einher, während inkonsistente Strenge mit einer Gleichverteilung der RÜ-Fähigkeit einhergeht so wie auch niedrige Strenge. Bei der Unterstützungsdimension scheint es also so zu sein, daß die niedrige Unterstützung eines Elternteils ausreichend ist, um eher niedrige RÜ-Fähigkeit zu zeigen, während umgekehrt bei Strenge die niedrige Strenge eines Elternteils noch ausreicht dafür, daß zumindest eine Gleichverteilung der Pbn bezüglich hoher oder niedriger RÜ-Fähigkeit besteht. Interessanterweise stellt sich das Ergebnis für RÜ in der Schulsituation anders dar: Hier geht das Erleben von Inkonsistenz bei der Unterstützungs- und Strengedimension gleichermaßen häufiger mit hoher RÜ-Fähigkeit einher. Es hat also die gleiche Auswirkung wie hohe Unterstützung oder niedrige Strenge. Dieses Ergebnis deutet darauf hin, daß inkonsistent erlebtes Erziehungsverhalten unterschiedliche Bedeutung im Kontext der Familien- und Schulsituation haben könnte.
Eine weitere Inspektion der Verteilung des RÜ-Niveaus bei inkonsistent erlebtem Verhalten der Eltern zeigt die unterschiedliche Bedeutung der Eltern für die RÜ-Fähigkeiten in den beiden Situationen. In der Familiensituation gilt für Unterstützung, daß die Kombination hoher Unterstützung der Mutter mit niedriger Unterstützung des Vaters eher mit hoher RÜ einhergeht, während für die umgekehrte Kombination von niedriger Unterstützung der Mutter und hoher Unterstützung des Vaters

eine Gleichverteilung von hoher und niedriger RÜ besteht. Unter diesen Bedingungen erweist sich also eher eine hohe Unterstützung der Mutter als positiv für die RÜ-Fähigkeit. Ein gleichsinniger Effekt ist bei inkonsistent erlebter Strenge zu beobachten: Auch hier bestehen eher dann hohe RÜ-Fähigkeiten, wenn die Mutter als niedrig streng, der Vater als streng erlebt wird, während die umgekehrte Kombination eher mit niedrigen RÜ-Fähigkeiten einhergeht.
Auch für die Schulsituation ergibt sich dieser Befund: Sowohl beim Vergleich von SR zu RT – PE wie auch beim Vergleich von SR – RT zu PE treten eher dann höhere Fähigkeiten der RÜ auf, wenn beim Erleben von Inkonsistenz die Mutter gegenüber dem Vater als unterstützender bzw. weniger streng erlebt wird. Auf diesen Befund soll trotz der Gefahr einer Überinterpretation aufgrund der geringen Pbn-Zahlen in den Gruppen hingewiesen werden, da sich hierin Ansatzpunkte für weitergehende differentielle Fragen der Sozialisation von RÜ-Fähigkeiten anzeigen.

17.4. Auswirkungen einzelner Erziehungsmuster

17.4.1. Zuwendung

Das Erleben von Zuwendung erweist sich bei Mutter und Vater als ein Indikator für hohe RÜ-Fähigkeit in der Familiensituation. Die Analyse des Erziehungsmusters Zuwendung hat wiederum gezeigt, daß nur sehr wenige Kinder den Vater als zuwendend erleben, wenn die Mutter nicht ebenfalls zuwendend erfahren wird. Umgekehrt tritt der Fall etwas häufiger auf, daß die Mutter, nicht aber der Vater als unterstützend erfahren wird. Das Muster der Zuwendung scheint danach ein eher homogen positives Sozialisationsklima zu repräsentieren, welches mit eher hoher interpersoneller Kompetenz einhergeht.
Kinder, die dieses Erziehungsmuster erleben, gehören häufiger der MS an, ein Befund, der wiederum – in Übereinstimmung mit Befunden der Sozialisationsforschung – auf schichtspezifische Interaktionsweisen in der Familie hindeutet. Das Ergebnis könnte ferner vermuten lassen, daß die Beziehung zur Mutter, unabhängig von der sozialen Prägung der Interaktion (‚Schichteffekt'), eine Basis für die Differenzierung der RÜ-Fähigkeit bildet, auf der dann spezifische Einflüsse väterlichen Verhaltens wirksam werden könnten.

17.4.2. Ablehnung

Im Gegensatz zu erlebter Zuwendung repräsentiert Ablehnung offensichtlich ein Erziehungsmuster, welches für die Genese der interpersonellen Fähigkeiten eher negative Auswirkungen haben dürfte, denn das Erleben von Ablehnung oder Feindseligkeit führt nach unseren theoretischen Annahmen eher zu einem Rückzug aus dem sozialen Interaktionsfeld. Diese Beziehung läßt sich insbesondere bei Ablehnung durch die Mutter bestätigen. Auch dieses Ergebnis gilt wiederum deutlicher für die RÜ in der Familiensituation.

Wir haben die Pbn weiter untersucht, die entgegen den Erwartungen – aber in Übereinstimmung mit den Befunden CHANDLERS (1972) – hohe RÜ-Fähigkeit in der Familiensituation aufweisen, obwohl sie Ablehnung erleben (oder auch niedrige Unterstützung bzw. hohe Strenge beider Eltern). Fünf (also beinahe alle) dieser Kinder gehören der OUS an. Damit ergeben sich wiederum Hinweise auf die moderierende Wirkung der sozialen Schichtzugehörigkeit für unterschiedliche Beziehungen zwischen RÜ und erlebtem Erziehungsverhalten.

Da fast nur in der OUS hohe Fähigkeiten zur RÜ mit dem Erleben eines feindseligen Familienklimas einhergehen, stellt sich die Frage nach den speziellen Bedingungen des sozialen Lernens in dieser Umwelt. Diese fünf Pbn der OUS sind alle hoch in ihren Intelligenzleistungen und auch alle Realschüler.

Folglich scheint die Hypothese nicht ohne Plausibilität, daß soziale Aufstiegswünsche der Eltern das Erziehungsklima in Richtung auf hohen Leistungsdruck und Bestrafung beeinflussen, um die Erwartungen bei den Kindern durchzusetzen.

Der punitive Leistungsdruck könnte mit starker Leistungsorientierung sowie auch mit einer über Angst vermittelten Form der RÜ einhergehen. Von den Eltern übernommene Aufstiegswünsche könnten zu einer speziell auf die Antizipation sozial normierter Erwartungen (‚Konformität') gerichteten RÜ-Fähigkeit führen. Diese Form der RÜ könnte dann als das Ergebnis von Angst verstanden werden, die – möglicherweise im Sinne eines Abwehrmechanismus – in einer eher punitiv erfahrenen Umwelt generiert wird. Diese Spekulationen werfen noch einmal die Frage nach dem Verhältnis von strukturellen zu inhaltlichen oder psychodynamischen Aspekten der RÜ auf. So könnte es sein, daß eine eher angstbesetzte, vermeidungs- und konformitätsorientierte Form der RÜ von einer exploratorischen, umweltzugewandten Form der RÜ zu unterscheiden wäre. Gerade diese Unterscheidungen lassen jedoch die bisherigen RÜ-Verfahren nicht zu. Hier liegt eine vordringliche Aufgabe der Forschung im Bereich der sozial-kognitiven Fähigkeiten und ihrer Sozialisation.

17.4.3. Vernachlässigung

Während erlebte Ablehnung, insbesondere wenn sie von der Mutter erfahren wird, mit niedriger RÜ-Fähigkeit in der Familiensituation einhergeht, ergibt sich die deutlichste negative Beziehung zur RÜ-Fähigkeit beim Vater dann, wenn er als vernachlässigend erlebt wird. Auch hier müssen Erklärungsversuche spekulativ bleiben. Vernachlässigung könnte eine beziehungsarme Umwelt repräsentieren, in der die fehlende Beziehung zwischen Vater und Kind (insbesondere Mädchen erleben dieses Muster) sowohl eine stabile affektive Beziehung zu ihm als auch Kommunikationsprozesse mit ihm behindert. Die Notwendigkeit der Kommunikation mit dem Vater hatten wir aber als eine wichtige Bedingung für die Genese sozialen Verstehens gekennzeichnet, da in dieser Kommunikation die partikularistische Mutter-Kind-Kommunikation zugunsten einer universalistischen Orientierung in der Kommunikation überwunden werden kann.

17.4.4. Kontrolle

Interessant ist auch das Ergebnis, daß erlebte Kontrolle durch die Mutter in der Familiensituation mit niedriger RÜ einhergeht, während in der Schulsituation dieses Muster zumindest für die Kategorie RT keine negativen Auswirkungen hat. Das wirft die Frage auf, ob Kontrolle der Mutter im Kontext von Familie und Schule unterschiedliche Bedeutung besitzt. Eine rigide-autoritäre oder überprotektive Form der Beziehung zum Kind könnte den Erwerb bzw. die Aktualisierung der RÜ in der Familiensituation hemmen, während umgekehrt eine verhältnismäßig rigide-normorientierte Kontrolle durch die Mutter mit einer eher konformitätsorientierten Fähigkeit zur RÜ in der Schulsituation einhergehen könnte.

Allerdings ist bei dieser Interpretation zu beachten, daß sie sich auf die Kombination der RÜ-Kategorien RT – PE bezieht. Betrachtet man nur das Erreichen der Kategorie PE – wie in der Familiensituation –, dann weist nur das Muster der erlebten Zuwendung der Mutter eine positive Beziehung zur RÜ auf, während bei erlebter Kontrolle die Kategorie PE nur zweimal erreicht wird.

17.5. Situationsspezifische Aspekte

Die Verteilungen und die Ergebnisse der Signifikanztests machen deutlich, daß bei einer Analyse der strukturellen Niveaus der RÜ in Abhängigkeit von erlebten Erziehungsmustern der Eltern vor allem die RÜ-Fähigkeit in der Familiensituation deutliche Beziehungen zum erlebten elterlichen Verhalten aufweist. Wir haben die Gründe für die situationsspezifischen RÜ-Leistungen bereits diskutiert; ebenso haben wir auch mögliche Gründe für die besondere Bedeutung des erlebten Erziehungsverhaltens der Mutter für die RÜ in der Schulsituation angesprochen. Wir können in dieser Untersuchung nicht klären, ob das methodische Vorgehen die geringeren Leistungen in der Schulsituation bedingt hat und dies wiederum auch die andersartigen Beziehungen zum erlebten Erziehungsverhalten. Es ist jedoch unserer Ansicht nach trotz dieser Überlegung theoretisch gerechtfertigt, eine größere ‚Schwierigkeit' der Schulsituation gegenüber der Familiensituation anzunehmen und situationsspezifische Fähigkeiten der RÜ zu postulieren. Wenn aber das Schulbild eine im Vergleich zum Familienbild unterschiedliche Situation darstellt und RÜ-Fähigkeiten situationsspezifisch erworben und aktualisiert werden, dann wären auch differentielle Sozialisationsbedingungen für die RÜ-Fähigkeiten in beiden Situationen anzunehmen. Damit aber ergibt sich die Notwendigkeit einer Theorie der Genese und Sozialisation situationsspezifischer Fähigkeiten der RÜ, die bisher in der Forschung noch nicht einmal ansatzweise vorliegt.

17.6. Zusammenfassung

Die Erziehungsdimensionen erlebter Unterstützung und Strenge stehen in unterschiedlicher Beziehung zum Strukturniveau der RÜ, wobei einerseits die RÜ-Situation, andererseits der spezifische Elternteil (Mutter bzw. Vater) berücksichtigt werden muß. Daraus ergibt sich die unterschiedliche Beziehung zwischen den Erziehungsmustern und dem Niveau der RÜ. Diese Beziehungen sind eindeutiger beim Familienbild. Erlebte Zuwendung und erlebte Ablehnung weisen bei Mutter und Vater gleichermaßen positive bzw. negative Beziehungen zur RÜ auf, während erlebte Vernachlässigung nur beim väterlichen Verhalten negative Auswirkung auf die RÜ-Fähigkeit hat.
Das Niveau der RÜ in der Schulsituation steht nur zum Erziehungsver-

halten der Mutter in Beziehung, wobei sich insbesondere erlebte Zuwendung positiv auswirkt. Inkonsistent erlebtes Erziehungsverhalten hat tendenziell unterschiedliche Konsequenzen für die RÜ-Fähigkeiten in den beiden Situationen. RÜ-Fähigkeiten scheinen dann eher hoch zu sein, wenn die Mutter gegenüber dem Vater als niedrig streng bzw. hoch unterstützend erlebt wird.

18

Intelligenz, Rollenübernahme und Erziehungsverhalten

18.1. Beziehungen zwischen Rollenübernahme und Intelligenz

Tabelle 12 gibt die Korrelationen an, die zwischen den Leistungen im Intelligenztest und im RTT bestehen. Die Korrelationen wurden für den RÜ-Gesamtwert sowie für die beiden Situationen Familie und Schule berechnet. Neben den PSB- und RAVEN-Gesamtwerten wurden die Leistungen in drei Untertests des PSB gesondert angeführt. Die Kombination aus den Untertests 4 und 5 repräsentiert sprachliche Aspekte der Intelligenz; Untertest 8 kann dagegen als ein Indikator für nicht-sprachliche Intelligenz gelten. Die in diesem Untertest geforderten Leistungen können in Analogie zu Verfahren der Messung von Feldabhängigkeit/-unabhängigkeit gesehen werden, da sie wie diese räumliches Vorstellungsvermögen erfordern.

Tabelle 12: Produkt-Moment-Korrelationen zwischen RTT-Leistung und Intelligenztestwerten

IQ-Werte	PSB-Gesamtwert	Untertest 4/5	Untertest 8	RAVEN
RÜ-Gesamt	.41 ***	.38 **	.09	.40 **
RÜ-Familie	.36 **	.33 **	.09	.26 *
RÜ-Schule	.35 **	.31 **	.01	.20

* = $p < .05$; ** = $p < .01$; *** = $p < .001$

Wenn man die Korrelationen zwischen den RÜ-Werten und den PSB-Untertests betrachtet, wird ersichtlich, daß die positive Korrelation zwischen dem PSB-Gesamtwert und den RÜ-Leistungen auf die Beziehungen zur sprachlichen Intelligenz zurückgeht, während der nicht-sprachliche Untertest 8 nicht mit den RÜ-Leistungen korreliert ist. Die höhere Korrelation des RTT mit sprachlichen Intelligenztests war aufgrund von Ergebnissen bisheriger Untersuchungen zu erwarten (z. B. FEFFER & GOUREVITCH 1960; ROTHENBERG 1970; vgl. S. 123 f.). Es ist jedoch eher überraschend, daß der Untertest 8 praktisch überhaupt keine Beziehungen zur RÜ aufweist. Der Aspekt der Gliederung im Wahrnehmungsbereich, den man zunächst in Analogie zur räumlichen Dezentrierungsfähigkeit auffassen könnte, erfordert offenbar unterschiedliche Fähigkeiten im Vergleich zur kognitiv-sprachlichen Dezentrierung, wie sie in der interpersonellen Aufgabenstellung des RTT gefordert ist. Wenn man an die Ergebnisse und Diskussionen zur Bereichsspezifität kognitiver Prozesse denkt (vgl. SEILER 1973) und berücksichtigt, daß selbst die Korrelationen zwischen verschiedenartigen RÜ-Aufgaben zum Teil gering sind, so gewinnt dieses Ergebnis an Plausibilität. Es bleibt jedoch insofern erstaunlich, als der RAVEN-Test, von dem man zunächst annehmen könnte, daß er eine Ähnlichkeit zum Untertest 8 des PSB aufweist, seinerseits eine positive Beziehung zum RTT zeigt. Die Interkorrelation von RAVEN und PSB beträgt lediglich $r = .43$ ($p < .001$). Jedoch korrelieren die Leistungen im RAVEN-Test und im PSB mit RÜ fast gleich. Dies könnte als Bestätigung der in der Literatur geäußerten Hypothesen gelten, daß mit dem RAVEN-Test weniger sprachfreie Intelligenz als die allgemeine Intelligenz gemessen wird. Der RAVEN-Test könnte ähnliche Leistungen erfordern, wie sie den Klassifikationsaufgaben nach PIAGET zugrunde liegen und über das Konstrukt der Dezentrierung mit dem RTT in Beziehung stehen.

Die Ergebnisse bestätigen also die bisherigen Befunde, weisen aber nachdrücklich auf die unterschiedliche Bedeutsamkeit sprachlicher und sprachfreier Aspekte der Intelligenz für die sozio-kognitiven Operationen hin. Für Konstruktvalidierungen der RÜ und auch für Fragen nach dem Verhältnis von instrumenteller und kommunikativer Intelligenz in der Ontogenese wäre es wichtig, solche differentiellen Beziehungen in weiteren Untersuchungen zu verfolgen.

18.2. Intelligenz und erlebtes Erziehungsverhalten

Während zwischen RÜ und den Dimensionen des Erziehungsverhaltens – wenn auch in unterschiedlichem Ausmaß – eher positive Beziehungen zwischen Unterstützung und negative Beziehung zwischen Strenge und RÜ bestehen, zeigt sich zwischen dem RAVEN-Testwert und dem erlebten Erziehungsverhalten kein Zusammenhang. Bei der PSB-Intelligenz besteht nur eine positive Beziehung zur erlebten Unterstützung des Vaters ($r = .33$ $p < .01$)[1]. Sie bleibt sowohl in der Teilstichprobe dr Jungen ($r = .31$; $p < .06$) als auch in der Teilstichprobe der Mädchen ($r = .39$; $p < .03$) erhalten. Der multiple Korrelationskoeffizient R zeigt bei Ein-

[1] Dies gilt auch für die Beziehung zwischen erlebtem Erziehungsverhalten und Schulerfolg: nur die erlebte Unterstützung des Vaters korreliert signifikant positiv mit der Schulzweigwahl ($r_{pbis} = .37$; $p < .01$).

bezug aller vier Erziehungsdimensionen nur einen Zuwachs von r = .33 zu R = .38. Zusätzlich zur erlebten Unterstützung des Vaters tragen also die drei übrigen Erziehungsvariablen kaum noch zur Prädiktion der Intelligenz bei. Einen signifikanten zusätzlichen Beitrag zur Prädiktion leistet die soziale Schichtzugehörigkeit (R = .43). Bezieht man weiter noch die RÜ-Fähigkeit als Prädiktor ein, so erhöht sich R auf .53.

In Tabelle 13 sind die Beziehungen zwischen den Erziehungsmustern und Intelligenz dargestellt. Bei diesem Vorgehen werden zwei Gruppen von Pbn mit niedrigen und hohen Intelligenztestwerten gebildet. Das Trennungskriterium war der Median der Verteilung der PSB-Werte.

Die deutlichsten Unterschiede der Intelligenzleistung bestehen hier im Vergleich von erlebter Zuwendung und Vernachlässigung. Dies gilt für den Vater ($\chi^2 = 3.76$; 1df; $p < .06$) wie vor allem für die Mutter $\chi^2 = 6.23$; 1df; $p < .02$).

Anders als bei RÜ ergeben sich Beziehungen ausschließlich zwischen hoch vs. niedrig erlebter Unterstützung und Intelligenz, während hoch vs. niedrig erlebte Strenge keinen Prädiktor für die Intelligenzleistung darstellt. Aus dem unterschiedlichen Gewicht, das Unterstützung und Strenge für die Intelligenz besitzen, resultiert, daß Vernachlässigung mit negativeren Intelligenzleistungen einhergeht als erlebte Ablehnung, die ja durch hohe Strenge gekennzeichnet ist. Vernachlässigung, die als fehlende Intensität des Engagements der Eltern gedeutet werden kann, erweist sich damit negativer als Ablehnung. In diesen Ergebnissen deutet sich tendenziell an, daß es sinnvoll sein könnte, in weiteren Untersuchungen zu verfolgen, ob die Genese der instrumentellen Intelligenz, wie sie durch den Intelligenztest repräsentiert wird, im Vergleich zu einer sozialen Form der Intelligenz, wie sie sich im Konstrukt des role-taking darstellt, durch unterschiedliche Aspekte sozialisatorischer Umwelten beeinflußt werden könnte. Eine unterstützend erlebte Umwelt könnte die Möglichkeit repräsentieren, sowohl die Beziehungen der Objektumwelt wie der sozialen Umwelt zu erforschen. Unterschiedliche Sozialisationsbedingungen für instrumentelle und soziale Intelligenz könnten bei erlebter Strenge vorliegen. Eine punitiv erfahrene familiale Interaktion könnte die Fähigkeit zum role-taking negativer beeinflussen, als dies für die instrumentelle Intelligenz gilt. Die Genese der instrumentellen Intelligenz könnte sich – zumindest zu größeren Anteilen als die soziale Intelligenz – im Umgang mit der Objektumwelt vollziehen, während eine Theorie der Genese der sozialen Intelligenz in einem weit stärkeren Ausmaß die Berücksichtigung sozio-affektiver Erfahrungen erfordern könnte, da sie stärker von den in sozialisatorischen Interaktionen gegebenen Möglich-

Tabelle 13: Beziehung zwischen Erziehungsmustern und PSB-Intelligenz

a) Mutter	Zuwendung	Kontrolle	Vernachlässigung	Ablehnung	Chi^2 (3df)
Intelligenz					
niedrig	5	6	11	11	9.43
hoch	15	8	4	7	$p < 0.03$
b) Vater					
Intelligenz					
niedrig	4	9	12	8	5.74
hoch	11	11	6	6	n. s.

	Unterstützung Mutter/Vater				Strenge Mutter/Vater			
	hoch	niedrig	inkonsistent	Chi^2 (2df)	niedrig	hoch	inkonsistent	Chi^2 (2df)
Intelligenz								
niedrig	6	15	12	9.32	12	13	8	0.18
hoch	18	7	9	$p < .01$	14	12	8	n. s.

keiten zur sozialen Beziehungsaufnahme abhängt (analog den Ergebnissen von Bing (1963) zur differentiellen Sozialisation von sprachlicher und nicht-sprachlicher Intelligenz).
Die unterschiedliche Bedeutung mütterlichen und väterlichen Erziehungsverhaltens wäre weitergehend zu erforschen. Anders als für RÜ erweisen sich die sozialstrukturellen Bedingungen, wie sie durch Schicht repräsentiert sind, als ein Prädiktor für die Intelligenz. Dies bestätigt also bisherige Befunde zur Beziehung zwischen Intelligenz und Schichtzugehörigkeit – wenn auch die durch Schicht aufgeklärte Varianz nur relativ gering ist.

18.3. Zusammenfassung

Erwartungsgemäß ergeben sich recht hohe positive Korrelationen zwischen Intelligenz und RÜ, die jedoch im PSB eher für die sprachlichen Untertests gelten. Der Raven-Test verhält sich danach ebenfalls wie ein ‚sprachgebundener' Test.
Bei den Korrelationsanalysen zwischen erlebtem Erziehungsverhalten und Intelligenz erweist sich nur die erlebte Unterstützung des Vaters (und tendenziell seine Strenge) als bedeutsam. Die Beziehung zwischen hoher bzw. niedriger Intelligenz und Erziehungsmustern zeigt dagegen die Bedeutsamkeit der Mutter. Während hohe Intelligenz mit erlebter Zuwendung einhergeht (dies gilt für beide Eltern) kann niedrige Intelligenz eher als Konsequenz erlebter Vernachlässigung gedeutet werden.

19 Rollenübernahme und Schulerfolg

19.1. Schulzweigzugehörigkeit

19.1.1. Beziehung zwischen RTT-Leistungen und Schulzweigzugehörigkeit

Entsprechend den theoretischen Erwartungen wird eine positive Beziehung zwischen den Fähigkeiten zur RÜ und dem Schulerfolg angenommen, wie er sich, gemessen an der Zugehörigkeit zu einem weiterführenden Schulzweig, darstellt.
Wir werden uns bei den folgenden Analysen vor allem auf den RÜ-Gesamtwert beziehen. Zwar werden auch hier die Ergebnisse für die Einzelsituationen aufgenommen; doch kann man – im Gegensatz zum vorherigen Kapitel der Diskussion der Sozialisationsergebnisse – davon ausgehen, daß der RÜ-Gesamtwert das theoretisch relevantere Maß darstellt. Die Perzeption der RÜ-Fähigkeit durch die Lehrer wird sich eher auf ein allgemeines Niveau der RÜ beziehen, wie es über verschiedene Situationen hinweg offenbar wird. Die Fähigkeit zur RÜ in verschiedenen Situationen kann zugleich als ein Maß der generellen Verfügbarkeit und bereits erfolgten Stabilisierung der Fähigkeiten gelten und ist damit als ein Indikator für das modale Niveau der sozial-kognitiven Entwicklung zu verstehen.
Tabelle 14 gibt an, wie sich bei Haupt- und Realschülern die Verteilungen der Strukturniveaus SR – RT – PE der RÜ-Testleistung darstellen. Die Aufschlüsselung wird für den Gesamtwert sowie für die Familien- und Schulsituation getrennt vorgenommen. Durch die Berechnung von Chi^2-Tests wurden die Beziehungen zwischen Niveau der RÜ und Schulzweigzugehörigkeit überprüft, wobei jeweils die Kategorien SR/RT zusammengefaßt wurden. Da niedrige Strukturniveaus der RÜ-Leistung in der Schulsituation häufiger auftraten und die niedrigste Kategorie SR öfter als die höchste Kategorie PE vorkam, wurden hier zusätzlich – wie auch vorher – die zusammengefaßten Kategorien RT/PE der Kategorie SR gegenübergestellt.

Die Ergebnisse bestätigen für den Gesamtwert und für die Familiensituation in einem hoch signifikanten Ausmaß die Erwartung, daß die Realschüler über bessere RÜ-Fähigkeiten verfügen als die Hauptschüler. Sie erreichen weitaus häufiger die höchste Kategorie der Perspektivenkoor-

Tabelle 14: Verteilungen der RÜ-Kategorien SR – RT – PE bei Haupt- und Realschülern

	SR	RT	PE	N
RÜ-Gesamt				
HS	4	21	8	33
RS	1	5	28	34
RÜ-Familie				
HS	8	20	5	33
RS	3	8	23	34
RÜ-Schule				
HS	16	13	4	33
R	7	15	12	34

SR–RT/PE	χ^2 (1df)
RÜ-Gesamt	20.47 $p < .00$
RÜ-Familie	16.87 $p < .00$
RÜ-Schule	3.75 $p < .06$
SR/RT–PE	
RÜ-Schule	4.61 $p < .04$

dinierung als Hauptschüler. Der schulspezifische Unterschied im Entwicklungsniveau der RÜ gilt für das Schulbild in einem geringeren Ausmaß, wenn man die Häufigkeit des Vorkommens der Kategorien SR/RT gegenüber PE vergleicht. Der Unterschied wird etwas deutlicher, wenn man die Häufigkeit des Erreichens der Kategorien SR/RT im Vergleich zur Kategorie PE bei Haupt- und Realschülern betrachtet. An den Verteilungen zeigt sich, daß die Differenz der Testleistung lediglich aus den Kategorien SR und PE ersichtlich wird; denn während ebenso viele Haupt- wie Realschüler die Kategorie RT in der Schulsituation erlangen, wird die Kategorie SR weitaus häufiger von Hauptschülern, die Kategorie PE hingegen häufiger von Realschülern erreicht. Die bessere Leistung der Realschüler zeigt sich auch darin, daß von neun Pbn, die über die Perspektivenkoordinierung in beiden RÜ-Situationen verfügen, acht der Realschule angehören. Zwischen Haupt- und Realschülern ergibt sich also ein deutlicher Unterschied im Strukturniveau der sozial-kognitiven Operationen. Insbesondere in der Familien-, aber auch in der Schulsituation weisen die Realschüler eine größere Reversibilität in der Strukturierung interpersoneller Situationen auf. Ein Vergleich der erreichten Strukturniveaus in der Familien- und Schulsituation verdeutlicht, daß die Leistungen der Realschüler in der Schulsituation eher von PE auf RT absinken. Die Leistungen der Hauptschüler hingegen, die auch in der Familien-

situation eher nur die Kategorie RT erzielen, sinken in der Schulsituation häufiger auf das niedrigste Niveau SR ab.
Das Ergebnis läßt an die kognitiv-strukturtheoretische Annahme denken, wie sie von Kohlberg (1974) für die moralische Entwicklung formuliert wurde: daß die kognitiven Leistungen eines Individuums nicht willkürlich, sondern um ein modales Entwicklungsniveau schwanken. Dieses modale Entwicklungsniveau liegt offenbar bei den Realschülern höher. Dies zeigt sich auch darin, daß sie nicht nur nach der kompetenztheoretischen Betrachtungsweise ein höheres Niveau der RÜ im Vergleich zu den Hauptschülern erreichen, sondern daß sie die höheren Kategorien auch häufiger erzielen. Sie verfügen offenbar bereits situationsübergreifend über höhere Fähigkeiten der RÜ. Tabelle 15 verdeutlicht dies.

Tabelle 15: Häufigkeit der Kategorien RT und PE bei Haupt- und Realschülern sowie durchschnittliche Häufigkeit der Kategorien je Pb ($\bar{x}$)

	Hauptschüler N = 33		Realschüler N = 34	
	Σ	$\bar{x}$	Σ	$\bar{x}$
Kategorie RT	67	2,1	117	3,5
Kategorie PE	10	0,3	65	1,9

Bei den Realschülern zeigt sich also neben dem Entwicklungsvorsprung im Strukturniveau der RÜ auch eine größere Stabilisierung der RÜ-Fähigkeit. Insbesondere die Kategorie RT kann bereits über Situationen hinweg als generell verfügbar gelten. Die Stabilisierung der Fähigkeit zur RÜ, wie sie sich in der Kategorie RT ausdrückt, scheint wiederum ein Grund dafür zu sein, daß die Realschüler das höchste Strukturniveau PE erzielen und auch dies wiederum häufiger im Vergleich zu den Hauptschülern.

In den folgenden korrelativen Analysen werden wir diesen quantitativen Aspekt der RÜ-Leistung einbeziehen, um neben dem kompetenztheoretischen Vorgehen, nach dem die generelle Verfügbarkeit eines Strukturniveaus der RÜ als Prädiktor der Schulzweigzugehörigkeit herangezogen wurde, den Aspekt der situations- bzw. personübergreifenden Verfügbarkeit der RÜ-Fähigkeit zu erfassen. Nach der Vorgehensweise bleiben jedoch die qualitativen Leistungsunterschiede neben den quantitativen erhalten. In das Performanzmaß gehen zugleich in einem stärkeren Ausmaß motivationale Aspekte ein, denn nach der Art des Vorgehens wird nicht nur überprüft, ob der Pb überhaupt einmal die geforderte Leistung erbringt, sondern auch, wie häufig er die jeweiligen Kategorien erreicht. In einem besonderen Maß ist also die Bereitschaft zur Mitarbeit gefordert, die jedoch – wie an anderer Stelle ausgeführt – zugleich in ihrer Abhängigkeit von den Fähigkeiten gesehen werden muß, die zur Lösung der Aufgabe verfügbar sind. Fähigkeit und Motivation müssen nach diesen Überlegungen in ihrer wechselseitigen Abhängigkeit bedacht werden.

19.1.2. Rollenübernahme, Intelligenz und Schulzweigzugehörigkeit

Bevor wir die korrelativen Beziehungen zwischen RÜ und Schulzweigzugehörigkeit aufzeigen, soll zunächst darauf hingewiesen werden, daß sich auch in dieser Untersuchung die traditionell aufgefundene Beziehung zwischen Schulzweigzugehörigkeit und psychometrischer Intelligenz bestätigt. Die punktbiseriale Korrelation zwischen Intelligenz und Schulzweig beträgt $r_{pbis} = .56$ ($p < .001$) für den PSB und $r_{pbis} = .50$ ($p < .001$) für den Raven-Test. Die positive Korrelation bedeutet, daß Realschüler höhere, Hauptschüler hingegen niedrigere Testwerte erlangen. Die folgende Tabelle 16 gibt die Korrelationen zwischen Schulzweigzugehörigkeit und RÜ für den Gesamtwert und beide RÜ-Situationen getrennt an. Eine positive Korrelation bedeutet, daß die Realschüler bessere, die Hauptschüler schlechtere Leistungen aufweisen. Daneben wird der Partialkorrelationskoeffizient dieser Beziehung bei Kontrolle der psychometrischen Intelligenz angegeben. Da PSB und Raven in gleichsinniger Beziehung zur RÜ und zur Schulzweigzugehörigkeit stehen, wurde lediglich die PSB-Intelligenz in die Analyse einbezogen.

Tabelle 16: Punktbiseriale Korrelation zwischen Schulzweigzugehörigkeit und RÜ-Leistung sowie partielle Korrelation bei Kontrolle der PSB-Intelligenz

	Schulzweig r_{pbis}	r_{pbis} bei Kontrolle von PSB-Intelligenz
RÜ-Gesamt	.63 ***	.53 ***
RÜ-Familie	.55 ***	.48 ***
RÜ-Schule	.27 *	.22 ($p < .07$)

*** = $p < .001$; * = $p < .05$

Die Korrelation zwischen dem RÜ-Gesamtwert und der Schulzweigzugehörigkeit ist höher als die zwischen psychometrischer Intelligenz und Schulzweig. Wiederum zeigt sich, daß insbesondere die RÜ-Fähigkeit in der Familiensituation Prädiktor der Schulzweigzugehörigkeit ist. Dies ist insofern eher überraschend, als die RÜ-Leistung in der Familiensitua-

tion im Vergleich zur Schulsituation kaum höher mit der Intelligenztestleistung korreliert; andererseits steht jedoch die RÜ-Leistung in der Familiensituation in positiver Beziehung zur erlebten Unterstützung des Vaters, die ihrerseits positiv mit der Schulzweigzugehörigkeit korreliert. Die Partialkorrelation zwischen dem RÜ-Gesamtwert und Schulzweig verdeutlicht, daß selbst bei Kontrolle der psychometrischen Intelligenz die Schulzweigzugehörigkeit durch den RÜ-Gesamtwert ebensogut vorhergesagt wird wie durch die Intelligenztestleistung. Auch die RÜ-Fähigkeit in der Familiensituation weist bei Kontrolle von Intelligenz eine erstaunlich hohe Beziehung zum Schulzweig auf, während zwischen RÜ in der Schulsituation und Schulzweig bei statistischer Kontrolle der Intelligenz nur noch ein geringer Zusammenhang besteht. Eine weitere Analyse der Ergebnisse macht die Beziehung zwischen psychometrischer Intelligenz und RÜ in ihren Auswirkungen auf Schulerfolg deutlich:
Anhand der empirischen Verteilung der PSB-Intelligenztestwerte wurden zwei Extremgruppen und eine Mittelgruppe gebildet. Innerhalb dieser Gruppen wurde überprüft, welchen Erklärungswert die RÜ-Fähigkeit für die Schulzweigzugehörigkeit besitzt.
Das Ergebnis zeigt, daß die Pbn mit sehr hohen Intelligenztestleistungen zugleich über das höchste Niveau der RÜ verfügten und sich fast alle in der Realschule befinden. Sehr niedrige Intelligenzleistungen gehen dagegen zugleich mit niedriger RÜ-Fähigkeit einher, und die Pbn mit diesem Fähigkeitsmuster sind nahezu ausschließlich Hauptschüler. In der Gruppe von Pbn mit mittlerer Intelligenz gibt die Fähigkeit zur RÜ den Ausschlag für die Schulzweigzugehörigkeit: Pbn mit mittlerer Intelligenz und hohem RÜ-Gesamtwert (PE) besuchen die Realschule, Pbn mit niedrigem RÜ-Gesamtwert (SR – RT) sind hingegen in der Hauptschule zu finden ($\chi^2 = 11.53$; df $=1$; $p < .000$).
Im Bereich der mittleren Intelligenz ist offenbar die Variabilität des Schulschicksals am größten, und die Bestimmung zusätzlicher Kriterien neben der Intelligenztestleistung könnte besonders wichtig zum Verständnis schulischer Selektionsprozesse sein. Es deutet sich an, daß die RÜ-Fähigkeit neben angeblich eher ‚objektiven' Leistungskriterien als ein solches latentes Kriterium für Selektionsentscheidungen fungieren könnte. Die hohe Korrelation zwischen RÜ-Leistung und Schulzweigzugehörigkeit, die auch bei Kontrolle der Intelligenztestleistung erhalten bleibt, erscheint als ein außerordentlich überraschendes Ergebnis. Denn während Intelligenz als eine zentrale funktionale Qualifikation für Schulerfolg gilt, wird hier die Bedeutung einer Variablen ersichtlich, deren Gewichtigkeit im Kontext schulischen Lernens bislang nicht thematisiert wurde.

Daß der RÜ-Leistung als Prädiktor für Schulzweigzugehörigkeit in dieser Untersuchung eine größere Bedeutung zukommt als der psychometrischen Intelligenz, wird auch in einer anderen Art der statistischen Analyse deutlich. Wir haben bereits an anderer Stelle argumentiert, daß die Annahme einer Priorität der instrumentellen Intelligenz vor den sozio-kognitiven Fähigkeiten – wonach sich in der Ontogenese die Fähigkeit zur RÜ über die Genese der instrumentellen Intelligenz entfalten würde – eher durch ein Wechselwirkungsmodell der Beziehung zwischen beiden ersetzt werden sollte. Danach könnte die kausale Abfolge auch so verlaufen, daß die sozio-kognitiven Fähigkeiten ihrerseits die Genese der instrumentellen Intelligenz stimulieren. Nach diesen Überlegungen ließe sich eine Abhängigkeit der Genese kognitiver Fähigkeiten von der Fähigkeit zur RÜ postulieren. Andererseits haben wir in den theoretischen Ausführungen die Bedeutung der Fähigkeit zur RÜ für schulische Selektionsprozesse damit begründet, daß die in der primären Sozialisation erworbenen Qualifikationen zum Rollenhandeln, die der Lehrer in der Interaktion mit dem Schüler perzipiert, zur Grundlage der ‚objektiven' Beurteilung der schulischen Leistungsfähigkeit werden.
Nach dieser Argumentationskette läßt sich theoretisch auch eine andere Art des Vorgehens bei der Partialisierung begründen. Während zuvor der Anteil der Intelligenz in der Beziehung zwischen RÜ-Leistung und Schulzweigzugehörigkeit kontrolliert wurde, kann umgekehrt der Anteil der RÜ-Fähigkeit in der Beziehung zwischen Intelligenz und Schulzweigzugehörigkeit kontrolliert werden. Dabei zeigt sich, daß die Korrelation zwischen Intelligenz und Schulzweig bei Kontrolle der RÜ-Leistung von $r_{pbis} = .57$ auf $r_{pbis} = .40$ absinkt, während die Korrelation zwischen RÜ-Leistung und Schulzweig bei Kontrolle der Intelligenz von $r_{pbis} = .63$ auf $r_{pbis} = .53$ ggesunken war. Die Beziehung zwischen Intelligenz und Schulzweig verringert sich also bei Kontrolle der RÜ-Fähigkeit deutlicher als umgekehrt die Beziehung zwischen RÜ und Schulzweig bei Kontrolle der Intelligenz.
Auch dieses Ergebnis spricht dafür, daß der Fähigkeit zur RÜ in dieser Untersuchung für den Schulerfolg, wie er sich an der Schulzweigzugehörigkeit ablesen läßt, eine größere Bedeutung zukommt als der psychometrischen Testintelligenz. Dies kann als Bestätigung der Hypothese gelten, daß interpersonelle Fähigkeiten, wie sie sich in der Fähigkeit zur RÜ ausdrücken, einen wesentlichen Anteil am Schulerfolg haben. Wie im theoretischen Teil ausgeführt, ermöglichen sie dem Schüler die Erschließung der informellen Erwartungen und erleichtern ihm so die Einstellung auf den Unterricht. Die Fähigkeit zur RÜ ist andererseits auch Bestandteil von Unterrichtsfächern, in denen interpretative Leistungen vom Schü-

ler gefordert werden. Wir werden diesen Aspekt bei der Diskussion der Beziehungen zwischen RÜ-Leistung und Schulnoten aufnehmen.

19.1.3. Rollenübernahme, soziale Schicht und Schulzweigzugehörigkeit

Tabelle 17 zeigt zunächst die Verteilungen der Pbn nach Schicht- und Schulzweigzugehörigkeit.

Tabelle 17: Beziehung zwischen Schicht- und Schulzweigzugehörigkeit

	UUS	OUS	MS	N
HS	16	11	6	33
RS	5	14	15	34
N	21	25	21	67

$\chi^2 = 9.97$ (2df) $p < .01$
(cc = .36; $p < .01$)

Von den 21 Kindern der niedrigsten Schicht besuchen nur fünf die Realschule, bei den 21 Kindern unserer obersten Schicht dreht sich das Verhältnis beinahe genau um. Nur sechs Kinder besuchen die Hauptschule, fünfzehn hingegen sind in der Realschule. Ein etwa gleiches Verhältnis zwischen Haupt- und Realschülern ist nur in der OUS hergestellt.
Wir müssen bei der Frage nach der Generalisierung dieses Ergebnisses vorsichtig sein, doch entspricht der deutliche schichtspezifische Selektionseffekt den Ergebnissen, die Untersuchungen zur schulischen Selektion immer wieder erbracht haben.[1] Der Selektionseffekt ist allerdings nur in der UUS (nach der Hauptschule hin) und in der MS (nach der Realschule hin) wirksam, während in der OUS die Schichtzugehörigkeit kein Kriterium dafür ist, welchen Schulzweig das Kind besucht. Hier werden wir nach weiteren sozialen und psychologischen Merkmalen suchen müssen, die mit dieser Wahl in Zusammenhang stehen.
Selbst innerhalb einer in bezug auf die beschriebenen Sozialmerkmale eher homogenen Stichprobe und trotz des gemeinsamen Besuchs der Orientierungsstufe zeigt sich also auch hier, daß die traditionellen Selektionsmechanismen, wie sie in bildungssoziologischen Untersuchungen vielfach belegt worden sind, auch unter den institutionellen Gegebenheiten einer Gesamtschule wirksam blieben.

---

[1] Eine Überprüfung an der gesamten ursprünglichen Stichprobe von N = 97 bestätigt dieses Ergebnis.

Auch der traditionell aufgefundene geschlechtsspezifische Effekt in der schichtspezifischen Selektion deutet sich an:
Von den elf Mädchen der UUS besucht nur eines die Realschule, von den neun Mädchen der MS sind es hingegen sieben. Offensichtlich ist die ‚Chancengleichheit' für Mädchen noch weniger verwirklicht als für Jungen. Dies mag vor allem daran liegen, daß die Bildungsaspiration der Eltern der UUS für Mädchen geringer ist als für Jungen (Grimm 1966). Demgegenüber haben Eltern der MS offensichtlich auch für Mädchen eine höhere Bildungsaspiration (vgl. Carnap & Edding 1962; Peisert 1967; Rolff 1974).
Diese Bestätigungen der ‚traditionellen' Befunde der Selektionsforschung werden hier vor allem deshalb erwähnt, weil sie zeigen, daß nach Jahren der bildungspolitischen Diskussion und der schulorganisatorischen Veränderungen, wie sie gerade in integrierten Förderstufen zum Ausdruck kommen, die früheren Strukturen offenbar weitgehend unverändert fortbestehen. Wenn man an die neuerlichen Verschärfungen der Selektionsprozesse denkt, dann erweist sich, daß die Hoffnung auf einen graduellen Abbau der Unterprivilegierung bestimmter sozialer Gruppen schwerlich aufrechtzuerhalten sein wird.
In unserer Untersuchung ergibt sich nur eine geringe Beziehung zwischen PSB-Intelligenztestleistung und sozialer Schichtzugehörigkeit ($r_{bis} = .24$; $p < .05$). Die Höhe der Korrelation entspricht jedoch genau der für die Eichstichprobe angegebenen. Zwischen der Leistung im Raven-Intelligenztest und der Schichtzugehörigkeit besteht eine noch geringere Korrelation von $r_{bis} = .16$ (n. s.). Eine schichtspezifische Selektion besteht also, obwohl die Intelligenztestleistungen – als die für Schulerfolg funktionalen Voraussetzungen – nur geringfügig, die RÜ-Fähigkeiten hingegen gar nicht schichtspezifisch verteilt sind. Bei statistischer Kontrolle der PSB-Intelligenz verringert sich die Korrelation zwischen Schicht und Schulzweigzugehörigkeit von $r_{bis} = .38$ auf die immer noch signifikante Korrelation von $r_{bis} = .30$ (p .01). Kontrolliert man den Anteil der RÜ in der Beziehung zwischen Schulzweig- und sozialer Schichtzugehörigkeit, dann ergibt sich ebenfalls ein Partialkorrelationskoeffizient von $r_{bis} = .30$. Die Auspartialisierung beider Variablen verändert den Partialkorrelationskoeffizienten nur geringfügig ($r = .28$); d. h. auch bei gleichzeitiger Kontrolle von Intelligenz und RÜ-Fähigkeiten bleibt die signifikante Beziehung zwischen sozialer Schicht und Schulzweig noch erhalten.
Das Zusammenspiel von Fähigkeitsniveaus und Schichtzugehörigkeit wird in Tabelle 18 deutlich. Hier wurde aufgeschlüsselt, welche Beziehung zwischen Fähigkeitsmustern, sozio-ökonomischem Status und Schulzweigzugehörigkeit besteht. Die Variable Intelligenz wurde am Median der

Verteilung dichotomisiert, während die Pbn beim RÜ-Gesamtwert danach gruppiert wurden, ob sie die höchste Kategorie der Perspektivenkoordinierung PE erreichten oder nicht.

Tabelle 18: Verteilung der Pbn nach Schulzweig (HS – RS) und Fähigkeitsniveau in UUS, OUS und MS

	UUS		OUS		MS	
PSB-Intelligenz	HS	RS	HS	RS	HS	RS
niedrig (<Med.)	12	1	9	2	5	4
hoch (>Med.)	4	4	2	12	3	9
RÜ-Gesamt						
niedrig (SR–RT)	11	0	9	2	5	4
hoch (PE)	5	5	2	12	3	9

Aus den Verteilungen wird ersichtlich, daß Intelligenz und RÜ in gleichsinniger Beziehung zur Schulzweigzugehörigkeit stehen. Doch nur in der OUS wird die Schulzweigzugehörigkeit durch das Fähigkeitsniveau in beiden Richtungen nach der Haupt- wie zur Realschule hin vorhergesagt: Pbn mit niedrigem Fähigkeitsniveau der RÜ bzw. der Intelligenz sind Hauptschüler; Pbn mit hohem Fähigkeitsniveau gehören der Realschule an.

In der OUS hatte sich der sozio-ökonomische Status nicht als Kriterium der Schulzweigzugehörigkeit erwiesen, denn jeweils die Hälfte der Schüler besuchte die Haupt- bzw. Realschule (vgl. Tab. 17). Es zeigt sich demnach, daß in dieser Schicht die Schulzweigzugehörigkeit eindeutig mit dem Fähigkeitsniveau in Beziehung steht.

Während in der OUS die Selektion zur Haupt- oder Realschule hin nach dem Fähigkeitsniveau zu erfolgen scheint, funktioniert die Selektion in der UUS wie in der MS in gewisser Unabhängigkeit vom Fähigkeitsniveau. Die Vorhersage der Schulzweigzugehörigkeit ist jeweils nur nach einer Richtung hin möglich: in der MS zur Realschule, in der UUS zur Hauptschule hin. Zwar besitzen die fünf Realschüler der UUS alle hohe RÜ-Fähigkeiten, doch geht umgekehrt hohe RÜ-Fähigkeit nicht notwendigerweise mit dem Besuch der Realschule einher. Denn immerhin gibt es fünf Pbn, die trotz hoher RÜ-Fähigkeit in der Hauptschule verblieben sind. Eine gleichsinnige Beziehung ergibt sich auch bei Betrachtung der Intelligenz. Daß es sich bei diesen fünf Pbn, die trotz hohen Fähigkeitsniveaus in der Hauptschule verblieben, um Mädchen handelt, bestätigt die oben angeführte These, daß die Chancenungleichheit verstärkt in der Unterprivilegierung der Mädchen der UUS zum Vorschein kommt. In der Mittelschicht sind umgekehrt niedrige RÜ-Fähigkeiten kein eindeutiger Indikator für den Besuch der Hauptschule; denn vier Kinder aus der MS weisen niedrige RÜ-Fähigkeit auf und besuchen gleichwohl die Realschule.

Dies bestätigt wiederum, daß in UUS und MS der sozio-ökonomische Status auch unabhängig vom Fähigkeitsniveau das Schulschicksal bestimmt. Während man in der UUS auch mit hohem Fähigkeitsniveau in der Hauptschule verbleiben kann (offenbar insbesondere dann, wenn man ein Mädchen ist), ist ein niedriges Fähigkeitsniveau in der MS umgekehrt nicht notwendigerweise ein Hinderungsgrund für den Besuch der Realschule. In der MS müssen offenbar besonders gravierende Bedingungen vorliegen, bevor das Kind in der Hauptschule zu finden ist. Eine Inspektion der Daten zum erlebten Erziehungsverhalten ergab bei den fünf MS-Hauptschülern mit niedriger RÜ-Fähigkeit, daß diese Schüler ein für ihre Schicht ‚untypisches' Sozialisationsklima erleben: sie erfahren sowohl Mutter wie Vater eher als wenig zuwendend und vor allem als sehr punitiv. Die Realschüler der UUS erleben ihrerseits ebenfalls für diese Schicht eher ‚untypische' Sozialisationsbedingungen. Hier freilich weicht das erlebte Erziehungsverhalten vom modalen Muster in positiver Hinsicht ab, denn alle Pbn erleben den Vater als besonders zuwendend, während er von den Pbn der UUS sonst als vernachlässigend erfahren wird.

An der Diskussion solcher ‚abweichender' Fälle wird wiederum deutlich, daß die Bedeutung einzelner Beziehungen erst im Kontext des allgemeinen Zusammenhangs der Lebenswelt begriffen werden kann, auf deren Hintergrund sie jeweils ihre spezifische Wirkung entfalten.

19.1.4. Schulzweigzugehörigkeit in Abhängigkeit von sozialer Schicht, Intelligenz und Rollenübernahme

Im folgenden werden die bisher behandelten Ergebnisse anhand zweier multipler Regressionen dargestellt (Tab. 19). In der ersten Regression sollte die Frage geklärt werden, welchen Beitrag die RÜ-Gesamtleistung zur Prädiktion der Schulzweigzugehörigkeit leistet, und zwar zusätzlich zu den Prädiktoren soziale Schicht und Intelligenz. In der zweiten Regression war durch die Variation der Abfolge der Variablen die Frage zu klären, welchen Beitrag Intelligenz und soziale Schicht zusätzlich zur RÜ zur Vorhersage der Schulzweigzugehörigkeit leisten.

Tabelle 19: Schrittweise multiple Regression mit festgelegter Abfolge der Prädiktoren Soziale Schicht, PSB-Intelligenz und RÜ-Gesamtwert

Kriterium:		Schulzweigzugehörigkeit Schicht		Intelligenz		RÜ-Gesamtwert	
β-Gewichte der Prädikatoren		.27		.27		**.48**	
Beitrag der Variablen zur multiplen Korrelation		R	R^2			R	R^2
Soziale Schicht	(1)*	.38	**.14**	RÜ-Gesamtwert	(1)	.63	**.40**
Intelligenz	(2)	.62	**.38**	Intelligenz	(2)	.71	**.51**
RÜ-Gesamtwert	(3)	.76	**.58**	Soziale Schicht	(3)	.76	**.58**

* Die Zahlen in den Klammern geben an, in welchem Schritt die Variable in die Regressionsgleichung aufgenommen wurde.

Die Ergebnisse zeigen, daß jede der drei Variablen einen signifikanten Zuwachs ($p < .001$) zur Prädiktion leistet. Je nachdem, an welcher Stelle der RÜ-Gesamtwert in die Prädiktion aufgenommen wird, ändert sich der relative Beitrag zum multiplen R, doch das hohe β-Gewicht verdeutlicht die Relevanz der Variable RÜ im Kontext der anderen.
Damit bestätigt sich auch in der multiplen Regression, daß Intelligenz, RÜ und Schichtzugehörigkeit einen voneinander unabhängigen Beitrag zur Vorhersage der Schulzweigzugehörigkeit leisten, wobei jedoch der Variable RÜ nach der Höhe des β-Gewichts der größte Erklärungswert zukommt.
Dieses Ergebnis ist aus zwei Gründen bedeutsam: Einerseits wird hier ein bislang nicht aufgewiesener Zusammenhang zwischen Schulerfolg – definiert als Besuch einer weiterführenden Schule – und der Fähigkeit zur RÜ – als einem Aspekt interpersoneller bzw. sozialer Kompetenz verdeutlicht. Damit läßt sich Schulerfolg in dieser Studie an Fähigkeiten zur sozialen Interaktion, also an Grundqualifikationen des Rollenhandelns binden, die ihrerseits in sozialen Interaktionssituationen generiert werden. Die Fähigkeit zur RÜ, wie sie als kognitiv-interaktionale Fähigkeit operationalisiert wurde, erweist sich, deutlicher noch als die psychometrische Intelligenz, als eine zentrale Dimension für schulische Selektionsprozesse. Andererseits läßt sich Schulerfolg unter kognitiv-strukturtheoretischer Perspektive analysieren:
Die Unterschiede in der RÜ-Testleistung der Haupt- und Realschüler zeigen sich im *Niveau* wie in der *Stabilisierung* der sozio-kognitiven Operationen: Die Realschüler erreichen im Vergleich zu den Hauptschülern fast immer das höchste Strukturniveau der Perspektivenkoordinierung, während nur wenige Hauptschüler die Kategorie PE erlangen. Nach dem quantitativen Leistungsaspekt unterscheiden sich Realschüler von den Hauptschülern darin, daß sie die höchsten Kategorien RT und PE häufiger erreichen.
Die Unterschiede in den Fähigkeiten zur RÜ lassen sich unserer Ansicht nach im Rahmen kognitiv-strukturtheoretischer Überlegungen als ‚Entwicklungsunterschiede' zwischen Haupt- und Realschülern interpretieren, als Verschiebungen (décalages) sowohl im Erwerb eines höheren Niveaus der sozio-kognitiven Operativität als auch in einer mehr situationsübergreifenden Verfügbarkeit der Fähigkeit zur RÜ.
Nach diesem Ergebnis läßt sich die Hypothese aufstellen, daß Entwicklungsunterschiede in den sozio-kognitiven Operationen – die vermutlich auch mit einem unterschiedlichen Entwicklungsstand der kognitiven Operationen einhergehen – eine Erklärung für die Selektionsprozesse darstellen könnten: Kinder, die zu einem selektionsrelevanten Zeitpunkt

im Niveau der sozio-kognitiven Entwicklung weiter fortgeschritten sind, hätten eine größere Chance, eine weiterführende Schule zu besuchen, als Kinder, deren Entwicklungsniveau zu diesem Zeitpunkt niedriger liegt. Danach würden sich solche ‚décalages' im Entwicklungsniveau, die an familiale Erfahrungen rückgebunden werden können, als folgenreich für das weitere Schulschicksal des Kindes erweisen. Für diese Interpretation spricht eine Untersuchung von RAUH (1974), wonach Kinder der vierten Klasse, die im Rahmen einer Längsschnittuntersuchung viermal mit Aufgaben zum konkret-operationalen Denken untersucht worden waren, eine um so größere Chance hatten, zum Besuch einer weiterführenden Schule vorgeschlagen zu werden, je häufiger sie bei der Bearbeitung von Invarianzaufgaben als ‚Konservierer' eingestuft wurden. Die Stabilisierung der konkret-logischen Operationen funktionierte danach als ein selektionsrelevantes Kriterium. Das hier vorliegende Ergebnis läßt jedoch die Frage offen, ob die Unterschiede im Strukturniveau der RÜ auch zu einem späteren Zeitpunkt erhalten bleiben oder ob die kognitiv-strukturtheoretischen Unterschiede sich dann verringern. So wäre es durchaus möglich, daß bei einer ‚kompetenztheoretischen' Betrachtung, wie wir sie hier vorgenommen haben, alle Pbn zu einem Testzeitpunkt nach einem Jahr oder später die höchste Kategorie PE wenigstens einmal erreichen würden. Die Varianz in den RTT-Leistungen könnte dann möglicherweise auf Performanzunterschiede zurückgehen, also darauf, wie häufig ein Pb die höchste Kategorie PE erlangt. Um diese Frage zu überprüfen, hätten z. B. die Pbn im Alter von 14–15 Jahren in ihren RÜ-Fähigkeiten noch einmal untersucht werden müssen. Für die Kategorie RT zeigt sich in dieser Altersgruppe, daß die Unterschiede im Gesamtwert keine Kompetenz-, sondern nur noch Performanzunterschiede in der Häufigkeit des Erreichens der Kategorie RT darstellen. Würde es sich erweisen, daß die Entwicklungsunterschiede zu einem späteren Zeitpunkt geringer sind, so wäre ein frühzeitig einsetzender Selektionsprozeß besonders folgenreich für die Kinder, welche in der Familie nur wenige Gelegenheiten zur RÜ (‚role-taking opportunities'; KOHLBERG 1974) hatten und deshalb die Fähigkeiten zur Perspektivenübernahme nur ungenügend differenzieren konnten. Solche Kinder könnten zu einem relativ frühen Zeitpunkt ihrer schulischen Biographie bei Selektionsprozessen, wie sie aus der Perzeption des Lehrers erfolgen, stärker benachteiligt sein, als dies zu einem späteren Zeitpunkt der Entwicklung der Fall wäre.

Die Verschiebungen im Erwerb und in der Stabilisierung der Fähigkeiten zur RÜ können – wie wir gesehen haben – in Abhängigkeit von der Struktur der sozialisatorischen Interaktion begriffen werden. Es scheint, daß die in der Familie erworbenen RÜ-Fähigkeiten dem Schüler die Interaktion in der Institution Schule erleichtern und für den Lehrer eine implizite Grundlage der Leistungsbeurteilung sowie der darauf begründeten Selektionsprozesse bilden könnten. Für diese Annahme spricht auch das Ergebnis, daß insbesondere die RÜ-Leistung in der Familiensituation die Schulzweigzugehörigkeit vorhersagt. Dieses Ergebnis ist zunächst überraschend, da das Schulbild eine größere ‚Nähe' zur aktuellen ‚Schulsituation' des Kindes aufweist. Es wäre von daher durchaus plausibel gewesen, wenn die RÜ-Leistungen in der Schulsituation den Schulzweig besser vorhergesagt hätten als die RÜ-Leistungen in der Familiensituation.

Wir haben die Frage eines möglichen, durch die Vorgabe der Situationen bedingten Positionseffektes bereits angesprochen. Er könnte bewirkt haben, daß die Schüler beim Schulbild weniger Bereitschaft zur Mitarbeit zeigten und deshalb geringere RÜ-Leistungen zum Schulbild erbrachten. Obwohl wir diese Erklärung nicht ausschließen können, halten wir sie dennoch aus den zuvor angeführten psychologischen Überlegungen nicht für zureichend. Hätte die Bereitschaft zur Mitarbeit bei allen Schülern gleichartig abgenommen, so wären die unterschiedlichen Leistungen der Haupt- und Realschüler in beiden Situationen gleich deutlich gewesen. Doch zeigt das Ergebnis, daß der ‚Vorsprung' der Realschüler gegenüber den Hauptschülern vor allem dadurch bedingt ist, daß die Realschüler in der Familiensituation häufiger als die Hauptschüler die höchste Kategorie PE erreichten. Das Familienbild war also für die Realschüler besonders ‚motivierend', so daß dabei ein deutlicherer ‚Entwicklungsvorsprung' der Realschüler zu beobachten ist als beim Schulbild.

Die interpersonalen Beziehungen in der Familie bieten den Realschülern offenbar mehr Erfahrungen, welche die Entfaltung von Fähigkeiten zur RÜ und generell zum Rollenhandeln erleichtern. Demgegenüber scheinen die Erfahrungen, die zur Genese der RÜ-Fähigkeit beitragen, in den Familien der Hauptschüler eher eingeschränkt zu sein. Aus diesem Ergebnis läßt sich folgern, daß die schulrelevanten Fähigkeiten zur RÜ im Kontext der familialen Primärsozialisation erworben werben. Der Schule gelingt es nicht, sozialisatorisch erworbene Ungleichheiten in den Fähigkeiten zum Rollenhandeln durch ‚kompensatorische' Entwicklungsanregungen aufzuheben; vielmehr scheint die Ungleichheit zum Ausgangspunkt für Evaluation und Selektion zu werden.

Da die Schule die Förderung interpersoneller Fähigkeiten bisher kaum zu den expliziten Lernzielen zählt, überrascht es nicht, daß Defizite in Fähigkeiten zur RÜ in der Schule nicht behoben werden, sondern sich eher weiterhin stabilisieren oder gar vergrößern.

In Übereinstimmung mit Ergebnissen der Selektionsforschung entsteht jedoch auch hier das Bild, daß schulische Selektionsprozesse nicht ausschließlich durch die kognitiven und sozio-kognitiven Fähigkeiten der Schüler erklärt werden können. Unabhängig vom Fähigkeitsniveau der Pbn, wie es sich in der psychometrischen Intelligenz und im Niveau der sozio-kognitiven Operationen auswirkt, ist die soziale Schichtzugehörigkeit auch in dieser Untersuchung ein Prädiktor der Schulzweigzugehörigkeit. Dies entspricht den bisherigen Ergebnissen zur schichtspezifischen Selektionsforschung (vgl. die Literatur bei z. B. COLEMAN 1966; HALSEY, FLOUD & ANDERSON 1967; OEVERMANN 1972; PEISERT 1967; ROLFF 1974; WEINERT 1972).

Neben dem Fähigkeitsniveau der Kinder müssen also zusätzliche Bedingungen zur Erklärung schulischer Selektionsprozesse berücksichtigt werden. Hier bieten sich die aus der sozio-ökonomischen Situation resultierenden unterschiedlichen Erwartungen und Aspirationen der Eltern für den Schulerfolg ihres Kindes an sowie auch die ihnen z. T. korrespondierenden Selektionsvorschläge der Lehrer.

Die Selektionsentscheidungen gehen auch in dieser Untersuchung auf das Zusammenwirken mehrerer Bedingungen zurück. Soziale Schichtzugehörigkeit und Fähigkeitsniveau stehen in komplexer Interaktion miteinander: Je niedriger die soziale Schichtzugehörigkeit ist, um so positiver müssen offenbar die Bedingungen sein, damit die traditionelle ‚Bildungsabstinenz' in dieser Schicht überwunden wird. Nur wenn hohe kognitive wie sozio-kognitive Fähigkeiten vorliegen, schafft das Kind den Sprung zur Realschule. Das Niveau der Fähigkeiten bildet eine notwendige, aber nicht hinreichende Bedingung für den Besuch der Realschule. Dies zeigt sich an den Mädchen der UUS, die trotz hoher Fähigkeiten in der Hauptschule verblieben sind. Für Mädchen scheint in dieser Schicht die Chance zum Besuch einer weiterführenden Schule von vornherein zusätzlich erschwert.

Das umgekehrte Ergebnis, daß Schüler der Mittelschicht auch mit niedrigen Fähigkeiten der Realschule zugehören, läßt wiederum vermuten, daß schichtspezifischen Aspirationen der Eltern eine an Kriterien der Schichtzugehörigkeit orientierte Selektion der Lehrer korrespondiert, die möglicherweise dadurch erleichtert wird, daß die Mittelschichtkinder mit niedrigem Fähigkeitsniveau über schulfunktionale Verhaltensqualitäten verfügen. In diesem Zusammenhang ist das von FEND (1974) zitierte Ergebnis des ROBBINS-Report (1963) relevant, wonach die Chance der intelligentesten Kinder aus der US, eine höhere Schule zu besuchen, der Chance der am wenigsten intelligenten Kinder aus der OS entspricht. Entsprechendes gilt in dieser Untersuchung bereits für den Vergleich von

UUS und eher unterer MS. Lediglich in der OUS findet die Selektion entsprechend den Fähigkeiten der Schüler statt. Nur in dieser Schicht besteht offenbar von seiten der Eltern her eine ‚Offenheit' für das Schulschicksal des Kindes, die sich durch soziale Aufstiegstendenzen in dieser Schicht und eine daraus resultierende größere Bildungsaspiration und Mobilität erklären ließe. Der ‚Offenheit' der Eltern dürfte eine größere Offenheit des Lehrers korrespondieren, der sich bei den Selektionsentscheidungen ebenso wie die Eltern am Fähigkeitsniveau des Kindes orientiert. Das Ergebnis, daß die Pbn der OUS im Vergleich zu den Pbn der beiden anderen Schichten ein eher punitiveres Sozialisationsklima erfahren, könnte ein Indikator dafür sein, daß die Eltern dieser Schicht Leistungsdruck auf das Kind ausüben. Kritisch scheint dabei die Rolle der Mutter zu sein, die von den Kindern dieser Schicht wenig unterstützend erlebt wird. Unter welchen Bedingungen sich allerdings hohe oder niedrige RÜ-Fähigkeit in dieser Schicht konstituieren, müßte weitergehend untersucht werden. Es sei an dieser Stelle lediglich noch einmal auf den Befund verwiesen, daß fünf der zwölf Realschüler der OUS mit hoher RÜ-Fähigkeit diese unter der Bedingung offensichtlich punitiver und ablehnender familialer Erfahrung erworben haben. Dies läßt sich nur bei Pbn dieser Schicht beobachten. Der soziale Kontext, unter dem spezifische Erfahrungen ihre Wirkung entfalten, scheint demnach besonders bedeutungsvoll zu sein.

Es ließe sich hier auch die bereits im Sozialisationsteil angesprochene Frage stellen, ob sich die strukturell gleichen Fähigkeiten zur RÜ, die entweder in einer punitiv oder zuwendend erlebten Umwelt entstanden sind, nach inhaltlichen Aspekten unterscheiden lassen. So wäre es interessant zu untersuchen, ob die Pbn der OUS, die hohe Fähigkeiten zur RÜ in einer punitiven Umwelt erworben haben, sich eher normenkonform und kompetitiv leistungsorientiert verhalten, also ein spezifisches Aufstiegs- und Leistungssyndrom aufweisen. Dies wäre auch eine Frage nach den situativen Kontexten, unter denen die Fähigkeiten zur RÜ am besten zur Verfügung stehen.

19.1.5. Zusammenfassung

Realschüler erreichen im Vergleich zu Hauptschülern häufiger höhere Strukturniveaus der RÜ (Kompetenzaspekt) und erbringen die besseren Kategorien auch öfter (Performanzaspekt). Dieses Ergebnis läßt sich als Entwicklungsvorsprung der Realschüler interpretieren. Nicht RÜ in der Schulsituation, sondern in der Familiensituation erweist eine größere

Relevanz für die Vorhersage der Schulzweigzugehörigkeit. Dieses Resultat spricht für die Bedeutung familial erworbener RÜ-Fähigkeit für schulische Selektionsprozesse.
Da die Fähigkeit zur RÜ im Vergleich zur psychometrischen Intelligenz ein besserer Prädiktor der Schulzweigzugehörigkeit ist, kann angenommen werden, daß interpersonelle Fähigkeiten ein bedeutsames Kriterium für schulische Selektionsprozesse darstellen.
Indessen determiniert hier wie in anderen Fähigkeitsbereichen nicht das Fähigkeitsniveau der Schüler allein, sondern auch ihre soziale Schichtzugehörigkeit ihr Schulschicksal. Eine vollständig fähigkeitsadäquate Selektion hat offenbar nur in der oberen Unterschicht stattgefunden.

19.2. Schulnoten

19.2.1. Rollenübernahme und Schulnoten

Im vorausgegangenen Kapitel wurde die Schulzweigzugehörigkeit in ihrer Beziehung zur RÜ untersucht, während in diesem Kapitel die Beziehung zwischen RÜ und Schulleistung – wie sie in Schulnoten zum Ausdruck kommt – analysiert werden soll. Doch zuvor sind einige Probleme zu diskutieren, die sich bei der Behandlung dieses Fragenkomplexes ergaben. Zunächst war zu entscheiden, *welche* Schulnoten in die Analyse einbezogen werden sollten. Einerseits boten sich dafür die Noten des Jahreszeugnisses der 6. Klasse an, die eine Grundlage für die Empfehlung zum Übergang aus der gemeinsamen Orientierungsstufe in die Haupt- bzw. Realschule bilden. Andererseits kamen jene Zensuren in Frage, die nach dem Ende des ersten Halbjahres in der Haupt- bzw. Realschule vergeben wurden.

Wir haben uns aus zwei Gründen für die letzteren als Kriterium entschieden: a) Da die Schüler in den Hauptfächern der gemeinsam unterrichteten Orientierungsstufe in sog. Leistungskurse aufgeteilt waren, wurde die Vergleichbarkeit ‚gleicher' Noten aus verschiedenen Leistungskursen zum Problem. b) Zum Zeitpunkt der Untersuchung der RÜ-Fähigkeit waren die Schüler bereits seit einigen Monaten in Haupt- und Realschüler aufgeteilt, so daß geraten schien, die Noten heranzuziehen, die den aktuellen Stand in der jeweiligen Gruppe bewerten. Bei dieser Lösung stellte sich die Frage, ob die Noten durch z-Transformation erst standardisiert werden sollten, da die Realschüler durchweg bessere Noten erhielten als die Hauptschüler. Zwar erwiesen sich die Verteilungen der Noten in beiden Schultypen als gleich, doch waren die Mittelwertunterschiede signifikant voneinander verschieden. Bis auf den Unterschied in der Note ‚Be-

tragen', der auf dem 8 %-Niveau noch tendenziell bessere Noten der Realschüler anzeigt, erreichten die Unterschiede zwischen Real- und Hauptschulnoten in allen anderen Bereichen mindestens ein Signifikanzniveau von 3 %, häufiger aber 1 % zugunsten der Realschüler. Die bessere Benotung der Realschüler läßt vermuten, daß die Schülerleistungen in beiden Schultypen offenbar nicht unabhängig voneinander beurteilt wurden. Dieses Ergebnis entspricht nicht der Annahme von INGENKAMP (1971), wonach Lehrer sich bei der Zensurenvergabe lediglich am Leistungsniveau der unterrichteten Klasse orientieren. Wollte man an INGENKAMPS Befund festhalten, müßte man in unserem Fall zugleich annehmen, daß die Beurteilungsskala für die beiden Schultypen von vornherein bereits unterschiedlich ist. Danach würden Hauptschüler von Anfang an schlechtere, Realschüler hingegen bessere Zensuren erhalten, weil die Schulleistungen beider Gruppen grundsätzlich unterschiedlich und gerade nicht am Standard der jeweiligen Klasse beurteilt würden.
Die unterschiedliche Bewertung läßt sich indessen an der untersuchten Gesamtschule möglicherweise darauf zurückführen, daß einerseits teilweise dieselben Lehrer in den beiden Schulzweigen, d. h. in Haupt- und Realschulklassen, unterrichten; und daß andererseits die Schüler den Lehrern noch aus der Zeit vorher bekannt waren, in der sie in den Klassen der Orientierungsstufe zusammen waren. Beides scheint die Bildung eines unabhängigen Beurteilungsmaßstabs für den jeweiligen Schultyp zu verhindern. In dieser Situation erschien uns allerdings eine z-Transformation der Daten nicht sinnvoll, weil damit zugleich Unterschiede eingeebnet würden, die als echte Unterschiede in der Schulleistung anzusehen sind, welche ihrerseits zur Selektion nach Haupt- bzw. Realschule geführt haben. Die z-Transformation der Zensuren hätte dann zugleich Auswirkungen auf die Meßwerte für die Beziehung zwischen RÜ und Schulleistung, wenn bessere Leistungen in beidem ein Kriterium für Selektionsprozesse wäre.

19.2.2. Beziehungen zwischen Rollenübernahme, Intelligenz und Schulnoten

Die folgende Tabelle 20 gibt die Korrelationen zwischen RÜ-Testleistungen und den einzelnen Schulzensuren an, für die signifikante Beziehungen bestehen. Zum Vergleich sind die Korrelationen zwischen Schulnoten und Intelligenztestwerten aufgenommen. Wir haben dafür wiederum den PSB herangezogen, denn die Korrelationen unterscheiden sich für den RAVEN-Test nur geringfügig. Zusätzlich wurde die Korrelation zwischen Rechnen und RÜ aufgenommen, da man hieran sehr deutlich die unterschiedliche Bedeutung sieht, die RÜ und Intelligenz zur Varianzaufklärung der Rechenzensur zukommt.
Die Korrelationen zwischen RÜ und Zensuren sind nur mäßig hoch; dies gilt jedoch auch für die Beziehung zwischen Zensuren und Intelligenz. Sowohl RÜ als auch Intelligenz weisen eine weitaus deutlichere Beziehung zur Schulzweigzugehörigkeit auf als zu den Schulleistungen, wie sie durch die Noten repräsentiert sind.

Tabelle 20: Produkt-Moment-Korrelationen zwischen Schulnoten und RÜ-Leistungen[2]

Noten	RÜ-Gesamt	RÜ-Familie	RÜ-Schule	PSB-Intelligenz
Betragen	.28 *	.23	.155	.20
Fleiß	.30 *	.36 **	.155	.25 *
Aufmerksamkeit	.30 *	.36 **	.26 *	.25 *
Ordnung	.41 **	.33 **	.21	.23*
Sozialkunde	.14	.10	.28 **	.39 **
Deutsch mündlich	.31 *	.26 *	.23	.32 **
Deutsch schriftlich	.30 *	.27 *	.23	.29 *
Rechnen	.10	.16	.12	.37 **

* = $p < .05$; ** = $p < .01$;

Die Beziehung zwischen dem RÜ-Gesamtwert und den Zensuren geht ihrerseits vor allem auf die RÜ-Leistung in der Familiensituation zurück. Während die Intelligenztestleistung – bis auf die Zensur für Betragen – mit allen (auch den hier nicht aufgenommenen Zensuren) signifikant positiv korreliert, gilt die Beziehung zwischen RÜ und Zensuren differentiell. Einerseits korrelieren die sog. ‚Kopfnoten' Betragen, Fleiß, Aufmerksamkeit, Ordnung und andererseits die Zensuren im Fach Deutsch-mündlich und schriftlich signifikant mit der RÜ-Leistung (Gesamtwert). Wiederum bestätigt sich das Ergebnis, daß die RÜ-Leistungen in der Familiensituation sich als besserer Prädiktor erweisen als die RÜ-Leistungen in der Schulsituation. Dies gilt lediglich für das Fach Sozialkunde deutlich umgekehrt.

Betrachtet man die Interkorrelationen der Kopfnoten, so zeigt sich, daß Fleiß, Aufmerksamkeit und Ordnung miteinander relativ hoch korrelieren (rho = .73 bis rho = .80)[3] und etwas niedriger mit Betragen (rho = .56 bis rho = .66). Danach kann vermutet werden, daß diesen Noten eine globale Beurteilungsdimension des Lehrers, eine „implizite Persönlichkeitstheorie', zugrunde liegt, die auf ähnliche Verhaltensaspekte bezogen ist. Allerdings scheint sich die ‚implizite Persönlichkeitstheorie' stärker auf Fleiß, Aufmerksamkeit und Ordnung (als eher ‚strukturelle'

---

[2] Eine positive Korrelation bedeutet bessere Noten bei höheren RÜ-Leistungen. Wegen der geringen Unterteilung der Notenskala (1–6) wurden alle Korrelationen zusätzlich als Rangkorrelationen nach SPEARMAN berechnet. Die Höhe der Korrelationen verändert sich dadurch nur sehr geringfügig. Die in der Tabelle nicht aufgenommene relativ hohe Korrelation zwischen der Note im Zeichnen und der RTT-Leistung in der Familiensituation (r= 0,26; p 0,05) ist insofern interessant, als sie einen Hinweis auf die räumliche Dezentrierungsfähigkeit liefern könnte.

[3] SPEARMAN-Rangkorrelation mit Korrektur für Bindungen.

Dimensionen) zu beziehen als auf Betragen (als ‚Verhaltensdimension'). Die beiden Deutschnoten erfassen demgegenüber einen anderen Aspekt der Schulleistung, denn sie korrelieren niedriger (rho = 0,40 bis rho = 0,48) mit den Kopfnoten, während sie untereinander hoch korrelieren (rho = 0,78). Zu erwähnen bleibt, daß auch die übrigen Schulnoten etwa in derselben Höhe, teilweise sogar höher als die Deutschnoten, mit den Kopfnoten korreliert sind.
Durch die Berechnung verschiedener Partialkorrelationen wurde überprüft, welchen Anteil die Variablen Geschlecht und Schichtzugehörigkeit an der Beziehung zwischen RÜ und Schulzensur haben. Tabelle 21 gibt die Partialkorrelationen zwischen RÜ und Kopfnoten sowie RÜ und Deutschzensur bei statistischer Kontrolle beider Variablen an.

Tabelle 21: Partialkorrelationen zwischen RÜ und Schule bei Kontrolle von Geschlecht und Schicht

	RÜ – Gesamt
Betragen	.26 *
Fleiß	.27 *
Aufmerksamkeit	.28 *
Ordnung	.39 ***
Deutsch – mündlich	.27 *
Deutsch – schriftlich	.27 *

* = p < .05; *** = p < .001

Auch bei Kontrolle von Geschlecht und Schichtzugehörigkeit ändern sich die Korrelationen nur geringfügig, d. h. daß die Beziehung zwischen RÜ und Schulzensuren nicht durch geschlechts- oder schichtspezifische Zusammenhänge vermittelt ist. Wenn man ebenfalls durch Partialkorrelationen den Einfluß der Intelligenz auf die Beziehung zwischen RÜ und Schulzensur betrachtet, dann sinken die Korrelationen zwischen RÜ und Schulzensuren erheblich ab (r = .20 bis r = .22). Sie sind dann statistisch nur noch auf dem 10 %-Niveau zu sichern. Ein gewisser Anteil der Beziehung zwischen RÜ und Schulzensuren scheint also über die Variable Intelligenz vermittelt zu sein. Wenn man freilich umgekehrt in der Beziehung zwischen Intelligenz und den genannten Schulzensuren die RÜ-Gesamtleistung der Pbn kontrolliert, dann sinken die Partialkorrelationskoeffizienten ebenfalls und sind bei den Kopfnoten sogar nicht mehr auf dem 10 %-Niveau signifikant. Dies war insofern zu erwarten, als die Korrelationen zwischen RÜ und Kopfnoten höher sind als die zwischen Intelligenz und Kopfnoten, während die Korrelationen mit den Deutschnoten für RÜ und Intelligenz gleich sind. Die Bedeutung der Variable

RÜ scheint also für die Kopfnoten größer zu sein als die der Intelligenz, während Intelligenz und RÜ gleichermaßen wichtig für die Prädiktion der Deutschnoten sind. Dies bestätigt sich auch nach den Ergebnissen einer multiplen Regression, in welche die Variablen RÜ und Intelligenz als Prädiktoren für eine aus den Kopfnoten kombinierte Variable sowie für eine aus den beiden Deutschnoten kombinierte Variable in jeweils umgekehrter Reihenfolge einbezogen wurden. Zusätzlich wurde die soziale Schicht als Prädiktor aufgenommen (vgl. Tab. 22).
Nach diesen Ergebnissen kommt der RÜ eine größere Bedeutung für die Vorhersage der Kopfnoten zu als der Intelligenz; denn während die RÜ zusätzlich zur Intelligenz noch einen Beitrag zur Varianzaufklärung der Kopfnoten leistet, trägt umgekehrt die Intelligenz nichts mehr zur Vorhersage bei, wenn sie *nach* der RÜ in die Regression einbezogen wird. Auch das höhere β-Gewicht der RÜ im Vergleich zum β-Gewicht der Intelligenz verdeutlicht die Relevanz der Variable RÜ für die Kopfnoten bzw. für jene Leistungen, die durch Kopfnoten bewertet werden. Für die Vorhersage der Deutschnoten ergibt sich zwischen RÜ und Intelligenz kein Unterschied. Beide stehen – unabhängig von ihrer Position – in gleicher Beziehung zur gemittelten Deutschzensur, wobei die Variable RÜ ein etwas höheres β-Gewicht aufweist. Während die Schichtzugehörigkeit einen zusätzlichen signifikanten Beitrag zur Erklärung der Varianz in den Kopfnoten leistet, trägt sie zur Aufklärung der Varianz der Deutschnoten nichts mehr bei. Das sog. ‚hidden-curriculum' scheint sich also deutlicher in der Bewertung der ‚Schülerpersönlichkeit' auszudrükken als in der inhaltlichen Leistung.

Welche inhaltlichen Deutungen des Konstrukts RÜ bieten sich aufgrund der Beziehungen zu den Zensuren an? Die Deutschnoten repräsentieren das schulische Urteil über die ‚Qualität' der sprachlichen Fähigkeiten, d. h. der Verfügbarkeit von Sprache als Mittel zur Kommunikation. Die Bedeutung der Sprache für schulisches Lernen und für Schulerfolg ist insbesondere im Kontext der Forschungen zur Codetheorie BERNSTEINS aufgezeigt worden. Dabei wurde vor allem auf den Aspekt schichtspezifisch unterschiedlicher Formen des Sprachgebrauchs hingewiesen, welche, wie angenommen wird, eine Grundlage schichtspezifisch unterschiedlicher Einschätzungen des intellektuellen Leistungsvermögens durch den Lehrer bilden. In die Deutschnote gehen bekanntlich in besonderem Maße ‚subjektive' Komponenten der Beurteilung der Schülerleistung ein, denn im Unterricht werden nicht nur grammatikalische Richtigkeit der sprachlichen Äußerung und Wortschatz bewertet, sondern auch Sprechstil, sprachliche Ausdrucksfähigkeit und viele schwer faßbare oder objekti-

Tabelle 22: Schrittweise multiple Regression mit vorgegebener Abfolge der Prädiktoren RÜ-Gesamtwert, PSB-Intelligenz und Soziale Schicht

A. Kriterium: Kopfnote (ohne ,Betragen')		RÜ-Gesamtwert		Intelligenz		Schicht	
β-Gewichte der Prädikatoren		.35		.10		.26	
Beitrag der Variablen zur multiplen Korrelation		R	R^2			R	R^2
RÜ-Gesamtwert	(1)*	.37	.14	Intelligenz	(1)	.27	.07
Intelligenz	(2)	.39	.15	RÜ-Gesamtwert	(2)	.39	.15
Soziale Schicht	(3)	.46	.21	Soziale Schicht	(3)	.46	.21
B. Kriterium: Deutschnoten		RÜ-Gesamtwert		Intelligenz		Schicht	
β-Gewichte der Prädiktoren		.26		.22		.12	
Beitrag der Variablen zur multiplen Korrelation		R	R^2			R	R^2
RÜ-Gesamtwert	(1)	.32	.10	Intelligenz	(1)	.32	.10
Intelligenz	(2)	.38	.15	RÜ-Gesamtwert	(2)	.38	.15
Soziale Schicht	(3)	.40	.16	Soziale Schicht	(3)	.40	.16

* Die Zahlen in den Klammern geben an, in welchem Schritt die Vaiable in die Regressionsgleichung aufgenommen wurde.

vierbare Nuancierungen des Sprachgebrauchs. Die Beziehung zwischen RÜ und Deutschzensur kann folglich theoretisch also dahingehend erklärt werden, daß die Kommunikation mit dem Lehrer im Fach Deutsch zugleich in einem besonderen Maß die RÜ-Fähigkeit des Schülers erforderlich macht. Die Kriterien für die sprachliche Schulleistung erscheinen zunächst weniger ‚objektiv' definierbar im Vergleich etwa zur Leistung im Fach Rechnen. Die Adäquatheit der ‚Lösung' einer sprachlichen Aufgabe ist weniger eindeutig bestimmbar, jedenfalls sofern nicht grammatikalische, sondern inhaltsbezogene oder pragmatische Aspekte des Sprachgebrauchs beurteilt werden. Einfühlung und nuanciertes Verstehen werden dann sowohl bei mündlichen wie bei schriftlichen Leistungen zu einem Kriterium für die Zensur, so daß die Beziehung zwischen RÜ und Deutschnote theoretisch plausibel erscheint.

Die Note im Fach Geschichte, in dem ebenfalls soziales Verstehen, etwa bezüglich der Beurteilung historischer Situationen, eine wichtige Voraussetzung für eine von der Schule anerkannte Leistung darstellen dürfte, weist hingegen keine Beziehung zur RÜ-Leistung auf. Vermutlich steht hier – wie im Fach Sozialkunde – die Wissensvermittlung auf dieser Altersstufe zu stark im Vordergrund – und dies möglicherweise sogar im Gegensatz zur Intention dieser Fächer.

Die Ergebnisse zeigen, daß deutlich positive Beziehungen zwischen RÜ und Schulleistung dort auftreten, wo subjektive Komponenten der Leistungsbeurteilung gegenüber vorgeblich ‚objektiven' Kriterien in den Vordergrund treten. Zudem können die Anforderungen, welche die RÜ-Aufgabe an die Schüler stellt, am ehesten mit Anforderungen verglichen werden, wie sie im Fach Deutsch an die Schüler gestellt sind. Die Kommunikation eines Kindes wird möglicherweise vom Lehrer nach Kriterien beurteilt, wie sie auch dem Auswertungsverfahren für die RÜ-Aufgabe zugrunde liegen: die Fähigkeit, Motive, Intentionen und Gefühle zu versprachlichen; die Fähigkeit, vom eigenen Standpunkt ausgehend den Standpunkt eines anderen zu reflektieren. Dies sind zugleich Fähigkeiten, die in familialen Interaktionserfahrungen erworben und sozialisiert werden. Erst auf der Basis der familial erworbenen Grundfähigkeiten des kommunikativen Handelns setzen die schulischen Lernprozesse an, in denen diese Fähigkeiten weiter differenziert, zugleich jedoch als Kriterium von Leistungsbeurteilung und Selektionsprozessen gleichsam verdinglicht werden.

Ein weiterer Aspekt tritt in der Beziehung zwischen Kopfnoten und RÜ deutlich zutage: Die ‚Kopfnoten' repräsentieren am ehesten eine Beurteilung der Schülerpersönlichkeit hinsichtlich der Aspekte, die nach Ansicht der Schule als Bedingungen schulischen Lernens und Voraussetzungen schulischer Erfolge betrachtet werden: das Verhalten des Schülers im Unterricht (Betragen), Bereitwilligkeit, die in der Schule gestellten Aufgaben zu erfüllen (Fleiß), sein Engagement am Unterricht und die Fähigkeit zur Konzentration und Teilnahme am Unterricht (Aufmerksamkeit) sowie auch der sachgemäße Umgang mit Schulsachen oder das sachgemäße ‚Auftreten' und jener Aspekt der Konzentration, der im Begriff und in der Bewertung von ‚Ordnung' zum Ausdruck kommt. Hier handelt es sich um jene systemfunktionalen Arbeitstugenden, die einerseits in der ‚politischen Ökonomie des Ausbildungssektors' (vgl. ALTVATER & HUISKENS 1971) als abstrakte Qualifikationen der Arbeitskraft und andererseits in der genannten schulkritischen Literatur als Erscheinungsformen des ‚heimlichen Lehrplans' kritisiert worden sind (ZINNECKER 1975). Daß dies auch hier ‚funktioniert' zeigt sich daran, daß soziale Schicht zusätzlich zu den ‚Fähigkeitsvariablen' einen signifikanten Beitrag gerade zur Prädiktion der Kopfnoten leistet.

Auch in die ‚Kopfnoten' geht nach theoretischen Überlegungen die Fähigkeit zur RÜ ein. Man kann dies am Beispiel der Beurteilung der Aufmerksamkeit verdeutlichen: Aus dem Schülerverhalten erschließt der Lehrer anhand sprachlicher oder auch nicht-sprachlicher Verhaltensaspekte die Bereitschaft des Kindes zur Teilnahme am Unterricht. Aufmerksamkeit kann theoretisch folglich insofern in Beziehung zur RÜ stehen, als darin die soziale Reagibilität des Kindes ihren Niederschlag finden könnte, d. h. die Fähigkeit, eine Unterrichtssituation und deren institutionelle und rollenspezifische Anforderungen zu begreifen. Es ist anzunehmen, daß die schnelle und adäquate Reaktionsfähigkeit Kindern mit höherer RÜ-Fähigkeit besser zur Verfügung steht als Kindern, die diese Fähigkeit in geringerem Ausmaß beherrschen. Kinder mit hohen RÜ-Fähigkeiten wären demnach besser in der Lage, sich im Fluß des Unterrichtsgeschehens auf wechselnde Anforderungen einzustellen. Darüber hinaus kann die Zensur für Aufmerksamkeit in Verbindung mit der Zensur für Fleiß als Indikator für überdauernde Motivation des Kindes für schulisches Lernen begriffen werden. Während sich Aufmerksamkeit dabei auf einen Aspekt des Verhaltens im Unterricht bezieht, wird in der Fleißnote auch die Erfüllung der Aufgaben und Anforderungen bewertet, die der Schüler außerhalb des Unterrichts ausführen muß. Fleiß und Ordnung scheinen sich darin zu ähneln, daß in beiden diese Beurteilung langfristiger Aspekte der Motivation und Bereitschaft zum schulischen Lernen zum Ausdruck kommt. Die Bereitschaft zur Mitarbeit ist nun gleichfalls in der RÜ-Aufgabe gefordert, wenn die Beziehungen, die zwischen den handelnden Objekten bestehen, aus unterschiedlichen Perspektiven rekonstruiert werden sollen. Die Bereitschaft zur Mitarbeit an der RÜ-

Aufgabe muß jedoch wiederum in Abhängigkeit von den Fähigkeiten gesehen werden, die zur Lösung der Aufgabe verfügbar sind.
Insofern läßt sich – wie wir auch in der vorausgegangenen Diskussion ausgeführt haben – RÜ nicht lediglich als Konformität mit den Erwartungen des Versuchsleiters interpretieren. Wenn man die ‚Kopfnoten' ihrerseits nicht nur aus der Perspektive schulkritischer Theorie als Repräsentationen von Anpassungsstrategien und Gehoramsleistungen der Schüler begreift, sondern auch als universalistische Kategorien der Beurteilung des sozialen Verhaltens, in denen Kooperativität, motivationale Orientierungen und Lernfähigkeit repräsentiert sind, dann wird aus dieser Perspektive deutlich, daß die den Beurteilungen zugrunde liegenden Leistungen zugleich positive Orientierungen und Performanzen anzeigen, die für die Ausbildung von Lernfähigkeit unerläßlich sind.

19.2.3. Zusammenfassung

Positiv signifikante Beziehungen zwischen RÜ und Schulleistungen bestehen wie erwartet in den ‚Kopfnoten' sowie im Fach Deutsch-mündlich wie -schriftlich. Die Korrelationen bleiben auch bei statistischer Kontrolle von Geschlecht- und Schichtzugehörigkeit signifikant. Sozialkunde und Geschichte weisen hingegen wider Erwarten keine Beziehungen zur RÜ auf. Die Ergebnisse multipler Regressionen zeigen, daß RÜ im Vergleich zur psychometrischen Intelligenz ein besserer Prädiktor für die Kopfnoten ist. Sie werden freilich zusätzlich zu den beiden genannten Variablen noch signifikant durch die Schichtzugehörigkeit vorhergesagt.
Die Deutschnote wird gleichermaßen durch Intelligenz wie durch RÜ vorhergesagt, während Schicht keinen zusätzlichen Beitrag zur Varianzaufklärung mehr leistet.
Die Beziehung zwischen Deutschnote und RÜ-Fähigkeit läßt sich über die Ähnlichkeit der geforderten Leistungen erklären. Die Beziehung zwischen Kopfnoten und RÜ weist auf die Bedeutung von RÜ als Grundqualifikation des Rollenhandelns hin, die einerseits aus der Perspektive schulkritischer Forschung als Anpassungsleistung, andererseits in ihrer Bedeutung als soziale Grundlage der Lernfähigkeit gesehen werden kann.

20

Zusammenfassung und Ausblick

20.1. Entwicklungspsychologische Fragestellung

Die Ergebnisse weisen darauf hin, daß die Fähigkeit zur RÜ nicht als ein einheitliches Konstrukt begriffen werden kann. Dies gilt offenbar selbst dann, wenn — wie in dieser Untersuchung — nicht verschiedene Maße für RÜ, sondern Leistungen in analogen RÜ-Aufgaben in zwei unterschiedlichen situativen Kontexten (Familie und Schule) miteinander verglichen werden. Für die unterschiedlichen RÜ-Fähigkeiten in den beiden Situationen lassen sich mehrere Erklärungsmöglichkeiten finden: Daß die besseren RÜ-Performanzen in der Familiensituation durch die Abfolge der Vorgabe der beiden Aufgaben in der Testsituation bedingt sind, halten wir nicht für wahrscheinlich oder hinreichend. Es erscheint plausibler, daß das Schulbild eine schwierigere RÜ-Situation repräsentiert als die Familiensituation. Die Schulsituation kann — entgegen unseren Annahmen — offenbar nicht nur unter dem Aspekt einer Interaktionssituation unter Gleichaltrigen begriffen werden: Der leistungsthematische Inhalt der ‚institutionalisierten Lernsituation' könnte zu anderen Erwartungen führen und spezifisch andere motivationale Wirkungen auslösen, als sie in einer Interaktionssituation unter Gleichaltrigen bestehen. Autonomie und Kooperation, die PIAGET als Kennzeichen der Gruppe der Gleichaltrigen nennt, sind möglicherweise in der institutionalisierten, leistungsorientierten Schulgruppe gerade nicht gegeben. Zudem könnte die leistungsthematische Situation auch Mißerfolgsängste in den Kindern auslösen und so die Fähigkeit zur RÜ hemmen. Nach diesen Überlegungen könnte zur Überprüfung der Annahme PIAGETs über die Bedeutung der Gruppe der Gleichaltrigen für die Genese der RÜ eine nicht-schulische Situation unter Gleichaltrigen mit einer Schulsituation verglichen werden. Dagegen dürfte RÜ in der Familiensituation den Kindern deshalb leichter fallen, weil RÜ und Empathie eher in der Familie als in der Schule gefordert werden. In der entwicklungspsychologischen Perspektive der Ontogenese von RÜ-Fähigkeit könnte dies bedeuten, daß die Fähigkeit zur RÜ zunächst im Kontext der Familie über affektive und identifikatorische Beziehungen zu signifikanten anderen erworben wird. Als abstrakte Performanz stünde sie dann auch eher in einer Situation zur Verfügung, die jener ähnelt, in der sie zunächst erworben und stabilisiert wurde. Die Fähigkeit zur RÜ würde – wie WEINSTEIN (1969) ausgeführt hat – als situationsspezifische, partikularistische Fähigkeit erworben und zunächst auf der Basis dieser Erfahrungen projektiv auf andere Situationen generalisiert. Erst zu einem relativ späten Zeitpunkt der Entwicklung würden Fähigkeiten zur RÜ als situationsübergreifende, universalistische Fähigkeiten zur Verfügung stehen, in affektiv besetzten wie auch in affektiv neutralen Situationen.

Geht man von einer erfahrungsbedingten Entwicklungshierarchie der Genese und Stabilisierung von RÜ-Fähigkeiten in unterschiedlichen Situationen aus, so wäre zu vermuten, daß sich das Verständnis der institutionalisierten Rollenerwartungen wie der interpersonellen Beziehungen in der Schule auf der Basis familial erworbener Fähigkeit zur RÜ differenziert. Eine andere Möglichkeit besteht darin, daß RÜ-Fähigkeit in der Schulsituation deshalb schlechter ist, weil Empathie in der Schule nur implizit im Leistungskontext erforderlich ist. Die Förderung von Empathie und interpersonelles Verstehen sind bisher kaum zu Zielen des Unterrichts geworden.

Unsere Daten lassen eine Antwort auf die Frage nicht zu, ob die situationsspezifischen RÜ-Unterschiede durch Entwicklungsunterschiede im Sinne sozialisations- bzw. erfahrungsbedingter ‚décalages' im Erwerb von RÜ-Fähigkeit bedingt sind, oder ob sie – bei gleicher genereller Verfügbarkeit der Fähigkeit zur RÜ – als Auswirkung situationsspezifischer Aktualisierungsbedingungen erklärt werden müssen. Während im ersten Fall nach den sozialisatorischen Bedingungen zu fragen wäre, die zu Verschiebungen in der Genese von RÜ-Fähigkeiten führen, wäre im zweiten Fall nach Unterschieden in der psychodynamischen Konstellation der beiden RÜ-Situationen zu suchen, die unterschiedliche Aktualisierungen begreiflich machen würden. So könnten leistungsthematische Ängste und Abwehr in der Schulsituation einen Grund für geringere situationsspezifische Aktualisierung der RÜ-Fähigkeit darstellen. In der Familiensituation könnte RÜ-Fähigkeit einerseits besser verfügbar sein, weil eine affektive Beziehung aktualisiert wird. Andererseits legt das Bild relativ stereotypisierte Gefühlskategorien nahe, die aus familialen Interaktionserfahrungen auf die vorgelegte Bildsituation ‚projiziert' werden könnten. Dies könnte vor allem für die Kategorie RT gelten, in der Gefühle, Motive und Denken repräsentiert sind (der Mann ist müde, das Kind freut sich, die Mutter ist böse ...). Da die Kategorie RT wiederum die notwendige (allerdings nicht hinreichende) Voraussetzung der höchsten Kategorie PE bildet, könnte die Verfügung über solche inhaltlichen Konzepte das Erreichen eines höheren Strukturniveaus vermitteln und somit zur Voraussetzung größerer Abstraktionsfähigkeit werden. Aus entwicklungspsychologischer Perspektive heißt das, daß RÜ-Fähigkeiten zunächst in relativ einfach strukturierten Situationen verfügbar sind, die dem Kind durch eigene Erfahrungen zugänglich sind. So zeigte die Untersuchung von BORKE (1971, 1972), daß grobe Kategorisierungen von Gefühlen (Freude, Schmerz) von Kindern schon sehr früh erworben werden und als Vorläufer der RÜ-Fähigkeiten gelten können. Erst wenn solche einfacheren Gefühls- oder auch Situationskategorisierungen sich über Assimilations- und Akkomodationsprozesse in interpersonellen Erfahrungen hinreichend stabilisiert haben, kann ein höheres Niveau der Verarbeitung von sozialen Situationen über RÜ-Prozesse erreicht werden. Es sei hier an die bemerkenswerte Beziehung zwischen Quantität und Qualität erinnert, wie sie zwischen RT und PE in der Familiensituation zutage tritt: Wird die Kategorie RT bei allen drei Perspektivenübernahmen erreicht, kann die Leistung auf dem qualitativ höheren Niveau PE vorhergesagt werden. Quantitative und qualitative Aspekte der Entwicklung scheinen demnach in einer systematischen Beziehung zu stehen. Die situationsübergreifende Stabilisierung von Fähigkeiten kann als Voraussetzung qualitativer Veränderungen der Fähigkeit zur RÜ angesehen werden. Hier bietet sich ein Vergleich mit den Ausführungen BRUNERS (1974) zur Genese sensumotorischer Schemata an. BRUNER zeigt auf, wie durch zunehmende Verfügbarkeit isolierter und einfacher Schemata Energie frei wird, die über das dynamische Zusammenwirken von Assimilation und Akkomodation zur Koordination der Schemata auf einem höheren Niveau der Entwicklung führt. Dies entspricht dem von FLAVELL & WOHLWILL (1969, vgl. S. 201 f.) diskutierten Modell der Stabilisierung der konkret-operationalen Strukturen. Entsprechend läßt sich die Genese und Stabilisierung von RÜ-Fähigkeit erklären, die zunächst als partikularistische Fähigkeit in erfahrungsnahen, affektiv-motivational besetzten Situationen verfügbar ist und – entsprechend der Genese kognitiver Strukturen – allmählich über Situationen hinweg als ‚structure d'ensemble' entsteht. Entwicklungslogische und sozialisationstheoretische Vorstellungen können in einem solchen Modell vereint werden, denn das Modell von FLAVELL & WOHLWILL ist weit genug, um neben dem von ihnen vorrangig behandelten entwicklungslogischen Aspekt Raum für die sozialisationstheoretische Frage nach der sozialen Konstitution universeller Entwicklungsverläufe zu lassen. Diese Frage betrifft die universellen und differentiellen Lernaspekte von Erfahrungssituationen im Sozialisationsprozeß (opportunity structure), in denen die Fähigkeit zur RÜ entfaltet wird. Die entwicklungslogische Analyse der RÜ müßte – möglicherweise intensiver als für die Genese der kognitiven Strukturen – die sozialen Konstitutionsbedingungen unter je spezifischen sozio-af-

fektiven Beziehungskonstellationen berücksichtigen, wie auch die affektiv-motivationalen Aktualisierungsbedingungen der RÜ in spezifischen Situationen, die ja auch bereits PIAGET für den sprachlichen Egozentrismus bereits gesehen hat. Als eine bisher noch vollständig ungeklärte Frage zeichnet sich angesichts solcher Überlegungen die Möglichkeit ab, sozialisatorische Bedingungen der Genese der RÜ und situationsspezifische Aktualisierungspotentiale von RÜ-Fähigkeit bzw. spezifischen Stilen der RÜ zu verknüpfen. Bevor dies im folgenden diskutiert wird, soll noch kurz auf die Frage nach der Beziehung zwischen RÜ und Sprache eingegangen werden.
Obwohl Kinder, die längere Geschichten schrieben, nicht immer höhere Kategorien erreichten, halten wir es für wichtig, in zukünftigen Untersuchungen die Beziehung zwischen Sprache und RÜ genauer zu klären. Sprache kann als notwendige, aber nicht hinreichende Bedingung für die Sensibilität in sozialen Interaktionssituationen angesehen werden (FLAVELL 1968; KRAPPMANN 1971a). Doch ergibt sich die Frage, inwieweit qualitativ differenziertere Formen der RÜ mit einem elaborierten Sprachgebrauch im Sinne der BERNSTEINschen Theorie einhergehen. Es wäre hier an den Befund von WOLFE (1963) zu denken, daß die kognitiv differenziertesten Pbn, die zugleich über die beste Fähigkeit zur RÜ verfügten, auch mehr Worte gebrauchten. Jedoch wurde keine syntaktische Analyse der Äußerungen vorgenommen. Ein elaborierter Sprachgebrauch könnte komplexere Formen der RÜ vermitteln, jedoch nicht in jeder Situation die Fähigkeit zur RÜ garantieren. Andererseits ist ungeklärt, ob nicht bestimmte Formen der RÜ, wie z. B. positionale RÜ, auch mit einem ‚restringierten' Sprachgebrauch einhergehen können. Da die RÜ-Aufgabe relativ stereotypisierte Situationen repräsentiert, wäre es durchaus denkbar, daß höhere RÜ-Fähigkeit auch im restringierten Code erreicht werden könnte.

20.2. Sozialisationstheoretische Fragestellung

Zur Überprüfung der Beziehung zwischen RÜ-Leistungen und erlebtem Erziehungsverhalten wurden zwei Arten von Analysen durchgeführt: In den Korrelationsanalysen wurden die Erziehungsdimensionen einzeln sowie gemeinsam als Prädiktoren der RÜ-Leistungen herangezogen. Bei diesem Verfahren wurden qualitative (Niveau-) wie quantitative Aspekte (person- und situationsübergreifende Verfügbarkeit) der RÜ-Leistungen berücksichtigt.

Der zweite Typ von Analysen berücksichtigt hingegen weder die Varianzen im Erziehungsverhalten noch die der RÜ-Leistungen. Vielmehr wurde das Verhältnis zwischen Strukturniveaus der RÜ-Fähigkeit und den ‚Erziehungsmustern' untersucht, die durch Dichotomisierung der Erziehungsdimensionen am Median der Verteilung gebildet worden waren. Die unterschiedlichen Ergebnisse für die beiden Bildsituationen ließen es geraten erscheinen, für die Sozialisationsfragestellung nicht nur von einem RÜ-Gesamtwert auszugehen, sondern die situationsspezifischen Aspekte der Beziehungen zu berücksichtigen: Einerseits ist die Bedeutung von Mutter und Vater für die RÜ-Performanzen in den beiden Situationen unterschiedlich, andererseits wirken sich die Erziehungsdimensionen Unterstützung und Strenge unterschiedlich aus.
Wird die Gesamtvarianz in die Analyse einbezogen, erweisen sich in der Familiensituation alle Erziehungsdimensionen bis auf die erlebte Unterstützung der Mutter als Prädiktoren der RÜ-Leistung, in der Schulsituation ist umgekehrt nur die Unterstützung der Mutter signifikanter Prädiktor für RÜ. Bei hochintelligenten Kindern ist die Beziehung zwischen erlebter Unterstützung des Vaters und RÜ-Performanz in der Familiensituation deutlicher; sie erleben zugleich mehr Zuwendung.
Der Vergleich der qualitativen Strukturniveaus der RÜ über die Erziehungsmuster Zuwendung, Kontrolle, Vernachlässigung und Ablehnung ergibt ebenfalls Hinweise auf differentielle Auswirkungen erlebter mütterlicher und väterlicher Erziehungsmuster: Während erlebte Zuwendung sowohl seitens der Mutter und noch deutlicher seitens des Vaters mit hohem RÜ-Niveau einhergeht, tritt niedrige RÜ-Fähigkeit vor allem bei erlebter Ablehnung der Mutter sowie bei erlebter Vernachlässigung des Vaters auf. Im Vergleich hoher mit niedriger Ausprägung der Dimensionen Unterstützung und Strenge beider Eltern hat Unterstützung größere Bedeutung als Strenge, obwohl das Erleben von hoher Strenge eher mit niedrigem RÜ-Niveau einhergeht.
Für das Niveau der RÜ-Performanz in der Schulsituation ist nur das Erziehungsmuster der Mutter bedeutsam; die höheren Kategorien RT – PE werden beim Erleben von Zuwendung wie auch von Kontrolle häufiger erreicht, während die höchste Kategorie PE fast ausschließlich beim Erleben von Zuwendung auftritt.
Bevor wir die Bedeutung der Befunde auf dem Hintergrund der theoretischen Überlegungen noch einmal zusammenfassend diskutieren, soll auf die Frage eingegangen werden, inwieweit sich die Ergebnisse der korrelativen Beziehungen zwischen RÜ und Erziehungsverhalten im Rahmen eines kausalen Erklärungsmodells interpretieren lassen. Geht man von der Diskussion der Umkehrbarkeit von Effekten in der Sozialisa-

tionsforschung aus (vgl. S. 96), so stellt sich die Frage, ob unsere Ergebnisse auch die Interpretation zulassen, daß nicht elterliches Verhalten als antezedente Bedingung für die RÜ-Performanz, sondern umgekehrt elterliches Verhalten als Folge von RÜ-Fähigkeit des Kindes gelten kann; ob also Kinder mehr Unterstützung bzw. niedrige Strenge erfahren, *weil* sie über hohe RÜ-Fähigkeit verfügen und daher besser mit den Eltern interagieren können. Umgekehrt würden Kinder mit niedriger RÜ-Fähigkeit eher Strenge und geringe Unterstützung der Eltern hervorrufen. In beiden Fällen würden dann Kreisprozesse positiver bzw. negativer Verstärkungen einsetzen. Wir halten diese Erklärungen aus den bereits diskutierten Gründen (s. S. 96) nicht für plausibel. Denn einerseits müßte man dann auf ‚angeborene' Unterschiede in sozialer Sensitivität zurückgreifen — eine Erklärung, die gerade nach den neueren Untersuchungen von Ainsworth et al. (s. S. 100) zur Frage der Umkehrbarkeit von Effekten nicht haltbar erscheint. Andererseits kann diese Erklärung als psychologistisch zurückgewiesen werden, denn — ohne den interaktiven Ansatz der Eltern-Kind-Beziehung aufzugeben — muß das Ungleichgewicht der Macht, welches vor allem in der primären Sozialisation zwischen Eltern und Kind besteht, berücksichtigt und daher von einer Vorrangigkeit der von den Eltern hergestellten Sozialisationsbedingungen ausgegangen werden, die wiederum ihrerseits sozial-strukturell vermittelt sind. In diesem Sinne hält es auch Hoffman (1975) für gerechtfertigt, korrelative Zusammenhänge theoretisch im Sinne von Kausalbeziehungen zu interpretieren.

Wir haben die situationsspezifische Bedeutsamkeit von Mutter und Vater für die RÜ-Performanz dahingehend zu erklären versucht, daß in der Familiensituation die affektive und kommunikative Beziehung zum Vater besonders wichtig ist, da er aufgrund seiner Berufsrolle die größte Distanz zur innerfamilialen Interaktion hat. Als Kommunikationspartner macht er die Fähigkeit zur RÜ beim Kind in besonderem Maße erforderlich. So könnte sich erklären, daß sein Einfluß auf die RÜ des Kindes dann größer wird, wenn er stärker unterstützend erlebt wird. Umgekehrt dürfte erlebte Vernachlässigung seitens des Vaters diese Aufnahme von Beziehungen hemmen und so zu eher niedriger RÜ-Fähigkeit führen. Wir haben indessen die Hypothese aufgestellt, daß die Beziehung zur Mutter auch die Basis für die Genese der RÜ-Fähigkeit darstellt, auf der dann je spezifische Einflüsse väterlichen Verhaltens wirksam werden; denn Zuwendung des Vaters wird in den meisten Fällen dann erlebt, wenn sie auch bei der Mutter gegeben ist. Umgekehrt kann hingegen Ablehnung durch den Vater über die Mutter kompensiert werden.

Die Ergebnisse sprechen für eine Bestätigung der Annahme, daß sozio-affektive Dimensionen elterlichen Erziehungsverhaltens relevante sozialisatorische Bedingungen der Genese von RÜ-Fähigkeit sind. Allerdings scheint dieses Ergebnis für die RÜ-Fähigkeit in der Familiensituation deutlicher Geltung beanspruchen zu können als für die Schulsituation. Die Frage bleibt offen, ob sich für die Fähigkeit zur RÜ in der Schulsituation z. B. engere Beziehungen zum sozialisatorischen Verhalten der Lehrer würden nachweisen lassen.
Die Dimensionen elterlichen Verhaltens lassen sich aus entwicklungs- und sozialisationstheoretischer Perspektive als langfristige bzw. überdauernde Aspekte der Eltern-Kind-Interaktionen interpretieren. Danach sind im aktuellen Erleben des Kindes die Bedingungen repräsentiert, die im Verlauf der Sozialisation kumulativ wirksam geworden sind. Diese Dimensionen vermitteln als situationsspezifisch wirksame psychodynamische Organisation zugleich die Aktualisierung von RÜ-Fähigkeit im jeweiligen situativen Kontext. Wir gehen also davon aus, daß das Erleben der affektiven Beziehung zu den Eltern keinen tiefgehenden Schwankungen unterliegt, sondern als valider Indikator für die langfristige Tönung der Beziehung von Eltern und Kind gelten kann. Dieser Annahme entsprechend ließe das Erziehungsmuster der Zuwendung, das vorwiegend mit hoher RÜ in der Familiensituation einhergeht, Rückschlüsse auf ein familiales Interaktionsmilieu zu, welches durch Mutualität und Reziprozität in der Eltern-Kind-Interaktion gekennzeichnet ist.
Hier also wären Aspekte jener Bedingungen repräsentiert, die wir in der theoretischen Diskussion der Genese von RÜ-Fähigkeit zu verdeutlichen versucht haben. Doch offenbar werden hohe Fähigkeiten zur RÜ nicht nur im personorientierten und affektiv warmen Interaktionsklima erworben. So deutet sich auch in unseren Ergebnissen eine Bestätigung des Befundes von CHANDLER (1972) an, wonach einige Kinder mit extrem punitiven Sozialisationserfahrungen hohe RÜ-Fähigkeit aufwiesen; denn einige Kinder erbringen hohe RÜ-Fähigkeit in der Familiensituation, obwohl sie Ablehnung erfahren. Daß diese Beziehung nur bei den Kindern der oberen Unterschicht auftrat, erscheint uns deshalb besonders interessant, weil das Ergebnis als Hinweis auf die Bedeutung eines schichtspezifischen Milieus in seiner Funktion als sozialisatorische Lebenswelt aufgefaßt werden könnte. Hohe Fähigkeit zur RÜ kann also unter verschiedenen Sozialisationsbedingungen – wenn auch nicht mit gleicher Wahrscheinlichkeit – erworben werden. Dies wirft die Frage nach der Art der RÜ-Fähigkeit auf, die durch solche unterschiedlichen Erfahrungen gelernt wird. Auch bei der Betrachtung der Entwicklungs-Unterschiede in der RÜ stellt sich diese Frage.

Einerseits ist es also wahrscheinlich, daß bestimmte Sozialisationsbedingungen die Entwicklung von RÜ-Fähigkeit hemmen, so daß diese Fähigkeit erst zu einem späteren Zeitpunkt der Entwicklung verfügbar wird. Andererseits ist es möglich, daß in den Ergebnissen nicht nur Entwicklungsunterschiede abgebildet sind, die zu einem späteren Zeitpunkt aufgehoben werden. Vielmehr könnte sich auch in solchen Unterschieden die Basis für unterschiedliche Stile der RÜ andeuten bzw. dafür – möglicherweise in Interaktion mit ihnen –, in welchen Interaktionssituationen die Fähigkeit zur RÜ mehr oder weniger realisiert werden kann. Diese Position bietet die Möglichkeit, das Modell universalistischer Entwicklungsverläufe und der Entfaltung universeller Kompetenzstrukturen im kognitiven und sprachlichen Bereich aus sozialisationstheoretischer Perspektive mit performanzsteuernden Aktualisierungsbedingungen zu verknüpfen. Solche Positionen sind im Bereich der Sprachforschung als Codetheorien unter dem Aspekt der sozialen (Aktualisierungs-)bedingungen des Sprachgebrauchs bzw. der sozialen Strategien des Symbolgebrauchs diskutiert worden (Cazden 1970; Zebergs 1974), während in der RÜ-Forschung, die überwiegend der entwicklungspsychologischen Tradition der kognitiven Theorie Piagets verpflichtet blieb, diese Frage bislang nicht thematisiert wurde. Rollentheoretisch-interaktionistisch orientierte Forscher haben die Notwendigkeit einer Einordnung des Konstrukts RÜ in den Rahmen persönlichkeitstheoretischer oder psychodynamischer Überlegungen gesehen. So sprechen Waller (1973) und Weinstein (1969) in Anlehnung an Bernstein von positions- und personorientierten Formen der RÜ (vgl. S. 70), die nicht nur als entwicklungsspezifische Abfolge, sondern auch als mögliche differential-psychologische Formen der RÜ aufgefaßt werden können. Neben diesen beiden Formen nennt Weinstein den Modus ‚projektiver' RÜ, wonach die eigene Perspektive dem anderen zugeschrieben wird, als nicht nur vorübergehende, entwicklungsbedingte Form der RÜ. Wir haben die Frage nach person- und positionsorientierten Formen der RÜ als eine mögliche Erklärung dafür diskutiert, daß wir keine schichtspezifischen Unterschiede in der RÜ-Performanz gefunden haben (obwohl sich Schicht als deutlicher Prädiktor der Schulzweigzugehörigkeit erweist). Diese Erklärung impliziert, daß Mittelschichtkinder gegenüber Unterschichtkindern über flexiblere Fähigkeiten zur RÜ verfügen, die ihnen eine situationsadäquatere Interpretation sozialer Erwartungen ermöglichen. Die Unterscheidung ist indessen nach dem bisherigen Auswertungsverfahren dieser sowie auch anderer RÜ-Aufgaben nicht möglich, da keine situationsspezifisch-flexiblen Fähigkeiten der RÜ im Test bewertet werden. Die nach dem ‚interpretativen' Paradigma (vgl. S. 30 f.) geforderte Fähigkeit zur RÜ

wird also bisher in RÜ-Aufgaben nur ungenügend abgebildet, so daß ‚positionale' und ‚personale' RÜ als ‚Stil' eher theoretisch unterschieden als empirisch belegt worden sind.
Die in unterschiedlichen Kontexten erworbenen Fähigkeiten zur RÜ wären also möglicherweise auch in unterschiedlichen bzw. jeweils dem Kontext der Genese verwandten Situationen aktualisierbar. Dies bedeutet, daß Kinder, die Fähigkeit zur RÜ in positionalen Familiensystemen als konformitätsorientierte Gehorsamsleistungen gelernt haben, eher in solchen Situationen über RÜ verfügen, in denen sie normative Erwartungen an sich gerichtet fühlen. Demgegenüber könnten Kinder, die RÜ in einem personorientierten Interaktionskontext erworben haben, besser dazu in der Lage sein, auch über einen normativen Kontext hinaus die Perspektiven eines anderen situationsspezifisch flexibel zu verstehen. Diese Überlegung wirft generell die Frage auf, ob strukturell identische Akte der Reversibilität oder Dezentrierung verschiedenartige ‚Stile' der RÜ bilden. So wäre zu überlegen, ob unter den verschiedenen durch uns unterschiedenen Interaktionsbedingungen (Zuwendung, Kontrolle, Vernachlässigung und Ablehnung) nicht nur qualitativ unterschiedene Strukturniveaus, sondern auch inhaltlich unterschiedene Stile der RÜ erworben werden. In einem zuwendenden Erziehungsmilieu, das wir zugleich als möglichen Indikator für personorientierte familiale Interaktion betrachtet haben, wäre dann die Genese von RÜ-Fähigkeit zu erwarten, wie sie durch die Begriffe Empathie und Verständnis für andere bezeichnet ist. Die Bedingung elterlicher Kontrolle, die nach unserer empirischen Definition durch relativ hohe Bestrafungsintensität gekennzeichnet ist (also nicht das meint, was Baumrind, 1973, s. S. 110, unter autoritätsgebundener Erziehung versteht), könnte als globaler Indikator positionaler Interaktionsmuster betrachtet werden. In einer solchen Familie dürfte RÜ eher als strategischer, konformitätsorientierter Akt gelernt werden. Unter der Bedingung von Ablehnung wiederum könnte RÜ als angstbesetzter Akt der Erschließung von Erwartungen des anderen, als eine Art Abwehrmechanismus entstehen. Eine familiale Umwelt schließlich, die durch Vernachlässigung gekennzeichnet ist, müßte theoretisch zu Problemen in der Ausbildung von RÜ-Fähigkeit überhaupt führen, da Beziehungsarmut sowohl die Identifikation mit signifikanten anderen als auch die Genese von Ich-Identität zu verhindern geeignet ist.
Stile der RÜ dürften sich folglich aus der Einbettung der kognitiven Struktur in psychodynamisch-motivationale Bedingungen der Persönlichkeitsstruktur ergeben. Interessant erscheint hier das klinische Modell der Ich-Entwicklung von N. Haan (1963, 1965), in dem sie Elemente der Ich-Organisation als formale Prozesse in ihrer Doppelfunktion als Strategien

der Bewältigung (coping strategies) und als Abwehrmechanismen charakterisiert. Als einen solchen übergreifenden Ich-Mechanismus nennt HAAN die ‚Sensitivität'. Sie ist durch zwei homologe Prozesse der Orientierung an den Gefühlen des anderen gekennzeichnet: Empathie stellt als ‚coping'-Strategie eine realitätsorientierte, flexible Übernahme der Perspektive des anderen dar, während sie als Abwehrstrategie eine verzerrte und rigide Form, die Projektion der eigenen Perspektive, beinhaltet, also die Übertragung eigener, konfliktuell erzeugter Beziehungsmuster. Ähnlich konzeptualisiert WEINSTEIN (1969) projektive RÜ. Jedoch stellt sich die Frage, ob Bewältigungs- und Abwehrmechanismen, wie HAAN meint, tatsächlich formal homologe Prozesse der Handhabung ähnlicher Phänomene sind. Denn aus der kognitiv-strukturtheoretischen Perspektive erscheint es vielmehr so, daß im Akt der Projektion ein Perspektivenwechsel gerade nicht vorgenommen, sondern in der Art des egozentrischen Denkens – wie z. B. im Drei-Berge-Experiment – die eigene Perspektive für die des anderen gehalten wird bzw. dem anderen zugesprochen wird. Was im Entwicklungsverlauf als noch nicht erreichte Fähigkeit zur Koordination von Perspektiven zu erklären wäre, wäre dort, wo die Fähigkeit als verfügbar gelten kann, eine durch konflikthafte affektive Prozesse erklärbare Regression, welche das operativ-Werden der kognitiven Struktur blockiert. Hier ist also die affektive Besetzung in blockierender Richtung wirksam, während – wie z. B. in BORKES (1975) Berge-Experiment – eine positive affektive Besetzung die Bedingung für die ontogenetisch frühzeitigere Verfügung über reversible Denkstrukturen zu sein scheint – wie auch allgemein affektive Besetzung als eine der Bedingungen gelten kann, die Empathie ermöglicht. Der Abwehrmechanismus der Projektion erwiese sich danach als Regression auf eine ontogenetisch frühere Form der Verarbeitung interpersoneller Situationen. Doch erscheint durchaus auch eine strukturtheoretisch nicht regressive Form der RÜ möglich, die in gewisser Weise als Abwehrmechanismus funktioniert. So kann etwa die Perspektive des anderen von zugrunde liegender Angst motiviert übernommen werden; dies gilt möglicherweise für die Pbn, die hohe RÜ-Leistung bei erlebter Ablehnung erbringen. Ähnliche angstgenerierte RÜ-Fähigkeit dürfte bei den von CHANDLER (1972) geschilderten Jugendlichen vorgelegen haben, die unter extrem punitiven Bedingungen aufgewachsen waren.
Diese Überlegungen lassen es sinnvoll erscheinen, in weiteren Untersuchungen die psychodynamische Einbettung kognitiver Strukturen der RÜ zu untersuchen: Diesen Weg schlägt EDELSTEIN (1975) ein, der in einem theoretischen Modell die Beziehung zwischen dem Grad der Ich-Entwicklung und dem Niveau sozio-kognitiver Entwicklung zu bestimmen

versucht. Die theoretisch postulierten Beziehungsmuster lassen fruchtbare heuristische Hypothesen der Differenzierung strukturell äquivalenter Formen der RÜ bei unterschiedlicher Reife der Ich-Entwicklung zu.
Hier zeigt sich jedoch auch, welches Forschungsdefizit oder auch – positiv formuliert – welche Forschungsdesiderata in diesem Forschungsbereich bestehen. Denn wenn man davon ausgehen muß, daß RÜ nicht ein einheitliches Konstrukt ist, sondern – ähnlich der Genese der Invarianzstrukturen – als einheitliches Konstrukt in seiner strukturellen Konsistenz über unterschiedlich dimensionalisierte Erfahrungs- und Objektbereiche erst etabliert werden muß, so stellt sich zugleich die Frage, ob Kinder mit je spezifischen Sozialisationserfahrungen und je spezifischen Niveaus der Ich-Entwicklung eher bestimmte Typen von RÜ-Aufgaben als andere lösen können. Die Vielzahl von Aufgaben zur RÜ ließe hier die Unterscheidung von zwei Typen von Operationalisierungen zu, die für die Beantwortung dieser Frage relevant sein könnten. Diese Typen werden einerseits von eher strategischen Aufgaben (Strategiespiele) repräsentiert, andererseits von Aufgaben, die wie die FEFFER- oder SELMAN-Aufgabe eine Rekonstruktion von Erwartungen in sozialen Interaktionssituationen erfordern.
Die Diskussion zeigt auch die Desiderata im Bereich der Instrumente zur Messung der RÜ. So erfaßt die FEFFER-Aufgabe die Rekonstruktion sozialer Erwartungen im Akt der RÜ eher statisch und gerade nicht in seinem dynamisch interaktionalen Gehalt. Doch würde die Erfassung von RÜ im Interaktionsprozeß eine Veränderung der Vorgehensweise in den Untersuchungen – möglicherweise in der Art ethnomethodologischer Forschung erfordern – die bisher nicht in Sicht ist. Als vielversprechende, aber relativ aufwendige Operationalisierung bietet sich neuerdings ein strukturiertes Interview über Konfliktsituationen an, wie SELMAN (1973; SELMAN & BYRNE, 1974) es in Anlehnung an KOHLBERGS moralische Dilemma-Geschichten nach PIAGETS Methode der klinischen Befragung entworfen hat. Der Einbezug psychodynamischer Aspekte in die Auswertung wurde jedoch bisher in keinem Verfahren begonnen.
Abschließend sei noch auf zwei weitere Probleme hingewiesen. Die Untersuchung der Beziehungen zwischen RÜ und Erziehungsverhalten ergab unterschiedliche Werte in Abhängigkeit von der Geschlechts- und Schichtzugehörigkeit der Pbn. Dieser Befund steht in Übereinstimmung mit neueren Ergebnissen von SILBEREISEN, HEINRICH & TROSINER (1975), die ebenfalls die Beziehung zwischen erlebten Erziehungsverhalten (nach den auch von uns verwendeten Marburger Skalen) und RÜ (gemessen mit einer Bildergeschichte nach FLAVELL (1968) untersucht haben, und zwar bei Kindern im Alter von etwa neun Jahren. Diese entstammten zwei

unterschiedlichen Schulen mit stark unterschiedener sozio-ökonomischer Struktur. Die Autoren beschränkten sich auf mütterliches Erziehungsverhalten und nahmen nach den Ergebnissen einer Faktorenanalyse des MEF eine Aufspaltung der beiden Erziehungsdimensionen vor (emotionale vs. problemorientierte Unterstützung sowie Beschränkung des Freiheitsspielraums vs. körperliche Strenge). Die Ergebnisse einer Kovarianzanalyse zeigten keinen signifikanten Hauptaffekt der mütterlichen Unterstützung, aber gegenläufige Tendenzen für problemorientierte und emotionale Unterstützung in den beiden Schichten. Der erwartete negative Effekt körperlicher Strenge auf die RÜ bestätigte sich. Der Befund weist wie die Ergebnisse der vorliegenden Untersuchung auf die Notwendigkeit der Erarbeitung einer Theorie geschlechts- und schichtspezifischer Sozialisation von RÜ-Fähigkeit hin.

Die Ergebnisse der Untersuchung weisen auch darauf hin, daß es sinnvoll sein wird, in zukünftigen Forschungen zur Sozialisation der RÜ-Fähigkeit differenziertere Konzeptualisierungen des Erziehungsverhaltens vorzunehmen. Dann ließen sich möglicherweise auch deutlichere Unterscheidungen zwischen Sozialisationsbedingungen von sozial-kognitiven im Vergleich zu kognitiven Fähigkeiten ermitteln. So z. B. die Erfassung von ‚Möglichkeiten zur RÜ': einerseits in den expliziten Dimensionen sozialer Interaktion die auf Empathie gerichteten Lehrstrategien der Eltern; zum anderen in der interaktionistischen Forschungsperspektive die den familialen Interaktions- und Kommunikationsstrukturen impliziten Sinndimensionen sozialen Handelns. Gerade das im Spannungsfeld impliziter und expliziter Erfahrungen Gelernte kann sich für die Genese der Fähigkeit zur RÜ als besonders folgenreich erweisen. Die Erfassung familialer Deutungsmuster und Interaktionsweisen läßt sich nach den gängigen Methoden der Sozialisationsforschung nur schwer ermöglichen. Hier wäre die Entwicklung spezifischer Formen der Beobachtung wie auch des Interviews als grundlegende Verfahren einer interaktionistischen Sozialisationsforschung besonders dringlich (Cicourel 1974; Kreppner 1975).

20.3. Rollenübernahme und Schulerfolg

Die Ergebnisse zu dieser Fragestellung sind eindeutig: Die RÜ-Performanz erwies sich deutlicher noch als die Intelligenz als ein äußerst bedeutsamer Prädiktor des Schultyps, gemessen an der Schulzweigzugehörigkeit des Schülers. Doch sagt soziale Schichtzugehörigkeit auch bei Kontrolle der RÜ-Fähigkeit die Schulzweigzugehörigkeit noch signifikant vorher –

ebenso wie dies traditionell gilt, wenn der Einfluß der Intelligenz kontrolliert wird. Die drei Variablen Intelligenz, soziale Schicht und RÜ leisten also alle einen signifikanten Beitrag zur Vorhersage der Schulzweigzugehörigkeit. Überraschenderweise erwies sich dabei RÜ als bedeutsamste Variable im Kontext der anderen. Weniger deutlich ausgeprägt sind die Beziehungen zwischen RÜ und den Schulnoten. Jedoch sind diese Beziehungen den für Intelligenz aufgefundenen vergleichbar. Die Ergebnisse zeigen, daß sich Intelligenz als signifikanter Prädiktor für alle Schulnoten erweist, während RÜ ein differentiell bedeutsamer Prädiktor ist: Deutlich positive Beziehungen weist sie nur zu den ‚Kopfnoten' sowie zu den beiden Deutschnoten auf.

Die differentiellen Korrelationen sind für eine Konstruktvalidierung der RÜ wichtig. So schlägt SHANTZ (1975) vor, zur Bestimmung der diskriminierenden Validität zu überprüfen, ob RÜ-Aufgaben höher miteinander korrelieren als mit kognitiven Fähigkeiten, die theoretisch als unabhängig von RÜ angesehen werden können. Daß die Fähigkeit zur RÜ in dieser Untersuchung keine Beziehung zur Schulnote im Fach Rechnen aufweist (während dies für Intelligenz in besonderem Maße gilt), kann als ein solcher Hinweis auf die diskriminierende Validität des Konstrukts gelten.

Die Ergebnisse bestätigen einerseits die wohl belegten Befunde der Selektionsforschung, welche die Tradierung der sozialen Ungleichheit im Bildungssystem nachgewiesen hat. Sie zeigen andererseits die Bedeutung einer Variablen, über deren Auswirkung auf den Schulerfolg bisher allenfalls theoretische Überlegungen angestellt wurden – so etwa im Kontext der Forschung zu schichtspezifischen Codes des Sprachgebrauchs. Die Schule reproduziert das System sozialer Ungleichheit, indem sie in der Zuteilung von ‚Lebenschancen' (SCHELSKY 1957) diejenigen begünstigt, die aufgrund familialer Bedingungen schulrelevante Persönlichkeits- oder Leistungscharakteristika bereits erworben haben. WEINERT (1972) bezeichnet die Auslesefunktion der Schule als ihre ‚negative Sozialisationsaufgabe' (S. 843), da die Charakteristika der Kinder aus höheren sozialen Schichten belohnt werden, während umgekehrt andersartige Fähigkeiten oder Verhaltensmuster von der ‚mittelschichtorientierten' Schule (LÜTKENS 1959) nicht akzeptiert bzw. kompensiert werden. Daß die Fähigkeit zur RÜ nicht schichtspezifisch variiert, obwohl sie eine außerordentlich hohe prädiktive Validität hat, weist darauf hin, daß zusätzliche Bedingungen zur Erklärung von Schulerfolg betrachtet werden müssen. So wäre z. B. denkbar, daß die Mittelschichtkinder über flexiblere Formen der RÜ verfügen und vor allem auch die mittelschichtspezifischen Erwartungen des Lehrers besser erschließen können. RÜ könnte eine not-

wendige, aber nicht hinreichende Bedingung für Schulerfolg sein. Kinder der untersten Schicht sind allerdings nur dann in der Realschule zu finden, wenn sie über ein hohes Fähigkeitsniveau sowohl im intellektuellen wie im sozial-kognitiven Bereich verfügen.
Wurde die Fähigkeit zur RÜ im Kontext familialer Interaktion nur ungenügend differenziert, so ist anzunehmen, daß das Kind sowohl in der informellen Interaktion in der Gruppe der Gleichaltrigen als auch in der Interaktion mit dem Lehrer benachteiligt ist. Ein solcher Nachteil wird sich vermutlich in der Regel negativ auf den Prozeß schulischen Lernens und auf das Lehrerurteil über die Leistungsqualifikation des Kindes auswirken. Insofern bilden Defizite der RÜ-Fähigkeit eine kumulative Behinderung aus, wie sie bereits für andere Merkmale sozial benachteiligter Kinder nachgewiesen wurde.
Die Fähigkeit zur RÜ kann theoretisch als ein implizites (und teilweise vielleicht sogar explizites) Kriterium für das Lehrerurteil gelten, wie es in der Selektion für einen weiterführenden Schulzweig oder in den Schulnoten zum Ausdruck kommt. In der ‚impliziten Persönlichkeitstheorie' der Lehrer (vgl. HOFER 1969) könnten Dimensionen des sozialen oder auch Leistungsverhaltens der Schüler, denen die Fähigkeit zur RÜ zugrunde liegt, eine besondere Rolle spielen. Dies knüpft wiederum an die bereits diskutierte Frage an, welche Verhaltensmerkmale mit der kognitiv-interaktionalen Fähigkeit zur RÜ einhergehen. Besonders relevant erscheint die Klärung der Beziehung zwischen RÜ, Konformität und Autonomie. Hier dürfte sich eine differenziertere Untersuchung von Kindern anbieten, die unter verschiedenartigen Sozialisationsbedingungen gleichermaßen hohe RÜ-Fähigkeit erworben haben, wie beispielsweise im Vergleich von Schülern, die hohe RÜ unter der Bedingung von Zuwendung, Kontrolle oder Ablehnung erworben haben. Die Beurteilungsdimensionen des Lehrers für die RÜ-Fähigkeit des Schülers könnten sich auf Leistungsaspekte und auf Aspekte des sozialen Verhaltens beziehen.
Bei dieser Überlegung taucht als weitere Forschungsfrage auf, welches Gewicht für Schulerfolg Lehrer der sozialen Sensitivität des Schülers beimessen. Die Bedeutung der Variable RÜ könnte dann im Kontext anderer Urteilsdimensionen schulischer Qualifikation aus der Sicht des Lehrers abgeschätzt werden. Allerdings müssen die ‚expliziten' und ‚impliziten' Selektionskonzepte und Urteilsdimensionen des Lehrers nicht notwendigerweise übereinstimmen. Es ist durchaus denkbar, daß die Fähigkeit zur RÜ deutlichere Beziehungen zum Schulerfolg aufweist, als es ihrer Bedeutung als Selektionskriterium im expliziten Urteil der Lehrer entspricht: Objektive Bedeutung und subjektive Evaluation könnten voneinander abweichen.

Die Interpretation der schulspezifischen RÜ-Leistungen als Entwicklungsunterschiede läßt die Frage offen, ob sich diese Differenzen zu einem späteren Zeitpunkt der Entwicklung verringern oder ob sie sich – im Sinne eines ‚kumulativen Defizits' – stabilisieren oder vergrößern. Da wir die Schüler zu einem Zeitpunkt nach der Trennung in Haupt- und Realschulzweig untersucht haben, ist denkbar, daß bei den Hauptschülern bereits eine Stagnation der Entwicklung begonnen hat, möglicherweise bedingt durch Unzufriedenheit mit dem Schulschicksal.[1] Demnach wäre es wünschenswert, einerseits Schüler auch zu einem Zeitpunkt vor der Trennung in unterschiedliche Schulzweige zu untersuchen, um zu sehen, ob die Fähigkeit zur RÜ sich dann ebenso deutlich als Prädiktor für die Schulzweigzugehörigkeit erweist. Andererseits wäre es möglich, in Längsschnittuntersuchungen zu vergleichen, ob sich Entwicklungsunterschiede tendenziell aufheben oder sich vielmehr zunehmend vergrößern.

Wenn man nach den Ergebnissen dieser Untersuchung annehmen muß, daß die Fähigkeit zur RÜ als Grundqualifikation sozialer Interaktionsfähigkeit von weitreichender Bedeutung für das Schulschicksal des Kindes ist, so stellt sich die Frage nach den pädagogischen Implikationen. Im Unterricht werden soziale Interaktionsfähigkeiten vorausgesetzt, ohne selbst zum Gegenstand des Unterrichts zu werden. Die Frage liegt nahe, ob kompensatorische Lernprogramme notwendig sind, um familial generierte Defizite der Interaktionskompetenz zu beheben und die Interaktionspotentiale der Kinder zu differenzieren. Die Beantwortung dieser Frage wirft mehrere Probleme auf: Einerseits ist es sicher wünschenswert, die Entwicklung sozial-kognitiver Fähigkeiten ebenso zu fördern wie bisher die kognitiven Fähigkeiten. Andererseits muß geklärt werden, inwieweit institutionalisierte Lernprogramme für soziale Sensibilität als quasi ‚technologisiertes' Wissen an Stelle realer Interaktionserfahrung jene Fähigkeiten geradezu zerstören können, die sie zu entfalten intendieren.

Bereits im Bereich der kognitiven Lernprogramme hat es eine intensive Debatte darüber gegeben, ob kognitive oder sprachliche Fähigkeiten über hochgradig strukturierte Lernprogramme oder über Erfahrungs- und Interaktionslernen optimal stimuliert werden können. In diesem Konflikt standen sich lerntheoretisch und PIAGET-orientierte Forscher gegenüber. Mehr noch als für das Training kognitiver Fähigkeiten stellt sich hier die Frage, ob man RÜ ‚einüben' kann. Inzwischen liegen einige Ansätze

[1] Auf einen interessanten Befund, der diesen Gedankengang stützen könnte, sei hier hingewiesen: Die Hauptschüler der Untersuchung schätzten ihre Klassenlehrer auf einer Beurteilungsskala in der Dimension ‚Beliebtheit' signifikant niedriger ein als die Realschüler.

dazu vor, so z. B. von CHANDLER (1972), der defizitäre RÜ-Fähigkeiten delinquenter Jugendlicher zu verbessern versuchte. Auch in den von KOHLBERG und seinen Mitarbeitern erarbeiteten Programmen zur Förderung der moralischen Entwicklung (vgl. BLATT & KOHLBERG 1973) ist die Fähigkeit zur RÜ ein zentraler Bestandteil. Für CALLIESS et al. (1974) gewinnt das Konzept der Empathie grundlegende Bedeutung für einen sozialwissenschaftlichen Unterricht, der auf die Vermittlung von Verstehen, Einsicht in soziale Prozesse und auf die Entfaltung von Handlungsbereitschaft zielt (s. auch TABA 1962, 1974). In einem solchen Unterricht ist die Vermittlung von RÜ nicht nur auf Verstehen individueller Motivationen anderer gerichtet, sondern darüber hinaus auf das Verstehen der sozialen und politischen Lebenswelt sowie der sozialen Verursachung individuellen und kollektiven Verhaltens (entsprechend dem MEADschen Konzept des ‚generalized other'). Doch sehen die Autoren auch die Gefahr, die eine Institutionalisierung von Curricula zur RÜ stets in sich birgt. Allzu leicht könnte die Einübung von RÜ im Unterricht zum strategisch-kognitiven Lernen werden und damit doppelt ihren Sinn verfehlen: wenn nämlich einerseits Empathie unter der Hand zum ‚Wissen' gerät und andererseits als institutionalisiertes Selektionskriterium fungiert. ‚Besser' und mithin erfolgreicher sind dann wiederum diejenigen, die im familialen Sozialisationsprozeß diese Fähigkeiten bereits differenziert haben. Das kumulative Defizit würde nicht aufgelöst, sondern verschärft.

Die Ambivalenz von Trainingssituationen im Bereich sozialkognitiver Fähigkeiten bleibt indessen ein ernsthaftes Problem für alle kompensatorischen Ansätze, auch die aufgeklärten. Wenn im Spiel soziale Lernziele der Sensibilität in quasi strategischer Art verfolgt werden, besteht auch hier die Gefahr der Verkehrung der (kompensatorischen) Intention, denn:

> „Sie versucht zu erzwingen, was sich nur ‚von selbst' entwickeln kann, nämlich in Antwort auf eine Interaktionssituation, in der es wirklich nötig ist, auf die Intentionen der Beteiligten einzugehen" (KRAPPMANN 1973, S. 199).

An diesen Ausführungen wird auch die Gefahr deutlich, die eine Scientifizierung des pädagogischen Alltagswissens durch die Rezeption entwicklungspsychologischer Theorien zur Sozialisation sozialer Sensibilität mit sich bringt. Als Erziehungsmaximen können sie ebenso leicht wie institutionalisierte Programme ihren Sinn verfehlen, indem sie strategisch eingesetzt werden und somit den sozialen Interaktionszusammenhang zerstören. RÜ kann nicht strategisch trainiert, sondern nur über Erfahrungen von Mutualität konstituiert werden. Soziales Verstehen ist weder

Empathie noch bloßes strategisches Entschlüsseln der Merkmale interpersoneller Situationen. Es setzt die Einsicht voraus, daß der andere ein Selbst ist wie ich und ich für den anderen ein anderer bin. Die vollständige Einsicht in die Reziprozität von Perspektiven ist das Ergebnis gemeinsamen Handelns und der Erfahrung affektiver Solidarität in der Interaktion. Deren strategische Verkürzung würde auch die Fähigkeit zur RÜ auf ein bloßes Tauschverhältnis in den Beziehungen beschränken.

Verzeichnis der Tabellen

Aebli, H., Montada, L. & Schneider, U. (1968) Über den Egozentrismus des Kindes. Stuttgart.

Ainsworth, M. D. (1963) The development of infant-mother interaction among the Ganda. In: Foss, B. (Hrsg.), Determinants of infant behavior. II. New York, S. 67–104.

Ainsworth, M. D., Bell, S. M. & Stayton, D. J. (1974) Infant-mother attachment and social development: Socialisation as a product of reciprocal responsiveness to signals. In: Richards, M. P. M. (Hrsg.), a.a.O., S. 99–136.

Allen, V. L. (1970) Personality correlates of poverty. In: Allen, V. L. (Hrsg.), Psychological factors in poverty. Chicago, S. 242–286.

Altvater, E. & Huiskens, F. (1971) Materialien zur politischen Ökonomie des Ausbildungssektors. Erlangen.

Alvy, K. T. (1968) Relation of age to children's egocentric and cooperative communication. Journal of Genetic Psychology, 112, 275–286.

Archibald, W. P. (1972) Symbolic interaction theory. Zeitschrift für Soziologie, 1 (3), 193–208.

Aronfreed, J. (1969) The concept of internalization. In: Goslin, D. A. (Hrsg.), a.a.O., S. 263–329.

Athey, J. Y. & Rubadeau, D. O. (1970) Educational implications of Piaget's theory. Waltham (Mass.).

Aurin, K. (1966) Bildung in neuer Sicht. Schriftenreihe des Kultusministeriums Baden-Württemberg A, Nr. 2. Villingen.

Ausubel, D. P. (1957) Theory and problems of child development. New York.

Ausubel, D. P. (1965) Stages of intellectual development and their implications for childhood education. Springfield.

Ausubel, D. P., Schiff, H. M. & Gasser, E. B. (1952) A preliminary study of developmental trends in socio-empathy: accuration of perception of own and other's sociometric status. Child Development, 23, 111–128.

Ausubel, D. P. & Sullivan, E. V. (1970) Theory and problems of child development. New York.

Backman, C. W. & Secord, P. F. (1972) Sozialpsychologie in der Schule. Weinheim.

Baldwin, J. M. (1960) Das soziale und das sittliche Leben. Leipzig.

Baldwin, A. L. (1969) A cognitive theory of socialization. In: Goslin, D. A. (Hrsg.), a.a.O., S. 325–345.

Baldwin, A. L., McFarlane, P. T. & Garvey, C. J. (1971) Children's communication accuracy related to race and socio-economic status. Child Development, 42, 345–357.

Bandura, A. (1969) Social-learning theory of identificatory processes. In: Goslin, D. A. (Hrsg.), a.a.O., S. 213–262.

Bauer, A. (1971) Zum sozio-ökonomischen und sozio-kulturellen Bildungsmilieu. Deutsches Institut für Internationale Pädagogische Forschung, Sonderheft: Der hessische Schulversuch zur Früheinschulung. Frankfurt, S. 43–100.

BAUMRIND, D. (1972) Some thoughts about child-rearing. In: BRONFENBRENNER, U. (Hrsg.), Influences on human development. Hinsdale (Ill.), S. 346–408.

BAUMRIND, D. (1973) Authoritarian vs. authoritative parental control. In: SALAPATEK, S. S. & SALAPATEK, P. (Hrsg.), Socialization. Columbus, S. 31–43.

BECKER, W. C. (1964) Consequences of different kind of parental discipline. In: HOFFMAN, M. L. & HOFFMAN, L. W. (Hrsg.), Review of child development research. New York, S. 169–208.

BECKER, W. C. & KRUG, R. S. (1965) The parent attitudes research instrument. Child Development, 36, 329–365.

BELL, R. Q. (1970) A reinterpretation of effects in studies of socialization. In: DANZIGER, K. (Hrsg.), a.a.O., S. 309–332.

BELL, S. M. (1970a) The development of the concept of object as related to infant-mother attachment. Child Development, 41, 291–311.

BERGER, P. L. & LUCKMANN, T. L. (1974) Die gesellschaftliche Konstruktion der Wirklichkeit. Frankfurt/M.

BERGMANN, J., BRANDT, G., KÖRBER, K., MOHL, E. T. & OFFE, K. (1969) Herrschaft, Klassenverhältnis und Schichtung in Spätkapitalismus oder Industriegesellschaft. Verhandlungen des 16. Deutschen Soziologentages. (Hrsgg. v. T. W. ADORNO) Stuttgart, S. 311–324.

BERNSTEIN, B. (1970) Lernen und soziale Struktur. In: BERNSTEIN, B. u. a. (Hrsg.), Lernen und soziale Struktur. Amsterdam, S. 7–33.

BERNSTEIN, B. (1972a) Soziale Klasse, Sprache und Sozialisation. In: SZELL, G. (Hrsg.), Privilegierung und Nicht-Privilegierung im Bildungssystem. München, S. 42–63.

BERNSTEIN, B. (1972b) Studien zur sprachlichen Sozialisation. Düsseldorf.

BERNSTEIN, B. & HENDERSON, D. (1969) Social class differences in the relevance of language to socialization. Sociology, 3, 1–20.

BERTRAM, H. (1975) Probleme einer sozialstrukturell orientierten Sozialisationsforschung. Unveröff. Manuskript. Köln.

BERTRAM, H. & BERTRAM, B. (1974) Soziale Ungleichheit, Denkstrukturen und Rollenhandeln. Weinheim.

BIDDLE, B. J. & THOMAS, E. J. (1966) Role theory: concepts and research. New York.

BIDWELL, CH. (1973) The social psychology of teaching. In: TRAVERS, R. M. (Hrsg.), Second handbook of research on teaching. Chicago, S. 413–449.

BIJOU, S. W. (1970) Reinforcement history and socialization. In: HOPPE, R. A., MILTON, G. Z. & SIMMEL, E. C. (Hrsg.), Early experience and the process of socialization. New York, S. 43–57.

BING, E. (1963) Effect of childrearing practices on development of differential cognitive abilities. Child Development, 34, 631–648.

BLATT, M. B. & KOHLBERG, L. (1973) The effects of classroom moral discussion upon children's level of moral judgment. In: KOHLBERG, L. & TURIEL, E. (Hrsg.), a.a.O.

BLUMER, H. (1973) Der methodologische Standort des symbolischen Interaktionismus. In: ABREITSGRUPPE BIELEFELDER SOZIOLOGEN (Hrsg.), Alltagswissen, Interaktion und gesellschaftliche Wirklichkeit. Bd. 1. Reinbek b. Hamburg, S. 80–146.

BOLTE, K. M. (1961) Einige Anmerkungen zur Problematik der Analyse von Schichtungen in sozialen Systemen. Kölner Zeitschrift für Soziologie und Sozialpsychologie. Sonderheft 5, 29–53.

BOLTE, K. M., KAPPE, D. & NEIDHART, F. (1968) Soziale Schichtung. Beiträge zur Sozialkunde. Reihe B, Heft 4. Opladen.
BORKE, H. (1971) Interpersonal perception of young children: egocentrism or empathy? Development Psychology, 5, 263–269.
BORKE, H. (1972) Chandler and Greenspan's ‚Ersatz-Egocentrism': a rejoinder. Developmental Psychology, 7, 107–109.
BORKE, H. (1975) Piaget's mountains revisited. Changes in the egocentric landscape. In: Developmental Psychology, 2, 240–243.
BOURDIEU, P. & PASSERON, J. C. (1971) Die Illusion der Chancengleichheit. Stuttgart.
BRÄUNINGER, Chr. & KRANZ, A. (1973) Adaptation des RTT (Role Taking Task) nach FEFFER und der Zusammenhang zwischen Rollenübernahme und Intelligenz. Unveröff. Diplomarbeit. Heidelberg.
BRONFENBRENNER, U. (1958) Socialization and social class through time and space. In: MACCOBY, E. E., NEWCOMB, T. M. & HARTLEY, E. L. (Hrsg.), Readings in social psychology. New York, S. 400–425.
BRONFENBRENNER, U. (1960) Freudian theories of identification. Child Development, 31, 15–40.
BROPHY, J. E. (1970) Mothers as teachers of their own preschool children: the influence of socio-economic status and task structure on teaching specifity. Child Development, 41, 79–94.
BROWN, R. & FRASER, C. (1964) The acquisition of syntax. In: The acquisition of language. Monographs of the Society for Research in Child Development, Ser. No. 92, Vol. 29 (1).
BRUNER, J. S. (1957) Going beyond the information given. In: BRUNER, J. S. u. a. (Hrsg.), Contemporary approaches to cognition. Cambridge, S. 41–69.
BRUNER, J. S. (1974) The organization of early skilled action. In: RICHARDS, M. P. M. (Hrsg.), a.a.O., S. 167–184.
BRUNER, J. S. OLVER, R. R. & GREENFIELD, P. M. (1971) Studien zur kognitiven Entwicklung. Stuttgart.
BURKE, H. K. (1966) Raven's Progressive Matrices. In: SAVAGE, R. D. (Hrsg.), Clinical psychology. New York, S. 141–167.
CAESAR, B. (1972) Autorität in der Familie. Reinbek b. Hamburg.
CALLIESS, E., EDELSTEIN, W., HOPF, D. u. a. (1974) Sozialwissenschaft für die Schule. Umrisse eines Struktur- und Prozeßcurriculum. Stuttgart.
CARNAP, R. v. & EDDING, F. (1962) Der relative Schulbesuch in den Ländern der Bundesrepublik 1952–1960. Frankfurt/M.
CAZDEN, C. B. (1966) Subcultural differences in child language. An interdisciplinary review. Merrill-Palmer Quarterly, 12 (3), 185–219.
CAZDEN, C. B. (1972) Einige Folgerungen für die Vorschulerziehung aus der Forschung zur Sprachentwicklung. In: HESS, R. D. & BEAR, R. M. (Hrsg.), Frühkindliche Erziehung. Weinheim, S. 139–152.
CHANDLER, M. J. (1972) Egocentrism in normal and pathological development. In: MÖNKS, F. J., HARTRUP, W. W. & de WIT, J. (Hrsg.), Determinants of behavioral development. New York, S. 569–575.
CHANDLER, M. J. (1973) Egocentrism and antisocial behavior: the assessment of training of social perspective skills. Development Psychology, 8, 326–332.
CHANDLER, M. J. & GREENSPAN, S. (1972) Ersatz-Egocentrism: a reply to H. BORKE. Development Psychology, 7, 104–106.
CHAPLIN, M. V. & KELLER, H. (1974) Decentering and social interaction. Jour-

nal of Genetic Psychology, 124, 269–276.
CICOUREL, A. V. (1973) Cognitive sociology. London.
CICOUREL, A. V. (1974) Messung und Methode in den Sozialwissenschaften. Frankfurt a. M.
CLAUSEN, J. A. (1973) The organism and socialization. In: SALAPATEK, S. S. & SALAPATEK, P. (Hrsg.) Socialization. Columbus (Ohio), S. 1–17.
CLAUSEN, J. A., BRIM, O., INKELES, A. u. a. (Hrsg.) (1968) Socialization and society. Boston.
COBLINER, W. G. (1967) Die Genfer Schule der genetischen Psychologie und die Psychoanalyse: Parallelen und Gegensätze. (Anhang zu SPITZ, R. A., Vom Säugling zum Kleinkind) Stuttgart.
COBURN-STAEGE, U. (1973) Der Rollenbegriff. Heidelberg.
COLEMAN, J. (1968) The concept of equality of educational opportunity. Harvard Educational Review, 38, 7–22.
CONGER, J. J. (1975) Contemporary Issues in adolescent development. New York
COOLEY, C. H. (1902) Human nature and the social order. New York.
COWAN, P. A. (1966) Cognitive egocentrism and social interaction in children. American Psychologist, 21, 623.
CROMER, R. F. (1974) The development of language and cognition: the cognition hypothesis. In: FOSS, B. (Hrsg.), New perspectives in child development. Harmondsworth, S. 184–252.
DAHRENDORF, R. (1967a) Die gegenwärtige Lage der Theorie der sozialen Schichtung. In: DAHRENDORF, R. (Hrsg.), Pfade aus Utopia. München, S. 336–352.
DAHRENDORF, R, (1967b) Homo Sociologicus. Köln/Opladen.
DANZIGER, K. (1970) Readings in child socialization. Oxford.
DANZIGER, K. (1971) Socialization. Harmondsworth.
DAUBLEBSKY, B. (1973) Spielen in der Schule. Stuttgart.
DÉCARIE, Th. G. (1965) Intelligence and affectivity in early childhood. New York.
DEVRIES, R. (1970) The development of role-taking as reflected in the behavior of bright average and retarted children in a social guessing game. Child Development, 41, 760–770.
DÖBERT, R. & NUNNER-WINKLER, G. (1974) Adoleszenzkrise und Identitätsbildung. Frankfurt.
DUCKWORTH, E. (1972) The having wonderful ideas. In: SCHWEBEL, M. & RAPH, J. (Hrsg.), Piaget in the classroom. New York, S. 258–277.
DURKHEIM, E. (1961) Moral education. A study in the theory and application of the sociology of education. New York.
DYMOND, R. F., HUGHES, A. S. & RAABE, V. L. (1952) Measurable changes in empathy with age. Journal of Consulting Psychology, 16, 202–206.
EDELSTEIN, W. (1973) Struktur, Prozeß, Diskurs. Vorüberlegungen zu einer strukturellen Curriculumtheorie. Unveröff. Manuskript. Max-Planck-Institut für Bildungsforschung. Berlin.
EDELSTEIN, W. (1975) Zum Problem sozio-struktureller Determinanten der Ontogenese. Unveröff. Manuskript. Max-Planck-Institut für Bildungsforschung. Berlin.
ELDER, G. H. (1962) Structural variations in the child rearing relationships. Sociometry, 25, 241–262.
ELKIND, D. (1961) Piaget's conceptions of left and right. Piaget replication study

IV. Journal of Genetic Psychology, 99, 269–276.
ELKIND, D. (1962) Piaget's conceptualizations of brother and sister: Piaget replication study V. Journal of Genetic Psychology, 100, 129–136.
ELKIND, D. (1969) Two approaches to intelligence. Piagetian and psychometric. Harvard Educational Review, 39, 319–337.
ELKIND, D. (1970) Children and adolescents. New York.
ELKIND, D. (1972) Egocentrism in adolescence. In: ROSENBLITH, J. F., ALLINSMITH, W. & WILLIAMS, C. J. (Hrsg.), The causes of behavior. Boston S. 404–409.
ERIKSON, E. (1966) Identität und Lebenszyklus. Frankfurt/M.
EWERT, O. M. (1966) Erziehungsstile in ihrer Abhängigkeit von sozio-kulturellen Normen. In: HERRMANN, Th. (Hrsg.), Psychologie der Erziehungsstile. Göttingen, S. 61–76.
FEFFER, M. (1959) The cognitive implications of roletaking behavior. Journal of Personality, 27, 152–168.
FEFFER, M. (1970a) A development analysis of interpersonal behavior. Psychological Review, 77, 197–214.
FEFFER, M. (1970b) Role-taking behavior in the mentally retarted. Final report. Yeshire University, New York. Projekt Nr. 42–2029, Deptm. of Health, Education, and Welfare. U.S. Office of Education, Washington D.C.
FEFFER, M. & GOUREVITCH, V. (1960) Cognitive aspects of role-taking in children. Journal of Personality, 28, 383–396.
FEFFER, M. & JAHELKA, M. (1968) Implications of the decentering concepts for the structuring of projective content. Journal of Consulting and Clinical Psychology, 32, 434–441.
FEFFER, M. & SUCHOTLIFF, L. (1966) Decentering implications of social interaction. Journal of Personality and Social Psychology, 4, 415–422.
FEND, H. (1974) Gesellschaftliche Bedingungen schulischer Sozialisation. Weinheim.
FINN, J. D. (o. J.) Multivariance, Fortran IV. Department of Educational Psychology, State University of New York. Buffalo.
FLAPAN, D. (1968) Children's understanding of social interaction. New York.
FLAVELL, J. D. (1963) The developmental psychology of Jean Piaget. Princeton.
FLAVELL, J. D. (1966) The development of two related forms of social cognition: role-taking and verbal communication. In: KIDD, A. H. & RIVOIRE, J. U. (Hrsg.), Perceptual development in children. New York, S. 246–271.
FLAVELL, J. D. (1971) The development of inferences about others. In: Mischel, Th. (Hrsg.), a.a.O., S. 66–111.
FLAVELL, J. D., BOTKIN, P. T., FRY, Ch. u. a. (1968) The development of role-taking and communication skills in children. New York.
FLAVELL, J. D. & WOHLWILL, J. F. (1969) Formal and functional aspects of cognitive development. In: ELKIND, D. & FLAVELL, J. D. (Hrsg.), Studies in cognitive development. Essays in honor of Jean Piaget. New York, S. 67–120.
FOOTE, N. N. & COTTRELL, N. (1955) Identity and interpersonal competence. Chicago.
FÜGEN, N. (1972) Soziologisches Rollenkonzept und Gesellschaftsanalyse. Ein Beitrag zur Kritik der Rollentheorie. Unveröff. Habilitationsvortrag. Institut für Soziologie. Heidelberg.
FURTH, H. G. (1966) Thinking without language. London. (Deutsch: Denkprozesse ohne Sprache, Düsseldorf 1972.)

FURTH, H. G. (1969) Piaget and knowledge. Englewood Cliffs.
FURTH, H. G. (1970) Piaget for teachers. Englewood Cliffs. (Deutsch: Piaget für Lehrer, Düsseldorf 1973.)
FURTH, H. G. (1972) Intelligenz und Erkennen. Frankfurt/M.
GAENSSLEN, M. & SCHUBÖ, W. (1973) Einfache und komplexe statistische Analyse. München.
GAGNÉ, R. M. (1968) Contributions of learning to human development. Psychological Review, 75, 177–191.
GAGNÉ, R. M. & CRONBACH, L. J. (1955) Conceptual and methodological problems in interpersonal perception. Psychological Review, 62, 411–422.
GARVEY, C. & HOGAN, R. (1973) Social speech and social interaction: egocentrism revisited. Child Development, 44, 562–568.
GERHARDT, U. (1971) Rollenanalyse als kritische Soziologie. Neuwied.
GETZELS, J. W. & THELEN, H. A. (1960) The classroom group as a unique social system. In: HENRY, N. B. (Hrsg.), The dynamics of instructional groups. 59th Yearbook of the National Society for the Study of Education. Part II. Chicago, S. 53–82.
GEWIRTZ, J. L. (1968) The role of stimulation in models for children development. In: CHANDLER, C. A., DITTMAN, L. C. u. a. (Hrsg.), New perspective in early child care. New York, S. 139–168.
GEWIRTZ, J. L. (1969 Levels of conceptual analysis in environmental infant interaction research. Merrill-Palmer Quarterly, 15, 7–47.
GINSBERG, H. & OPPER, S. (1969) Piaget's theory of intellectual development. Englewood Cliffs. (Deutsch: Piagets Theorie der geistigen Entwicklung, Stuttgart 1975.)
GLUCKSBERG, S. & KRAUSS, R. M. (1967) What do people say after they have learned how to talk? Studies of the development of referential communications. Merrill-Palmer Quarterly, 13, 309–316.
GLUECK, S. & GLUECK, E. T. (1950) Unraveling juvenile delinquency. New York.
GOFFMAN, E. (1959) The presentation of self in every day life. New York.
GOFFMAN, E. (1967) Interactional ritual. New York.
GOFFMAN, E. (1973) Interaktion: Spaß am Spiel – Rollendistanz. München.
GOLDMANN, L. (1966) Dialektische Untersuchungen. Neuwied.
GOLLIN, E. S. (1958) Organizational characteristics of social judgement: a development investigation. Journal of Personality, 26, 139–154.
GOSLIN, D. A. (Hrsg.) (1969) Handbook of socialization. Theory and research. Chicago.
GRAUMANN, C. F. (1972) Interaktion und Kommunikation. In: GRAUMANN, C. F. (Hrsg.), Handbuch der Psychologie. Bd. 7: Sozialpsychologie. 2. Halbbd. Göttingen, S. 1109–1262.
GREEN, D. R., FORD, M. P. & FLAMER, G. B. (Hrsg.) (1971) Measurement and Piaget. New York.
GRIMM, S. (1966) Die Bildungsabstinenz der Arbeiter. München.
GUTHKE, J. (1972) Zur Diagnostik der intellektuellen Lernfähigkeit. Berlin-Ost.
HAAN, N. (1963) Proposed model of ego-functioning: coping and defense mechanisms in relationship to IQ-change. Psychological Monographs, 77 (8), Whole No. 571.
HAAN, N. (1965) Coping and defense mechanisms. Journal of Consulting Psychology, 29, 373–378.
HABERMAS, J. (1967) Zur Logik der Sozialwissenschaften. Philosophische Rund-

schau. Beiheft 5, Februar. Tübingen.

HABERMAS, J. (1968) Thesen zur Theorie der Sozialisation. Vorlesungsmanuskript. Frankfurt.

HABERMAS, J. (1971) Vorbereitende Bemerkungen zu einer Theorie der kommunikativen Kompetenz. In: HABERMAS, J. & LUHMANN, N. (Hrsg.), Theorie der Gesellschaft oder Sozialtechnologie. Frankfurt, S. 101–141.

HABERMAS, J. (1973) Notizen zum Begriff der Rollenkompetenz. In: HABERMAS, J. (Hrsg.), Kultur und Kritik. Frankfurt, S. 195–235.

HABERMAS, J. (1975) Zur Entwicklung der Interaktionskompetenz. Unveröff. Manuskript. Max Planck Institut Starnberg.

HAGER, F. HABERLAND, H. & PARIS, R. (1973) Soziologie und Linguistik.

HALSEY, A. H., FLOUD, J. & ANDERSON, C. A. (Hrsg.) (1968) Education, economy, and society. New York.

HAMLYN, D. W. (1974) Person perception and our understanding of others. In: MISCHEL, Th. (Hrsg.), a.a.O., S. 1–36.

HANSS, P. (1973) Vergleichende Darstellung der außerfachlichen Qualifikationen der Auszubildenden (Lehrlinge), wie sie im Lesebuch, in Gemeinschafts- und Wirtschaftskundebüchern der Berufsschule beschrieben werden. Unveröff. Manuskript. Konstanz.

HARTUP, W. W. (1970) Peer interaction and social organization. In: MUSSEN, P. H. (Hrsg.), Carmichael's manual of child psychology. Vol. II. New York, S. 361–455.

HARTUP, W. W. & COATES, B. (1970) The role of imitation in childhood socialization. In: HOPPE, R. A. & SIMMEL, E. C. (Hrsg.), Early experience and the process of socialization. New York, S. 109–142.

HARVEY O. J., HUNT, D. E. & SCHRODER, H. M. (1961) Conceptual systems and personality organization. New York.

HECKHAUSEN, H. (1972) Die Interaktion der Sozialisationsvariablen in der Genese des Leistungsmotivs. In: GRAUMANN, C. F. (Hrsg.), Handbuch der Psychologie. Bd. 7: Sozialpsychologie. 2. Halbbd. Göttingen, S. 955–1019.

HEIDER, F. (1964) The psychology of interpersonal relations. New York. (Deutsch in Vorb.)

HEINSTEIN, C. (1974) Unveröffentlichte Arbeit, zit. nach KOHLBERG, L. D., a.a.O.

HERRMANN, Th., SCHWITAJEWSKI, E. & AHRENS, H. J. (1968) Untersuchungen zum elterlichen Erziehungsstil: Strenge und Unterstützung. Archiv für die gesamte Psychologie, 120, 74–105.

HERRMANN, Th. & STAPF, K. H. (1971) Über theoretische Konstruktionen in der Psychologie. Psychologische Beiträge, 13, 336–354.

HERRMANN, Th., STAPF, K. H. & STÄCKER, H. (1974) Elterliche Bekräftigung in der Erziehung. In: REINERT, G. (Hrsg.) Bericht über den 27. Kongreß der Deutschen Gesellschaft für Psychologie Kiel 1970. Göttingen, S. 475–493.

HESS, R. D. (1970) Social class and ethnic influences on socialization. In: MUSSEN, P. H. (Hrsg.), Carmichael's manual of child psychology. Vol. II. New York, S. 457–557.

HESS, F., LATSCHA, F. & SCHNEIDER, W. (1966) Die Ungleichheit der Bildungschancen. Soziale Schranken im Zugang zur höheren Schule. Olten und Freiburg/Br.

HOFER, M. (1969) Die Schülerpersönlichkeit im Urteil des Lehrers. Weinheim.

HOFFMAN, M. L. (1970) Moral development. In: MUSSEN, P. D. (Hrsg.), Carmichael's manual of child psychology. Vol. II. New York, S. 261–360.

HOLLINGSHEAD, A. B. & REDLICH, F. C. (1958) Social class and mental illness. New York.

HOLLOS, M. & COWAN, Ph. A. (1973) Social isolation and cognitive development: logical operations and role-taking abilities in three Norwegian social settings. Child Development, 44, 630–641.

HONZIK, M. P. (1967) Environmental correlates of mental growth prediction from the family-setting at 21 months. Child Development, 38, 337–364.

HUNT, J. McV. (1965a) The challenge of incompetence and poverty. Chicago.

HUNT, J. McV. (1965b) Intrinsic motivation and its role in psychological development. In: LEVINE, D. (Hrsg.), Nebraska Symposium on Motivation, S. 189 –282.

HUNT, J. McV & KIRK, G. (1971) Social aspects of intelligence, evidence and issues. In: CANCRO, R. (Hrsg.), Intelligence, genetic and environmental influences. New York, S. 262–306.

HUSSIADAS, L. & BROWN, L. B. (1967) The coordination of perspectives by mentally retarded children. Journal of Genetic Psychology, 110, 211–215.

HUTTENLOCHER, J. & PRESSON, C. (1973) Mental rotation and the perspective problems. Cognitive Psychology, 4, 277–299.

HYMES, D. (1972) Models of the interaction of language and social life. In: I. Soc. Iss., 23, 8–28.

INGENKAMP, K. (1971) Die Fragwürdigkeit der Zensurengebung. Weinheim.

INHELDER, B. & PIAGET, J. (1958) The growth of logical thinking from childhood to adolescence. New York.

INHELDER, B. & SINCLAIR, H. (1969) Learning cognitive structures. In: MUSSEN, P. H., LANGER, J., COVINGTON, M. (Hrsg.), Trends and issues in developmental psychology, S. 2–21.

INKELES, A. (1968) Society social structure and child socialization. In: CLAUSEN, J. A. u. a. (Hrsg.), a.a.O., S. 73–129.

ISRAEL, J. & TAJFEL, H. (Hrsg.) (1972) The context of social psychology. London.

JACKSON, P. W. (1968) Life in classrooms. New York.

JACKSON, P. W. (1973) Was macht die Schule? b:e, 5, 18–22.

JONES, E. E. & GERARD, H. B. (1967) Foundations of social psychology. New York.

KAGAN, J. (1958) The concept of identification. Psychological Review, 65, 296 –305.

KAGAN, J. (1970) On class differences and early development. In: DENENBERG, V. H. (Hrsg.), Education of the infant and young child. New York, S. 5–24.

KAMII, C. K. & RADIN, N. (1967) Class differences in the socialization practices of negro mothers. Journal of Marriage and the Family, 29, 302–310.

KARP, J. M. & SIGEL, J. (1965) Psycho-educational appraisal of disadvantaged children. Review of Educational Research, 35, 401–412.

KATKOVSKY, W., CRANDALL, V. C. & GOOD, S. (1967) Parental antecedents of children's beliefs in internal-external control of reinforcement. Child Development, 38, 765–776.

KELLER, M., WEINERT, F. E. & ZEBERGS, D. (1975) Kognitive Sozialisation. Probleme einer allgemeinen Theorie der kognitiven Sozialisation. In: NEIDHARDT, F. (Hrsg.), Frühkindliche Sozialisation. Stuttgart, S. 7–75.

KERKHOFF, A. C. (1969) Early antecedents of role-taking and role playing ability. Merrill-Palmer Quarterly, 15 (3), 229–247.

KERLINGER, F. N. & PEDHAZUR, E. J. (1973), Multiple regression in behavioral

research. New York.
Kielgast, K. (1971) Piaget's concept of spatial egocentrism: a re-evaluation. Scandinavian Journal of Psychology, 3, 179–191.
Klaus, R. A. & Gray, S. (1968) The early training projects for disadvantaged children: a report after five years. Monographs of the Society for Research in Child Development, 33 (4), Ser. No. 120.
Kohlberg, L. D. (1963) Moral development and identification. In: Stevenson, H. (Hrsg.), The Sixty-second Yearbook of the National Society for the Studies of Education. Chicago, S. 277–332.
Kohlberg, L. D. (1971) From is to ought. In: Mischel, W. (Hrsg.), Cognitive development and genetic epistemology. New York, S. 151–235.
Kohlberg, L. D. (1973) Continuities in childhood and adult moral development revisited. In: Baltes, P. B. & Schaie, K. W. (Hrsg.), Life-span developmental psychology. Personality and socialization. New York, S. 180–204.
Kohlberg, L. D. (1974) Stufe und Sequenz: Sozialisation unter dem Aspekt der kognitiven Entwicklung. In: Kohlberg, L. D. Zur kognitiven Entwicklung des Kindes. Frankfurt/M., S. 7–255.
Kohlberg, L. D. & Meyer, L. (1972) Development as the aim of education. Harvard Educational Review, 42 (4), 449–496.
Kohlberg, L. D. & Turiel, E. (im Druck) Recent research in moral development. New York.
Kohlberg, L. D., Yaeger, J. & Hjertholm, E. (1968) Private speech: four studies and a review of theories. Child Development, 39, 692–736.
Kohn, M. L. (1959) Social class and parental values. Amer. J. Sociol., 64, 337–345.
Kohn, M. L. (1969) Class and conformity. Homewood, Ill.
Krappmann, L. (1971a) Soziologische Dimensionen der Identität. Stuttgart.
Krappmann, L. (1971b) Neuere Rollenkonzepte als Erklärungsmöglichkeiten für Sozialisationsprozesse. b:e tabu, Familienerziehung, Sozialschicht und Schulerfolg. Weinheim, S. 161–183.
Krappmann, L. (1972) Die Entstehung der Lernfähigkeiten im Interaktionssystem der Familie und ihre Förderung in der Schule. In: Halbfas, H., Maurer, F. & Popp, W. (Hrsg.), Entwicklung der Lernfähigkeiten. Stuttgart, S. 168–178.
Krappmann, L. (1973) Soziale Kommunikation und Kooperation im Spiel und ihre Auswirkungen auf das Lernen. In: Daublebsky, B. (Hrsg.), a.a.O., S. 190–226.
Krappmann, L., Oevermann, U. & Kreppner, K. (1974) Was kommt nach der schichtspezifischen Sozialisationsforschung. Unveröff. Manuskript. Max Planck Institut. Berlin.
Krauss, M. & Glucksberg, S. (1965) The development of communication as a function of age. Child Development, 40, 255–266.
Krauss, M. & Rotter, G. S. (1968) Communicative abilities as a function of status and age. Merrill-Palmer Quarterly, 14, 161–173.
Kreppner, K. (1975) Zur Problematik des Messens in den Sozialwissenschaften. Stuttgart.
Kuhn, D. (1973) Imitation theory and research from a cognitive perspective. Human Development, 16, 157–180.
Laing, R. D. (1973) Knots. Harmondsworth.
Langer, J. (1969a) Theories of development.

LANGER, J. (1969b) Disequilibrium as a source of development. In: MUSSEN, P., LANGER, J. & COVINGTON, M. (Hrsg.), Trends and issues in developmental psychology. New York, S. 22–37.
LAZOWICK, L. M. (1955) On the nature of identification. Journal of Abnormal and Social Psychology, 51, 175–183.
LEVITA, M. L. (1971) Der Begriff der Identität. Frankfurt.
LEWIS, M. & GOLDBERG, S. (1970) Perceptual-cognitive development in infancy: a generalized expectancy model as function of the mother-infant interaction. Merrill-Palmer Quarterly, 15/16, 81–100.
LINTON, R. (1936) The study of man. New York.
LINTON, R. (1967) Rolle und Status. In: HARTMANN, H. (Hrsg.)., Moderne amerikanische Soziologie. Stuttgart, S. 251–254.
LIPPITT, R., FOX, R. & SCHAIBLE, L. (1972) Social Science Laboratory Units. (Deutsch: Detto und andere. Acht Einheiten für Sozialwissenschaften in der Schule. Stuttgart 1975/76).
LOOFT, W. R. (1971) Egocentrism and social interaction in adolescence. Adolescence, 24, 487–494.
LOOFT, W. R. (1972) Egocentrism and social interaction across the life-span. Psychological Bulletin, 78, 73–92.
LOEWENHERZ, L. & FEFFER, M. (1969) Cognitive level as a function of defensive isolation. Journal of Abnormal and Social Psychology, 74, 352–357.
LÜTKENS, Ch. (1968) Die Schule als Mittelklasseninstitution. In: HEINTZ, P. (Hrsg.), Soziologie der Schule. Kölner Zeitschrift für Soziologie und Sozialpsychologie, Sonderheft 4, 1959, S. 22–39.
LYNN, D. B. (1969) Parental and sex-role identification. Berkeley.
MACCOBY, E. E. (1959) Role-taking in childhood and its consequences for social learning. Child Review, 30, 239–252.
MACCOBY, E. E. (1966) The development of sex differences. Stanford.
MANIS, J. G. & MELTZER, B. N. (Hrsg.) (1967) Symbolic interaction. Boston.
MARJORIBANKS, K. (1974) Umwelt, soziale Schicht und Intelligenz. In: GRAUMANN, C. F. & HECKHAUSEN, H. (Hrsg.), Pädagogische Psychologie 1: Entwicklung und Sozialisation. Frankfurt/M., S. 190–200.
MATHES, J. & SCHÜTZE, F. (1973) Zur Einführung: Alltagswissen, Interaktion und gesellschaftliche Wirklichkeit. In: ARBEITSGRUPPE BIELEFELDER SOZIOLOGEN (Hrsg.), Alltagswissen und gesellschaftliche Wirklichkeit. Reinbek b. Hamburg, S. 11–53.
MCCLELLAND, D. C., BALDWIN, A. L., BRONFENBRENNER, U. & STRODTBECK, F. L. (1958) Talent and society. New York.
MCCORD, W., MCCORD, J. & HOWARD, A. (1961) Familial correlates of aggression in nondelinquent male children. Journal of Abnormal and Social Psychology, 62, 79–93.
MCNEILL, D. (1966) Developmental psycholinguistics. In: SMITH, F. & MILLER, G. A. (Hrsg.), The genesis of language. Cambridge (Mass.), S. 15–84.
MEAD, G. H. (1968) Geist, Identität und Gesellschaft. Frankfurt/M.
MEAD, G. H. (1969a) Sozialpsychologie. Neuwied.
MEAD, G. H. (1969b) Philosophie der Sozialität. Frankfurt/M.
MEHLER, J. & BEVER, T. G. (1967) Cognitive capacity of very young children. Science, 158, 141–142.
MELTZER, B. N. (1975) Mead's social psychology. In: MANIS, J. G. & MELTZER, B. N. (Hrsg.), a.a.O., S. 5–45.

Meltzer, B. N., Petras, J. W. & Reynold, L. T. (1975) Symbolic interaction. London.

Merton, R. K. (1957) Social theory and social structure. New York.

Meyer, W. U. & Wacker, U. (1970) Die Entstehung der erlebten Selbstverantwortlichkeit in Abhängigkeit vom Zeitpunkt der Selbständigkeitserziehung. Archiv für Psychologie, 122, 24–39.

Midlarsky, E. A. & Bryan, J. H. (1967) Training charity in children. Journal of Personality and Social Psychology, 5, 408–415.

Milgram, St. (1974) Obedience to authority. Endeavor (Hampshire).

Miller, D. R. & Swanson, G. S. (1958) Changing American parent. New York.

Miller, D. R .& Swanson, G. S. (1960) Inner conflict and defense. New York.

Miller, P. H., Kessel, F. S. & Flavell, J. H. (1970) Thinking about people thinking about ... A study of cognitive development. Child Development, 41 (3), 613–623.

Millhofer, P. (1973) Familie und Klasse. Frankfurt/M.

Mischel, Th. (1971) Cognitive conflict and the motivation of thought. In: Mischel, W. (Hrsg.), Cognitive development and genetic epistemology. New York, S. 311–356.

Mischel, Th. (1974) Understanding other persons. Oxford.

Mischel, W. (1973) Toward a cognitive social learning theory of personality. Psychological Review, 4, 252–283.

Mollenhauer, K. (1969) Sozialisation und Schulerfolg. In: Roth, H. (Hrsg.) Begabung und Lernen. Stuttgart, S. 269–296.

Montada, L. (1970) Die Lernpsychologie Jean Piagets. Stuttgart.

Moore, H. & Kleining, G. (1960) Das soziale Selbstbild der Gesellschaftsschichten in Deutschland. Kölner Zeitschrift für Soziologie und Sozialpsychologie, 12, 86–118.

Moore, O. K. & Anderson, A. R. (1969) Some principles for the design of clarifying educational environments. In: Goslin, D. A. (Hrsg.), a.a.O., S. 571–614.

Morrison, A. &McIntyre, D. (1971) Schools and socialization. Harmondsworth.

Moss, H. A. (1970) Sex, age, and state as determinants of mother-infant interaction. In: Danziger, K. (Hrsg.), a.a.O., S. 285–307.

Mowrer, O. H. (1950) Learning theory and personality dynamics. New York.

Mowrer, O. H. (1960a) Learning theory and behavior. New York.

Mowrer, O. H. (1960b) Learning theory and symbolic process. New York.

Mussen, P. (1967) Early socialization: learning and identification. In: Mandler, G. u. a. (Hrsg.), New directions in psychology. Vol. III. New York, S. 51–105.

Nathanson, M. (1973) The social dynamics of G. H. Mead. The Hague.

Neale, J. M. (1966) Egocentrism in institutionalized and noninstitutionalized children. Child Development, 37, 97–101.

Neidhardt, F. (1968) Schichtspezifische Elterneinflüsse im Sozialisationsprozeß. In: Wurzbacher, G. (Hrsg.), Die Familie als Sozialisationsfaktor. Stuttgart, S. 174–200.

Nie, N. H. Bent, D. H. & Hull, C. H. (1970) SPSS. Statistical package for the social sciences. New York.

Oevermann, U. (1966) Soziale Schichtung und Begabung. Zeitschrift für Pädagogik, Beiheft 6, 166–186.

Oevermann, U. (1969) Schichtspezifische Formen des Sprachverhaltens und ihr Einfluß auf die kognitiven Prozesse. In: ROTH, H. (Hrsg.), Begabung und Lernen. Stuttgart, S. 297–355.

OEVERMANN, U. (1970) Einige Thesen über den Zusammenhang von Identifikationsprozessen und Sprachentwicklung. In: BERNSTEIN, B. u. a. (Hrsg.), a.a.O., S. 79–90.

OEVERMANN (1971) Sprache und soziale Herkunft. Frankfurt/M.

OEVERMAN, U. (1972) Rollenstruktur der Familie und ihre Implikation für die kognitive Entwicklung von Kindern. In: SZELL, G. (Hrsg.), Privilegierung und Nicht-Privilegierung im Bildungssystem. München, S. 64–89.

OEVERMANN, U. (1974) Vorschläge und künftige Forschungspolitik des Max-Planck-Instituts aus der Sicht eines interessierten Projekts. Unveröff. Manuskript. Max Planck Institut. Berlin.

ORT, M. (1976) Sprachverhalten und Schulerfolg. Weinheim.

ORTMANN, H. (1971) Arbeiterfamilie und sozialer Aufstieg. München.

OSSOWSKY, St. (1962) Klassenstruktur im sozialen Bewußtsein. Neuwied.

PARSONS, T. (1968) Sozialstruktur und Persönlichkeit. Frankfurt/M.

PARSONS, T. (1974) Die Schulklasse als soziales System. In: PARSONS, T. (Hrsg.), Sozialstruktur und Persönlichkeit. Frankfurt/M., S. 348–373.

PARSONS, T. & BALES, R. F. (1955) Family, socialization, and interaction processes.

PEARL, A. (1970) The poverty of psychology – an indictment. In: ALLEN, V. (Hrsg.), Psychological factors in poverty. Chicago, S. 348–364.

PEISERT, H. (1967) Sozale Lage und Bildungschancen in Deutschland. München.

PIAGET, J. (1929) The child's conception of the world. New York.

PIAGET, J. (1952) The origins of intelligence in the child. New York. (Deutsch: Das Erwachen der Intellingenz beim Kinde, Stuttgart 1969; Ges. Werke Bd. 1).

PIAGET, J. (1956) The general problems of the psychobiological development of the child. In: TANNER, J. M. & INHELDER, B. (Hrsg.), Discussions of child development. Vol. IV. London, S. 3–27.

PIAGET, J. (1962) Comments on Vygotsky's critical remarks concerning 'The Language and Thought of the Child' and 'Judgment and Reasoning in the Child'. In: WYGOTSKY, L. S., Thought and language. Cambridge.

PIAGET, J. (1964) Development and learning. In: RIPPLE, R. & ROCKCASTLE, V. N. (Hrsg.), Piaget rediscovered. Cornell, S. 7–19.

PIAGET, J. ([2]1966) Child's conception of physical causality. London. (Deutsch: Die Entwicklung der physikalischen Mengenbegriffe beim Kinde, Stuttgart 1969; Ges. Werke Bd. 4.)

PIAGET, J. (1970) Piaget's theory. In: MUSSEN, P. (Hrsg.), Carmichael's manual of child psychology. Vol. I. New York, S. 703–731.

PIAGET, J. (1972a) Sprechen und Denken des Kindes. Düsseldorf.

Piaget, J. (1972b) Urteil und Denkprozeß des Kindes. Düsseldorf.

PIAGET, J. (1972c) Theorien und Methoden der modernen Erziehung. München.

PIAGET, J. (1973) Das moralische Urteil beim Kinde. Frankfurt/M.

PIAGET, J. (1974) Abriß der genetischen Epistemologie. Olten und Freiburg/Br.

PIAGET, J. (1975) Nachahmung, Spiel und Traum. Stuttgart (Ges. Werke Bd. 5).

PIAGET, J. & INHELDER, B. (1972) Die Psychologie des Kindes. Olten und Freiburg/Br.

RAPAPORT, D. (1957) Cognitive structures. In: BRUNER, J., BRUNSWIK, E., FESTINGER, L. u. a. (Hrsg.), Contemporary approaches to cognition. Cambridge, S. 157–200.

RASCH, G. (1960) Probabilistic models for some intelligence and attainment tests. Kopenhagen.

RASCH, G. (1966) An individual-centered approach to itemanalysis with two categories of answers. Proceedings of the NUFFICE International Summer Session in Science at ‚Het Oude Hof'. The Hague.

RAUH, H. (1974) Kognitive Entwicklung während der Grundschulzeit. Zeitschrift für Pädagogik, 20 (1), 21–46.

RAVEN, J. C. (1956) Standard Progressive Matrices. Revidierte Fassung. London.

RICHARDS, M. P. M. (1974a) The integration of the child into a social world. London.

RICHARDS, M. P. M. (1974b) First steps in becoming social. In: RICHARDS, M. P. M. (Hrsg.), a.a.O., S. 83–98.

RICHTER, H. E. (1974)) Lernziel Soldidarität. Hamburg.

RIEGEL, K. F. (1973) Dialectic operations: the final period of cognitive development. Human Development, 16, 346–370.

RIESMAN, F. (1962) The culturally deprived child. New York.

ROBSON, K. S. (1967) The role of eye-to-eye contact in maternal infant attachment. Journal of Child Psychology and Applied Disciplines, 8, 13–25.

ROBINSON, W. R. & RACKSTRAW, S. J. (1967) Variations in mothers' answers to children's questions as a function of social class, verbal intelligence testscores, and sex. Sociology, 1, 259–276.

ROLFF, H. G. (1974) Sozialisation und Auslese durch die Schule. Heidelberg.

ROSE, A. (1962) Human behavior and social processes. Boston.

ROSEN, B. C. (1967) Social class and the child's perception of parent. In: MEDINNUS, G. R. (Hrsg.), Readings in the psychology of parent-child relations. London, S. 316–322.

ROSENHAN, D. (1969) Some origins of concern for others. In: MUSSEN, P., LANGER, J. & COVINGTON, M. (Hrsg.), Trends and issues in developmental psychology. New York, S. 134–153.

ROTHENBERG, B. (1970) Chrildren's social sensitivity and the relationship to interpersonal competence, interpersonal comfort, and intellectual level. Developmental Psychology, 2, 335–350.

ROTTER, J. B. (1964) Social learning and clinical psychology. Englewood Cliffs.

ROTTER, J. B. (1966) Generalized expectancies for internal versus external control of reinforcement. Psychological Monographs, 80 (1), Whole No. 609.

RUBIN, K. H. (1973) Egocentrism in childhood: an unitary construct? Child Development, 44, 102–110.

SALTZ, E. (1971) The cognitive basis of human learning. Homewood (Ill.)

SARBIN, Th. R. & ALLEN, V. L. (1968) Role theory. In: LINDZEY, G. & ARONSON, E. (Hrsg.), The handbook of social psychology. Vol. I. London, S. 488–568. 2. Aufl.

SCHAEFER, E. S. & BAYLEY, N. (1960) Consistency of maternal behavior from

infancy to preadolescence. Journal of Abnormal and Social Psychology, 61, 1–6.
SCHAFFER, H. R. (1971) The growth of sociability. Middlesex.
SCHELSKY, H. (1957) Schule und Erziehung in der industriellen Gesellschaft. Würzburg.
SCHEUCH, E. K. (1961) Sozialprestige und soziale Schichtung. Kölner Zeitschrift für Soziologie und Sozialpsychologie. Sonderheft 5, 65–103.
SCHLEE, J. (1973) Sozialstatus und Sprachverhalten. Düsseldorf.
SCHMALOHR, E. (1974) Mutter-Entbehrung in der Frühsozialisation. In: NEIDHARDT, F. (Hrsg.), Frühkindliche Sozialisation. Stuttgart, S. 188–229.
SCHNALL, M. & FEFFER, M. (1966) Manual for scoring the role-taking test. Unveröff. Manuskript. Available from A. D. J. Fotoduplic. service, Library of Congress, Washington D.C. 20540, oder No. 9010.
SEARS, R. R. (1951) A theoretical framework for personality and social behavior. American Psychologist, 61, 478–480.
SEARS, R. R., MACCOBY, E. E. & LEVIN, H. (1957) Patterns of child rearing. Evanston.
SECORD, P. F. & PEEVERS, B. H. (1971) The development and attribution of person concepts. In: MISCHEL, W. (Hrsg.), a.a.O., S. 117–142.
SEILER, T. B. (1968) Die Reversibilität in der Entwicklung des Denkens. Stuttgart.
SEILER, T. B. (1973) Kognitive Strukturiertheit. Theorien, Analysen, Befunde. Stuttgart.
SELMAN, R. (1971a), Taking another's perspective. Role-taking development in early childhood. Child Development, 42, 1721–1734.
SELMAN, R. (1971b) The relation of role-taking to the development of moral judgement in children. Child Development, 42, 79–91.
SELMAN, R. (1973) A structural analysis of the ability to take another's perspective: stages in the development of role-taking ability. Paper presented at the Society for Research in Child Development. Philadelphia.
SELMAN, R. L. & BYRNE, D. F. (1974) A structural-developmental analysis of role-taking in middle childhood. Child Development, 45, 803–806.
SHANTZ, C. U. (im Druck) The development of social cognition In: HETHERINGTON, E. M. (Hrsg.) The development of social cognition. Review of Child Development Research. Chicago.
SHANTZ, C. U. & WATSON, J. S. (1971) Spatial abilities and spatial egocentrism in the young child. Child Development, 42, 171–181.
SIEGRIST, J. (1970) Das Consensus-Modell. Stuttgart.
SIGEL, J. E. & Hooper, F. H. (1968) Logical thinking in children. London.
SILBEREISEN, R. K., HEINRICH, P. & TROSINER, H. J. (1975) Untersuchung zur Rollenübernahme. Die Bedeutung von Erziehungsstil, Selbstverantwortlichkeit und sozio-ökonomischer Struktur. Zeitschrift für Sozialpsychologie, 6, 62–75.
SINCLAIR-DE-ZWART, H. siehe Inhelder, B. und Sinclair, H. (1969) Learning cognitive structures. In: MUSSEN, P. H., LANGER, J. & COVINGTON, M. (Hrsg.), Trends and issues in developmental psychology. New York, S. 2–21.
SPITZ, R. A. (1973) Die Entstehung der ersten Objektbeziehungen. Stuttgart.
SROUFE, L. A. (1970) A methodological and philosophical critique of intervention oriented research. Developmental Psychology, 2 (1), 140–145.
STAPF, A. (1973) Elterliche Erziehung in Befragung und Experiment. Über-

prüfung eines zweidimensionalen Konzepts der elterlichen Bekräftigung. Marburg.

STAPF, K., HERRMANN, Th., STAPF, A. & Stäcker, K. H. (1972) Psychologie des elterlichen Erziehungsstils. Stuttgart.

STEINKAMP, G. (1971) Die Rolle des Volksschullehrers im schulischen Selektionsprozeß. In: INGENKAMP, K. (Hrsg.), a.a.O., S. 256–276.

STRAUSS, A. (1959) Mirrors and masks: the search for identity. Glencoe (Ill.).

STRODTBECK, F. L. (1958) Family interaction, values and achievement. In: MCCLELLAND, J. C. u. a. (Hrsg.), a.a.O., S. 181–196.

STRODTBECK, F. L. (1967) The hidden curriculum of the middleclass home. In: PASSOW, A. H., GOLDBERG, M. & TANNENBAUM, A. J. (Hrsg.), Education of the disadvantaged. New York, S. 244–260.

SUCHOTLIFF, L. (1969) Formal thoughts disorder and communication deficits in schizophrenia. Unpubl. doctoral dissertation. Yeshiva University.

SULLIVAN, E. V. & Hunt, D. E. (1967) Interpersonal and objective decentering as a function of age and social class. Journal of Genetic Psychology, 110, 199–210.

TABA, H. (1962) Curriculum development. New York.

TAUSCH-HABECK, A. (1955/56) Der Erwachsene im Erlebnis des Kindes. Zeitschrift für experimentelle und angewandte Psychologie, III, 472–498.

TENT, L. (1969) Die Auslese von Schülern für weiterführende Schulen. Göttingen.

THOMAE, H. (1972) Soziale Schichten als Sozialisationsvariablen. In: GRAUMANN, C. F. (Hrsg.), Handbuch der Psychologie. Bd. 7: Sozialpsychologie. 2. Halbbd. Göttingen, S. 748–776.

TULKIN, S. R. & KAGAN, J. (1972) Mother-child interaction in the first year of life. Child Development, 43, 31–42.

TURIEL, E. (1967) Cognitive conflict in the development of the child's moral judgments. National Science Foundation.

TURIEL, E. (1969) Developmental processes in the child's moral thinking. In: MUSSEN, P.H ., LANGER, J. & COVINGTON, M. (Hrsg.), Trends and issues in developmental psychology. New York, S. 92–133.

TURNER, R. H. (1962) Role-taking: process versus conformity. In: ROSE, A. M. (Hrsg.), a.a.O., S. 20–40.

TURNURE, C. (1975) Cognitive development and role-taking ability in boys and girls from 7–12. Developmental Psychology, 11, 202–209.

WALLER, W. W. (1965) The sociology of teaching. New York.

WALLER, M. (1971) Die Entwicklung der Rollenwahrnehmung: ihre Beziehung zur allgemeinen kognitiven Entwicklung und sozialstrukturellen Variablen. Zeitschrift für Sozialpsychologie, 2 (4), 343–357.

WALLER, M. (1973) Zur Kritik der rollentheoretischen Orientierung in der Sozialisationsforschung. In: WALTER, H. (Hrsg.), Sozialisationsforschung. Bd. 1: Erwartungen, Probleme, Theorieschwerpunkte. Stuttgart, S. 213 bis 242.

WALTON, E. E. (1936) Empathic responses in children. Psychological Monographs XLVIII, 40–67.

WAPNER, S. & CIRILLO, L. (1968) Imitation of a model's hand movements: age in the transposition of left-right relations. Child Development, 39, 887–894.

WAPNER, S., KAPLAN, B. & Cohen, S. B. (1973) An organismic-developmental perspective for understanding transactions of men and environments. Environment and Behavior, 5 (3), 255–289.

Watson, G. A. (1967) Some personality differences in children related to strict or permissive parental discipline. Journal of Psychology, 44, 227–249.

Weinert, F. E. (1972) Schule und Beruf als institutionelle Sozialisationsbedingungen. In: Graumann, C. F. (Hrsg.), Handbuch der Psychologie. Bd. 7: Sozialpsychologie. 2. Halbbd. Göttingen, S. 825–885.

Weinstein, E. A. (1969) The development of interpersonal competence. In: Goslin, D. A. (Hrsg.), a.a.O., S. 753–775.

Wellendorf, F. (1973) Schulische Sozialisation und Identität. Zur Sozialpsychologie der Schule als Institution. Weinheim.

Werner, H. (1969) Einführung in die Entwicklungspsychologie. München.

Werner, H. & Kaplan, B. (1963) Symbol formation. An organismic-developmental view. New York.

White, R. W. (1959) Motivation reconsidered: the concept of competence. Psychological Review, 56, 297–333.

Wilson, Th. P. (1973) Theorien der Interaktion und Modelle soziologischer Erklärung. In: Arbeitsgruppe Bielefelder Soziologen (Hrsg.), Alltagswissen, Interaktion und gesellschaftliche Wirklichkeit. Symbolischer Interaktionismus und Ethnomethodologie. Reinbek b. Hamburg, S. 54–79.

Winch, R. F. (1962) Identification and its familial determinants. New York.

Witkin, H. A., Dyk, R. B., Faterson, H. F. u. a. (1962) Psychological differentiation. Studies of development. New York.

Wolfe, R. (1963) The role of conceptual systems in cognitive functioning. Journal of Personality, 108–123.

Wolff P. (1960) The developmental psychologies of J. Piaget and psychoanalysis. Psychological Issues, 2, 1.

Wrong, D. (1961) The oversocialized conception of man in modern sociology. American Sociological Review, 26, 183–193.

Wygotski, L. S. (1967) Play and its role in the mental development of the child. Soviet Psychology, 5 (3), 6–18.

Wygotski, L. S. (1969) Denken und Sprechen. Stuttgart.

Yarrow, M. R., Campbell, J. D. & Burton, R. V. (1970) Reliability of maternal retrospection: a preliminary report. In: Danziger, K. (Hrsg.), a.a.O., S. 269–283.

Yee, A. H. (1971) Social interaction in educational settings. Englewood Cliffs.

Zebergs, Dz. (1974) Soziale Bedingungen des Sprachgebrauchs. Phil. Diss. Heidelberg.

Zigler, E. F. & Child, J. L. (1969) Socialization. In: Lindzey, G. & Aronson, E. (Hrsg.), The handbook of social psychology. Vol. 3. Reading (Mass.), S. 450–589. 2. Aufl.

Zinnecker, J. (1975) (Hrsg.), Der Heimliche Lehrplan, Untersuchungen zum Schulunterricht. Weinheim.

Anhang

Beispiel 1: Rollenübernahme in der Familiensituation

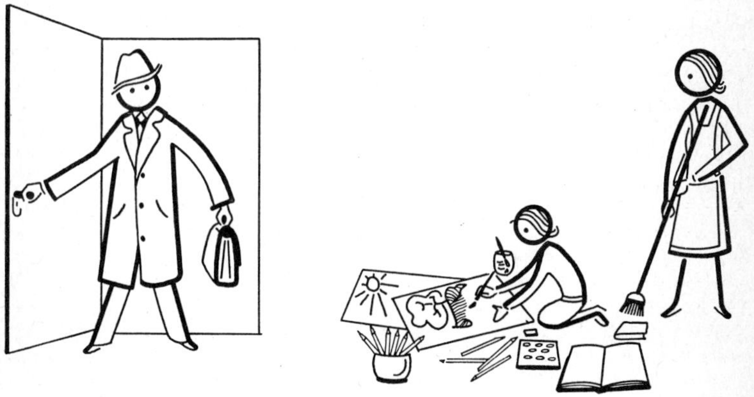

a) Versuchsperson weiblich

Vp weiblich 7aR	aus der Sicht von: Mann	Frau	Kind
Mann	Als ich von der Arbeit um 5 Uhr nach Hause komme, sah ich . . . Ich, von meiner Arbeit sowieso ärgerlich, wurde jetzt noch ärgerlicher.	. . . als mein Mann um 5 Uhr nach Hause kam, . . . Mein Mann ärgerte sich sehr über den Dreck. . . .	. . . und als mein Vater um 5 Uhr nach Hause kam und von der Arbeit sowieso ärgerlich war, wurde er noch ärgerlicher . . .
	RT	PE	PE

Frau	... Meine Frau stand mit einem Besen hinter ihr, sie müßte wohl gerade einkaufen gewesen sein, denn sie hatte ihre Hausschuhe noch nicht an. CE	Ich kam gerade vom Einkaufen zurück, ... während ich einkaufen war, ... stand ich gerade mit einem Besen hinter ihr ... SR	Als meine Mutter gerade einkaufen war, ... Als meine Mutter heimkam und mich sah, wurde sie ärgerlich, ... Meine Mutter stand mit einem Besen hinter mir. Sie versuchte schon die ganze Zeit, mich dazu zu bringen, ... Nach langem Überreden gelang es ihr doch, ... PE
Kind	... meine Tochter auf dem Boden malen. Buntstifte, Bücher, bemalte Blätter und ein Farbkasten lagen lagen neben ihr. CE	... meine Tochter malte auf dem Boden. Buntstifte, Bücher,, bemalte Blätter und ein Farbkasten lagen neben ihr, sie hatte sich alles, ... geholt, ... und Ruth ließ sich auch nicht überzeugen, daß sie auf dem Tisch besser malen könne. PE	... habe ich eine gute Idee. Ich holte mir Bunstifte, Bücher, Blätter und einen Farbkasten und setzte mich auf den Boden ..., daß ich mich an den Tisch setze, um dort weiterzumalen. ... und ich malte in Ruhe fertig. RT

b) Versuchsperson männlich

Vp männlich 7bR	aus der Sicht von: Mann	Frau	Kind
Mann	Ich steckte den Schlüssel ins Türschloß und sah ... Ich wollte es ihm verbieten, aber roch den Duft meines Lieblingsessens. Denn ich hatte so einen Hunger, weil die Arbeit so anstrengend war. RT	Mein Mann wird sich bestimmt freuen über das Essen, das ich ihm gekocht habe. Aber er schaut so verdutzt, was sein Sohn macht. Ob er es sieht, daß ich ihm sein Lieblingsessen gekocht habe? PE	Jetzt, wo Vater da ist, mache ich, daß ich meine Zeichensachen wegräume, sonst ist er ärgerlich. PE

Frau		(Mein Mann wird sich bestimmt freuen über das Essen, das ich ihm gekocht habe . . . Ob er es riecht, daß ich ihm sein Lieblingsessen gekocht habe?) . . . weil ich sauber machen muß . . .	Und jetzt, wo Mutter sauber machen will, muß ich sowieso wegräumen.
		RT	CE
Kind	Wie mein Sohn auf dem Boden saß und malte . . . Aber mein Sohn fing schon an, seine Sachen zusammenzuräumen.	Sicher muß er jetzt aufhören zu malen. Mein Sohn muß sowieso aufhören, weil ich sauber machen muß. Aber morgen kann er ja weitermalen.	Jetzt, wo Vater da ist, mache ich, daß ich meine Zeichensachen wegräume, sonst . . . Aber morgen kann ich ja weitermachen. . . . Ich male nur noch das Bein fertig.
	CE	CE	RT

Beispiel 2: Rollenübernahme in der Schulsituation

a) Versuchsperson weiblich

Vp weiblich 7aR	aus der Sicht von: Lehrer	Kind an der Tafel	Kind in der Bank
Lehrer	Als ich ihr noch eine Aufgabe stellte, . . . NR		. . . Frau Müller wollte ihr noch eine Aufgabe stellen, aber da klingelte es schon. CE 2
Kind an der Tafel	. . . Esther ging gleich an die Tafel, da sie eine Aufgabe von gestern noch rechnen mußte. Als sie an der Tafel stand, wußte sie wieder nicht Bescheid . . . Schien der Groschen gefallen zu sein, endlich schrieb sie das richtige Ergebnis. . . . kam sie nicht zum Ausrechnen, denn es klingelte und beide liefen hinaus. CE		. . . stellte sich Esther gleich an die Tafel, denn sie mußte noch eine Aufgabe von gestern ausrechnen. . . . Doch in diesem Augenblick fiel bei ihr der Groschen. CE
Kind in der Bank	Als Petra und Esther hereinkamen, setzte sich Petra auf ihren Platz . . . Als Petra sich aber meldete, . . . CE		Als wir Esther und ich Petra ins Zimmer kamen. . . . Ich setzte mich auf meinen Platz und als ich einen Fehler sah, meldete ich mich, . . . und wir liefen hinaus und ich war froh, daß ich etwas verstanden habe. RT

b) Versuchsperson männlich

Vp männlich 7bR	aus der Sicht von: Lehrer	Kind an der Tafel	Kind in der Bank
Lehrer		. . . und Herr Schulz schaut so komisch, als ob ich es verkehrt hätte. Herr Schulz sagt, die Aufgabe ist verkehrt und hat Jürgen drangenommen. PE	. . . Herr Schulz sagt, daß die Aufgabe verkehrt ist. Jetzt nimmt er mich dran und . . . CE
Kind an der Tafel		warum muß ich unbedingt an die Tafel, warum kann Jürgen nicht an die Tafel. Ich werde es schon schaffen . . . fertig, nun gehe ich an meinen Platz. RT	. . . Jetzt ist er auch fertig; „nanu der hat ja ein ganz anderes Ergebnis heraus“. Adolf geht auf seinen Platz . . . CE
Kind in der Bank		Jürgen rechnet schon in seinem Heft . . . und der hat sie (die Aufgabe) richtig gelöst. CE	Warum nimmt (der Lehrer) mich nicht dran, ich weiß es doch besser als Adolf, aber schließlich lernt er es an der Tafel, dieser Adolf. Und ich melde mich und Herr Schulz nimmt mich nicht dran. Dann errechne ich es eben im Heft. Die Aufgabe war leicht und ich bin eher fertig als Adolf . . . ich sage mein Ergebnis. Es ist richtig. Dann schellt es . . . RT

Monika Keller gehört zur **Forschungsgruppe Modellschulen,** deren Publikationen im Ernst Klett Verlag erscheinen.
Hier eine Auswahl:

Band 1

Benita von Daublebsky
Spielen in der Schule

– Vorschläge und Begründungen für ein Spielcurriculum –
mit Beiträgen von: Elke Calliess, Wolfgang Edelstein, Diether Hopf, Monika Keller, Lothar Krappmann

4. Auflage 1976, 302 Seiten, kart., 19,50 DM (92186)

Der Band enthält in seinem Hauptteil die Beschreibung von 167 Spielen und vielen zusätzlichen Varianten, welche Benita von Daublebsky mit 10–12jährigen Kindern ausprobiert hat.
Diesem Hauptteil ist ein weiterer theoretischer Teil mit Beiträgen von Elke Calliess, Wolfgang Edelstein, Diether Hopf, Monika Keller und Lothar Krappmann angefügt.

Band 3

Elke Calliess, Wolfgang Edelstein, Diether Hopf, Monika Keller, Lothar Krappmann, Christian Petry, Jürgen Raschert, Helga Reindel
Sozialwissenschaft für die Schule

Umrisse eines Struktur- und Prozeßcurriculum

1974, 474 Seiten, kart., 39,– DM (92167)

Die Forschungsgruppe Modellschulen, die sich aus Wissenschaftlern und Lehrern zusammensetzt, leitet in diesem Band Kriterien ab, die dem Lehrer bei der Entwicklung von Unterrichtseinheiten helfen sollen, und demonstriert dieses Vorgehen an der Ausarbeitung eines sozialwissenschaftlichen Curriculum.
Aus dem Inhalt: Randbedingungen schulnaher und wissenschaftsnaher Curriculumarbeit; Erfahrungen der Gruppe im Zusammenhang mit einem kooperativen Projekt; inhaltliche Spezifikation; Möglichkeiten der Konkretisierung.

Band 4

Helga Reindel (Hrsg.)
Handbuch der Unterrichtsplanung und Curriculumentwicklung Nach Hilda Taba

1974, 184 Seiten, kart., 18,– DM (92808)

Die amerikanische Entwicklungspsychologin und Pädagogin Hilda Taba beschreibt in ihrem Handbuch die verschiedenen Elemente eines Curriculum: Lernziele, Lerninhalte, Lernaktivitäten. Sie betont die sogenannten funktionalen oder Prozeß-Lernziele: Denkfähigkeit, Arbeitstechniken und soziale Fähigkeiten. Die Unterrichtsstrategien sind auf der Grundlage der Erkenntnisse Jean Piagets und eigener empirischer Untersuchungen entwickelt worden. Helga Reindel hat das Handbuch übersetzt und in Zusammenarbeit mit Wolfgang Edelstein, Diether Hopf und Christian Petry die Theorien von Hilda Taba in ihren entwicklungspsychologischen und unterrichtswissenschaftlichen Zusammenhang sowie in die amerikanische und hiesige Szene eingeordnet.